USA · Der Westen

Ulf Müller-Moewes

Inhalt

Go West – Land der Verheißung und Freiheit

Reisen im Westen der USA

Entlang der Pazifikküste nach Süden

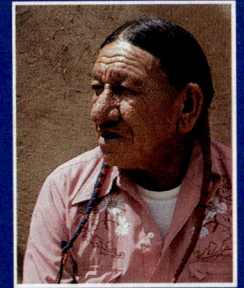

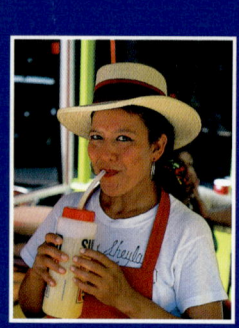

Land unter der Sonne Mexikos

Canyons und Wüsten

Die Rocky Mountains

Verzeichnis der Karten und Pläne

Serviceteil

Go West –
Land der
Verheißung
und Freiheit

Annäherung an den Westen

Patriotismus ›Made in America‹

»Westward Ho!« Dieser von so viel Hoffnung beseelte Ausruf, mit dem schon die frühen Siedler ins Land ihrer Träume aufbrachen, ist noch immer nicht verhallt. Noch heute folgen ihm jährlich Tausende von erlebnishungrigen Reisenden. Doch sonst teilen die Passagiere der Großraumjets in keiner Weise das Schicksal ihrer Vorgänger. Denn wo sich einst Pioniere in ochsengezogenen Planwagen durch staubige Grasebenen, über hitzeflirrende Salzseen und eisige Pässe einer ungewissen Zukunft entgegenquälten, gleiten heute Pauschaltouristen in klimatisierten Straßenkreuzern und luxuriösen Wohnmobilen auf mehrspurigen Autobahnen.

Abenteuer Wilder Wilden, das bedeutet heute, fernab des Alltags auf Entdeckungsreise zu gehen, historischen Fährten zu folgen und inmitten der Großartigkeit der amerikanischen Landschaften vielleicht noch einen Hauch dessen zu verspüren, was die Pioniere am Leben hielt und sie vorwärtstrieb. Aber auch nur das Gefühl, eins zu sein mit der oft noch unberührten Natur und sich in ihrem schier unendlichen Raum frei bewegen zu können, begeistert die zivilisationsmüden Städter, so wie es in den 50er Jahren der Schriftsteller und Tramp Jack Kerouac in seinem Buch ›On the road‹ schilderte und wie es heute noch vor allem in der Zigarettenwerbung immer wieder als Bild heraufbeschworen wird.

In den USA zu reisen bedeutet, Stunde um Stunde dem gelben Mittelstreifen zu einem fernen Ziel zu folgen. Nur hin und wieder wird ein anderes Fahrzeug entgegenkommen, ein winziger Ort mit drei Häusern an der Kreuzung zweier Highways vorüberhuschen. Berühmte Straßen laden zur Entdeckungsreise ein, wie beispielsweise Teilstücke der legendären Route 66, die von Chicago nach Los Angeles führte und längst mit dem wuchernden Straßennetz verschmolzen ist. Nur noch gut informierte Touristen verlaufen sich dorthin, wo aus verrosteten Tanksäulen mit märchenhaft niedrigen Preisen schon lange kein Benzin mehr fließt und in vernagelten Motels niemand mehr Einlaß begehrt. Highway No. 1, nicht minder berühmt, entführt in die großartige Landschaft der kalifornischen Pazifikküste, von den nebelverhangenen Klippen hoch im Norden bis hinunter zu den sonnendurchglühten Stränden nahe der mexikanischen Grenze. Als Kontrast zur Einsamkeit und endlosen Weite tauchen am Horizont zuweilen die glitzernden Skylines von Großstädten auf – Las Vegas etwa, die niemals schlafende Metropole des Glücksspiels, eingebettet in ein Meer aus Neon und Glamour, das Labyrinth von Los Angeles mit seinen krakenartig alles umschlingenden Stadtautobahnen oder das von der Natur verwöhnte San Francisco mit Brücken, Hügeln und Buchten.

Doch wo immer man im Westen sein ›Glück‹ sucht – der größte Schatz der USA liegt sicherlich in den Nationalparks. Zum Wohl der Menschheit hat der Staat schon früh damit begonnen, ausgesuchte Landschaften unter Naturschutz zu stellen und in ihrer Ursprünglichkeit und Einmaligkeit allen nachfolgenden Generationen zugänglich zu machen. Der Westen ist mit den meisten Parks gesegnet, und der Besuch auch nur der wichtigsten würde jeden Urlaub sprengen. Doch wem ist der Vorrang zu geben: dem Blick in die Tiefen des Grand Canyon, der Wüsteneinsamkeit des heißen Todestals, der Mondlandschaft des explodierten Vulkans Mount St. Helens, den kathedralartigen Mammutbaum-Wäldern von Yosemite, den fauchenden Geysiren in Yellowstone oder den geheimnisumwehten Klippenhäusern präkolumbischer Kulturen von Mesa Verde?

Eine Reise durch den Westen ist nicht zuletzt auch eine Reise zu den Menschen, die ›Gottes eigenes Land‹ nach ihren Vorstellungen verwalten. Nicht alle ihre Werke huldigen dem Schöpfer: Die Not der Obdachlosen, Armut, Slums und die Gewaltbereitschaft in den Großstädten muß erschrecken, eine Fahrt durch desolate Indianerreservate melancholisch stimmen, die Zeichen übertriebenen Nationalstolzes befremden. Doch die spontane Freundlichkeit, die dem Besucher überall im Land entgegenschlägt, verscheucht schnell trübe Gedanken. Nirgendwo auf der Welt läßt sich selbstverständlicher, einfacher und bequemer reisen als in den USA; Vorbehalte gegen Ausländer sind weitgehend unbekannt. Jeder Tourist ist willkommen, dem *american way of life* eine Zeit lang zu folgen.

Bereit für die lange Fahrt auf den Highways: Trucks im Abendlicht

Landeskunde im Schnelldurchgang

Fläche: 4,8 Mio. km² (ges. 9,37 Mio. km²)
Einwohner: 74 Mio. (ges. 267 Mio.)
Bundesstaaten: Arizona, California, Colorado, Idaho, Montana, Nebraska, Nevada, New Mexico, North Dakota, Oregon, South Dakota, Texas, Utah, Washington, Wyoming
Zeit: Pacific Standard Time (MEZ – 9 Std.); Mountain Standard Time (MEZ – 8 Std.)

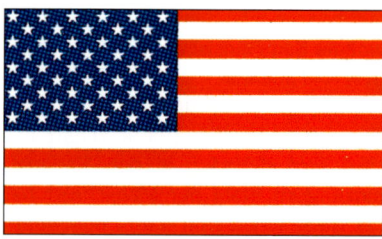

Geographie: Der amerikanische Westen mit 15 Bundesstaaten wird im Norden von Kanada und 2500 km weiter im Süden von Mexiko begrenzt. Zwischen Pazifischem Ozean und der 2200 km entfernten Ostgrenze dieses Gebietes – die *state lines* der östlichen Bundesstaaten entlang des 98. Längengrades – haben alle nur vorstellbaren Landschaftsbilder ihren Platz: Küstenregionen und Hochgebirge, Wüsten und Vulkanlandschaften, Prärien, Erosionsgebiete und Flußauen. Die Großlandschaften werden durch weite Ebenen gebildet, die durch nord-südlich verlaufende Gebirgszüge, wie die Sierra Nevada oder die Rocky Mountains, unterbrochen werden. Im Gegensatz zum dichter besiedelten Osten der USA blieb die Natur im Westen bis heute meist noch in ihrer Ursprünglichkeit erhalten und bildet damit die Grundlage der vielen und einzigartigen Nationalparks.

Geschichte: Die Entdeckungsgeschichte des Westens wurde zwar 1542 mit der Landung spanischer Seefahrer an der kalifornischen Küste eingeläutet, doch die Barriere der Sierra Nevada verhinderte die Erschließung des Hinterlandes. Erst mit der Besiedlung des Ostens und nach Klärung der Eigentumsrechte mit England, Frankreich, Spanien und Mexiko, nicht zuletzt auch nach Vernichtung oder Unterwerfung der indianischen Ureinwohner, sollte die Erforschung des Westens nachhaltig betrieben werden. 1841 erreichten die ersten Siedlertrecks aus dem Osten ihre Ziele im Westen, womit der Weg für die großangelegte Besiedlung geebnet war. Als sich 1849 Goldfunde in Kalifornien herumsprachen, wurden mit dem Ruf ›Go West‹ die letzten Türen aufgestoßen. In der zweiten Hälfte des 19. Jh. erklärten die meisten Territorien ihren Beitritt zur Union.

Das 20. Jh. brachte für den Westen der USA wirtschaftliche und kulturelle Blüte, aber auch immer wieder Naturkatastrophen. Der Zweite Weltkrieg legte vor allem für Kalifornien, Arizona und New Mexico den Grundstein für Forschung und Wissenschaft, was den USA auf den Gebieten militärische Rüstung, Raumfahrt und Halbleiter- und Nukleartechnologien zu ihrer heutigen Weltmachtstellung verhalf.

Wirtschaft: Der Ressourcenreichtum, der Einsatz der im Lande entwickelten Technologien und nicht zuletzt das Streben des Einzelnen nach Erfolg ließen die Vereinigten Staaten zur mächtigsten Industrienation der Erde aufsteigen. Vom Bruttoinlandsprodukt entfallen heute etwa 2 % auf Landwirtschaft, 26 % auf Industrie und 72 % auf Dienstleistung. Etwa 3 % der Arbeitnehmer sind in der Landwirtschaft beschäftigt,

24 % in der Industrie und 73 % in Dienstleistungsberufen. Die durchschnittliche Inflationsrate zwischen 1985 und 1996 erreichte 3,2 %. Amerika hat der Welt bewiesen, daß man die Arbeitslosigkeit in den Griff bekommen kann – die Quote liegt heute deutlich unter 5 %, 134 Mio. US-Bürger sind in Brot und Arbeit. Der Erfolg wurde jedoch mit einem spürbaren Sinken der Reallöhne und damit einem rückläufigen Lebensstandard erkauft. Hilfe durch die Gewerkschaften ist kaum zu erwarten, sind doch nicht mehr als 13 % der amerikanischen Arbeitnehmer in den *unions* organisiert.

Bevölkerung: In den 15 Bundesstaaten des amerikanischen Westens leben rund 74 Mio. Menschen. Mehr als vier Fünftel der Bevölkerung drängen sich in den *Metropolitan Areas,* den Ballungsgebieten der Großstädte. So sind im Großraum Los Angeles mit 14,5 Mio. Einwohnern 30mal mehr Menschen zu Hause als im gesamten Bundesstaat Wyoming. Im Gegensatz zum Osten der USA hat die Einwohnerzahl der Großstädte des Westens in den letzten Jahren weiter zugenommen. Bevölkerungsreichstes Land ist Kalifornien (30 Mio.), gefolgt von Texas (17 Mio.) und Washington (5 Mio.). Die meisten anderen Staaten können kaum 3 Mio. Einwohner aufweisen, etliche liegen gar unter der 1-Mio.-Grenze. Der schwarze Bevölkerungsanteil beträgt landesweit ca. 13 %, der hispanische 11 %. Die Gesamtzahl der aufgenommenen Einwanderer betrug zwischen 1820 und 1981 insgesamt ca. 50 Mio., darunter 7 Mio. aus Deutschland und 5,3 Mio. aus Italien. Nach einer Bevölkerungsanalyse haben 21,8 % der US-Bevölkerung englische, 21,7 % deutsche und 17,7 % irische Vorfahren.

Religion: Kirchensteuern sind in den USA unbekannt – die Trennung von Kirche und Staat wird in den USA konsequent betrieben. Dennoch zeigen die Religionsgemeinschaften der USA ein vielfarbiges und breites Spektrum, und es gehört zum guten Umgangston auch hochrangiger Politiker, sich öffentlich zum Glauben zu bekennen. Etwa 60 Mio. Menschen werden der protestantischen und römisch-katholischen Kirche zugeordnet, 36 Mio. den Baptisten, 14 Mio. den Methodisten. Es folgen Lutheraner, Presbyterianer, Anglikaner und Angehörige orthodoxer Kirchen, um nur die wichtigsten Gruppierungen zu nennen; 6 Mio. sind jüdischen Glaubens und 4 Mio. gehören zur Religionsgemeinschaft der Muslime. Daneben gibt es unzählige mehr oder minder gut beleumundete Sekten, als bekannteste seien die Scientologen erwähnt.

Klima und Reisezeit: Der Westen der USA hat ein ausgeprägt kontinentales Klima, d. h. es gibt sehr kalte und schneereiche Winter in den Bergen und nördlichen Bundesstaaten und sehr heiße, trockene Sommer vornehmlich in den südlichen Regionen. Am günstigsten fährt, wer die Vor- oder Nachsaison ausnützen kann, so daß die Reise weder von Hitze, Kälte oder Touristenandrang allzu beeinträchtigt wird. Erhebliche Einschränkungen für Autofahrer bringt der Winter im Bereich der Sierra Nevada und der Rocky Mountains zwischen Oktober und April, wenn viele Pässe vom ersten Schneefall bis zur Frühjahrsschmelze geschlossen sind. Die Hochburgen des Wintersports sind jedoch ganzjährig erreichbar, wie auch alle Nationalparks das ganze Jahr über geöffnet haben. Wüstenparks wie Death Valley, Saguaro oder White Sands haben in der kalten Jahreszeit ihre Saison – ein Besuch im Sommer ist nicht jedermanns Sache. Dann aber ist die günstigste Reisezeit für die Küste, die allerdings wegen der kalten Strömung kaum zum Baden verlockt, sowie die Nationalparks in den Bergen.

Küste, Wüsten und Gebirge – Geographie

Der Westen der USA ist ein dehnbarer geographischer Begriff. Die einen denken dabei vornehmlich an die pazifische Ebene, andere schließen auch die benachbarten Gebirge und Hochplateaus mit ein. Der vorliegende Reiseführer faßt den Westen noch weiter und läßt ihn erst in den Prärien, an den Flußsystemen von Red River und Missouri enden, womit weit über die Hälfte der kontinentalen USA dieser Region zugerechnet wird. Im Norden wird das Gebiet von Kanada begrenzt, im Süden von Mexiko und dem gleichnamigen Golf. Die maximale Ausdehnung beträgt von Norden nach Süden rund 2500 km, von Westen nach Osten etwa 2200 km. Ganz willkürlich ist die dem Buch zugrunde liegende Definition des Westens allerdings nicht, verlief doch entlang des 98. Längengrads lange Zeit die ›Nahtstelle‹ zwischen der europäisch beeinflußten Zivilisation der Ostküste und der ›Wildnis‹ des Westens, die es nach dem Landerwerb von 1803 zu erobern und zu besiedeln galt. Damals hatte Frankreich den USA das Louisiana-Territorium für 15 Mio. Dollar verkauft – nahezu ein Drittel des heutigen Staatsgebiets. Der 98. Längengrad markiert zudem die Klimagrenze zwischen dem feuchten Osten und dem trockenen Westen und damit auch die Trennlinie zwischen zwei völlig unterschiedlichen Wirtschaftsräumen.

Somit wird der Westen der USA als eigenständiger Kulturraum verstanden, geprägt von der Kolonisierung durch den ›Weißen Mann‹, der mit dem selbstbewußten »Westward Ho!« die Vereinigten Staaten in nur wenigen Jahrzehnten zur Weltmacht führte, den hochgesteckten Zielen aber bedenkenlos Natur und Urbevölkerung opferte.

Trotz der gewaltigen Größe weisen die USA eine recht einfache, von einer Nord-Süd-Orientierung gekennzeichnete physiogeographische Gliederung auf. Der Pazifikküste im Westen folgt ein parallel verlaufendes Gebirgsmassiv, das sich in mehrere Teilräume gliedert und nach Osten schließlich zu den Ebenen der Great Plains abfällt. Jenseits des Mississippi hebt sich das Mittelgebirge der Appalachen-Kette empor, dem sich ein nach Süden hin breiter werdender, vom Atlantik bis zum Golf von Mexiko reichender Küstenstreifen anschließt.

Das Relief ist im wesentlichen Ergebnis der Kontinentalverschiebung. Vor etwa 200 Mio. Jahren begann sich die amerikanische Platte von der afrikanischen zu lösen und westwärts zu driften. Während sich die aus Sedimenten gebildeten großen Tiefländer bis heute wenig gewandelt haben, erfuhr der Westen der amerikanischen Kontinentalplatte eine dramatische Umgestaltung. Unaufhaltsam schob sie sich über die weniger schnell treibende Pazifische Platte und führte zur Auffaltung der westlichen Kordillere. Wie die rege Erdbebentätigkeit entlang der US-Westküste zeigt, birgt dieser noch immer nicht abgeschlossene Prozeß unkalkulierbare Risiken für alles Leben zwischen Alaska und Feuerland.

Die **pazifische Ebene** der USA teilen sich die drei Bundesstaaten Washington, Oregon und Kalifornien, die sich auf einer Entfernung von etwa 2000 km von der kanadischen bis zur mexikanischen Grenze aneinanderreihen und in ihrer

Oberflächengestalt von der West-Kordillere geprägt werden. Zwei Gebirgszüge bestimmen das Bild: die unmittelbar der Küste folgende Coast Range und die weiter im Landesinnern parallel dazu verlaufende, wesentlich höhere Cascade Range. Mit Höhen zwischen 3000 bis 4000 m bildet diese geschlossene Kette nicht nur eine Klimabarriere, sie erwies sich auch bei der Besiedlung als ein nur schwer überwindbares Hindernis. Zwischen diesen beiden Gebirgszügen liegt im Norden das Tal des Columbia River, das durch die Klamath Mountains abgeriegelt wird, die eine Verbindung zwischen den beiden Ketten herstellen. Östlich des Kaskadengebirges schließt sich die Hochfläche des Columbia-Plateaus an, das im Osten von den Rocky Mountains und im Süden von den Blue Mountains begrenzt wird.

Südlich der Klamath Mountains schiebt sich ein weiteres breites Tal zwischen das Küstengebirge und die Cascades, die nunmehr den Namen Sierra Nevada tragen und nur an wenigen Stellen einen bequemen Übergang nach Osten ermöglichen. Die als Sacramento- oder Central Valley bezeichnete, mit Erosionsmaterial der benachbarten Gebirge aufgefüllte Senke ist heute einer der größten Siedlungsräume der USA – das Herzstück des Bundesstaates Kalifornien.

Bei Bakersfield, etwa 100 km nördlich von Los Angeles, nähert sich die Sierra Nevada im Bogen wieder dem Küstengebirge, das sich noch ein Stück nach

Kakteenlandschaft im Saguaro National Monument in Arizona

Ortsnamen
Spiegel der Besiedlungsgeschichte

Geographie

16

Erklärungen für Ortsnamen pflegen oft im Dunkel der Vergangenheit verlorenzugehen. Nicht so in den Vereinigten Staaten, wo Historiker die Besiedlungsgeschichte eines ganzen Kontinents von Anfang an gleichsam mit gespitztem Bleistift mitstenographieren konnten. An den Namen der Orte lassen sich die unterschiedlichen Phasen und kulturellen Einflüsse verfolgen, denen die USA in den letzten 300 Jahren unterworfen waren.

So spiegelt sich der frühe spanische Einfluß an der Pazifikküste und im Südwesten nicht nur im hohen Anteil der spanischsprachigen Bevölkerung wider, sondern vor allem auch in der Namensgebung der Siedlungen, wobei die Vorliebe der Kolonialherren für christliche Bezüge, vor allem für Heilige der römisch-katholischen Kirche, auffällt. Namen wie San Antonio, San Francisco, San Diego oder Santa Barbara belegen die Rolle der Kirche als Träger der frühen Kolonisation, die tiefe Religiosität ihrer Abgesandten und deren demütiges Eingeständnis, in der Neuen Welt ohne den Beistand des Himmels wohl auf verlorenem Posten zu stehen. Erst als Siedler aus dem mexikanischen Mutterland nach Norden strömten, füllten auch weltliche Namen die Landkarte wie etwa El Paso (der Übergang), Socorro (Hilfe) oder Casa Grande (Großes Haus).

Zuweilen ließ sich auch ein Gouverneur oder Feldherr verewigen, wie in Alamogordo oder Albuquerque. Der Personenkult spielte jedoch bei den ehemaligen spanischen Besitzungen eine viel geringere Rolle als später bei den Gründungen durch die anglo-amerikanischen Pioniere. Bemerkenswert ist, daß die aus Mexiko stammenden Neusiedler ihren Königen in Spanien anscheinend wenig Dankbarkeit zollten; vergeblich sucht man einen größeren Ort, der an das spanische Herrscherhaus erinnert.

Angesichts der restriktiven US-amerikanischen Indianerpolitik muß die hohe Zahl von Orten und Bundesstaaten verwundern, die bis heute indianische Namen tragen, wie Utah, Kansas und Dakota, die auf Stammesbezeichnungen zurückzuführen sind. Am deutlichsten bekannte sich Seattle zu seinem indianischen Erbe, als es den großen Häuptling der Squamish und Duquamish zum Namenspatron erkor. Aber auch Omaha, Cherokee oder Yuma erinnern an ehemals in der jeweiligen Region ansässige Indianerstämme. Einiges Aufsehen erregte 1997 die Forderung der Organisation ›American Indian Movement‹ (AIM), die landesweit vielfach verwendete Bezeichnung *Squaw,* wie im Kalifornischen Squaw Valley, wegen Anstößigkeit und Rassismus von der Landkarte zu tilgen. Die staunende Öffentlichkeit erfuhr, daß es sich nicht, wie allgemein angenommen, um die Vokabel für Indianerfrau handele, sondern um eine

Slang-Bezeichnung für die weiblichen Genitalien.

Daß die Spanier bei der Benennung ihrer Siedlungen nur in Ausnahmefällen auf indianische Namen zurückgriffen, wie etwa in Taos, liegt sicherlich weniger an Animositäten gegenüber der Urbevölkerung als vielmehr im Bestreben, die Indianer der eigenen Kultur zu entfremden, sie zu europäisieren und zu christianisieren.

Zwar verdankt so manche Gründung im Westen der USA ihr Dasein Funden von Bodenschätzen, im Ortsnamen allerdings wird dies nur selten verraten, wie etwa in Silver City, Placerville oder Golden. Weitaus häufiger hingegen gab das Landschaftsbild den Ausschlag; Salt Lake City, Great Falls, Three Forks oder Bay View sind nur einige Beispiele. Dem Hang zu Selbstdarstellung und Personenkult vermochten auch die amerikanischen Siedler des 19. Jh. nicht zu widerstehen. So tragen denn unzählige Niederlassungen Namen bekannter Persönlichkeiten, wobei sich die frühen Präsidenten Washington und Lincoln besonderer Beliebtheit erfreuten. Aber auch einige Städtegründer hinterließen ihre dauerhaften Visitenkarten, mögen sie nun Houston, Austin, Bozeman oder Cody heißen.

Amüsanter ist es da schon, im Westen nach skurrilen Ortsnamen Ausschau zu halten, aus denen der Geist der zuweilen kauzigen Pioniere spricht. So verzeichnet die Karte von New Mexico die recht große Ortschaft Truth or Consequences (Wahrheit oder die Folgen), die von Arizona ein Dorf namens Why (Warum), in Texas gibt es ein Muleshoe (Maultierhufeisen), in Oregon heißt ein Dorf Sublimity (Erhabenheit) und ein anderes gar Plush (Plüsch).

Zuweilen flossen Vision und Hoffnung, mit denen sich wohl die meisten Neusiedler wappneten, in entsprechend hochtrabende Ortsnamen ein. Nur selten allerdings verwirklichte sich das Wunschdenken, wie etwa in Phoenix. Orte wie Imperial, Superior oder Eldorado in Nebraska hingegen warten noch heute auf die Erfüllung des Versprechens, das sich mit ihren Namen verbindet.

Es soll niemand behaupten, die Pioniere des 19. Jh. hätten nicht über Belesenheit und Kultur verfügt. Sie brachten ihre humanistische Bildung über den Atlantik und sahen keinen Grund, trotz oder gerade wegen der Armseligkeit ihrer Dörfer und der Bodenständigkeit ihrer Arbeit ihren intellektuellen Anspruch aufzugeben; in Nebraska gibt es ein Homer, im angrenzenden Kansas wird Seneca mit einem Ortsnamen geehrt, in New Mexico liegt Shakespeare, und auch der große deutsche Gelehrte Alexander von Humboldt kommt mehrfach zu Ehren.

Die vielen europäischen Städtenamen halten für alle Zeiten fest, woher die ersten Immigranten stammten. Auch daß sie die Neue Welt schweren Herzens betreten hatten, eher der Not gehorchend als der Sehnsucht nach der Ferne, läßt sich unschwer erahnen – in Namen wie Berlin, New Braunfels, Odessa, Genua oder Dublin, die in ihrer Provinzialität den großen Vorbildern zu spotten scheinen, schwingt noch immer das Heimweh ihrer Gründer nach, vielleicht aber auch das Bedürfnis, vor der Realität erst einmal die Augen zu verschließen. So gleicht die Landkarte der USA einer geographischen Momentaufnahme jener Tage, als sich Russen noch als Russen, Italiener noch als Italiener und Deutsche noch als Deutsche fühlten.

Süden fortsetzt, dann allmählich in der Wüste von Sonora versinkt, um erst wieder auf der mexikanischen Halbinsel Baja California deutlichere Konturen anzunehmen. Bis fast an den Pazifik reicht bei Los Angeles die Wüstenlandschaft des Great Basin, der Hochfläche zwischen der Sierra Nevada und den weiter östlich verlaufenden Rocky Mountains.

Daß die vier Binnenstaaten des **Südwestens** – Nevada, Utah, Arizona und New Mexico – in ihrer landschaftlichen Vielfalt der Westküste keineswegs nachstehen, dokumentieren so imposante Nationalparks wie Bryce- und Grand Canyon, White Sands, Petrified Forest oder Big Bend. Landschaftsbestimmende Elemente dieser Region sind die südlichen Ausläufer der Rocky Mountains im Osten sowie intermontane Bekken und Plateaus im Süden und Südosten.

Wichtigste Großlandschaft ist das Great Basin (Großes Becken), die südliche Fortsetzung des Columbia-Plateaus, eine steppenartige Hochfläche zwischen Kaskadengebirge und Rocky Mountains. Zahlreiche von Nord nach Süd verlaufende, bis 3000 m ansteigende Gebirge vermitteln ein abwechslungsreiches Bild und schaffen kleine, oft abflußlose Bekken. In deren Zentrum liegen nicht selten Salztonpfannen, die sich nach Regenfällen in flache Seen verwandeln.

Ostwärts folgt das Colorado Plateau, in dessen Westflanke sich der Grand Canyon tief eingeschnitten hat. Begrenzt wird diese eindrucksvolle Landschaft, in der die meisten Indianerreservate liegen, im Osten durch die Rocky Mountains, im Süden und Südosten durch das Hochland von Arizona und New Mexico. Das Colorado Plateau bildet in seiner östlichen, bis über 300 m ansteigenden Randzone die Fortsetzung der Rocky Mountains und grenzt beim

Pecos River an die Great Plains. Im Süden geht es in die mexikanische Mesa Central über, während es im Westen ohne deutlichen Grenzverlauf mit der Wüste von Sonora verschmilzt.

Die **Rocky Mountains,** das wohl bekannteste Gebirge Nordamerikas, bilden mit bis zu 600 km Breite das Rückgrat der West-Kordillere und gleichzeitig deren östliche Begrenzung. Kennzeichnend ist eine starke Verschachtelung in zahlreiche Ketten, die sich in drei Hauptgruppen zusammenfassen lassen.

Von der kanadischen Grenze bis zum Plateau von Yellowstone bestimmt die Lewis Range das Gesicht der Rockies mit vergletscherter Hochgebirgsszenerie. Im mittleren Teil, der bis zum Wyoming Becken reicht, steigen die Berge bis über 4000 m Höhe an. Auch dort ist eine Aufgliederung in zahlreiche Ketten charakteristisch, von denen die Tetons, die Wind River Range und die Absaroka Range die bekanntesten sind. Der Gebirgszug der Laramie Range markiert den Beginn des südlichen Abschnitts, der sich fast bis zur Grenze mit Mexiko hinunterzieht und dort in das Hochland von Arizona und New Mexiko übergeht.

Die relativ ebene Region der Plains zwischen der Ostabdachung der Rocky Mountains im Westen, den Appalachen im Osten und Mexiko im Süden läßt sich in mehrere, nicht immer eindeutig abzugrenzende Teilbereiche untergliedern. Herzstück zwischen Kordillere, Zentralem Tiefland und Texas sind die **Great Plains,** die von etwa 400 bis 500 m Höhe im Osten auf über 1500 m am Fuß der Rocky Mountains ansteigen und von verschiedenen Schichtstufen gebildet werden, die von West nach Ost von durchschnittlich 1300 m auf 450 bis 500 m absinken. Ihre Nord-Süd-Erstreckung beträgt etwa 2000 km, ihre Breite bis zu 700 km.

Land der Extreme – Klima

Das Klima der USA wird einerseits von der geographischen Lage in den gemäßigten Breiten, andererseits vom Relief und den angrenzenden Meeren bestimmt. Bezogen auf die Niederschlagsverteilung lassen sich die Vereinigten Staaten in eine östliche, feuchte und eine westliche, trockene Region untergliedern, wobei die Grenze entlang des 98. Längengrads durch die Bundesstaaten Oklahoma, Kansas, Nebraska, South und North Dakota verläuft.

Die küstennahen Gebirge nehmen unmittelbaren Einfluß auf den Wetterablauf, versperren sie doch den maritimen Luftmassen den Weg ins Landesinnere. Daher unterscheidet sich das Wetter der Pazifikküste deutlich von dem der Ebenen. Fällt dort nicht mehr als 500 mm Niederschlag, so erreicht dagegen er am nordwestlichen Gebirgsrand im Staate Washington schon 2000 mm, wobei sich die Hauptregenzeit von Juni auf Januar verschiebt.

Einer der wesentlichen Klimafaktoren der USA ist das Fehlen einer westöstlich verlaufenden Gebirgsbarriere, wie sie als ausgeprägte Wetterscheide beispielsweise das Relief von Europa (Alpen) und Asien (Himalaja) kennzeichnet. So ist es möglich, daß sich in Nordamerika extrem unterschiedlich temperierte Luftmassen zwischen arktischen und subtropischen Zonen in kürzester Zeit ungehindert austauschen und dabei dramatische Wetterumschwünge bescheren. Polare Luftströmungen lassen das Thermometer in den Great Plains im Winter bis auf – 50° C absinken, Südwinde im Sommer auf über 47° C anstei-

Sanddünen im Death Valley National Park in Kalifornien

gen. Überdies kommt es immer wieder vor, daß Kaltluftfronten aus dem Norden zu kaum vorstellbaren Temperaturstürzen von mehr als 30° C führen, nicht selten begleitet von den berüchtigten Blizzards, Schneestürmen, die weite Landstriche in wenigen Stunden unter Eis und Schnee begraben und jeden Straßenverkehr zum Erliegen bringen.

Im Zusammenstoß kalter und warmer Luftmassen liegt auch die Ursache von verheerenden Wirbelstürmen, die in den USA jedes Jahr Tote, Verletzte und hohe Sachschäden fordern. Die örtlich begrenzten Tornados, wegen ihrer Drehbewegung auch Twisters genannt, kommen oft ohne Vorwarnung im Gefolge schwerer Gewitter. Besonders zwischen April und Juni treten sie vermehrt in den weiten Ebenen der Great Plains bis hinunter nach Texas auf. Obwohl ihr ›Leben‹ zuweilen nur Minuten währt, können sie innerhalb ihres rotierenden ›Rüssels‹ von etwa 100 bis 200 m Durchmesser Spitzengeschwindigkeiten von über 700 km/h erzeugen, ungeheure

Kräfte, die Schneisen totaler Zerstörung schlagen und selbst den Asphalt der Straßendecken abreißen. Hurrikans, die tropischen Zyklonwinde, die sich im Spätsommer und Frühherbst über dem Golf von Mexiko bilden, Durchmesser von 200 km und Windgeschwindigkeiten von bis zu 240 km/h erreichen, können ganze Landstriche verwüsten und in Küstennähe meterhohe Springfluten verursachen. Immer wieder berührt ihre Bahn auch den Süden der USA, vor allem Florida, die Atlantikküste und die Golfstaaten. Dank moderner Satellitentechnik kann das Eintreffen eines Hurrikans oft auf die Stunde genau berechnet und die Bevölkerung über die ausgeschilderten Evakuierungsrouten Richtung Landesinnere in kürzester Zeit in Sicherheit gebracht werden. Während der Wirbelsturm-Saison kommt den Wetterberichten von Fernsehen und Radio große Bedeutung zu, die abgestufte Vorwarnungen wie *watch* (Beobachtung) oder *warning* (Warnung) ausgeben.

Mammutbäume und Kakteen – Flora und Fauna

Aufgrund der großen klimatischen Unterschiede gedeiht entlang der **Pazifikküste** eine vielfältige Vegetation. Im nördlichen, nebel- und regenreichen Küstenabschnitt wachsen dichte Wälder bis unmittelbar an den Pazifik, wie etwa die berühmten Sequoia-Wälder von Oregon und Nordkalifornien. Daneben bestimmen Eichen- und *Chaparral*-Bestände die natürliche Vegetationsdecke der Coast Range. Die dem Pazifik zuge-

wandten Westhänge des Kaskadengebirges sind mit Douglasienwäldern bedeckt, an der trockeneren Ostabdachung finden nur die genügsamen Gelbkiefern ihr Auskommen. Ein ähnliches Bild zeigt sich bei der natürlichen Vegetation der Sierra Nevada. Die Westhänge tragen in ihren tieferen Lagen bis etwa 1000 m Chapparal, eine der südeuropäischen Macchia entsprechende Hartlaubvegetation, der ein Gürtel von

Kiefern folgt, an den sich ab 2200 m Bestände der Mammutbäume anschließen. Wie beim Kaskadengebirge herrschen am östlichen Gebirgsabfall infolge geringerer Niederschläge Gelbkiefern und Wacholder vor, die in tieferen Lagen in Buschvegetation übergehen.

Kaum weniger vielgestaltig präsentiert sich die Fauna der Pazifikküste. Die nährstoffreichen kühlen Küstengewässer bieten Robben, Seelöwen und Seeottern einen idealen Lebensraum. Durch die unkontrollierte Jagd russischer, später auch amerikanischer Pelztierjäger waren die Otter-Bestände im letzten Jahrhundert fast ausgerottet. Heute stehen diese Tiere unter strengem Naturschutz und haben sich wieder vermehrt. Auch die stark bedrohten Schwarzbären, die früher in großer Zahl die nördlichen Wälder durchstreiften, findet man nun wieder in sehr abgelegenen Regionen. Häufiger hingegen kann man in den Grasniederungen entlang der Flüsse Herden von Wapiti- oder Virginia Hirschen beobachten. Die geschützten Täler, insbesondere die Klamath-Niederung, sind das bevorzugte Winterquartier der Zugvögel aus Alaska und dem kalten Osten der USA. Viele Tiere der Wälder und Flußauen, wie Fischotter oder Nerze, lassen sich nur mit viel Geduld und Glück in freier Wildbahn beobachten; meist wird man bloß ihre Spuren entdecken.

Eine hohe Anpassungsfähigkeit an die von Hitze und Trockenheit geprägten Lebensbedingungen sind das gemeinsame Merkmal der Flora und Fauna des **Südwestens.** Strauchsteppen beherrschen das recht einförmige Bild der natürlichen Vegetation, die unter dem Namen *chaparral* zusammengefaßt wird. Im südlichen Abschnitt bestimmt bereits die Wüstenvegetation mit ihren weit ausladenden Saguaro-Kakteen, den ku-

geligen Igelkakteen und den baumartigen Joshua Trees das Bild der Landschaft. Wo sich Flüsse den Weg durch das trockene Land bahnen, haben kleinwüchsige Eichen, Wacholder, Weiden und Pappeln ihren eng begrenzten Lebensraum.

Die isolierten Gebirgszüge der Sacramento- und Guadalupe Mountains tragen in den Höhen eine dichte Bewaldung aus Gelbkiefern, Fichten, Tannen und Espen, während am Fuß der Berge

Mammutbaum im Sequoia National Park

Die Wüste lebt:
Bunte Eidechse (»colored lizard«) in der Mojave-Wüste im südlichen Kalifornien

nur die *Chaparral*-Strauchsteppe ihr Auskommen findet. Die abflußlosen Beckenlandschaften und die hohe Verdunstung haben vielerorts zu einer starken Versalzung der Böden geführt, der sich nur einige hochspezialisierte Pflanzen wie Salzgras und Salzmelde anpassen konnten.

Aufgrund des beschränkten Nahrungsangebots leben in der Trockenzone vorwiegend Kleintiere, die meist nachtaktiv sind und ihre Behausungen in Felsspalten und Erdhöhlen haben. Wüstenratten und das Wollschwanzkaninchen zählen dazu, aber auch das Antilopen-Erdhörnchen und Canyon-Streifenmäuse. Die Region ist überdies die Heimat verschiedener Schlangenarten, Skorpione, Vogelspinnen, Eidechsen und Leguane.

Im Gegensatz zum Kaskadengebirge sind die **Rocky Mountains** in ihrer gesamten Länge dicht bewaldet. Im nördlichen Abschnitt herrschen Douglasien

und Weißkiefer vor, im mittleren Gelbkiefern, während die südlichen Ketten überwiegend von Wacholder- und Piñonbeständen (Nußkiefern) überzogen sind.

Die ungekrönten Könige dieser Gebirgsregion, gleichermaßen gefürchtet wie bewundert, sind die Braun- und Schwarzbären. Die mächtigen Braunbären, in den USA Grizzly genannt, wurden in den Rocky Mountains fast ausgerottet, da sie den Siedlern gefährlich wurden und immer wieder Haustiere rissen. Der kleinere Schwarzbär hat sich im Schutz des Jagdverbots mancherorts zur rechten Plage entwickelt. Im Yellowstone-Park sah sich die Verwaltung gar gezwungen, die keineswegs ungefährlichen Bären auszusiedeln. Sehr scheu hingegen verhalten sich die Rotluchse, die ihre Beute vor allem unter den zahlreichen im Wald heimischen Vogelarten suchen.

Zu den Waldbewohnern der Rocky Mountains zählen auch die Virginia-

und Wapiti-Hirsche, während die Dickhornschafe und Gemsen sich die unwegsamen Felsregionen zum Lebensraum erkoren haben. Hier trifft man auch auf die kleinen Murmeltiere. Vor den Eingängen ihrer Höhlen beobachten sie aufmerksam die Umgebung, um bei nahender Gefahr mit lautem Warnpfiff blitzschnell zu verschwinden. Ein klagender Pfeifton ist das Merkmal der kleinen Pfeifhasen oder Picas, die Meerschweinchen ähneln und in großen Kolonien leben.

Die natürliche Vegetation der **Great Plains** bestand bis zur Ankunft der weißen Siedler aus Grasland, das im feuchten Osten als Langgrassteppe gedieh, im trockenen, unfruchtbaren Westen hingegen kurz blieb. Die Prärien waren der Lebensraum riesiger Büffel- oder Bisonherden, die von nomadisierenden Indianern gejagt wurden. Zu Fuß, später auf Pferden, folgten sie den Herden, bis die Kolonisation des Westens dieser ›Lebensgemeinschaft‹ ein Ende bereitete. Keine Landschaft der USA hat durch die Besiedlung ihr Erscheinungsbild dramatischer eingebüßt als die Prärie. Die unermeßlich weiten Grasebenen verwandelten sich in eingezäunte Äcker. Wie mit dem Lineal gezogen durchschneiden Farmwege und Autobahnen das Land, statt Bisonherden grasen Rinder auf den alten Weidegründen. Für Wandlung sorgte auch die Jagd auf Präriehunde, in deren Schlupflöchern sich die Pferde der Farmer und Cowboys leicht die Läufe brachen. Die Nager hatten zusammen mit den Bisons jahrtausendelang den Charakter der Grasländer bestimmt, indem sie keinen Strauchbewuchs aufkommen ließen. Ihre Dezimierung hatte eine Ausbreitung präriefremder Flora zur Folge, insbesondere des zähen Mesquitebaums und zahlreicher Distelarten.

Kaleidoskop der Ethnien – Bevölkerung

Den ersten weißen Siedlern, die Ende des 16. Jh. an der Ostküste der USA Fuß faßten, erschien die Herkunft der Ureinwohner rätselhaft. So hielten manche die Indianer für Nachfahren der verlorenen Stämme Israels, andere sahen in ihnen gar die Erben Trojas. Den Beinamen ›Rothäute‹ erhielten sie erst im 19. Jh. durch den schwedischen Forscher Carl von Linné, der sein anthropologisches Farbschema zu vervollständigen suchte, das bis dahin nur die Aufteilung in Weiße (Europäer), Gelbe (Asiaten) und Schwarze (Afrikaner) gekannt hatte.

Die Ursprünge der Besiedlung reichen über 30 000 Jahre zurück, als erste Jägernomaden die Beringstraße auf der damals bestehenden Landbrücke von Asien her überquerten und, den Tierherden folgend, allmählich südwärts zogen. Offenbar gab es zwei Wanderrichtungen. Während sich einige Gruppen entlang der Kordillere verbreiteten, besiedelten andere die östlich angrenzenden Prärieländer. Vor etwa 12 000 Jahren setzte eine weitere Aufsplitterung ein, die auch zur Besiedlung der Pazifikküste, der Wüstenregionen und des östlichen Waldgürtels führte.

Straßenfest in der Olvera Street in Los Angeles zum mexikanischen Nationalfeiertag

Die nun geographisch getrennten unterschiedlichen Lebensräume wiesen nicht nur den Sprachen der Urbevölkerung eigene Richtungen, sondern auch ihren kulturellen Entfaltungsmöglichkeiten. Die höchste Kulturstufe vermochten die Pueblo-Völker des Südwestens zu erklimmen, die seit dem 7. Jh. in stadtähnlichen Siedlungen, den Pueblos, lebten und eine ausgefeilte Bewässerungstechnik entwickelten. Die nicht weit entfernt in Kalifornien ansässigen Mono und Cahuila hingegen verharrten bis zu ihrer Ausrottung im 19. Jh. auf der Stufe steinzeitlicher Jäger und Sammler.

Als Weiße den Boden der Neuen Welt betraten, verteilten sich vermutlich 1 Mio. Indianer in 400 Hauptstämmen auf dem nordamerikanischen Kontinent. Heute leben allein in den USA etwa 1,9 Mio. Indianer aus 542 Stämmen, meist in den über 200 Reservaten. Den größten Stamm stellen die Cherokee mit 308 000 Angehörigen, gefolgt von den Navajo (219 000), Chippewa (104 000) und den Sioux (103 000). Zwei Drittel der Stämme zählen weniger als 1000 Mitglieder, die Siuslaw mit nur 44 gelten als kleinster. Wenn sich auch die Zahl der Indianer seit Ankunft der Weißen wahrscheinlich mehr als verdoppelt hat, vermochte sich ihre Lebensweise nach der Kollision mit derjenigen der Alten Welt nicht mehr zu erholen. Statt dessen degenerierte sie oftmals zur Subkultur, die nicht selten von Apathie und Hoffnungslosigkeit geprägt ist. Erst in den letzten Jahren scheinen unter der indianischen Bevölkerung Stolz und Selbstbewußtsein wieder zu keimen, etwa im gleichen Maße, wie im weißen

Amerika das Begreifen des begangenen Unrechts zum Allgemeingut reift. Dieser Denkwandel spiegelt sich nirgends so deutlich wider wie in den Produktionen von Hollywood, wo Indianer ihre klassische Rolle als wilde, skalplüsterne Rothäute längst gegen die des gedemütigten und unverstandenen, auf jeden Fall aber ›besseren Menschen‹ eingetauscht haben – der Spielfilm ›Der mit dem Wolf tanzt‹ mag dafür als Beispiel gelten.

Seit mit der »Mayflower« im Jahre 1620 die ersten Siedler an der Ostküste in Plymouth landeten, haben sich unzählige Einwandererwellen über den damals fast menschenleeren Kontinent ergossen und jenen vermeintlichen Schmelztiegel, den *melting pot of nations* entstehen lassen, der das Bevölkerungsbild der heutigen USA prägt. Die regionale Verteilung der Gruppen ist durchaus unterschiedlich. In den landwirtschaftlich genutzten Regionen des Mittleren Westens und der nordwestlichen Küstenzone überwiegt die weiße Bevölkerung. Besonders ausgeprägt ist die Dominanz der Weißen im Mormonen-Staat Utah. Das nördliche Kalifornien, insbesondere der Ballungsraum der Bay Area um San Francisco, zeichnet sich durch ein mosaikhaftes Nebeneinander asiatischer, schwarzer und weißer Bewohner aus. Der Südwesten wiederum steht stark unter hispanischem Einfluß, der durch – häufig illegale – Zuwanderung aus Mexiko unaufhaltsam weiter anwächst.

Die Chinesen haben seit ihrer Ankunft im 19. Jh. vor allem in den Chinatowns der Westküste an ihren Lebensformen festgehalten, wurden aber aufgrund ihrer vergleichsweise geringen Zahl nicht als ›Gefahr‹ für die dominierende angelsächsische Kultur gesehen. Seitdem jedoch Asiaten in die erste Riege der Einwanderer aufgerückt sind, richtet

sich das Augenmerk verstärkt auch auf diese Gruppe, die statt Assimilierung den Weg zu einer multikulturellen Gesellschaft propagiert und praktiziert.

Die schwarzen US-Bürger, deren Vorfahren im Gegensatz zu allen übrigen Zuwanderern unfreiwillig kamen, wurden trotz der Bürgerrechtsbewegung in den 60er Jahren nie vollends in die Gesellschaft integriert. Zwar sind viele soziale und politische Barrieren gefallen, die Diskriminierung der Afro-Amerikaner, die einen überproportionalen Anteil an Arbeitslosen und Sozialhilfeempfängern stellen, ist jedoch geblieben. Wie die Los Angeles Riots von 1992 zeigten, bestehen auch starke Spannungen zwischen ›alten‹ und ›neuen‹ Minderheiten. Nach dem rassistischen Fehlurteil eines Bezirksgerichts in der südkalifornischen Metropole hatten schwarze Jugendliche vor allem Geschäfte und Häuser koreanischer Zuwanderer geplündert und zerstört. Die wachsende Intoleranz und Diskriminierung der Nationalitäten untereinander spiegelt sich auch in den jugendlichen Straßenbanden der Großstädte wider, die sich, streng national getrennt, bis aufs Blut befehden.

Das heterogene Bevölkerungsbild mag zwar eine Definition ›des typischen Amerikaners‹ verbieten, einige charakteristische Lebensweisen und Denkmuster lassen sich dennoch herausfiltern. »I have a dream« – »Ich habe einen Traum«. Das Bekenntnis des schwarzen Bürgerrechtlers Martin Luther King, 1964 zum Leitbild seiner berühmten Ansprache vor dem Lincoln Memorial in Washington erhoben, war weit mehr als nur der Kunstgriff eines Redners. Die Worte, ebenso sorgfältig gewählt wie der Ort, ähnelten einer Beschwörungsformel, erinnerten sie doch an den *american dream,* den wohl jeder Amerikaner träumt und der sich unübersehbar wie

Wohnmobil-Idylle

ein roter Faden durch die Geschichte des Landes zieht. Ohne ihn hätten nicht Hunderttausende von Unzufriedenen, Verfolgten und Glücksrittern ihre Heimat verlassen, wären nicht die Trecks der Planwagen immer weiter nach Westen gerollt. Hinter dem Schlagwort *american dream* verbirgt sich die feste Überzeugung, daß man durch eigenes Streben zu materiellem Besitz und sozialer Anerkennung gelangt. Und daß dies nicht nur ein Traum ist, sondern immer wieder Realität wird, beweisen unzählige amerikanische Biographien, die dem märchenhaften Muster ›vom Tellerwäscher zum Millionär‹ folgen.

»Millionen Menschen marschieren zur gleichen Zeit dem gleichen Horizont entgegen; ihre Sprache, ihre Religion, ihre Sitten sind unterschiedlich, doch ihr Ziel ist das gleiche«, schrieb Alexis de Tocqueville um das Jahr 1835, der Graf aus der Normandie, der die noch jungen USA genau beobachtete und seine nahezu prophetischen Schlüsse zog. Die

von ihm aufgezeigte Dynamik ist geblieben, genährt vom Glaube an die noch immer ›unbegrenzten Möglichkeiten‹, die es zu nutzen gilt.

Die Sucht nach dem Neuen ist fast zur fixen Idee geworden, das Vorwärtsstreben zum Lebensziel. Nicht von ungefähr wurde der Schaukelstuhl, der auch während der Phase des Ausruhens Bewegung ermöglicht, in den USA erfunden – übrigens von keinem Geringeren als Benjamin Franklin. Daß diese Fixierung auf die Zukunft kaum Zeit läßt für den Blick zurück, liegt nahe. Gern werden Tatsachen verdrängt oder gefärbt, die sich so gar nicht mit dem Mythos von ›Gottes eigenem Land‹ vereinbaren lassen. Eine herausragende Rolle in der Ausformung der amerikanischen Gesellschaft spielte die Religion. Die Pilgrim Fathers, die 1620 als erste in der Neuen Welt Zuflucht fanden, waren beseelt vom Gedanken, endlich in Frieden und Freiheit ihren religiösen Vorstellungen folgen zu dürfen. Es folgten holländische Juden und englische Katholiken, die einträchtig, wenn auch räumlich getrennt, nebeneinander lebten. Der den christlichen Religionen innewohnende Missionsdrang übertrug sich auch auf die Politik. Noch heute haben religiöse Anspielungen selbst in den Reden von Politikern ebenso ihren Platz wie die Vision vom friedlichen Gottesstaat, in dem alle Menschen in Glück und Eintracht leben – Europäern mag das zuweilen befremdlich erscheinen. Der so streng befolgte Grundsatz der Glaubensfreiheit hat zu einer schier unübersehbaren Vielfalt von religiösen Strömungen geführt, in der tiefe Frömmigkeit ebenso ihren Platz hat wie Bigotterie, Sektierertum und wirtschaftliche Interessen. So kann es auch nicht erstaunen, daß es in den USA zu öffentlichen Protestkundgebungen und Ermahnungen von höchster Stelle kam, weil deutsche Gerichte der Scientology-Bewegung wegen vermuteter oder nachgewiesener Verquickung religiöser und kommerzieller Ziele die Anerkennung als einer Religionsgemeinschaft verweigerten und die Beobachtung durch den Verfassungsschutz billigten.

Mögen die USA in Wissenschaft und Technik auch nach den Sternen greifen, ihr Moralkodex zeigt, daß sie noch immer fest im Puritanismus ihrer englischen Urheimat verwurzelt sind. Religiöse Gruppen haben in allen öffentlichen und vielen privaten Belangen ein wichtiges Wort mitzureden, wenn es um die Bewahrung der ›Sitten‹ geht. Ohne sie wäre die Prohibition in den 20er Jahren nicht durchzusetzen gewesen, wäre die weitverbreitete Prüderie nicht noch immer ein von Europäern belächelter Anachronismus – das ›gesunde Volksempfinden‹ duldet keine nackten Babys am Strand und schon dreijährige Mädchen tragen zum Badehöschen selbst-

verständlich auch ein Oberteil. Daß sich die USA daneben als führender Hersteller freizügiger Herrenmagazine in aller Welt einen Namen gemacht haben, steht auf einem anderen Blatt.

Die bunten Plakate der Reiseunternehmen und die Selbstdarstellung in den Medien könnten leicht den Blick für die Realität trüben. Schon längst sind die USA nicht mehr das Land der unbegrenzten Möglichkeiten, das leuchtende Vorbild jenseits des Atlantik. Selbst der jüngst zu verzeichnende und bei uns viel bewunderte wirtschaftliche Aufschwung hat seine Kehrseite, verdankt er doch seine Dynamik nicht zuletzt dem Sinken des Realeinkommens und dem immer rigoroseren Kahlschlag von Sozialleistungen. Das unaufhaltsam wachsende Heer der *homeless people*, der Obdachlosen, Verwirrten und Entwurzelten in den U-Bahnschächten, Grünanlagen und Hospizen der amerikanischen Großstädte mag dafür als Meßlatte gelten.

In der Chinatown von San Francisco

Vom Einwanderungsland zur Weltmacht – Ein Streifzug durch die Geschichte

Die frühen indianischen Kulturen

Die erste Besiedlung des Westens erfolgte bereits vor mehr als 36 000 Jahren, die zweite vor 28 000 bis 13 000 Jahren, als asiatische Jäger den Tierherden über die damals noch bestehende Landbrücke der Beringstraße nach Süden folgten und sich schließlich über den ganzen Doppelkontinent bis hinunter nach Feuerland verbreiteten.

Von allen Stämmen Nordamerikas hatten die Bewohner des Südwestens den höchsten kulturellen Stand erreicht. Bereits im 3. Jh. v. Chr. waren die Hohokam (»Die, die spurlos verschwanden«) im heutigen Arizona seßhaft geworden und hatten unter dem Einfluß der mesoamerikanischen Hochkulturen beachtliche Bewässerungstechniken entwickelt. Etwas nördlich von ihnen siedelten die Anasazi, (»Die, die vor uns da waren«). Sie führten den Pueblo-Bau in die Trockengebiete des Südwestens ein; ihre wie Schwalbennester an den steilen Wänden klebenden *Cliff dwellings* von Mesa Verde und Canyon de Chelly versetzen den Beobachter noch heute in Erstaunen. Um das Jahr 1300 n. Chr. wurden die Höhlenwohnungen im Colorado-Plateau wahrscheinlich infolge zunehmender Trockenheit verlassen. Der Hang zur Seßhaftigkeit aber lebte bei einigen Stämmen ebenso weiter wie die Tradition der Gemeinschaftswohnbauten. Als im 8. Jh. athabaskische Gruppen aus Alaska zuwanderten, die später von den Spaniern Apache und Navajo genannt wurden, kam es zunächst zu Auseinandersetzungen zwischen der Bauernbevölkerung und den Nomaden, bis die Jäger aus dem Norden einige Kulturelemente der Pueblo-Indianer übernahmen und sich den neuen Lebensbedingungen anpaßten.

Die Entdeckung des Westens durch die Europäer

Ins Blickfeld Europas rückte der nordamerikanische Kontinent bald nach der Entdeckung Amerikas durch Kolumbus (1492), wobei Spanier wie Coronado (1540) und Cabrillo (1542) die ersten Weißen waren, die den Westen des nordamerikanischen Kontinents zu Gesicht bekamen.

Die Pueblos des Südwestens gerieten bereits zu Beginn des 17. Jh. mit der Gründung von Missionsstationen in direkten Kontakt mit den Spaniern, die ihren Missionsauftrag, wie in den anderen Besitzungen Spaniens auch, mit Feuer und Schwert erfüllten. 1680 erhoben sich die Indianer gegen Ausbeutung und Bevormundung, konnten sich damit aber nur vorübergehend dem Zugriff der Kolonialmacht entziehen.

Aufgeschreckt durch das allmähliche Vordringen der Russen von Norden her, sahen sich die Spanier veranlaßt, den pazifischen Küstenstreifen, auf den Sebastian Vizcaino Anspruch erhoben hatte, auch faktisch in Besitz zu nehmen. Pionierarbeit leistete hierbei der aus Mallorca stammende Franziskaner Junipero Serra, der, von der Aufgabe der

Bekehrung beseelt, eine Kette von Missionsstationen anlegte, aus denen schließlich die Provinz Alta California hervorging.

Die Great Plains hingegen machte bis Anfang des 18. Jh. niemand den Büffelherden und Indianern streitig. Zwar beanspruchte Frankreich einen großen Teil

Pelzjäger im ›Wilden Westen‹

der Region, seit Sieur de la Salle 1682 von Kanada aus den gesamten Mississippi bis zur Mündung hinuntergefahren war, besiedelt wurde das riesige Louisiana allerdings nur tief im Süden um New Orleans. Herren der weiten Grasländer waren zu jener Zeit noch die Stämme der Prärie-Indianer, die teils als seßhafte Bauern lebten, wie die Pawnee, Wichita oder Mandan, oder aber als Jägernomaden über die Prärien zogen, wie die Apache, Sioux und Comanche. Die Kiowa und Comanche des Südens eigneten sich bereits Ende des 16. Jh. das Pferd an, das die Spanier in die

Neue Welt gebracht hatten. Etwas später machten sich auch die Sioux das Reittier zu eigen und stiegen damit zum Herrscher der nördlichen Prärien auf. Der klassische Indianer, der mit seinem Pferd nahezu verwachsen pfeilschnell über die Ebenen jagt und die Büffel aus vollem Galopp schießt, ist also erst das Ergebnis eines grundlegenden Wandels der indianischen Gesellschaft durch Einführung des Pferdes. Mit großer Begeisterung widmeten sich die überwiegend seßhaften Pawnee der Pferdezucht, während andere Stämme, wie die Apache, in kurzer Zeit zu regelrechten Reitervölkern heranwuchsen, die ihre Tiere meisterhaft beherrschten, dadurch aber auch zum Schrecken der seßhaften Völker wurden.

Go West: Die Ära des ›Wilden Westens‹

Erst nach Erlangung der Unabhängigkeit im Jahre 1776 wandte die junge Nation der Vereinigten Staaten ihren Blick zunehmend nach Westen, um neues Land jenseits der Appalachen zu erschließen. Es begann das Zeitalter der Pioniere, der Indianerkämpfe, die Epoche, die den Begriff ›Wilder Westen‹ prägte und jene magische Anziehungskraft schuf, die bis heute fortlebt. Den Auftakt bildete 1803 der Abkauf Louisianas von den Franzosen. Mit dem riesigen Gebiet zwischen Mississippi und Rocky Mountains verdoppelte Präsident Jefferson für 15 Millionen Dollar über Nacht das Territorium der Vereinigten Staaten.

Als 1805 die Lewis-und-Clark-Expedition den Pazifik auf dem Landweg erreicht hatte, setzte sie das Ziel für Tausende landhungriger Siedler. Auch an den übrigen, nicht klar definierten Grenzen schritt die Expansion unaufhaltsam fort. Angloamerikanische Siedler legten sich in Texas mit den Mexikanern an, die 1821 unabhängig geworden waren, und gründeten 1836 einen unabhängigen Staat, der erst 1845 in die Gemeinschaft aufgenommen wurde. Der sich daraus entwickelnde Krieg mit Mexiko brachte

Der Sioux-Häuptling Sitting Bull

den USA neue Landgewinne im Westen, insbesondere das gelobte Land Kalifornien. Mit Britisch-Nordamerika einigte man sich 1846 auf eine gemeinsame Grenze entlang des 49. Breitengrades auch westlich der Rocky Mountains.

Vor allem der schmale Küstenstreifen entlang des Pazifischen Ozeans wurde lange Zeit als ›Goldener Westen‹ idealisiert, den zu erreichen man keine Mühen und Gefahren scheute. Vom Staat wurde dieser Pioniergeist geschickt genutzt, half er doch, das Ziel territorialer Ausweitung zu verwirkli-

chen, das die Frühzeit amerikanischer Geschichte prägte.

Die Interessen der Indianer wurden dabei nicht beachtet. Als Mäntelchen der Legalität dienten die Abtretungsverträge zwischen Washington und den einzelnen Indianerstämmen unter der Rubrik ›Friede gegen Land‹. Über 100 davon wurden allein zwischen 1827 und 1837 unterzeichnet – für die Ureinwohner kaum mehr als kurze Atempausen im verzweifelten Kampf gegen eine technisch überlegene Zivilisation. Nicht selten allerdings hatte das Militär zuvor durch blutige Aktionen den Stämmen keine Alternative gelassen, als sich von ihrem Land zu trennen. Das Muster war immer das gleiche: Verträge wurden unterschrieben, von den Weißen aber nicht eingehalten. Die Proteste der Indianer verhallten ungehört, ihr verzweifeltes Aufbäumen dagegen wurde mit massivem Armee-Einsatz beantwortet. Ein weiterer Friedensvertrag war das Ergebnis, neues, schlechteres Land wurde den Besiegten zugewiesen und das Spiel wiederholte sich. Am Ende des vergangenen Jahrhunderts schließlich sahen sich die Indianer in meist unfruchtbare Regionen abgedrängt und in Reservate gepfercht, in denen sie bis heute ein oft menschenunwürdiges Dasein fristen.

Die Reaktion der Stämme auf die Expansion der Siedler verlief durchaus zwiespältig. Einige kopierten die Lebensformen der Weißen: Die Cherokee beispielsweise hielten sich Sklavenheere und erhoben Wegezölle für den Durchzug von Vieh durch ihre Reservate. Aber nicht mehr als fünf Indianerstämme des Südens (Cherokee, Chickasaw, Choctaw, Creek und Seminolen) hatten diesen Prozeß der Anpassung vollzogen und dafür die Auszeichnung ›zivilisierte Stämme‹ erhalten, freilich ohne daß man ihnen deshalb sehr viel größere Achtung entgegenbrachte. Andere ruinierte der Kontakt zu den Weißen in kurzer Zeit, insbesondere durch Alkohol und eingeschleppte Krankheiten, allen voran Syphillis und Tuberkulose.

Im Jahre 1830 erließ Präsident Andrew Jackson den *Indian Removal Act,* der die Zwangsumsiedlung der Urbevölkerung in die Gebiete westlich des Mississippi vorsah. Vor allem die ackerbautreibenden Seminolen, die bereits zwischen 1816 und 1818 aus Florida nach Georgia vertrieben worden waren, setzten sich vehement zur Wehr, nachdem ihnen das Klagerecht vor Gericht abgesprochen worden war. Auf dem *Trail of Tears* (Weg der Tränen) wurden sie ins heutige Oklahoma vertrieben, das den Ureinwohnern 1834 durch den *Indian Intercourse Act* als neue Heimat zugewiesen worden war. Die fünf hier angesiedelten, als ›zivilisiert‹ geltenden Stämme (s.o.) waren christianisiert, hatten eigene Schulen, Gesandte am Hof des englischen Königs, Rechtsanwälte und eine moderne Verfassung nach dem Vorbild der USA. An der bereits 1825 in der Stammheimat Georgia ins Leben gerufenen Nationalakademie unterrichteten Cherokee-Professoren die Studenten.

Nach der Vertreibung hatte das Leiden der Indianer noch immer kein Ende gefunden, ja, es sollte sich noch steigern. Als die USA 1848 nach dem Sieg über Mexiko die Ausdehnung des Territoriums bis zum Pazifik ins Auge faßten, stand der *Indian Intercourse Act* der Expansion im Wege, wurde 1907 mit der Proklamation von Oklahoma zum 46. Bundesstaat schließlich gebrochen und damit der Selbstregierung der Indianer ein Ende gesetzt.

Die erbittertsten Auseinandersetzungen zwischen den USA und den Indianern fanden zwischen 1864 und 1890

statt, als die Kolonisation auch die von Bisonjägern bewohnten Grasländer erfaßte. Am heftigsten wehrten sich die nomadisierenden Prärie-Indianer gegen das Vordringen der Siedler. Seit sie von den Spaniern das Pferd übernommen hatten, durchstreiften sie große Räume im Mittleren Westen und lebten von der Bisonjagd. Zu ihnen zählten vor allem die Sioux, Comanche, Kiowa und Cheyenne. Die Dezimierung der Herden bis zur fast völligen Ausrottung durch vorrückende Siedler und Soldaten darf als bewußte Taktik gesehen werden, die Lebensgrundlage der Indianer zu zerstören.

Auf dem Oregon und California Trail rumpelten die Planwagentrecks der Pioniere unaufhaltsam der Westküste entgegen. Der Preis dafür war hoch. Nicht Indianerüberfälle, sondern seuchenartige Krankheiten, insbesondere die Cholera, forderten unter den Pionieren viele Opfer.

Gleichsam wie ein Katalysator wirkte der aufsehenerregende Goldfund 1848 am American River in Kalifornien, der einen beispiellosen Goldrausch auslöste. Aber auch in den Rocky Mountains wurden reiche Lagerstätten entdeckt, die Tausende von Abenteurern anzogen und Minenorte über Nacht aus dem Boden schießen ließen. Einige wurden zur Keimzelle bedeutender Städte, die meisten aber verfielen nach Ausbleiben neuer Funde zu Geistersiedlungen.

Zur Besiedlung der weiten Prärieländer östlich der Rocky Mountains trug 1862 auch der sogenannte *Homestead Act* bei, demzufolge jeder Siedlungswillige im Westen eigenes Land (160 *acres*) zugesprochen bekam, sofern er versprach, es fünf Jahre lang unter den Pflug zu nehmen.

Das *Oregon Donation Land Law,* das 1850 in Kraft trat und jedem Siedler 320

*Der Eisenbahnbau in den USA brachte die abenteuerlichsten Konstruktionen hervor:
Die Santa-Fe-Eisenbahnbrücke über den Canyon Diabolo in Arizona*

acres (128 ha) und Ehepaaren das Doppelte zugestand, führte zu einem raschen Anwachsen der Bevölkerung Oregons von 8000 im Jahre 1845 auf 175 000 im Jahre 1880. Begleitet war die Landnahme von rücksichtslosem Raubbau an den Wäldern, von der Ausrottung der Bisons und der Vertreibung der alteingesessenen Indianer, die sich vergeblich gegen das Vordringen der Weißen zur Wehr setzten.

Eine wichtige Rolle in der Erschließung des Westens spielte die Eisenbahn. 1862 hatte der Staat den Gesellschaften einen breiten Landstreifen beiderseits der Trasse geschenkt, und so waren sie bemüht, Siedler an ihre Bahn zu locken, die ihnen Fracht- und Passagieraufkommen garantieren würden. Weniger topographische als politische Motive spielten bei der Festlegung der Linienführung die entscheidende Rolle. Rücksichtslos trieb die Central Pacific mit Tausenden chinesischer Kulis ihre Strecke unter schwierigsten Bedingungen durch die Sierra Nevada. Im Osten ging die Arbeit der Union Pacific, die in Omaha startete, wegen Geldmangel nur langsam voran. Während die Central Pacific mit dem unwirtlichen Gelände der Rocky Mountains zu kämpfen hatte, mußte sich die Union Pacific gegen die Indianer zur Wehr setzen, die sich erbittert gegen das Stahlroß wehrten. Im Gefolge der Baukolonnen bewegte sich ein ganzer Troß zuweilen skrupelloser Geschäftemacher, die es verstanden, den irischen Bauarbeitern das Geld aus der Tasche zu ziehen. Goldgräberlagern ähnlich, schossen die *end-of-track-towns* aus dem Boden, Bretterbudenorte mit dem obligaten Saloon, Krämerladen, Spielhalle und Bordell, und wanderten mit den Bauarbeiten immer weiter nach Westen. Im Jahre 1869 wurde mit einem goldenen Schwellennagel die letzte Lücke zwischen Atlantik und Pazifik geschlossen.

Das 20. Jahrhundert: Fortschritt und Katastrophen

Das 20. Jh. begann für die Westküste mit einer Katastrophe. 1906 wurde San Francisco durch ein Erdbeben mit anschließender Feuersbrunst zum großen Teil zerstört. Der Wiederaufbau erfolgte jedoch rasch, so daß in der Stadt 1915 die Fertigstellung des Panama-Kanals mit einer Internationalen Panama Pacific-Ausstellung gefeiert werden konnte.

Das Jahr 1920 brachte die Prohibition, das Verbot von Alkoholgenuß. Doch Herstellung und Vertrieb von Spirituosen wurden fortan als lohnendes Geschäft von der Unterwelt organisiert, der Konsum erfolgte in Tausenden von *speakeasies,* gut getarnten Schankstuben, in denen natürlich nur leise gesprochen werden durfte. Nach zehn Jahren wurde die Prohibition als untaugliches Mittel außer Kraft gesetzt. Die 20er Jahre brachten goldene Zeiten industriellen Wachstums mit immer neuen Produkten wie Textilien aus Kunststoffen, Radios und nicht zuletzt Autos, darunter das legendäre Ford-T-Modell. Hollywoods Filmindustrie wuchs immer weiter, der Tonfilm sollte den weltweiten Erfolg des neuen Mediums noch steigern. Wolkenkratzer prägten nun die neuen Skylines der Großstädte, vor allem in Chicago und New York, erst viel später auch in San Francisco, Los Angeles und San Diego; alles schien technisch machbar. 1927 begeisterte Charles Lindbergh die Welt, als ihm mit seinem Hochdecker ›The Spirit of St. Louis‹, der in San Diego gebaut wurde, der erste Transatlantik-Alleinflug nonstop von New York nach Paris gelang. Doch der Traum vom schöneren Leben währte nicht einmal zehn Jahre, als die frischgebackene Konsumgesellschaft 1929 im Gefolge eines Börsencrashs in eine Weltwirtschaftskrise abglitt, mit zuvor nie gekannter Arbeitslosigkeit, Inflation, Pleiten und wirtschaftlichem Niedergang. Im Mittleren Westen betraf die wirtschaftliche und soziale Not, kombiniert mit extremen klimatischen Dürreperioden, vor allem die Landbevölkerung, die in einer Art zweiten großen Treck Richtung Westküste zog, in der Hoffnung auf ein besseres Leben. Mit der Legalisierung des Glücksspiels und der Liberalisierung von Eheschließungen und -scheidungen versuchte sich Nevada diesem Strudel zu entziehen. Die Präsidentschaftswahlen 1932 brachten den Demokraten Franklin D. Roosevelt mit seinem »New Deal for the American people« an die Macht, ein Programm, das »innerhalb von 100 Tagen« das Heer der Arbeitslosen drastisch dezimieren und die Wirtschaft wieder flott machen sollte. Doch nachhaltig wirtschaftliche Erholung brachte ironischerweise erst der Zweite Weltkrieg, in den die USA 1941 durch den japanischen Angriff auf Pearl Habor gebombt wurden. Unmittelbare Leidtragende waren auch alle japanischstämmigen US-Bürger, die aus Angst vor Sabotageakte oder Spionage von der Westküste in abgelegenen Lagern im Landesinneren zwangsinterniert wurden. Die Sorge, Deutschland könnte mit einer Wunderwaffe den Krieg zu seinen Gunsten entscheiden, trieb die USA unter der Leitung der University of California 1942 zur forcierten Entwicklung der Atombombe in Los Alamos (NM), die nach ihrem erfolgreichen Test in White Sands (Trinity Site) jedoch nicht mehr in Deutschland, sondern 1945 über den japanischen Städten Hiroshima und Nagasaki zum Einsatz kam und damit den Zweiten Weltkrieg beendete.

Die Nachkriegszeit, die mit der Konferenz von Yalta so hoffnungsvoll eingeläutet worden war, brachte der Welt den Kalten Krieg, die Blockbildung in West und Ost und die Konfrontation der USA mit der Sowjetunion, was in den kommenden Jahrzehnten wiederholt die Gefahr eines dritten Weltkrieges heraufbeschwören sollte. Die Angst vor dem unberechenbaren Feind, dem »Reich des Bösen«, wie es der ehemalige Kalifornische Gouverneur und spätere Präsident Ronald Reagan einmal formulierte, löste in den USA eine Welle der Hysterie aus, die vor allem vom republikanischen Senator Joseph McCarthy geschürt wurde, der große Teile des State Department und der Armee von Kommunisten durchsetzt sah. Die dadurch ausgelöste Hatz auf Verdächtige, Diffamierungen und Gesinnungsschnüffeleien, die das Ziel hatten, »unamerikanische Umtriebe« aufzudecken und auch viele Hollywood-Künstler betraf, brachte aber trotz Bemühungen des FBI unter Leitung von J. Edgar Hoover keine Aufdeckung subversiver Tätigkeiten.

Der technische Fortschritt war jetzt nicht mehr zu bremsen. Daran hatte vor allem die Westküste als einstige Rüstungshochburg großen Anteil. Die San Francico Bay Area, Sitz der Stanford- und Berkeley-Universitäten, konnte durch ihr Potential an Intelligenz und Forscherdrang ein weltweit erstes Zentrum der Computerindustrie aufbauen. Um 1960 besaßen schon über die Hälfte aller Haushalte eine Waschmaschine, Dreiviertel einen eigenen Wagen und fast jeder ein Fernsehgerät und einen Kühlschrank. Als größte Baumaßnahme aller Zeiten fraßen sich Autobahnen durch das ganze Land, vor allem die Ballungsräume, wie um Los Angeles, wurden mit einem wahren Spaghettinetz überzogen, um mit der Massenmotorisierung Schritt zu halten.

Ein wichtiges Nachkriegsthema der USA war die Rassentrennung, die Präsident Truman 1948 zunächst in der Armee und allen öffentlichen Ämtern verbot. 1954 verkündete der Oberste Gerichtshof, daß eine Rassentrennung auch in den Grundschulen gegen die Verfassung verstieß. Die Widerstandsbewegungen von Martin Luther King sowie der Black Panthers oder Black Muslims haben zwar die Gleichberechtigung für die schwarze Bevölkerung der USA erstritten, doch sind viele Probleme und Vorurteile noch nicht gelöst, wie geringerer Bildungsstandard, Rassenunruhen und hohe Kriminalitätsraten auch an der Westküste immer wieder beweisen. Dies gilt auch für andere eingewanderte Gruppen aus mittel- und südamerikanischen Ländern.

Nach der Ermordung von Präsident Kennedy in Dallas im Jahr 1963 wurde der bisherige Vize Lyndon B. Johnson erster Mann im Staat. Unter seiner Ägide mit seinem »Krieg gegen die Armut« erfolgte der überfällige Ausbau sozialer Leistungen, vor allem aber die Verabschiedung des Civil Rights Act, womit die Diskriminierung von Rassen oder Hautfarben unter Strafe gestellt wurde und alle schwarzen Mitbürger das Wahlrecht erhielten.

Im selben Jahr begann mit dem Einsatz amerikanischer Bodentruppen für die USA die heiße Phase des Vietnam-Krieges. Er endete erst acht Jahre später unter Präsident Nixon mit einem Friedensvertrag und der Übernahme Südvietnams durch den kommunistischen Norden. Nicht zuletzt trugen die andauernden weltweiten Proteste, die maßgeblich an der Berkeley-Universität in Kalifornien ihren Anfang nahmen, zu der Erkenntnis des Pentagon bei, daß der ungleiche Kampf trotz einer Politik der verbrannten Erde nicht zu gewinnen war. Der von Frankreich »geerbte« Krieg hatte 47 000 G.I.'s das Leben gekostet, mehr als 300 000 wurden verwundet, viele 100 000 weitere für immer zu seelischen Krüppeln geschlagen. Die zahlenmäßigen Verluste Vietnams betrugen ein Mehrfaches, vor allem der Anteil der Zivilbevölkerung stellte das Leid Amerikas noch weit in den Schatten.

Im Zuge der allgemeinen Protestbewegung der späten 60er und frühen 70er Jahre forderten die verschiedensten gesellschaftlichen Gruppen auch im Westen der USA mehr Selbstbestimmung und Gleichberechtigung. So schlossen sich 1966 in Oakland schwarze Amerikaner zur *Black Panther Party* zusammen und riefen zum bewaffneten Kampf gegen die »weißen Unterdrücker« auf. Zwei Jahre später wurde die militante Indianerbewegung *American Indian Movement* gegründet, 1975 mit dem *Indian Self-Determination and Education Assistance Act* eine gesetzliche Grundlage für eine Selbstverwaltung der indianischen Reservate geschaffen.

Die 80er Jahre brachten unter der Präsidentschaft des ehemaligen kalifornischen Gouverneurs und früheren Hollywood-Schauspielers Ronald Reagan eine starke machtpolitische Stellung der USA nach außen mit sich, innerhalb des Landes klaffte das Gefälle zwischen Arm und Reich jedoch immer weiter auseinander: 1989 lebten über 13 % der Bevölkerung unterhalb der Armutsgrenze,

auch der Westen blieb von dieser Entwicklung nicht verschont. Hinzu kommt die wachsende Zahl der illegalen Einwanderer aus Lateinamerika, die vor allem in den Metropolen an der Westküste versuchen, Fuß zu fassen.

Auch in den 90er Jahren bleiben viele dieser Probleme noch aktuell. Daß das Zusammenleben an der Westküste nicht immer friedlich verläuft, zeigte sich 1992, als die *Los Angeles Riots* in der ganzen Welt für Schlagzeilen sorgten. Trotz Eingreifens der Nationalgarde kamen bei Aufständen und Rassenunruhen im Süden der Metropole viele Menschen ums Leben, ganze Straßenzüge brannten aus.

Das Bild vom ›Goldenen Westen‹ wird auch relativiert durch die großen Naturkatastrophen, die die Region immer wieder heimsuchten. Im Jahre 1980 forderte der Ausbruch des Vulkans Mount St. Helens im Bundesstaat Washington 57 Todesopfer. Dies war die Stunde 0 für einen neuen Nationalpark, der inzwi

Sit-in an der Berkeley University: Studenten fordern Reformen in Staat und Hochschule

schen zur großen Touristenattraktion ausgebaut wurde. Im Jahre 1988 vernichteten verheerende Waldbrände riesige Areale des Yellowstone und anderer westlicher Nationalparks, deren Wunden noch viele Jahrzehnte sichtbar bleiben werden. Dem schweren Erdbeben an der Westküste von 1906 folgten noch weitere, so etwa 1989, als ein Beben der Stärke 7,1 auf der Richterskala weite Teile von Kalifornien erschütterte und über 50 Todesopfer forderte. 1993 erlebte Los Angeles eine seiner verheerendsten Brandkatastrophen, als trocken-heiße Winde aus der Mojave-Wüste im Los Angeles Basin Buschfeuer entfachten, die Hunderte von Häusern, darunter Villen von Filmstars und bekannten Persönlichkeiten, in den Santa Monica Mountains in Schutt und Asche legten. 1994 starben im Großraum Los Angeles an die 50 Menschen bei einem 45-Sekunden-Erdbeben der Stärke 6,6 auf der Richterskala, der Einsturz vieler Stadtautobahnen führte zu einem Verkehrschaos. Im Winter 1996/97 kam es aufgrund eines plötzlichen Klimawechsels zu großen Überschwemmungen im nördlichen Kalifornien, der Yosemite National Park mußte für längere Zeit geschlossen werden, da die Flüsse über die Ufer traten.

Zeittafel

ca. 36 000 v. Chr.	Die erste Einwandererwelle aus Asien erreicht über die Beringstraße den amerikanischen Doppelkontinent.
ca. 3500 v. Chr.	Erste Maiskulturen im Südwesten
ca. 100 v. Chr.	Beginn der Seßhaftigkeit (Hohokam-Kultur) mit Einfluß der mexikanischen Hochkulturen; Frühphase der Anasazi-Kultur
1000	Die Wikinger unter Leif Ericson segeln von Grönland nach Nordamerika.
ca. 1300	Einführung der Pueblo-Bauweise durch die Anasazi, Entstehung der Cliff Dwellings
1492	Christoph Kolumbus entdeckt Amerika.
1539–42	Forschungsreisen Francisco Vázquez de Coronado von Mexiko in die Prärien und bis zum Grand Canyon
1542	Juan Rodriguez Cabrillo entdeckt die kalifornische Küste.
1607	Erste erfolgreiche englische Koloniegründung in Jamestown, an der Küste des heutigen Virginia
1775	Ausbruch des amerikanischen Unabhängigkeitskriegs
1776	4. 7. Unabhängigkeitserklärung der USA
1783	3. 9. Im Frieden von Paris erkennt Großbritannien die Unabhängigkeit seiner einstigen Kolonien an; Ausdehnung des amerikanischen Hoheitsgebietes bis zum Mississippi
1803	*Louisiana Purchase:* Verdoppelung des amerikanischen Hoheitsgebiets durch Erwerb des Territoriums zwischen Mississippi und Rocky Mountains von Frankreich
1804–06	Lewis-und-Clark-Expedition zur Westküste

1824	Gründung des *Bureau of Indian Affairs* zur Integration der in Reservate umgesiedelten Indianer
1836–43	Texas erklärt sich zum unabhängigen Staat; texanischer Krieg gegen Mexiko
1841	Der erste Siedlertreck erreicht auf dem Oregon Trail die West-küste.
1843–45	Erforschung des Westens durch John C. Fremont
1845	Beitritt von Texas als 28. Staat der Union
1846	Oregon-Vertrag: Festlegung der Grenze zwischen der ameri-kanischen und britischen Einflußzone entlang des 49. Breiten-grads
1846–48	Mexikanischer Krieg und Abtretung aller Gebiete nördlich des Rio Grande, von New Mexico und Kalifornien an die USA
1847	Gründung von Salt Lake City durch die Mormonen unter Brig-ham Young
1848–50	Goldrausch in Kalifornien; Besiedlung von Utah durch die Mormonen
1850	Kalifornien wird 31. Staat der Union.
1859	Oregon wird 33. Staat der Union.
1861–65	Sezessionskrieg von 23 Nord- gegen 11 Südstaaten.
1864	Nevada wird 36. Staat der Union.
1867	Kauf Alaskas von Rußland; Nebraska wird 37. Staat der Union.
1869	Fertigstellung der transkontinentalen Eisenbahn
1875	Krieg gegen die Sioux in South Dakota
1876	Colorado wird 38. Staat der Union.
1876	Die Sioux vernichten am Little Bighorn ein Regiment unter Führung von General Custer.
1882	Beginn der Masseneinwanderung vor allem aus Ost- und Südeuropa
1882–1900	Mit den *Chinese Exclusion Acts* unterbindet die kalifornische Regierung den Zustrom chinesischer Einwanderer.
1889	North Dakota tritt als 39., South Dakota als 40., Montana als 41. und Washington als 42. Staat der Union bei.
1890	Idaho wird 43., Wyoming 44. Staat der Union.
1896	Utah wird 45. Staat der Union.
1898	Krieg mit Spanien: Abtretung von Puerto Rico, Guam, Hawaii und den Philippinen (bis 1946) an die USA; Kuba wird unab-hängig.
1906	San Francisco wird durch Erdbeben und Feuer zerstört.
1912	New Mexico tritt als 47., Arizona als 48. Staat der Union bei.
1914	Eröffnung des Panama-Kanals und damit Verkürzung des Seeweges zur Westküste um viele Wochen
1917	Eintritt der USA in den Ersten Weltkrieg
1929	Börsenkrach an der Wall Street und Beginn der Weltwirt-schaftskrise *(Great Depression)*

Indianergruppen im Westen der USA

Die Urbevölkerung Nordamerikas unter dem Begriff *Indianer* zusammenzufassen, wird der Tatsache nicht gerecht, daß zahlreiche unterschiedliche Kulturen bestanden und zum Teil noch immer bestehen, die kaum oder nur wenig Kontakt miteinander pflegten, obwohl sie aus der gleichen, weit zurückliegenden Zuwanderung über die Beringstraße hervorgingen. So konnte es geschehen, daß sich unterschiedliche Sprachen, Religionen und Gebräuche herausbildeten.

Die Indianer der Nordwestküste hatten aufgrund des Nahrungsüberflusses und des Holzreichtums eine außerordentlich komplexe, auf materiellem Besitz und Prestige beruhende Gesellschaftsstruktur. Die Sippen waren streng in ein hierarchisches System eingebunden, dem Häuptlinge vorstanden. Sozialer Aufstieg war durch besondere Leistungen auf kriegerischem oder künstlerischem Gebiet möglich oder durch Ausrichtung eines *Potlatch*. Diese aufwendigen Feste dienten vor allem dazu, sich durch großzügige Geschenke eine privilegierte Stellung zu erkaufen oder zu erhalten. In der Religion spielten, wie bei vielen anderen Stämmen, Tiergeister und Schamanismus eine bedeutende Rolle. Göttliche Kraft schrieb man den Lachsen zu, die jedes Jahr an ihre Laichplätze zurückfanden. Überdies waren alle männlichen Stammesangehörigen in Geheimbünden organisiert, die im Winter Zeremonien zelebrierten.

Die Nordwestküsten-Indianer haben zwar überlebt, doch ihre Kultur ging verloren und damit auch die traditionellen sozialen Bindungen.

Die Stämme in Kalifornien und im trockenen Great Basin, von der Natur weit weniger verwöhnt, mußten ihre ganze Kraft zur Nahrungsmittelbeschaffung einsetzen, die vornehmlich aus dem Sammeln von Eicheln bestand. Sie lebten in kleinen autonomen Gemeinschaften, geführt von einem Häuptling. Die tatsächliche Macht lag jedoch oftmals in den Händen des Schamanen, der als Heiler und Regenzauberer fungierte, im Great Basin auch die Jagd leitete, die von mehreren Gruppen gemeinsam betrieben wurde. Rituelle Höhepunkte im Leben der kalifornischen Indianer bildeten die *Kuksu*- und *Toloache*-Kulte, Initiationsriten, bei denen die Beteiligten Tänze zu Ehren des Totengottes Kuksu aufführten und sich mit narkotischen Getränken berauschten, die Visionen auslösten und es so ermöglichten, mit der Welt der Geister Kontakt aufzunehmen.

Dem Klischee des berittenen, kriegerischen Indianers, wie es durch Abenteuerbücher und Filme geistert, entsprachen am ehesten die Indianer der Plains, von denen die Comanche, Apache, Blackfeet und Cheyenne die bekanntesten sind. Während die östlichen, in der Prärie beheimateten Gruppen seßhafte Maisbauern waren, lebten die westlichen Stämme zunächst noch recht bescheiden von der Bisonjagd. Erst mit der Übernahme des Pferds von den Spaniern vollzog sich zu Beginn des 18. Jh. ein tiefgreifender kultureller Wandel, der zu einer Stärkung und Verbreitung der nomadisierenden Bisonjäger führte.

Die seßhaften Präriestämme waren in Clans strukturiert, die Plains-Indianer hingegen jagten und lebten vorwiegend in kleinen Gruppen, deren Zusammenhalt durch kriegerische Männerbünde gewährleistet war. Rache, Beutegier und persönliche Selbstbestätigung dienten als Hauptmotive für ihre Kriegszüge, die sich nicht nur gegen weiße Eindringlinge richteten, sondern auch gegen die seßhaften Nachbarstämme der Pueblo-Völker. Zwar stand ein Stammesführer oder Häuptling an der Spitze, der mußte seine Autorität aber ständig unter Beweis stellen und wurde vom Rat der Ältesten kontrolliert, in deren Händen die wichtigsten Entscheidungen lagen. Bei den seßhaften Prärie-Indianern hingegen konnte sich ein stabiles Häuptlingstum etablieren, das sogar die Erbfolge vorsah.

Wie die meisten anderen Stämme in Nordamerika pflegten die Prärie- und Plains-Indianer eine animistische Glaubensvorstellung. Im Mittelpunkt stand der persönliche Schutzgeist, der den rechten Weg durchs Leben wies. Die Kraft des Geistes manifestierte sich in einem Medizinbündel, das die Indianer immer bei sich trugen. Stieß die Macht des persönlichen Schutzgeistes an Grenzen, trat der Medizinmann auf den Plan, um mit schamanistischen Riten die Kraft seines eigenen Geistes auf den Hilfesuchenden zu übertragen.

Auch kollektive Stammesriten waren bei den Plains- und Präriestämmen üblich. Dazu zählt vor allem der Sonnen-

tanz, bei dem sich die Tänzer, bis zur Ohnmacht stampfend, um einen zentralen Pfosten bewegten. Das Ritual verbreitete sich gegen Ende des 19. Jh. weit nach Westen, die Ute zelebrieren es noch heute. Eine recht interessante Verschmelzung westlicher und indianischer Elemente tritt im *Peyote*-Kult zu-

Im Taos Pueblo, New Mexico

tage, in dessen Mittelpunkt der Große Geist steht, der oft mit Gott oder Jesus verglichen wird. Die Zeremonie besteht aus dem gemeinsamen Verzehr der mescalinhaltigen Wurzeln des Peyote-Kaktus, der zu Halluzinationen und Visionen führt.

Im Südwesten kam es zu einer Mischung mehrerer Indianerkulturen. Als unmittelbare Nachfahren präkolumbischer Hochzivilisationen, von denen die Anasazi die bedeutendsten waren, leben bis heute die seßhaften Pueblo-Völker in ihren Dörfern, zu denen vor allem die Hopi, die Zuni und kleinere Stämme wie die Tewa, Acoma und Laguna zählen. Die bindende soziale

Klammer ist der maternale Clan, der sich nach der mütterlichen Abstammungslinie richtet.

Die enge Beziehung vor allem der Hopi zu ihrer Umwelt kommt besonders deutlich in den zahlreichen religiösen Zeremonien zum Ausdruck, mit denen sie den Ablauf des Jahres begleiten. In tief von Symbolik durchdrungenen Riten dokumentieren sie den Glauben an die Göttlichkeit der Natur und an das Universum als organische Einheit. Die Zeremonien dienen dazu, die Harmonie zwischen Mensch und Natur zu bewahren.

Wie bei vielen Indianerstämmen Nordamerikas werden auch bei den Pueblo-Bewohnern Zeremonien in Bünden vollzogen. Als Mittler zwischen dem Übernatürlichen und den Menschen spielen *Kachinas* eine zentrale Rolle. Sie verkörpern die in den Naturerscheinungen vermuteten Geister und manifestieren sich für jeweils sechs Monate nach geheimen Vorbereitungen im Schutz der heiligen *Kivas* in den Maskentänzern, zu deren Darbietungen Weiße keinen Zutritt haben. Die geheimen Rituale werden von Kachina-Bünden ausgerichtet, in die jedes männliche Mitglied des Pueblos in früher Jugend durch Initiation aufgenommen wird. Durch die Bedeutung der Rituale lag bei den Pueblo-Gesellschaften die Macht in Händen des oberen Kultpriesters. Noch heute ist in einigen traditionellen Pueblos, wie den der Kares, die mächtige Stellung des sakralen Häuptlings ungebrochen, obwohl den Pueblos schon von den Spaniern weltliche Führer verordnet worden waren.

Weniger komplex als bei den Pueblo-Bewohnern sind die sozialen und religiösen Strukturen bei den Navajo und Apache, die erst um 1300 von Norden zugewandert waren. Während die Navajo durch den Einfluß der Hopi bald zur Seßhaftigkeit übergingen, führten die Apache bis zu ihrer Dezimierung durch amerikanische Truppen ein nomadisierendes Leben. Ähnlich wie bei den Präriejägern verfügte der Stammesführer über nur geringe Autorität, obwohl sich im Kampf gegen die amerikanischen Truppen einige Häuptlinge wie Cochise oder Geronimo als glänzende Strategen hervortaten.

Mit der Hinwendung zum Ackerbau machten sich die Navajo den Gedanken der universalen Harmonie zu eigen, der auch das Leben der Pueblo-Völker prägt. Anders als bei den Hopi sind ihre magischen Zeremonien jedoch nicht auf das Wohl der Gemeinschaft gerichtet, sondern, wie bei den nomadisierenden Gruppen üblich, auf das Individuum. Im Mittelpunkt der Navajo-Rituale steht die Heilung von Krankheiten. Die Therapie erfolgt zum einen durch den Gruppengesang, die *Navajo chants,* zum anderen mit Hilfe magischer Sandbilder. Der Kranke wird auf das in den Sand gezeichnete Bildnis gesetzt, um in Kontakt mit den Heiligen Leuten zu treten, auf deren Hilfe er hofft. Aufgabe des Schamanen ist es, die Diagnose zu stellen und die geeigneten Gesänge und Sandbildmuster festzulegen, von denen hunderte existieren.

Mit dem Wiedererstarken indianischen Selbstbewußtseins gewinnen alte Traditionen zunehmend an Bedeutung. Glichen die Zeremonialtänze bis vor kurzem noch eher folkloristischen Darbietungen, mit denen sich zahlungskräftige Touristen anlocken ließen, so werden sie nunmehr als heiliges Erbe betrachtet und immer öfter unter Ausschluß der Öffentlichkeit abgehalten.

1931	Legalisierung des Glücksspiels in Nevada
1932	Olympische Sommerspiele in Los Angeles
1933	Präsident Roosevelt verkündet den *New Deal* zur Bekämpfung von Arbeitslosigkeit und Wirtschaftsflaute.
1935	Fertigstellung des Hoover-Staudamms am Colorado River
1937	Eröffnung der Golden Gate Bridge in San Francisco
1941	Überfall Japans auf Pearl Harbor, Hawaii; Eintritt der USA in den Zweiten Weltkrieg; Internierung japanischstämmiger US-Bürger
1945	Bei Alamogordo in New Mexico zünden die USA die erste Atombombe. Abwurf von Atombomben auf Hiroshima und Nagasaki; Ende des Zweiten Weltkrieges. Vom 25. 4. bis zum 25. 6. tagt in San Francisco die Gründungsversammlung der United Nations, Verabschiedung der UN-Charta.
1954	Anhörungen vor dem McCarthy-Untersuchungsausschuß für unamerikanische Umtriebe; auch Hollywood-Künstler sind davon betroffen.
1955	Eröffnung von Disneyland in Anaheim bei Los Angeles.; erster Testflug der Boeing 707 in Seattle
1961	Houston wird Forschungszentrum für den bemannten Raumflug.
1962	Weltausstellung in Seattle. Der kalifornische Autor John Steinbeck wird mit dem Literaturnobelpreis ausgezeichnet.
1963	Ermordung des amerikanischen Präsidenten John F. Kennedy in Dallas
1965	Bürgerkriegsähnliche Aufstände im Schwarzenviertel Watts in Los Angeles
1968	Studentenunruhen in Berkeley bei San Francisco lösen Jugendrevolten gegen den Vietnam-Krieg in der ganzen Welt aus. Gründung der militanten Indianerbewegung *American Indian Movement* (AIM), die u. a. vom Hollywood-Schauspieler Marlon Brando unterstützt wird.
1973	Abzug der letzten US-Streitkräfte aus Vietnam
1975	Gründung der Computerfirma Microsoft in Seattle. Verabschiedung des *Indian Self-Determination and Education Assistance Act,* das die gesetzliche Basis für eine Selbstverwaltung der Indianerreservate schafft.
1980	Ronald Reagan, kalifornischer Gouverneur und ehemaliger Hollywood-Schauspieler, wird zum Präsidenten der USA gewählt. Ausbruch des Vulkans Mount St. Helens in Washington fordert 57 Todesopfer.
1984	Olympische Sommerspiele in Los Angeles
1988	Verheerende Waldbrände zerstören Teile einiger westlicher Nationalparks, vor allem den Yellowstone National Park.
1989	Ein Beben der Stärke 7,1 auf der Richterskala verwüstet Teile von San Francisco und fordert über 50 Menschenleben.

1992	Rassenunruhen, die *Los Angeles Riots,* fordern zahlreiche Todesopfer und führen zur Zerstörung ganzer Straßenzüge.
1993	William Jefferson (Bill) Clinton übernimmt als 42. Präsident das Amt von George Bush. Unterzeichnung des nordamerikanischen Freihandelsabkommens (NAFTA), das den freien Handel zwischen den USA, Kanada und Mexiko garantieren soll.
1994	Schweres Erdbeben in Los Angeles, das viele Todesopfer fordert und Teile des Großraumes der Metropole verwüstet.
1995	Salt Lake City wird vom IOC zum Austragungsort der Olympischen Winterspiele 2002 gewählt.
1997	Massenselbstmord von 39 Mitgliedern der Sekte Heaven's Gate im kalifornischen Rancho Santa Fe. Der erste Gouverneur asiatischer Abstammung, Gary Locke, tritt im Bundesstaat Washington sein Amt an.

Politik und Wirtschaft

Die Vereinigten Staaten sind eine Präsidialrepublik mit bundesstaatlicher Verfassung, bestehend aus 50 Staaten und dem District of Columbia (D. C.) in der Hauptstadt Washington. An der Spitze des Staates steht der Präsident, der die Mitglieder des Kabinetts ernennt. Das Parlament besteht aus den beiden Kammern *Senate* und *House of Representatives.* Die 100 Senatsmitglieder werden alle sechs Jahre neu gewählt (jeweils ein Drittel alle zwei Jahre), die 435 Abgeordneten des Repräsentantenhauses alle zwei Jahre. Den Vorsitz des Senats führt der Vizepräsident der USA, den des Repräsentantenhauses der Speaker.

Der Präsident der USA wird für eine Amtsdauer von vier Jahren gewählt und darf seit 1951 höchstens acht Jahre an der Spitze des Staates stehen. Bei Vorwahlen, den *primaries,* wählen registrierte Parteimitglieder unter mehreren Kandidaten denjenigen aus, den sie in das Rennen um die Präsidentschaft schicken wollen. Der Sieger der *primaries* wird dann offiziell auf einem Parteitag als Präsidentschaftskandidat bestätigt. Am Wahltag, der alle vier Jahre im November stattfindet, entscheiden die stimmberechtigten Bürger nur indirekt über die Präsidentschaft. Jeder Staat enthält entsprechend seiner Vertretung im Kongreß eine festgelegte Zahl von Wahlmännern. In einem eher symbolischen Urnengang geben diese Wahlmänner ihre Stimmen dann für denjenigen Kandidaten ab, für den sich die Mehrheit der Wähler in ihrem Bundesstaat entschieden hat.

Durch sein Vetorecht hat der Präsident erhebliche Macht über den Kongreß und damit Einfluß auf die Gesetzgebung des Landes. Überdies ist er dem Kongreß gegenüber nicht verantwortlich und kann nur bei Rechts- und Verfassungsvergehen auf dem Wege der

»Think big«: Salat- und Erdbeerfelder im kalifornischen Central Valley

Anklage durch das *Impeachment*-Verfahren abgesetzt werden, bei dem das Repräsentantenhaus als Ankläger, der Senat als Gericht fungiert. Gestärkt wird seine Position noch durch den Oberbefehl über die Streitkräfte.

Obwohl die Vereinigten Staaten ein Mehrparteiensystem erlauben, dominieren die beiden großen Gruppierungen Republican Party und Democratic Party das politische Geschehen in den USA. Seit 1853 entstammen auch alle Präsidenten einer dieser beiden Parteien. Zu den kleinen politischen Vereinigungen zählen die ultrakonservative American First Party, die People's Party, die sich vor allem für die Belange der Farmer einsetzt, und die Prohibition Party, die gegen den Alkoholkonsum zu Felde zieht. Die Kommunistische Partei ist seit 1954 verboten. Im Gegensatz zu Europa stützen sich die amerikanischen Parteien nicht auf feste Mitgliedsbeiträge, sondern finanzieren sich vornehmlich aus Spenden.

Eine wichtige Rolle im politischen Alltag spielt der Oberste Gerichtshof *(Supreme Court),* der die Aufgaben des höchsten Bundesgerichts und des Verfassungsgerichts wahrnimmt. Die Bundesstaaten verfügen über weitgehende Selbstbestimmung mit eigenem Parlament, das mit Ausnahme von Nebraska ebenfalls zwei Kammern aufweist. An der Spitze steht der Gouverneur, der vom Volk direkt gewählt wird. Die einzelnen Staaten genießen eine größere Unabhängigkeit als die damit vergleichbaren Bundesländer unserer ebenfalls föderalistisch strukturierten Bundesrepublik, geraten jedoch zunehmend unter den Einfluß bundesstaatlicher Kompetenzen. Jeder Bundesstaat ist in unterschiedlich große *counties* aufgeteilt.

Die USA sind eine der führenden Wirtschaftsnationen der Welt. Während sich die traditionellen Zentren der Schwerindustrie nahe der Kohlegruben in den östlichen Regionen der USA konzentrieren, schöpft der Mittlere Westen seine Wirtschaftskraft vor allem aus großflächiger Landwirtschaft, insbesondere Weizenanbau in den Plains und Viehwirtschaft in Texas. Kalifornien und der Nordwesten wiederum sind seit jeher Entwicklungsfeld innovativer Industrien, etwa auf dem Gebiet des Flugzeug- oder Computerbaus (Boeing und Microsoft in Seattle, Silicon Valley südlich von San Francisco). Im letzten Jahrzehnt waren die USA einem tiefgreifenden ökonomischen Wandel unterworfen, welcher das Land im globalen Konkurrenzkampf wieder wettbewerbsfähig machte. Die Schwerindustrie wurde reduziert, der traditionelle Automobilbau erfuhr nach Zeiten der Rezession durch umfassende, Arbeitsplätze kostende Rationalisierung eine Wiederbelebung. Motor der amerikanischen Wirtschaft ist jedoch die forschungsintensive, hochspezialisierte Leichtindustrie, insbesondere die Chip-Herstellung für Computer und der Dienstleistungsbereich, angefangen von privater Postzustellung bis zum Internet, von Consulting bis zu Bank- und Versicherungsgeschäften.

Derzeit durchlebt die Wirtschaft der USA eine Blütezeit. Das Haushaltsdefizit konnte drastisch vermindert werden, Zinsen und Inflationsrate bewegen sich auf einem niedrigen Niveau, Export und Binnennachfrage stiegen, ebenso die Zahl der Beschäftigten. Die Arbeitslosenquote liegt bei ca. 5 % und damit wesentlich niedriger als in Europa. Doch die Wiederbelebung der Wirtschaft kostete einen hohen Preis. Nur etwa ein Drittel der über 7 Mio. Arbeitslosen erhält staatliche Unterstützung – nicht mehr als 187 US $ pro Woche (ca. 335 DM) – über 4,5 Mio. arbeiten notgedrungen als Teilzeitkräfte ohne soziale Absicherung, und mehrere Millionen Alt-Arbeitslose sind aus den Statistiken längst herausgefallen. Begleitet wird der Kampf um den Arbeitsplatz vom Verfall der Bezüge. Die Reallöhne für 80 % der Arbeitnehmer sind seit den 70er Jahren um jährlich etwa 1 % gesunken. Lohnsteigerungen konnten allein die sogenannten Besserverdienenden für sich verbuchen, die etwa 20 % der Beschäftigten ausmachen. Das System der öffentlichen Schulen ist desolat, Gesundheits- und Sozialversicherungswesen sind dringend reformbedürftig. Es ist unübersehbar, daß die Schere zwischen arm und reich immer weiter auseinander klafft und die USA sich zur Zweiklassengesellschaft entwickelt haben, was erheblichen sozialen Zündstoff in sich birgt.

Nicht nur Hollywood – Kunst und Kultur

Die US-amerikanische Kunst- und Kulturszene wurde nicht, wie etwa in der Alten Welt, vom breiten Strom einer organisch gewachsenen Kulturgeschichte gespeist, sondern durch viele kleine Quellen, die ihren Ursprung überall auf der Welt haben. So armselig das Gepäck der Einwanderer aus aller Herren Länder oftmals auch gewesen sein mag, Fiedel und Hackbrett hatten immer noch Platz gefunden und halfen über die erste schwere Zeit in der Fremde hinweg.

Hollywood-Mural in Los Angeles

Doch zuerst waren praktische Tugenden gefragt, mußte das Land unter den Pflug genommen, Städte errichtet und Straßen gebaut werden, ehe nach Jahrhunderten des Aufbaus Zeit und Kraft für die Schönen Künste blieben. Den USA daraus den Strick der Kulturlosigkeit drehen zu wollen, wäre ungerecht. Längst haben sie sich zu einer Kulturnation gemausert und in vielen künstlerischen Bereichen neue Maßstäbe gesetzt.

Lange Zeit rein auf die Ostküste und ihren Bezug zu Europa konzentriert, etablierte sich die Kulturszene im Laufe des 20. Jh. auch im Westen. Hier war es vor allem die Filmindustrie in Hollywood, die zu Beginn des 20. Jh. mit dem neuen Medium völlig andere Anforderungen an Schauspieler, Requisiteure und Autoren stellte, zugleich neue künstlerische Berufe schuf und ein Massenmedium kreierte, das bis heute nichts von seiner Wirksamkeit verloren hat. Namen wie Charlie Chaplin, Marilyn Monroe, Walt Disney oder Steven Spielberg, Filme wie ›Ben Hur‹, ›Vom Winde verweht‹,

›Casablanca‹ oder in jüngster Zeit ›Titanic‹ sind in der ganzen Welt bekannt. Auch die technologische Entwicklung von Silicon Valley hinterließ ihre Spuren im Filmgeschäft: Spezialfirmen wie »Industrial Light and Magic« geben mit ihren Computeranimationen dem Medium Film völlig neue Impulse und überraschen die Kinozuschauer mit täuschend echten Dinosauriern oder gigantischen Ufos.

Stark geprägt von der liberalen und weltoffenen Atmosphäre an der Pazifikküste ist die Bildende Kunst. Nach jahrzehntelanger Abhängigkeit von New York hat sich hier vor allen in den letzten 20 Jahren eine eigenständige Kunstszene herausgebildet, die nicht nur mit Namen wie David Hockney oder den Installations- und Performancekünstlern Paul McCarthy, Mike Kelley und Tony Oursler aufwarten kann, sondern auch mit berühmten Museen wie dem Getty Center, dem Los Angeles County Museum of Art oder dem San Francisco Museum of Modern Art. Der stete Zu-

Nationalsport Baseball
Zwischen Langeweile und Hochspannung

Baseball hält in Europa nur sehr langsam Einzug. Welchen Stellenwert diese Sportart dagegen in der amerikanischen Gesellschaft einnimmt, wird an vielem deutlich: Zum einen wird es sichtbar an der *Baseball Cap,* jener Kopfbedeckung, ohne die kein amerikanischer Mann zwischen 5 und 75 Jahren das Haus verläßt, außer in Texas. Inzwischen ist sie auch bei uns als modisches Accessoire beliebt.

Zum anderen hat der Sport die Sprache geprägt, unzählige Redewendungen sind aus der Baseball-Szene in die Alltagssprache übergegangen. Man redet von *aces* und *end runs*, und man hört Wendungen wie: *Asking for a ballpark figure rarely gets you to first base* (Eine unpräzise Frage bringt nichts) oder *This is a whole new ballgame* (Das ist eine völlig neue Situation), *To touch bases with someone on something* (Mit jemandem über etwas reden). Jüngere Sportsfreunde vergleichen ihre Erfolge beim anderen Geschlecht manchmal mit Äußerungen wie *I made it only to first base* oder *I made a home run* – jeder kann sich ausmalen, was damit gemeint ist.

Nicht zuletzt wetteifern die Städte miteinander um das schönste Stadion. Denver in Colorado hat gerade das Coors Field gebaut, und in San Francisco entstand für die *Giants* anstelle des alten Candlestick Parks direkt an der Bay bei China Basin ein brandneues Stadion. Aber auch in dem nostalgischen Stadion der *Dodgers* in Los Angeles, das aus den 60er Jahren stammt, wird das *ballgame* zum Erlebnis. Der Wechsel zwischen Fast-Langeweile und äußerster Spannung macht das Spiel für die Zuschauer so reizvoll. Die Spieler, die lange scheinbar untätig herumstehen müssen, dämpfen ihre Nervosität traditionell mit Kautabak.

Um zu verstehen, warum das Publikum plötzlich tobt, sollte man ein paar Grundregeln kennen. Zwei Mannschaften mit je neun Mann spielen auf einem Spielfeld, wo in einer Ecke die vier Male *(bases)* mit jeweils ca. 28 m Abstand rautenförmig angeordnet sind. Von der einen Mannschaft spielt zunächst nur ein Mann mit, der Schlagmann *(batter)* mit dem knüppelartigen Schläger. Er steht auf der *home base* und muß, wenn er den Ball geschlagen hat, über die anderen drei Male wieder zurück zur *home base* rennen. Dafür gibt es einen Punkt. Die andere Mannschaft, die Fangmannschaft, versucht, das nach Kräften zu verhindern. Ihr *pitcher* (Werfer) wirft den Ball so schnell und angeschnitten, daß der Schlagmann ihn möglichst gar nicht trifft. Passiert dies dreimal hintereinander, ist der Schlagmann draußen, die Schlägermannschaft wird zur Fängermannschaft. Ist dann später wieder die erste Mannschaft dran, ist die erste Runde vorbei, ein sogenanntes *Inning.*

Der Ball muß vom Werfer in einen genau definierten Bereich geworfen werden, der vom Schiedsrichter, der hinter dem Schlagmann steht, streng überwacht wird. Trifft der Schlagmann den Ball, rennt er los, um das erste Mal zu erreichen, bevor ihn ein gegnerischer Spieler mit dem Ball in der Hand abfängt, bzw. vor ihm das Mal berührt. Der Schlagmann versucht deshalb, den

wird der nächste Spieler aus seiner Mannschaft Schlagmann, und beide versuchen nun, jeweils die nächste *base* zu erreichen. Nervenkitzelnd ist ein *grand slam,* das ist ein *home run,* bei dem alle Male mit Spielern besetzt sind, der also 4 Punkte bringt. Diese Sekunden können spielentscheidend sein.

Spannung im Spiel der Los Angeles Dodgers gegen Montreal Expos

Ball so ins Feld zu schlagen, daß ihm selbst genügend Zeit bleibt, zum ersten Mal zu gelangen, bevor ein Fänger den Ball erwischen kann. Ins Publikum geschlagene Bälle sind ein begehrtes Souvenir. Im seltensten Fall kann der Schlagmann in einem Run wieder die *home base* erreichen (das wäre ein *home run*), meist bleibt er auf dem ersten oder zweiten Mal stecken. Dann

Ein Spiel besteht im Normalfall aus neun *innings* ohne Zeitlimit. Ist danach immer noch Punktegleichstand, hängt man eine weitere Runde an. Das Spiel kann dadurch entweder schon nach einer Stunde vorbei sein oder sich nahezu endlos hinzuziehen. Traditionell wird deshalb ein *seventh inning stretch* eingelegt. Bei dieser Dehnübung singt das ganze Publikum und streckt sich.

Überhaupt ist die fröhliche Atmosphäre unter den Zuschauern auffallend. Von Aggression ist nichts zu spüren, Baseball wirkt vielmehr wie ein großes Picknick, denn jeder ißt und trinkt. Offenbar macht das Zuschauen gewaltigen Durst, die Getränkeverkäufer haben reißenden Absatz. Das Spiel mit den vielen Pausen eignet sich hervorragend für einen Familienausflug. Aufgrund der sorgfältig geführten *statistics* kann der Eingeweihte das aktuelle Spiel mit jedem beliebigen der Geschichte vergleichen, für Fans ein ganz besonderes Vergnügen.

Von Michael H. Müller

strom von Einwanderern aus Mexiko, Lateinamerika und den asiatischen Ländern hat zu einer schier unübersichtlichen Vielfalt von künstlerischen Ausdrucksformen geführt, die von der Muralismo-Malerei bis zur multimedialen Performance reicht. Darüber hinaus sorgten großangelegte Land-Art-Projekte im Südwesten der USA, hier vor allem in Nevada, Arizona und New Mexico, in den 60er und 70er Jahren für Furore. Junge Künstler von der Ostküste hatten sich aufgemacht, um im Gegensatz zur Museums- und Großstadtkunst mit der Natur als Material zu arbeiten und ganze Vulkane, Salzseen

John Steinbeck

oder Wüstengebiete künstlerisch zu gestalten.

Auch im Bereich der Fotografie setzten die USA neue Maßstäbe. So wurde 1933 an der Westküste die Gruppe f.64 (Blende 64) gegründet, die sich einen direkten, ›ehrlichen‹ fotografischen Stil als Ziel setzte. Mitglieder waren u. a. Imogen Cunningham, Edward Weston, den man oft als »Fotograf des Westens« bezeichnet, sowie Walker Evans, der Hauptvertreter der *straight photography*. Dorothea Lange, die in den 20er Jahren von New York nach San Francisco zog und dort sozialkritisch fotografierte, schoß in Kalifornien während der großen Depression in den 30er Jahren zum Teil weltberühmt gewordene Fotos, die auf die Not der verarmten Landarbeiter aufmerksam machten. Sie besuchte Oklahoma und Texas und hielt auch die Zwangsumsiedlung japanischstämmiger Amerikaner während des Zweiten Weltkrieges in Bildern fest. Neben ihr ist vor allem Ansel Adams mit seinen eindrucksvollen Bildern vom Yosemite Nationalpark als Vertreter der Landschaftsfotografie international bekannt geworden.

Seit etwa 1850 entwickelte sich in den USA eine eigenständige literarische Tradition. Im Westen waren es vor allem zuerst die Drehbuchautoren für Hollywood, die mit ihren Werken bekannt wurden. So schufen Schriftsteller wie Raymond Chandler oder Dashiell Hammett in ihren Romanen Vorlagen für Kriminalfilme der Schwarzen Serie mit Helden wie dem Privatdetektiv Philipp Marlow oder Sam Spade, die mit Humphrey Bogart ihre Idealbesetzung fanden. Autoren wie Jack London oder der Literaturnobelpreisträger John Steinbeck erlangten mit ihren Romanen Weltruhm. In den 50er und 60er Jahren stellten Jack Kerouac, Allen Ginsberg oder William Burroughs und später auch Charles Bukowski mit ihren provokanten Werken die Werte der amerikanischen Nachkriegsgesellschaft in Frage. Für die jüngste Zeit wären die indisch-amerikanische Bharati Mukherjee oder die Wahl-Kalifornier Armistead Maupin und T. C. Boyle zu nennen.

Auf musikalischem Gebiet ist im Westen der USA eine ebensolche kulturelle Vielfalt festzustellen wie z. B. in der Bildenden Kunst. So haben sich volkstümliche Elemente bewahrt, die sich ebenso in Texas in der Texmex-Musik oder der deutsch und tschechischstämmigen Blas- und Akkordeonmusik finden als

auch in der Country-Musik im gesamten Gebiet der USA. Wichtiger aber dürfte wohl der Einfluß der Pazifikküste auf die westliche Rock- und Popmusik sein. So sind die Beach Boys mit ihrem *Surf Sound* untrennbar mit dem Klischee des sonnigen und sportlichen Lebens in Kalifornien verbunden. Gruppen wie The Doors oder Grateful Dead sind Ikonen der Popmusik der 60er Jahre, San Francisco galt als Mekka der Flower-Power-Bewegung. Im Nordwesten führte man die Protesthaltung bis in die 80er und 90er Jahre weiter: Der alles Bürgerliche verpönende Grunge kommt aus Seattle. Die Gruppe Nirvana avancierte innerhalb kurzer Zeit zur Kultband, verlor jedoch mit dem Selbstmord ihres Sängers Kurt Cobain in den 90er Jahren die impulsgebende Leitfigur des Grunge. Anders dagegen der hauptsächlich von Schwarzen produzierte Rap, der sich seit den 80er Jahren auch an der Westküste, und hier vor allem in Los Angeles, in der Musikszene durchsetzte und nichts von seiner Aktualität eingebüßt hat.

Mural eines hispanischen Künstlers im Chicano-Park in San Diego

Reisen
im Westen
der USA

Entlang der Pazifikküste nach Süden

Seattle und Umgebung

■ Seattle (S. 368), die mit etwa 1,6 Mio. Einwohnern größte und bedeutendste Stadt von Washington, zieht sich am Ostufer des Puget Sound entlang, der mit den nahen Olympic Mountains eine großartige Kulisse bildet. Seattle gehörte bis vor kurzem zu den angenehmsten Städten der USA: Der rasche Ausbau der City verlief zunächst in wohlgeordneten Bahnen, die Kriminalitätsrate lag niedriger als in anderen Metropolen vergleichbarer Größe, die Armut schien weniger bedrückend. Doch nun droht ein explosionsartiges Wachstum viele dieser Vorteile zunichte zu machen. Die Behauptung allerdings, die Bewohner von Seattle würden statt Sonnenbräune Rost ansetzen, entspringt wohl eher dem Neid der Südweststaatler. Und bei den T-Shirts mit dem Aufdruck ›Seattle Rain Festival: January–December‹, die Straßenhändler den Touristen anbieten, dürfte es sich nur um einen gewinnversprechenden Souvenir-Gag handeln. Mit 900 mm Niederschlag pro Jahr fällt hier weniger Regen als in New York, Chicago oder Miami, und der konzentriert sich überdies auf die Wintermonate zwischen Oktober und März.

Wie in vielen anderen Städten der USA haben Afro-Amerikaner, Juden und Nachfahren von Skandinaviern hier ebenso ihre Heimat gefunden wie Asiaten und Mexikaner. Allen gemeinsam aber ist die Liebe zur Natur im allgemeinen und zum Wasser im besonderen. Die USA können kaum ein besseres Segelrevier aufweisen als die von Tausenden von Inseln durchsetzten Gewässer des Puget Sound. Den Ruf einer ›kulturellen Einöde‹ hat Seattle längst abgelegt.

Obwohl der Puget Sound den Seefahrern schon Ende des 18. Jh. vertraut war, entwickelte sich erst 1851 langsam eine kleine Niederlassung am Alki Point, die einige Jahre später in den Schutz der Elliott-Bucht verlegt wurde. Als Namensgeber diente – und das scheint aus damaliger Sicht nahezu revolutionär – der Indianerhäuptling Seathl, der bei Verhandlungen mit den Weißen einen derart imponierenden Eindruck hinterlassen hatte, daß sie ihn den Sokrates des Nordwestens nannten und zum Taufpaten der neuen Niederlassung erkoren.

Ausgehend vom ersten Sägewerk des Henry Yesler diente auch Seattle zunächst dem Holzexport. Allmählich wurden Trapper auf der Jagd nach Pelztieren an den Puget Sound gelockt, gefolgt von risikofreudigen Händlern und Missionaren auf der Suche nach zu bekehrenden Indianern. Um das Bevölkerungswachstum etwas zu beschleunigen, ›importierte‹ Asa Mercer, der Gründer der Universität, 1865 einige Dutzend Frauen von der Ostküste, die das wilde Junggesellendasein so manchen Trappers und Holzfällers beendeten.

Im Jahre 1889 legte ein Großbrand, ausgelöst durch einen überkochenden Leimtopf und angefacht durch heftige Winde, die damals aus Holz gebaute Siedlung in Asche. Stein und Stahl hielten nun Einzug und gaben dem Ort ein neues Gesicht. Zwischen 1890 und 1910 versechsfachte sich die Bevölkerung. Heute profitiert Seattle von der Nähe zu den ostasiatischen Häfen und hat sich zum wichtigsten Handelstor im Nordwesten entwickelt. Im Schatten des Gi-

Seattle, Downtown

ganten Boeing haben sich zahlreiche elektronische Betriebe angesiedelt, dank des weltweit bekannten Unternehmens Microsoft wird seit Anfang der 80er Jahre sehr erfolgreich an Computern und Software gebastelt.

Downtown zu Fuß

Das Zentrum der weit ins Umland greifenden Stadt wird im Westen vom Puget Sound begrenzt, im Osten vom Lake Washington. Das Straßennetz ordnet sich in mehreren, gegeneinander verschobenen Schachbrettmustern, deren Basis die Uferlinie der Elliott-Bucht bildet.

Der Stadtkern erstreckt sich zwischen dem Seattle Center im Norden und dem Fähranleger (State Ferry Terminal) im Süden, während er in der West-Ost-Richtung vom Ufer der Elliott-Bucht bis zur Autobahn I-5 reicht. Ein Teil der Innenstadt wird von der Stadtbahn Monorail durchquert, die, anläßlich der Weltausstellung von 1962 errichtet, allerdings nur eine Streckenlänge von knapp 1,5 km aufweist.

Größte Attraktion ist für die meisten Touristen die von zahlreichen Cafés und Restaurants gesäumte **Waterfront** 1, der Uferabschnitt zwischen Pier 48 und 70. Leider haben die Städteplaner die ein wenig an San Francisco erinnernde Schokoladenseite mit einer Hochstraße

Seattle, Wirtschaftsmetropole und Trendsetter im Nordwesten der USA

verschandelt. Da hilft auch nicht die nostalgische, aus Neuseeland stammende Straßenbahn Jahrgang 1927, die gemächlich die 2 km zwischen den Piers 48 und 70 dahinzuckelt.

Nicht versäumen sollte man den Besuch des unmittelbar am Wasser liegenden **Seattle Marine Aquarium** [2] am Pier 59, das einen lebendigen Eindruck der angrenzenden Unterwasserwelt bietet. Nebenan zeigt das futuristisch anmutende **Omnidome Film Experience** [3] Filmvorführungen in technischer Perfektion, u. a. den Vulkanausbruch von Mount St. Helens (s. S. 78).

Beschaulicher geht es hingegen im neuen **Odyssey Contemporary Maritime Museum** [4] an Pier 66 zu, wo Ausflugsdampfer und historische Fahrzeuge Seite an Seite festgemacht haben und Liebhaber maritimer Traditionen voll auf ihre Kosten kommen. Auf Pier 67 liegt der berühmte **Edgewater Inn** [5], Seattles einziges unmittelbar am Meer gelegenes Hotel mit einem originellen Restaurant, von dessen Tischen früher die Angler ihre Köder auswarfen.

Von Pier 59 führt die überdachte, von Straßenmusikern gesäumte Treppe des Pike Street Hillclimb den Hügel hinauf zum **Pike Place Market** [6], der mit seinen offenen Marktständen auf mehreren Ebenen eine wohltuende Abwechslung zu den sonst vorherrschenden Supermärkten bildet und unabdingbarer Bestandteil einer Stadtbesichtigung ist. Hier werden wie in einem südländischen Basar die Produkte des Umlands feilgeboten, frisches Gemüse und Obst und vor allem fangfrischer Fisch aus dem angrenzenden Pazifik. Imbißstände, Cafés und Restaurants kümmern sich um das leibliche Wohl der Besucher. In unmittelbarer Nähe hat in der Union St. das **Seattle Art Museum** [7] ein neues Domizil gefunden. Das ehemalige Gebäude an der 14th St. E beherbergt nunmehr die orientalische Abteilung. Das **Visitor Information Center** [8] befindet sich einige Blocks weiter in nordöstlicher Richtung. Der Yesler Way weiter südlich bei Pier 52 führt zum **Pioneer Square** [9]. Die sich mehrere Blocks ausdehnende Altstadt ist das sicherlich schönste Viertel, vermittelt es doch mit renovierten Backsteinhäusern noch etwas von jener beschaulichen Atmosphäre, die den meisten amerikanischen Metropolen heute fehlt. Straßencafés, Bars und zahlreiche Kunstgalerien verleihen dem historischen Zentrum ein fast europäisches Flair. Allerdings ist der Bezirk zwischen der First Ave., dem Yesler Way und der S. Main Street auch Aufenthaltsort vieler *homeless people,* der wie in allen Großstädten wachsenden Schar von Obdachlosen und Bettlern.

Nach dem Brand von 1889 nutzte man die Chance und baute die Stadt auf höherer Ebene wieder auf, um die Kanalanschlüsse der Häuser über die Rückstauebene des Meeres zu heben. Früher hatte es bei Sturmfluten immer wieder unangenehme Überschwemmungen gegeben. Teile der alten Bausubstanz sind unter der Erde erhalten und können auf einer Tour besichtigt werden (Bill Speidel's Underground Tours). Der **Pioneer Park** markiert den Platz, wo Henry Yesler mit der Errichtung seiner Sägemühle den Grundstein zur Entfaltung von Seattle legte. Das Pioneer-Viertel beherbergt auch den **Klondike Gold Rush National Historic Park,** der zusammen mit einem ähnlichen Park in Skagway/Alaska an die abenteuerliche Zeit des Goldrauschs vor 100 Jahren erinnert, als Tausende von Abenteurern in Seattle von Bord gingen, um sich zu Fuß nach Norden zum Yukon durchzuschlagen. Das in einem historischen Gebäude untergebrachte Museum zeigt auch Filme aus jenen Tagen, darunter ›Gold Rush‹, den legendären Streifen von Charly Chaplin. Liebhaber zeitgenössischer Kunst sollten den Pioneer Place am ersten Donnerstag jeden Monats aufsuchen, wenn die Galerien auch abends geöffnet haben.

Bezeichnet der Pioneer Square das alte historische Zentrum, so verbirgt sich hinter dem südlich angrenzenden **International District** die farbenprächtige Welt Asiens. Japaner, Koreaner, Vietnamesen und Chinesen führen dort ihre Geschäfte, Restaurants und Clubs. Sehenswert ist das große japanische Kaufhaus Uwajimaya an der King Street und die von Taiwan gestiftete Pagode im Hing Hay Park, interessant ist auch das **Wing Luke Memorial Museum** mit einer Ausstellung über asiatische Volkskunst, Akupunktur und chinesische Medizin. Vom Pioneer Square kann man einen kostenlosen Bus zur Ecke Fourth und Pike Street nehmen oder von der Waterfront bei Pier 67 in die Pike Street einbiegen, um zum Westlake Center, der Endstation der Monorail zu gelangen. Mit der Magnetbahn schwebt der Besucher aus der Vergangenheit in die Neuzeit des Seattle Center, unübersehbar markiert durch die **Space Needle** 🔟, dem architektonischen Wahrzeichen der Stadt. Der futuristisch anmutende, 185 m hohe Turm

Die Space Needle

verdankt, wie die Monorail auch, seine Existenz der Weltausstellung von 1962 und bietet einen unübertrefflichen Panoramablick über die Stadt. In den beiden Obergeschossen des Center House können die zahlreichen Besucher ihren Hunger stillen und sich mit mehr oder weniger kitschigen Andenken versorgen, während Kinder wohl eher Gefallen am **Seattle Children's Museum** im Untergeschoß finden.

Die Umgebung von Seattle

Lebhaft geht es zu an den **Hiram M. Chittenden-Schleusen** einige Kilometer nördlich des Zentrums von Seattle, wo der quer durch die Stadt verlaufende, vom Washington Lake kommende Washington Ship Canal in den Puget Sound mündet. Im Juni kann man durch Fenster an der Südküste die Lachse auf ihrem Weg vom Meer zu den Laichgründen stromaufwärts beobach-

ten. Auch die Seelöwen hatten vor einiger Zeit diesen Platz entdeckt und dabei den Lachszügen spürbar zugesetzt. Deshalb wurden sie eingefangen und 1500 km weiter südlich in Kalifornien ausgesetzt. Doch da die Tiere schon nach wenigen Tagen wieder zurückfanden, will man sie künftig während der Lachswanderung ›einsperren‹. An die Schleusen grenzt der **Carl S. English Jr. Garden** mit etwa 500 Pflanzenarten, die der Botaniker zusammengetragen hat.

Etwa 2 km westlich lockt der **Discovery Park,** das ehemalige Fort Lawton, an der Shilshole Bay. Neben Wanderwegen, Naturlehrpfaden und schönen Strandabschnitten findet man hier auch das **Fort Lawton Military Museum** und das wesentlich interessantere **Daybreak Star Indian Cultural Education Center,** wo zuweilen Indianertänze aufgeführt werden. Einen besonders schönen Blick auf die Bucht und die Olympic Mountains genießt man von den Klippen des etwas südlich liegenden **Magnolia Park.**

Naturlehre vor Ort: Schüler beim Unterricht im Nationalpark

Für flugbegeisterte Touristen ist Seattle ein Dorado, gibt sich doch Boeing, der größte Hersteller ziviler Flugzeuge, betont besucherfreundlich. Auf dem **Boeing Field** (Exit 158 auf der I-5) vermittelt das **Museum of Flight** anhand von Original-Maschinen einen Querschnitt durch die amerikanische Luftfahrttechnik. Die Exponate reichen von einem Modell aus dem Jahre 1929 über den berüchtigten B-17-Bomber bis zur Apollo-Raumkapsel. Einen Teil des Museums bildet die legendäre Red Barn (Rote Scheune), die restaurierte erste Boeing-Fabrik aus dem Jahre 1909. Welch Fortschritt seither erzielt wurde, demonstriert die kostenlose Führung durch die modernen Produktionsstätten des Flugzeugwerks in **Everett,** 30 Meilen nördlich von Seattle, wo sich die Herstellung der Jumbos Schritt für Schritt verfolgen läßt. Die elf Stockwerke hohe Montagehalle auf 40 ha Grundfläche gilt mit über 13 Mio. m^3 umbauten Raumes als größtes Bauwerk der Moderne, mit Toren von 91 m Breite und 27 m Höhe.

Wer sich eher zum Wasser hingezogen fühlt, ist im **Blake Island Marine State Park** vier Meilen westlich von Downtown auf Blake Island im Puget Sound richtig aufgehoben. Der Park ist nur mit dem Boot erreichbar. Interessant ist das dazugehörige **Tillicum Village,** der Nachbau eines Langhauses der Nordwestküsten-Indianer mit zahlreichen Ausstellungsstücken, darunter einer großen Sammlung von Totempfählen.

Die Bucht von Seattle

Die zwischen dem Festland und dem zu Kanada gehörenden Vancouver Island gelegene, aus 172 Inseln und Inselchen bestehende Gruppe ist der rechte Ort, die Seele baumeln zu lassen und der Hektik großstädtischer Lebensweise zu entfliehen. 60 der Inseln sind bewohnt, zu den vier größten – Orcas, Lopez, Shaw und San Juan – bestehen Fährverbindungen. Der aus über 170 Inseln bestehende **San Juan Archipel** auf halbem Weg zwischen Vancouver Island und dem Festland dürfte vor allem Naturfreunde begeistern. Bis Ende des 19. Jh. wurde die Inselgruppe von Engländern, Kanadiern und Amerikanern gemeinsam verwaltet. Im Jahr 1859 kam es zu einem skurrilen Zwischenfall, der fast in eine kriegerische Auseinandersetzung mündete. Anlaß war die Tötung eines ›britischen‹ Schweins durch die Amerikaner. 13 Jahre dauerten die als Pig War in die Geschichte eingegangenen Spannungen, bis die Vernunft siegte und die Angelegenheit ohne ›weiteres‹ Blutvergießen ihren Abschluß fand.

Landschaftlich besonders reizvoll ist **Orcas Island** (S. 355) mit dem **Moran State Park,** wo sich ein weiter Panoramablick vom 800 m hohen Mount Constitution bietet. Der schönste Hafenort, **Friday Harbor,** liegt auf dem benachbarten **San Juan Island,** das der Inselgruppe den Namen gab. Hier befindet sich auch das bekannte **Whale Museum.** Wer die Meeressäuger in natura erleben will, sollte zum **Lime Kiln Point State Park** an der Westküste fahren, dem ersten ›Walbeobachtungspark‹ der USA. Die größten Chancen, Wale zu sehen, bestehen im Frühjahr, Sommer und Herbst. Wer die Riesen aus nächster Nähe studieren will, kann auch von Friday Harbor an einer Bootstour teilnehmen (Western Prince Cruise). An den ›Pig War‹ erinnert der **San Juan Island National Historic Park** mit einem britischen Camp aus dem 19. Jh.

Das Trinkgefühl der 90er Jahre
Kaffee und Bier

Wie sich die Zeiten doch ändern. Noch vor wenigen Jahren erhielt man in den *Coffee Shops* der USA zum Frühstück ein Getränk serviert, das irgendwo zwischen Tee, Kakao und Kaffee einzuordnen war – jedenfalls war es braun, besaß einen gewöhnungsbedürftigen Geschmack und kostete so wenig, daß die freundliche Bedienung immer wieder unaufgefordert die Tasse füllte. Die *Bottomless Coffee Cup* ist inzwischen fast überall passé. Heute wird dafür ausgezeichneter Kaffee serviert, bei dem man auch gerne für die zweite Tasse bezahlt.

Die Kaffeewelle, die mittlerweile bis in das kleinste Dorf geschwappt ist, nahm im Pazifischen Nordwesten der USA ihren Ausgang. Einer ihrer Marktbereiter war die erst 1971 in Seattle gegründete Firma Starbucks. Seitdem ist sie nicht nur zur größten Kaffeerösterei der USA, sondern auch zur Aktiengesellschaft gewachsen, die mit ihren Kaffeeläden längst nicht mehr nur in den USA und Kanada präsent ist, sondern auch in Asien und England.

Soziologen sehen den Verlust der ›dritten Orte‹ als Ursache für das Phänomen des Kaffeebooms, also das Fehlen neutraler Orte neben Haus und Arbeitsplatz. Früher konnten Bars diese Funktion erfüllen, aber kaum einer der gesundheitsbewußten Amerikaner trinkt tagsüber noch Whiskey. Kaffee dagegen kann man sich sogar schon auf dem Weg zur Arbeit bei einem der unzähligen *Espresso Carts* genehmigen. Persönliche Betreuung und Ansprache ist den Stammkunden sicher, denn der Kaffeebrüher, stilecht Barista genannt, kennt seine Kunden beim Namen und macht jedem seinen Wunschkaffee.

Ob die Vermehrung der Kaffeestände nun am wiedergefundenen ›dritten Ort‹ liegt oder schlicht und einfach am Geschäft, sei offengelassen. Vielleicht haben die Amerikaner auch nur Geschmack an guten Sachen gefunden, denn nahezu zeitgleich entstand auch eine ganz neue Art von Bieren, die winzige, unabhängige Brauereien zunächst sozusagen in Handarbeit herstellten. *Microbrews* heißen die kleinen, feinen Durstlöscher, die ganz anders schmecken als das, was man mit dem hinreichend bekannten Bud oder Miller in Verbindung bringt.

Die Ausgangsbedingungen für die Bierrevolution waren ideal: Im Yakima Valley und Willamette Valley im Nordwesten wuchs ausgezeichneter Hopfen. Aus den Bergen floß kristallklares, sauberes Wasser. Das Qualitätsbewußtsein der Konsumenten war gestiegen. Die Zeit war einfach reif. Kaum verwunderlich also, daß an mehreren Orten nahezu gleichzeitig verschiedene Leute dieselbe Idee hatten: Bier zu brauen. Gordon Bowker, der zuvor bereits die Kaffeefirma Starbucks mitbegründet hatte, war einer von ihnen. Er träumte zunächst nur von einer kleinen Brauerei, die die Nachbarschaft mit gutem Bier versorgt. Das war 1982. Heute produziert die Redhook Brewery in Seattle über 200 000 hl im Jahr. Auch in Portland entstanden zur selben Zeit neue kleine Brauereien. Stolz rechnet Oregon heute vor, mehr Brauereien und Brau-

Das Erfolgsrezept der längst nicht mehr so kleinen Brauereien beruht auf Qualität, traditioneller Braukunst nach europäischem Vorbild und frischen, regionalen Zutaten. Statt *Microbrew* wird deshalb auch gerne der Begriff *Craft Beer* verwendet. Die meisten Brauer

kneipen pro Einwohner zu besitzen als jeder andere Bundesstaat. Oregon nennt sich »Beervana«, Portland gar »Münich on the Willamette«.

Während in der Biernation Deutschland der Umsatz leicht rückläufig ist und auch der Gesamtbierkonsum in den USA stagniert, verzeichnen die *Microbreweries* seit 1990 jährlich neue Zuwachsrekorde. Für schwindelerregendes Wachstum bleibt auch weiterhin noch viel Raum – die »Kleinen« haben noch nicht einmal 3 % des gesamten amerikanischen Bierumsatzes erreicht.

orientieren sich an dem Stil der englischen *ales,* aber auch Hefeweizen (*Weisbeer* oder *Wheaten*) ist beliebt, und sogar Roggenbier gibt es. Die Qualität hat allerdings ihren Preis – die Flasche mit 0,3 l kostet auch im Super-Sonderangebot über $ 3. Am besten schmeckt es aber in einem der zahllosen Pubs, wo die verschiedenen Sorten *Craft Beer* dutzendweise aus den Zapfhähnen fließen, oder im *Brew Pub,* wo nur die frisch im Haus gebrauten Biere gezapft werden, die gar nicht erst in Flaschen abgefüllt werden.   *Von Michael H. Müller*

Ausflug ins Kaskadengebirge

Die langgestreckte Kette der Cascade Range bildet nicht nur die bezaubernde Kulisse zum Puget Sound und zum Häusermeer von Seattle, sie gehört mit ihren zerklüfteten Felsformationen, schneebedeckten Gipfeln und waldbe-standenen Hängen auch zu den schön-sten und am wenigsten berührten Na-turlandschaften der USA.

Der 1968 als Naturschutzgebiet aus-gewiesene, über 2000 km² große **North Cascades National Park** (S. 354) ist der jüngste Nationalpark der USA. Mit schroffen Bergzacken, zahlreichen Glet-

*Stille Fahrt durch die Morgennebel im
George Dam: Der Highway 20 im
North Cascades National Park*

Der Highway 20, auch North Cascades Highway genannt, leitet Besucher in
das Herz der Bergwelt, führt sie aber zunächst zu den Errungenschaften der
Technik – mehreren Dämmen, die das
Gletscherwasser aufstauen und für die
Stromversorgung von Seattle nutzen.
Ergebnis dieses Eingriffs ist unter anderem der fast 30 km lange Ross-See, der
sich bis zur kanadischen Grenze hinauf-
zieht.

Einen besonders schönen und eindrucksvollen Blick auf die Bergwelt
genießt man am Diablo Lake Overlook
und am Washington Pass Overlook,
auch wenn Hochspannungsmasten und
Drähte das Bild ein wenig trüben. Die
Großartigkeit des Kaskadengebirges erschließt sich aber erst Wanderern, so
etwa vom Thunder Creek Trail (30 km),
der die Straße nach Süden verläßt.
Aber auch unternehmungslustige Autofahrer kommen in punkto Naturerlebnis
auf ihre Kosten, wenn sie sich von Mar-
blemount auf die nach Südwesten führende Piste wagen, die sie zum Fuß des
Cascade Pass (1618 m) führt. Von dort
aus kann man, auf alten Indianerpfaden
wandernd, zum Lake Chelan gelangen.
Noch immer von der Außenwelt abge-
schnitten, hat sich in der kleinen ehemaligen Bergbausiedlung Stehekin am
Ostufer des Sees der Pioniergeist vergangener Tage erhalten. Immerhin
fährt ein Pendelbus auf einer gut 30 km
langen alten Bergbaustraße bis hinauf
zum Cottonwood Campground. Fußmüde Touristen können sich allerdings
auch mit dem Wasserflugzeug einflie-
gen lassen oder eine Fähre von Süden
benutzen.

schern und schmalen Tälern zeigt sich
eine wilde Urlandschaft alpinen Charak-
ters mit zwei langgestreckten Seen. Der
Park wird nur von einer einzigen, im
Winter teilweise geschlossenen Straße
durchquert und ermöglicht somit vor
allem Wanderern ein ungetrübtes Naturerlebnis.

Von Seattle entlang der Küstenstraße nach San Francisco

(Karte S. 65)

Bei der Fahrt auf der malerischen Küstenstraße, die meist in Sichtweite des Pazifischen Ozeans bis hinunter nach San Francisco und weiter bis Los Angeles führt, sollte man ein wenig Zeit und Muße mitbringen, um alle Sehenswürdigkeiten gebührend und in Ruhe bewundern zu können.

Von **Seattle** kommend erreicht man zunächst **Port Angeles** ⚊1 (S. 358), mit 17 000 Einwohnern eine recht bedeutende Hafenstadt. Ihr Name geht auf einen spanischen Kapitän zurück, der im Jahre 1791 in die Bucht eingelaufen war und sie Puerto de la Nuestra Señora de Los Angeles genannt hatte. Ein Jahr später trafen sich in der Meerenge Juan de Fuca, der Zufahrt zum Puget Sound, zufällig zwei Schiffe, geführt von dem Briten George Vancouver und dem Amerikaner Robert Gray. Der Engländer entdeckte und erforschte den Puget Sound und umrundete Vancouver Island, der Amerikaner sichtete den Columbia River. Nur ein Jahr später erreichte der Schotte Alexander Mackenzie als erster Weißer den Pazifik auf dem Landweg. Die bahnbrechende Leistung fand aber weder bei der North West Fur Company noch bei der britischen Krone die rechte Würdigung, hatte man doch auf die Entdeckung der Nordwestpassage gehofft. Mit der Fähre (Black Ball Ferry Line) kann man in ca. 1,5 Std. die 30 km nördlich liegende kanadische Insel Victoria erreichen.

Der Highway 101 wendet sich hinter Forks nach Osten, um der nördlichen Parkgrenze zu folgen. Bald darauf liegt der tiefblaue Crescent Lake am Weg. An dessen Westende zweigt eine schmale Stichstraße zu den **Sol Duc Hot Springs** ab, den bereits von den Indianern genutzten heißen Mineralquellen im Soleduck Valley am Fuß der Olympic Mountains.

Bald darauf knickt die 101 nach Süden ab und streift **Forks,** einen kleinen Ort, der für seine ausgelassenen Feiern zum Unabhängigkeitstag am 4. Juli in den USA bekannt ist. Ein lohnender Abstecher führt hinab zur Küste zum Reservat der Quillayute-Indianer mit dem pittoresken Fischerort **La Push.** Außer einem kleinen Museum hat der Ort einen schönen Strand vorzuweisen, dem einige Felsinseln vorgelagert sind. Dann dringt die Straße in das dicht bewaldete Gebiet der Olympic Mountains ein, das leider, wie die zahlreichen Holztransporter und viele Lichtungen beweisen, intensiv gerodet wird. Um so erfreulicher, daß große Teile des einzigartigen Regenwaldes im Olympic National Park, dem nächsten Ziel entlang der Route, bereits 1938 unter Naturschutz gestellt worden sind.

Olympic National Park

Das 3700 km^2 große Naturschutzgebiet des **Olympic National Park** ⚊2 (S. 355) umschließt die Olympic Mountains – vom Eis abgeschliffene Bergrücken, die früher einmal den Meeresboden bildeten. Auf engstem Raum vereinigt das

Von Seattle nach San Francisco

Quinault
Ind.Res.
Forks
Port
Angeles
1
La Push
Ruby
Sol Duc
Hot Springs
WASHINGTON
Queets
2
Olympic
National
Park
Moses Lake
Moclips
Hoquiam
Seattle
Ocean Shores
Olympia
3
Aberdeen
Raymond
Mt.Rainier
4392 m
Long Beach
Peninsula
Cape
Disappointment
Mt.St.Helens National
Volcanic Monument
13
Mt.Rainier
NationalPark
Astoria
4
14
Richland
Oswald West
St.Park
Cannon
Beach
Mt.St.Helens
2549 m
Wheeler
5
Tillamook
Portland
Cape Lookout
15
Mt.Hood
3424 m
16
Columbia River
Lincoln City
6
Newport
Salem
17
Rendleton
Albany
Sea Lion Caves
Oregon Dunes
National Recr.A.
Florence
7
Eugene
OREGON
Umpqua
Lighthouse
Cottage
Grove
Bend
8
Bandon
Coos Bay
High
Desert
Harney
Cape Blanco
Roseburg
97
Burns
Basin
Gold Beach
5
Crater Lake
National Park
18
Brookings
Upper
Klamath Lake
Redwood
National Park
Klamath
Falls
9
Lakeview
39
10
Eureka
Lava Beds
National Mon.
Ferndale
19
NEVADA
KALIFORNIEN
Burney
Eagle
Lake
Humboldt
Redwood St.Park
Lassen Peak
3187 m
44
Black Rock Desert
11
Leggett
20
Winnemucca
Fort Bragg
Lassen Volcanic
National Park
12
Mendocino
Pyramid
Lake
395
Fort Ross
Reno
21
Jenner
Virginia City
101
Lake
Tahoe
5
South
Lake Tahoe
Carson City
Sacramento
22
Berkeley
San
Oakland
Francisco

Pazifischer

Ozean

N
0   100 km

Naturschutzgebiet unterschiedliche Biotope, beginnend von der Küstenzone bis zu den Gletschern des 2428 m hohen Mount Olympus. Mit über 2500 mm Jahresniederschlag gehört die Westseite zu den regenreichsten Gebieten der USA, während die Ostseite in den Wintermonaten zu den regenärmsten

Der Zugang zum Park erfolgt entlang der 19 Meilen langen Upper Hoh Road, einer Stichstraße, die am Hoh River Rain Forest endet, dem schönsten Teil des naturbelassenen Waldes. In **Ruby** erreicht der Highway 101 wieder das Meer und gewährt aufregende Blicke auf die rauhe Pazifikküste mit ihren vorgelager-

Olympic National Park

der Westküste zählt. Ergebnis der hohen Niederschläge ist eine dichte Waldbedeckung aus mächtigen Zedern, Douglasien, Gelbkiefern und Fichten, eingesponnen in ein Netz aus tropfenden Bartflechten und hellgrünen Farnen.

Im Gegensatz zu den meisten anderen Nationalparks der USA will die Natur dort vorwiegend zu Fuß erobert sein. Einen durch den Park führenden Fahrweg sucht man vergeblich, es gibt allenfalls einige Stichstraßen, die von der um den Park verlaufenden Straße 101 abgehen. Statt dessen durchzieht ein 1000 km umfassendes Netz von Wanderwegen das Schutzgebiet. Viele Routen verlangen aufgrund der starken Zerklüftung und der bis in den Mai reichenden Schneedecke allerdings gute körperliche Kondition und sorgfältige Vorbereitung.

ten steilen Felsnadeln – kein Wunder, daß dieser Küstenabschnitt im Jahre 1994 zum Olympic Coast National Marine Sanctuary erklärt wurde. Auf zahlreichen Wegen durch dichten Wald kann man zu treibholzübersäten Stränden und Gezeitenbecken hinabsteigen (Informationen in der Kalaloch Information Station bei der Parkeinfahrt). Vor einer Strandwanderung sollte man den Gezeitenplan wissen (Tafeln am Wegesrand) und um in der Brandung treibende Holzstämme einen großen Bogen machen.

Nach der Ortschaft **Queets** verlassen wir erneut das Meer und fahren nach Osten durch das Reservat der Quinault-Indianer zum Lake Quinault, von wo aus Wanderwege in den Quinault Regenwald führen, der bereits Teil des Olympic National Park ist. Südlich von Quinault bietet sich die Möglichkeit, auf einer teilweise naturbelassenen 20 Meilen langen Piste durch gerodeten Wald zum ehemaligen Badeort **Moclips** zu fahren. Hier beginnt die sogenannte North Beach, die sich bis hinunter nach Gravis Harbor erstreckt. Der Highway 109 begleitet sie, um nach 22 Meilen bei **Hoquiam** wieder auf die 101 zu treffen. Den einstigen Stolz von Moclips, ein Nobelhotel am Ende einer Bahnlinie, hat ein Sturm 1904 über die Klippen gefegt. Dennoch behaupten sich heute auf dem Abschnitt etliche kleine Badeorte, wie Pacific Beach, Copalis Beach und Ocean City. Sehenswert ist vor allem die Steilküste zwischen Copalis Beach und dem auf einer schmalen Landzunge liegenden Ocean Shores.

Aberdeen 3 (S. 322) bildet zusammen mit dem angrenzenden Hoquiam ein recht bedeutsames industrielles Zentrum für die Holzverarbeitung. Sehenswert ist Grays Harbor Historical Seaport, eine historische Hafenanlage mit der Nachbildung des 107-Tonnen-Schiffs ›Lady Washington‹, mit dem Kapitän Robert Gray im Jahre 1792 die Küste entlang segelte und die später nach ihm benannte Bucht entdeckte. Für 250 US$ kann man auf einem der zweiwöchigen Törns anheuern. Von Aberdeen läßt sich auf der gut ausgebauten I-12 in etwa 45 Minuten die Hauptstadt **Olympia** erreichen.

An der Mündung des Columbia River

Auf dem Weg entlang der Küste sollte man die 101 bereits in Aberdeen verlassen und auf der 105 direkt zur Küste fahren, die hier den Namen South Beach trägt. Sie wird gern von Anglern aufgesucht, bietet aber auch schöne lange Strände und Surfmöglichkeiten. Die wichtigsten Orte sind Westport, Grayland und North Cove. In Raymond an der Willapa Bay stößt die 105 wieder auf die 101.

Einen weiteren intensiven Kontakt mit dem Pazifik gewährt der Abstecher auf die langgestreckte, von Ilwako aus zugängliche **Long Beach Peninsula,** die mit der gleichnamigen Halbinsel in Kalifornien (S. 347) allerdings nichts gemein hat. Die südlichste Spitze wird vom Cape Disappointment Lighthouse bewacht. Den Namen ›Kap der Enttäuschung‹ erhielt der Felsen im Jahre 1788 vom englischen Kapitän John Meares als Ausdruck für die vergebliche Suche nach der Nordwestpassage. Ab Februar kann man von hier aus das Vorbeiziehen der Grauwale auf ihrem Weg in die Arktis besonders gut beobachten.

Das benachbarte, als State Park ausgewiesene Fort Canby schützte bis 1957 die Einfahrt zum Columbia River. Dann machte moderne Technik den vorgeschobenen Posten entbehrlich, und Seevögel hielten Einzug in die Bunker. Auch die etwa 45 km lange und durchschnittlich 4 km breite Halbinsel hat schon bessere Zeiten gesehen. Einige Bauten aus dem frühen 19. Jh. blieben der Gemeinde Seaview erhalten, dem Austernort Oysterville setzten die Pazifikwellen und mehr noch die japanische Konkurrenz zu, und der Hauptort Long Beach lebt mehr schlecht als recht von seinen Vergnügungsparks und dem langen harten Sandstrand, den Autofreaks als Rennstrecke zweckentfremden dürfen. Für Ornithologen bietet der Leadbetter Park an der nördlichen Spitze ein beliebtes Ziel, wurden in der Dünenlandschaft doch über 100 Vogelarten gezählt.

Auf einer gewaltigen, mautpflichtigen Brücke überquert die 101 den mächtigen Columbia River hinüber nach Oregon, das den Reisenden mit dem historisch bedeutsamen Städtchen **Astoria** 4 (S. 324) empfängt. Die etwa 10 000 Einwohner zählende Ortschaft ist eng verbunden mit der abenteuerlichen Geschichte der Erschließung des Westens zu Beginn des 19. Jh. Johann Jakob Astor, dessen Namen die Stadt heute trägt, errichtete an der Mündung des Columbia River, die sein Landsmann Robert Gray 1792 entdeckt hatte, im Jahre 1811 einen befestigten Handelsposten. Anstoß dazu gab die vom amerikanischen Präsidenten beauftragte und von Astor finanzierte Lewis-und-Clark-Expedition, deren Mitglieder dort 1805/06 überwintert hatten. Während diese erste Überlandreise sehr erfolgreich verlaufen war, stand die Handelsniederlassung des Pelzbarons und reichsten Mannes der USA von Beginn an unter einem schlechten Stern, obwohl er zwei Trupps ausgeschickt hatte. Eine Gruppe nahm den langen Seeweg um Kap Hoorn, die andere versuchte, sich auf dem Landweg durchzuschlagen. Schon bei der Landung ertranken acht Matrosen, wenig später explodierte der Segler bei einem Indianerüberfall. Aber auch die Trapper, die den Spuren von Lewis und Clark folgten, wurden vom Mißgeschick heimgesucht, hatten doch auch sie einige Tote zu beklagen, ehe sie Fort Astor erreichten. Bereits 1813 fiel der Posten im Verlauf des englisch-amerikanischen Kriegs den Briten in die Hände, die ihn in Fort George umbenannten. Ein Jahr später erhielten die Amerikaner die Anlage zwar im Frieden von Gent wieder zurück, aber Astor hatte das Interesse verloren, weil die Jagdgründe inzwischen erschöpft waren. So entwickelte sich Astor nur langsam weiter – was seinem viktorianischen Charme zugute kam – und wurde bald vom benachbarten Portland überflügelt.

Bedeutendste Sehenswürdigkeit ist das **Columbia River Maritime Museum,** das einen interessanten Einblick in die maritime Entwicklung der Region bietet. Zu sehen gibt es unter anderem die Kommandobrücke eines U-Boots, die angeschwemmten Habseligkeiten Schiffbrüchiger von über 2000 gestrandeten Seglern, Relikte aus der Zeit des Pelzhandels und draußen an der Pier das Feuerschiff ›Columbia‹. Einen Blick in die Geschichte ermöglichen auch das teilweise restaurierte **Fort Astoria** und **Fort Clatsop National Memorial,** das die Erinnerung an die berühmte Lewis-und-Clark-Expedition wachhält. Von der 40 m hohen Astoria Column auf dem Coxcomb Hill, die 1926 als Nachbildung der römischen Trajanssäule errichtet wurde, hat man einen weiten Blick über den Columbia River und die Stadt.

Die Küste von Oregon

Nach Durchquerung des wenig ansehnlichen Badeorts Seaside erreicht die 101 den Ecola State Park, wo sich die Küstenlandschaft noch einmal von ihrer schönsten Seite zeigt. Pittoresk bietet sich auch das 25 Meilen weiter südlich gelegene **Cannon Beach**, das sich zum beliebten Treffpunkt der ›Schickeria‹ des nahen Portland entwickelt hat und entsprechend teuer ist. Seinen Namen erhielt der Ort von einer an Land geschwemmten Kanone des 1846 dort gestrandeten Kriegsschiffs »USS Shark«. Das Wahrzeichen, der etwa 80 m hohe Felsen Haystack Rock, ist bei Ebbe bisweilen zugänglich und verlockt so manchen zu gefährlichen Kletterübungen.

10 Meilen südlich lockt der **Oswald West State Park** am Cape Falcon zu Füßen des Neahkahnie Mountain mit einem besonders schönen, allerdings

nur zu Fuß oder mit dem Fahrrad zugänglichen Campingplatz. Der Legende zufolge soll dort eine spanische Galeone gestrandet sein, deren Überlebende ihre Schätze zwischen den Klippen versteckten. Ein Weg führt zur Bergspitze (schöner Blick über die Küste).

Tillamook 5 (S. 373), mit 5000 Einwohnern der nächste größere Ort auf dem Weg nach Süden und etwas abseits der Küste am Südende der gleichnamigen Bucht gelegen, lebt vom Tourismus und der Milchwirtschaft. Wer Abwechslung vom Autoalltag sucht, kann sich zweimal am Tag dem Oregon Coast Line Express zu einer beschaulichen Bahnrundfahrt durch das Hinterland über Garibaldi, Rockway Beach und Wheeler anvertrauen. Das **Pioneer Museum** in der Pacific Ave. gibt einen Einblick in die Frühzeit der Holzwirtschaft an der Nordwestküste. Einen Blick in die Pioniertage der Luftfahrt kann man im **Blimp Hangar Museum** am südlichen Stadtrand in der ehemaligen Naval Airstation werfen. Außer der gewaltigen Luftschiffhalle erwarten die Besucher Luftschiffe und historische Flugzeuge. Die Bedeutung der Milchwirtschaft läßt sich an den Käsefabriken der näheren Umgebung ablesen. Einige umwerben Touristen mit großen Verkaufsausstellungen, etwa die **Tillamook Cheese Factory** zwei Meilen nördlich der Ortschaft.

Wiederum sollte man nun die 101 für eine Weile verlassen und dem lohnenden Three Capes Loop folgen, einer 35 Meilen langen Küstenstrecke, die zu den schönsten der nördlichen Pazifikregion zählt. Die Fahrt geht vorbei am Leuchtturm von Cape Meares zu den Felsnasen von Cape Lookout, dem beeindruckenden Cape Kiwanda State Park und Pacific City, das für seinen Lachs bekannt ist, ehe man kurz vor Oretown wieder auf die 101 stößt.

Nach ca. 20 Meilen erreicht man **Lincoln City.** Der 6000 Einwohner zählende Ort besteht vornehmlich aus Hotels, Motels, Filialen von Fast-Food-Ketten und Souvenirshops – immerhin eine gute Gelegenheit, zu tanken und sich mit Proviant zu versorgen.

Newport 6 (S. 354), bedeutender Fischereihafen und nächste größere Station, bietet mehr Abwechslung. Zuvor sollte man sich jedoch nicht die kleine Schleife des Otter Crest Loop entgehen lassen, die im winzigen Naturhafen Depoe Bay beginnt und zum Leuchtturm von Cape Foulweather führt. Der exponierte Steilabfall verdankt seinen Namen (Schlechtwetterkap) keinem geringeren als dem großen Seefahrer James Cook, der das Kap 1778 auf seiner dritten Reise passierte, als er vergeblich nach der Juan-de-Fuca-Durchfahrt suchte. Am Nordrand von Newport trifft man wieder auf die 101. Lohnend ist ein Spaziergang entlang der Hafenpromenade mit den viktorianischen Häusern und den dicht zusammengedrängt liegenden Booten. Die eigentliche Attraktion aber ist das **Oregon Coast Aquarium,** eines der größten Meeresaquarien der Welt, das sich der Fauna des nördlichen Pazifiks widmet. Ähnliches bietet das Aquarium des **Hatfield Marine Science Center** jenseits der Bucht. Im **Yaquina Bay State Park** kann man einen der ältesten Leuchttürme der Pazifikküste (1871) besuchen.

Der kleine Küstenort Yachats trug lange zu Recht den Beinamen ›The gem of the Oregon Coast‹. Leider hat die Holzindustrie die Hänge des angrenzenden, bis auf fast 300 m ansteigenden Cape Perpetua gerodet, so daß am Fernblick keine rechte Freude aufkommen will.

Versöhnlich stimmt der 1873 errichtete Leuchtturm von Heceta Head inmit-

Abendstimmung im
Segelhafen von Florence

ten der fotogenen Küstenszenerie des Devil's Elbow State Park, die wir 10 Meilen weiter südlich durchfahren. Hoch über dem Meer laden mehrere Parkbuchten entlang der Straße zum Verweilen ein, um einen der lieblichsten Abschnitte der pazifischen Küste zu erleben. Nach Umfahren der Bucht liegen rechter Hand die **Sea Lion Caves** (S. 337). Im Jahre 1880 entdeckte ein Fischer die von Steller-Seelöwen bevölkerten Höhlen in der vom Land unzugänglichen Steilküste. Heute trägt ein Fahrstuhl Besucher hinab zu der etwa 800 m langen, auf Meeresniveau liegenden Höhle, wo sie die Meeressäuger aus der Nähe beobachten können.

Nach 10 Meilen ist die 4700 Einwohner zählende Stadt **Florence** 7 (S. 337) erreicht. Entlang des dort mündenden Siuslaw River reiht sich eine malerische Häuserfront. Man kann den Fischerbooten zuschauen, den Fischmarkt oder das **Siuslaw Pioneer Museum** besuchen. Interessanter dürfte das Indianer-Freilichtmuseum **Indian Forest** 6 km nördlich der Stadt sein, das Nachbildungen indianischer Behausungen zeigt. Florence ist auch der Ausgangspunkt für den Besuch der ›Sahara am Pazifik‹, der Dünenlandschaft an der Winchester Bay, wo der Umpqua-River in den Pazifik mündet. Rings um den Leuchtturm erheben sich über 200 m hohe Dünen, die höchsten der USA. Dünen bestimmen auch das Bild der sich südlich anschließenden **Oregon Dunes National Recreation Area.** Es ist nicht nur eine seltene Naturlandschaft von besonderem Reiz, sondern zugleich auch der Sandkasten für Dune Buggy- und Motorradfahrer, die im dazugehörigen Honeyman

State Park ihr Paradies haben. Daher sind die staatlichen Campingplätze trotz ihrer großen Zahl im Sommer und an Wochenenden meist ausgebucht.

Über Reedsport geht die Fahrt entlang der Küste weiter nach **Coos Bay** (S. 332). Aufgrund der geschützten Lage an der gleichnamigen, tief ins Land greifenden Bucht hat sich der Ort zum wichtigsten Hafen der Westküste zwischen San Francisco und Seattle entwickelt. Seinen heutigen Namen verdankt er den Coos-Indianern, die hier einstmals ihre Fischgründe hatten. Im Jahre 1854 hatte John C. Tilman, ein Industrieller aus Massachusetts, Coos Bay gegründet

und nach seiner Heimatstadt Marshfield benannt. Schnell stieg der geschützt liegende Ort zum wichtigsten Umschlagplatz für die Forstwirtschaft des Hinterlandes auf und rühmt sich noch heute, einer der größten Holzhäfen der Welt zu sein. Sehenswürdigkeiten im klassischen Sinn bietet die Kleinstadt nicht, doch lohnt sich ein Besuch des **Museum of Art** in der Anderson Ave., das zeitgenössische Werke lokaler Künstler zeigt, und des **House of Myrtlewood** am Südrand der Stadt, einer Fabrikationsstätte und Verkaufsausstellung mehr oder minder geschmackvoller Holzschnitzarbeiten.

Um so mehr lohnt die Erkundung der näheren Umgebung. Im nördlichen Vorort North Bend zweigt eine Straße von der 101 nach Charleston in südwestliche Richtung ab, einem Fischerdorf an der Mündung der Coos Bay. Von dort führt eine Stichstraße, die Seven Devils Road, 4 Meilen nach Süden in das Slough National Estuarine Sanctuary. Das Schutzgebiet, in dem man die Lebensformen des Grenzsaums zwischen Meer und Süßwasser studieren kann, dient zahlreichen Vogelarten als Refugium. Eine weitere, ebenfalls von Charleston ausgehende, Richtung Südwest verlaufende Straße (Cape Arago Hwy.) führt in die State Parks Sunset Bay, Shore Acres und Cape Arago. Im ersten kann man baden, der zweite umfaßt den ehemaligen Besitz des Holzbarons Louis J. Simpson und ist als Garten angelegt, der dritte fasziniert mit pittoresken Felsformationen.

Ohne Meerblick geht es nun bis **Bandon** 8 (S. 326), einer kleinen Ortschaft mit einem von riesigen Monolithen gesäumten Strand, der vor allem bei Sonnenuntergang einen unvergeßlichen Eindruck hinterläßt. Kein Wunder, daß sich hier eine Künstlerkolonie etabliert hat. Aber auch das Städtchen selbst mit beschaulichem Hafen und den zahlreichen liebevoll renovierten Häusern lohnt einen Besuch. Man sieht Bandon nicht mehr an, daß es mehrfach durch Feuersbrünste zerstört wurde. Im vorgelagerten Bullard Beach State Park steht ein fotogener Leuchtturm. Im Historical Museum, untergebracht in einer ehemaligen Coast Guard Station, kann man sich mit der maritimen Geschichte vertraut machen. Heute hat sich Bandon auf den Anbau und die Verarbeitung von Preiselbeeren spezialisiert.

Auf dem Weg nach Süden berührt der Highway 101 am **Cape Blanco** (State Park) den westlichsten Punkt des amerikanischen Festlands, durchquert Port Orford und bietet dem Reisenden im etwa 10 Meilen langen Boardman State Park nochmals eine dramatische Küstenszenerie, die man auf mehreren Pfaden bis zu den steil abfallenden Klippen erkunden kann.

Auch Gold Beach, der nächste Ort, profitiert von der landschaftlichen Schönheit. Das kleine, ganz auf den Tourismus ausgerichtete Städtchen liegt an der Mündung des Rogue River, einem beliebten Wildwasser für Angler und Kanuten. Bootsausflüge flußauf bis zum 56 Meilen entfernten Agness sind die Hauptattraktion. Zahlreiche Wanderwege führen überdies von Gold Beach in den östlichen Siskiyou National Forest, ein dichtes Waldgebiet, das sich zusammen mit der angrenzenden Kalmiopsis Wilderness Area bis zur kalifornischen Grenze erstreckt und durch das sich der Rogue River schäumend seinen Weg bahnt.

Hinter Gold Beach entfaltet die nördliche Pazifikküste für etwa 15 Meilen noch einmal ihren unvergleichlichen Reiz, dann ist **Brookings** erreicht, das bereits Anteil am gemäßigten kalifornischen Klima hat und deshalb etwas übertrieben als ›Oregons Bananengürtel‹ bezeichnet wird. Bekannt ist der Ort für seine Blumenzucht (Lilien und Azaleen, Fest am Memorial Day im Mai). Am nördlichen Ortsrand liegt das kleine Vogelschutzgebiet Goat Island. In der Nähe gelang einem japanischen Flugzeug der Abwurf der einzigen Bombe, die das Festland der USA während des Zweiten Weltkriegs traf – für das in dieser Hinsicht gesegnete Land wert, das Ereignis in die Annalen aufzunehmen.

Redwood National Park und Humboldt Redwood State Park

Am 42. Breitengrad überqueren wir die Grenze nach Kalifornien, wo uns als nächste Attraktion der **Redwood National Park** 9 (S. 360) empfängt. Erst 1968 wurde das Gebiet mit den höchsten Bäumen der Welt unter Naturschutz gestellt und damit der ›Selbstbedienung‹ der skrupellosen Holzindustrie ein Riegel vorgeschoben. Seither mußte der Staat über 30 Mio. Dollar zur Schadensbegrenzung – Beseitigung der Bodenerosion und Wiederaufforstung – mit Steuermitteln aufbringen. Doch es wird noch Jahrhunderte dauern, bis das Land seine ursprüngliche Gestalt zurückerhalten hat.

Der größte dort gefundene Redwood-Baum *(Sequoiadendron sempervirens)* mißt über 112 m und hat ein Alter von 600 Jahren erreicht; die mächtigsten Exemplare kann man im Tall Tree Grove und Lady Bird Johnson Grove bewundern. Doch vor lauter Riesenbäumen sollte man nicht die Frühlings- und Sommerblumen übersehen. Innerhalb des Nationalparks stellen die Abschnitte Jedediah Smith, Del Norte Coast Redwoods und Prairie Creek Redwoods touristische Einrichtungen zur Verfügung. Während der Ferienzeit und an Wochenenden empfiehlt sich eine Campingplatz-Reservierung.

Trotz einladender Strände ist vom Baden im Pazifik wegen des eiskalten Wassers und gefährlicher Unterströmungen abzuraten. Um so mehr lohnt sich bei Ebbe das Studium der Meeresfauna und -flora in den Gezeitenbecken, und mit etwas Glück kann man mit dem Fernglas Seeotter oder vorbeiziehende Wale (Dezember–April) sichten.

Mit der Einsamkeit der Pazifikküste ist es nunmehr vorbei. **Eureka** 10 (S. 336), die mit 30 000 Einwohnern größte Stadt der kalifornischen Nordküste, hat den archimedischen Ausruf ›Ich hab's gefunden‹ zu ihrem Namen erhoben. Das Städtchen lebt vom Hafen an der Humboldt Bay und der Holzindustrie. Einige prächtige viktorianische Herrenhäuser erinnern an jene Zeit, als mit Holz noch das große Geld gemacht wurde. Die beiden bekanntesten Gebäude sind das kunstvolle Carson Mansion von 1885 (Ecke M und 2nd Sts) und auf der gegenüberliegenden Straßenseite das bonbonfarbene The Pink Lady. Beide Häuser befinden sich im Privatbesitz und können nicht besichtigt werden.

Postkartenmotiv made in Ferndale

Viele weitere herausgeputzte viktorianische Holzhäuser findet man in Old Town Eureka.

Auch **Ferndale** (S. 336), etwa 10 Meilen südlich etwas abseits der 101 gelegen, besticht durch seine vielen restaurierten viktorianischen Holzhäuser, die teilweise von skandinavischen Einwanderern im 19. Jh. errichtet wurden. Ob dort dem berühmten, etwas überladen wirkenden **Gingerbread Mansion** von 1899 im Queen-Anne-Eastlake-Victorian-Stil nun von allen die Krone gebührt, ist natürlich Geschmackssache. Doch wo sonst kann man in den USA erleben, daß Wohnhäuser und Fahrräder, im gleichen Farbton gestrichen, ihre Zusammengehörigkeit dokumentieren. Weitere historische Gebäude kann man auf einem Rundgang durch die Innenstadt von außen besichtigen; die erläuternde Broschüre dazu ist in verschiedenen Geschäften an der Hauptstraße kostenlos erhältlich.

Riding the skunk
Mit dem ›Stinktier‹ durch den Wald

Fort Bragg

74

Schon seit 1925 zuckelt der gemütliche *Skunk Train* (Stinktier-Zug) täglich vom kalifornischen Küstenort Fort Bragg über Northspur zum ca. 65 km entfernten Willits im Landesinnere und zurück. Täglich bedeutet allerdings, sofern nicht wieder winterliche Unwetter in der Coast Range gewütet und umgestürzte Bäume oder Erdrutsche die Gleise blockiert haben.

Auf ca. 416 m Höhe geht es entlang des Pudding Creek durch herrliche Redwood-Wälder und zwei tiefe Tunnels, wobei der Zug auf 30 Brücken immer wieder über den Noyo River wechselt, der ihn bis zu seinem Ziel begleitet. Wer Glück hat, bekommt unterwegs Rehwild zu sehen, auch Braunbären sollen schon gesichtet worden sein. Allerdings ist es gut möglich, daß die Bahn irgendwo unfahrplanmäßig anhält, um wichtige Post, Medikamente oder andere dringend benötigte Versorgungsgüter abzuladen. Reisende sollten daher Geduld mitbringen und auch gelegentliche kleinere Pannen der antiken Technik in die Reiseplanung mit einkalkulieren.

Den etwas anrüchigen Spitznamen *Skunk Train* verdankt die Linie ihren ersten Lokomotiven, deren Dampf noch mit Gas erzeugt wurde. Heute gilt dies nicht mehr, das Stinken hat man ihnen längst abgewöhnt. Der beeindruckende Fuhrpark besteht nach wie vor aus Dampfmaschinen (Ol' Number 45), aus Diesel- und Elektrotriebwagen und aus historischen Waggons der ersten Stunde bzw. von 1935, die je nach Passagieraufkommen oder Witterung eingesetzt werden. Im Sommer verkehrt meist die Ol' Number 45, die romantische Baldwin-Dampflok, sowie des öfteren auch der Super Skunk mit offenem Aussichtswagen.

Der Fahrplan gestaltet sich wegen der vielen Varianten etwas unübersichtlich: Ganztags-, Halbtags-, Hin- sowie Rückfahrten *(round trips)*, und auch Fahrten nur bis Northspur, das auf halber Strecke liegt, sind möglich. Verläßlich aber ist, daß der Zug das ganze Jahr über täglich 9.20 Uhr Fort Bragg zu einer Ganztagestour verläßt, sofern höhere Gewalt dies nicht verhindert.

Ganztages-Rückfahrtickets kosten 26 Dollar, Kinder zwischen 5 und 11 Jahren zahlen nur 12 Dollar. Halbtagesfahrten kosten 21 Dollar, Rückfahrtickets nach Northspur (3,5 Stunden eine Richtung) 21 Dollar.

Der Bahnhof in Fort Bragg, eher ein Depot, befindet sich am Ende der Laurel Ave. mitten in der Stadt, ein Block westlich Main St., in Willits auf der E Commercial St., drei Blocks östlich Hwy 101. Platzreservierungen (im Sommer unbedingt erforderlich), Fahrplaninformationen und Info-Broschürenversand: Skunk Train, P.O. Box 907, Fort Bragg, CA 95437, ✆ 707-964-63 71, Fax 707-964-67 54.

Etwa 50 Meilen weiter berührt die Straße, nunmehr weit im Landesinnern verlaufend, den **Humboldt Redwood State Park** 11 (S. 344). Eine schmale Umgehungsstraße führt zur Avenue of the Giants, einer Allee der höchsten Redwoods, zu deren Füßen man sich wie ein Zwerg fühlt. Der mit 110 m Höhe größte Baum ist im Founders Grove zu finden.

Auf dem Highway No. 1 nach San Francisco

Bei Legget kann man den Highway 101 in Richtung Meer verlassen. Als Kaliforniens berühmter Highway No. 1 folgt die Abzweigung gemächlich dem Küstenverlauf und wird mit zahlreichen Aussichtspunkten, State Parks und verträumten kleinen Küstenstädtchen zu einem der schönsten Routen im Westen der USA. Über Rockport erreicht man zunächst **Fort Bragg,** dessen Entstehung wie bei den meisten Ortschaften des Nordens eng mit der Holzwirtschaft verknüpft ist. Dort verkehrt noch eine Eisenbahn aus alten Tagen.

Das nur wenige Meilen südlich liegende **Mendocino** 12 (S. 349), ein kleines Pazifik-Städtchen von gut 1000 Einwohnern mit viktorianischen Holzhäusern, Kunstgalerien und touristischem Kleingewerbe, ist für seine bohèmehafte Atmosphäre bekannt. Das **Kelly House,** ein Heimatmuseum, zeigt unter anderem Fotos aus der vergangenen Holzfällerepoche.

Mit **Fort Ross** (S. 337), 70 Meilen südlich von Mendocino bei der Ortschaft Jenner am Russian River gelegen, hatte sich Rußland 1812 auf amerikanischem Boden niedergelassen. Freilich waren es nur Fallensteller aus Sibirien, die im Auftrag des Zaren den zurückweichenden Pelztieren nach Süden folgen und dort auf Seeotterfang gehen wollten. Dennoch erinnert die Anlage mit spitzen Palisaden und Wehrtürmen eher an ein militärisches denn ein ziviles Unternehmen. Von den einst sieben Gebäuden – das Original-Fort wurde 1906 ein Opfer des Erdbebens – hat man bisher nur

Fort Ross

zwei restauriert, in denen Dokumente sowie Gebrauchs- und Ausrüstungsgegenstände der damaligen Zeit ausgestellt sind. Auch die kleine russisch-orthodoxe Kapelle, der architektonische Mittelpunkt der Anlage, wurde mehrfach zerstört und entstand erst 1974 wieder in alter Form.

Nach weiteren ca. 90 Meilen herrlicher Küstenfahrt kommen dann die rostroten Pfeiler der Golden-Gate-Brücke vor der Skyline von **San Francisco** (s. S. 89) in Sicht.

Von Seattle durch das Landesinnere nach San Francisco

(Karte S. 65)

Durch die beiden parallel zum Pazifik verlaufenden Gebirgszüge, die Coast Range und die mächtige Kette der Cascades, kann man auch im Landesinnern durch das Tal von Willamette von Seattle nach San Francisco reisen. Die meisten Touristen werden sicherlich die oben beschriebene, abwechslungsreiche Küstenstraße bevorzugen. Aber auch die Fahrt entlang der Autobahn I-5 hat durch Möglichkeiten zu Abstechern in die großartige, mit Vulkanen durchsetzte Bergwelt der Cascade Range ihre Reize und Vorzüge. Vor allem für Reisende mit wenig Zeit ist dies der kürzeste Weg nach San Francisco.

Mount Rainier und Mount St. Helens

Als ersten Höhepunkt auf der Fahrt nach Süden steuert man **Mount Rainier National Park** [13] (S.352) an, leicht erreichbar über I-5 und Highway 164 oder 410. Der etwa 1000 km² große Nationalpark umschließt den großartigsten Teil der Vulkanlandschaften der Cascade Range. Der stark vergletscherte Bergriese hat sich im Verlaufe von 500 000 Jahren durch immer neue Ausbrüche zu seiner imponierenden Höhe von heute knapp 4500 m aufgetürmt. Daß er nur ruht und noch längst nicht erloschen ist, stellt er mit Fumarolen an seinen Flanken unter Beweis, zumal der letzte Ausbruch keine 200 Jahre zurückliegt. Einen Großteil seiner Attraktivität verdankt Mount Rainier ausgedehnten Gletschern, die nur von

wenigen anderen in Kanada und Alaska übertroffen werden. Zwei Straßen an der Süd- und an der Ostseite durchziehen den Park, dazu unzählige kürzere und längere Wanderpfade mit einer Gesamtlänge von über 450 km.

Die schönste Autofahrt führt vom Parkeingang im Südwesten zunächst zum **Longmire Visitor Center** (Museum), vorbei an der gezackten Tatoosh Range hinauf zum Paradise Visitor Center. Von dort gelangt man auf Pfaden zu blumenübersäten Bergwiesen (Nisqually Vista Trail) oder hinauf zum lohnenden Aussichtspunkt Panorama Point und weiter zum Paradise Gletscher (Skyline Trail).

Vom Paradise Visitor Center führt die Autostraße weiter Richtung Osten und berührt die Reflection Lakes, die bei ruhigem Wetter ihrem Namen alle Ehre machen. Ein Stück weiter wird man mit dem Blick in den Stevens Canyon belohnt, ein von Gletschern geschaffenes Trogtal. Zahlreiche kürzere, von der Straße ausgehende Lehrpfade erschließen die Vielfalt des Nationalparks. Auf ihrem Weg nach Norden überquert die nur im Sommer geöffnete Fahrbahn den 1200 m hohen Cayuse Paß, hinter dem man auf dem Highway 410 über den White River Entrance in Serpentinen zum 1950 m hoch gelegenen Sunrise Visitor Center gelangen kann. Es bietet sich an als Ausgangspunkt für schöne Wanderungen durch alpine Landschaft bis zu den Ausläufern der Gletscher.

Wer dem Touristenandrang von jährlich 2 Mio. Besuchern entfliehen will, sollte von Seattle kommend über die Highways 167, 410 und 165 den Nationalpark im Nordwesten am Carbon River Entrance betreten, von wo eine unbefestigte 6-Meilen-Piste bis zur Ranger-Station Ipsut Creek führt. Dort kann man auf dem **Wonderland Trail** herrliche Hochgebirgswanderungen unternehmen und ebenfalls bis zu einem Gletscher vordringen. Vom Südeingang des Parks führt der Highway 12 nach Randle, von wo Reisende mit etwas Abenteuerlust in Richtung Süden auf schmalen, kurvenreichen Bergstraßen (Highway 131, im Winter geschlossen) gewissermaßen die Hintertür des berühmt-berüchtigten Vulkans Mount St. Helens erreichen und von der Windy Ridge aus nächster Nähe einen Blick auf den Krater und den Spirit Lake werfen können.

Der Hauptzugang zum **Mount St. Helens National Vulcanic Monument 14** (S. 353), heute eine der größten Sehenswürdigkeiten des Westens, erfolgt jedoch von der Westseite her über die neue autobahnartige Zufahrtsstraße 504, die den Besucher mitten ins Herz der Vulkanlandschaft bringt. Hoch oben auf der Aussichtsplattform des Johnston Ridge Observatory, nur 8 km Luftlinie vom Vulkan, kann man die Kraterlandschaft überblicken und im Kinosaal die Dramatik des Ausbruchs in einer High-Tech-Multivisionsshow fast körperlich nacherleben. Über den Park verteilt trifft man auf eine Fülle von Informationstafeln und Lehrpfaden, welche dem Interessierten die Faszination einer kürzlich restlos zerstörten und nun langsam zu neuem Leben erwachenden Vulkanlandschaft erschließt. Oberstes Gebot der Parkverwaltung: Zum Schutz der wissenschaftlichen Beobachtungen und des keimenden Lebens darf bei Strafe nirgendwo im Park der vorgeschriebene Weg verlassen werden.

Alpine Landschaft an der Nordwestküste der USA:
Der Mount Rainier National Park ist ein Paradies für Wanderer

»This is it«
Der Ausbruch des Mount St. Helens

Das Erwachen des Mount St. Helens, eines schneebedeckten Stratovulkans nahe der Grenze zu Oregon, aus über 120jährigem Tiefschlaf dauerte fast zwei Monate. Als sich die Erdbebenintervalle immer mehr verkürzten und die Region schließlich fast ununterbrochen schwankte, verhängten die Behörden eine – wie man glaubte – großzügig bemessene Sicherheits-Sperrzone rings um den Berg.

Doch die Wucht und vor allem die Stoßrichtung des Ausbruchs am 18. Mai 1980 kamen trotz aller Berechnungen der Wissenschaftler völlig überraschend: Um 8.32 Uhr Ortszeit schrie der Vulkanologe Dr. David Johnston auf seinem Beobachtungsposten mit sich überschlagender Stimme ins Mikrofon seines Funkgeräts: »Vancouver, Vancouver – this is it …«. Dann rollte mit etwa 1000 km/h eine Feuerwalze über ihn hinweg, die auch noch in 20 km Entfernung alles Leben augenblicklich auslöschte.

Der Vulkan war mit unvorstellbarer Gewalt explodiert, hatte eine Aschewolke 27 km hoch in die Stratosphäre gejagt und den halben Gipfel samt Bergflanke als größten, jemals registrierten Erdrutsch aus Gestein und Schlamm zu Tal donnern lassen. In Minutenschnelle war ein idyllisches, blühendes Ferienparadies aus Wäldern, Seen und Flüssen bis zu 50 m tief verschüttet und in eine qualmende Mondlandschaft verwandelt worden. In der über 600 Quadratkilometer großen unmittelbaren Todeszone starben außer Johnston noch 56 weitere Menschen und natürlich die unzähligen Tiere des Waldes; die Schlammlawine begrub ganze Wälder unter sich.

Heute ist die 1982 zum Naturschutzgebiet erklärte Region nicht zuletzt dank mehrerer, mit modernster Technik ausgestatteter Informationszentren ein faszinierendes Anschauungsobjekt für die in der Tiefe der Erde noch schlummernden Urgewalten, aber

Der Highway 504 führt zurück zur I-5, auf der wir die Fahrt Richtung Süden nach San Francisco fortsetzen. Nach etwa 10 Meilen kann man in Kelso entlang des Columbia River auf den Highway 30 zur Küste nach Astoria vordringen und nunmehr der 101 folgen. Bleibt man hingegen auf der I-5, hat man die günstige Gelegenheit zum Besuch von Portland.

Portland und Umgebung

Das am Columbia River, gut 90 Meilen vom Pazifik an der Einmündung des Willamette River liegende **Portland** 15 (S. 359) ist mit 450 000 Einwohnern die wichtigste Stadt in Oregon. Die Hafenstadt ging aus einem bereits von den Chinook-Indianern genutzten Lagerplatz hervor, der zunächst als ›Die Lich-

auch für die Unbeirrbarkeit der belebten Natur, wenn es darum geht, verlorenes Terrain zurückzugewinnen. Im 1997 fertiggestellten Johnston Ridge Observatory kann man durch Filmvorführungen und Ausstellungen alles noch einmal miterleben: das Leben vor der Katastrophe, den Vulkanausbruch, den Wandel der Landschaft und das Werden neuen Lebens. Viele *Trails* durchziehen das Gelände, damit

man sich selbst ein Bild machen und die Natur sich ungestört weiterentwickeln kann. Immer wieder gibt die Landschaft den Blick frei auf den schicksalhaften Berg. Der aber ist noch längst nicht zur Ruhe gekommen, wie gelegentliche Rauchschwaden und Hebungen oder Senkungen im Kraterinneren nachdrücklich beweisen. Das letzte Kapitel muß erst noch geschrieben werden.

Bis vor einigen Jahren bot die Region um den Vulkan noch ein Bild der Zerstörung. Inzwischen keimt allerdings wieder die Vegetation, und die Natur erwacht zu neuem Leben.

tung‹ bei den Trappern bekannt war. Im Jahre 1844 begannen zwei Händler dort mit dem Bau einer kleinen Siedlung. Aufgrund seiner günstigen Lage an einem großen Wasserweg entwikkelte sich Portland sehr schnell zum wichtigsten Umschlagplatz der Region, ein Prozeß, der sich durch den Anschluß an das Eisenbahnnetz (1883) noch beschleunigte.

Bemerkenswert nicht nur für amerikanische Verhältnisse sind die frühen Bemühungen, bei der Stadtplanung die Bedürfnisse der Bewohner zu berücksichtigen. Etwa 160 kleinere und größere Grünanlagen lockern heute das Bild auf und verhelfen Portland zu einer ansprechenden Atmosphäre, zumal der Bau von Hochhäusern nicht gestattet ist. Unlängst hat man sogar eine vierspurige Autobahn entlang des Flusses abgerissen und in den Tom McCall Waterfront Park verwandelt. Wie die meisten Großstädte der USA ist auch Portland nach dem Schachbrettmuster angelegt, wodurch die Orientierung leichtfällt. Das Zentrum im Bereich der Brücken Burnside, Morrison und Hawthorne am Westufer des Willamette-Flusses umfaßt die historischen Distrikte sowie Chinatown.

Als Ausgangspunkt kann man den **Pioneer Courthouse Square** wählen, den historischen Treffpunkt der Honoratioren von Portland. Heute gibt sich hier die bunt gemischte Bevölkerung der Stadt ein Stelldichein, lauscht den Straßenmusikanten, genießt die Sonne oder läßt einfach das bunte Treiben Revue passieren. Wir verlassen den Platz auf der Northwest Broadway Avenue nach Südwesten und passieren nach drei Blocks das **Portland Center for the Performing Arts,** den kulturellen Mittelpunkt der Stadt. Mehrere alte und neue Gebäude mit Theatern und Konzertsälen sind dort zusammengefaßt. Von der Main Street gelangt man nach 100 m auf die Allee der South Park Blocks, wo das **Portland Art Museum** mit einer Sammlung europäischer, asiatischer sowie amerikanischer Kunst ein weiteres kulturelles Zentrum bildet, zu dem auch das Northwest Film and Video Center gehört. Gegenüber hat das auf die Geschichte der Nordwestküste spezialisierte **Oregon Historical Center** seinen Platz. Den Eingang schmückt ein Wandgemälde mit Darstellungen der Expeditionsleiter Lewis und Clark und dem für den Staat so wichtigen Oregon Trail. Im Erdgeschoß kann man Bootsbauern bei der Arbeit zusehen.

Wir verlassen die baumgesäumten South Park Blocks und wenden uns nach Südosten. Über die Jefferson Street erreichen wir die **City Hall,** das 1895 errichtete, heute recht bescheiden wirkende Rathaus. Von dem benachbarten, 170 m hohen Gebäude der **First Interstate Bank,** wo sich ein lohnender Blick von der Aussichtsplattform bietet, läßt sich dies wohl kaum behaupten. Einen noch stärkeren Kontrast zur klassizistischen Säulenfassade des Regierungssitzes bildet das angrenzende postmoderne **Portland Building** mit der riesigen Portlandia-Skulptur, nach der Freiheitsstatue in New York die zweitgrößte Kupferplastik der USA. Die Grünanlage vor dem Gebäude war, dem puritanischen Geist während der 20er Jahre entsprechend, in einen Teil für Frauen (Chapman Square) und einen für Männer (Lownsdale Square) aufgeteilt. Der Main Street entlang geht es weiter nach Südosten, wo man auf das **Touristenbüro** trifft, ehe man den **Gov. Tom McCall Waterfront Park** betritt, durch den man nach Nordosten den Fluß entlang wandert. Nach gut 1 km erblickt man linker Hand den Mast des Schlachtschiffs »Oregon«, das auf das nahe **Oregon Maritime Museum** hinweist. Hier kann man neben Schiffsmodellen eine Fotoausstellung über Portlands Bedeutung als Marinebasis betrachten.

Man betritt den alten historischen Kern der Stadt, geht an der **Feuerwache** vorbei und erreicht den **Skidmore Fountain,** einen 1888 errichteten Springbrunnen, zu dessen Füßen jedes Wochenende eine Art Flohmarkt stattfindet (Portland Saturday Market). In unmittelbarer Nähe haben sich im Skidmore Fountain Building und im New Market Theater Village zwei große Einkaufszentren angesiedelt. Ein Stück nordwestlich liegt das **American Advertising Museum,** das einen Querschnitt durch die Geschichte der Werbung bietet. Von dort sind es nur noch ein paar Schritte

Portland

1 Pioneer
  Courthouse
  Square
2 Portland Center for
  the Performing Arts
3 Portland Art
  Museum
4 Oregon Historical
  Center
5 City Hall
6 First Interstate Bank
7 Portland Building
8 Touristenbüro
9 Gov. Tom McCall
  Waterfront Park
10 Oregon Martime
  Museum
11 Feuerwache
12 Skidmore Fountain
13 American Adver-
   tising Museum
14 Chinatown Gate

zur **Chinatown,** die man durch ein fünfstöckiges Tor an der N.W. 4th Avenue/Ecke Burnside Street betritt. Ende des 19. Jh. galt das Viertel als die zweitgrößte chinesische Siedlung in Nordamerika. Wie in San Francisco kann man auch hier vorzüglich speisen. Durch die 5th oder 6th Ave. kehrt man wieder zum Ausgangsort zurück und hat dabei Gelegenheit, die Terrakotta-Verzierungen an den Gebäuden der Jahrhundertwende zu bewundern.

Zu den Sehenswürdigkeiten westlich des Zentrums gelangt man über die I-5 und US 26. Einige sind auch mit den Bussen der Tri Met Line (Nr. 63) erreichbar. Der Washington Park, etwa 5 Meilen westlich des Zentrums, bietet einen Zoo, den Botanischen Garten Hoyt Arboretum und hoch über der Stadt das Pittock Mansion, ein Herrensitz aus dem Jahre 1909, der den besten Blick über die Stadt und an klaren Tagen sogar bis Mt. Rainier in über 250 km Entfernung ermöglicht. Von den zahlreichen weiteren Sehenswürdigkeiten der Stadt verdient vor allem das Freigelände der Audubon Society of Portland Beachtung, wo Vögel in ihrer natürlichen Umgebung beobachtet werden können.

Zu einem lohnenden ca. 150-Meilen-Rundweg durch die Ferienlandschaft von **Mount Hood** 16 (S. 352) kann man in Portland von der I-5 auf die I-84 abfahren, die in östlicher Richtung entlang des Columbia River verläuft und ohne besondere Sehenswürdigkeiten nach etwa 50 Meilen Hood River erreicht. Die dort abzweigende SR 35, später die US 26, schlägt einen Halbkreis um den

Der Oregon Trail

Die Lewis-und-Clark-Expedition, die Präsident Jefferson 1804 ausgesandt hatte, um das von den Franzosen erworbene riesige Louisiana-Territorium zu erkunden und eine Verbindung zum Pazifik zu suchen, bewies erstmals, daß die Durchquerung der Vereinigten Staaten per Boot, mit nur einigen wenigen Portagen, möglich war.

Fast 12 500 km hatten die Männer unter größten Strapazen zurückgelegt, als sie am 23. September 1806 nach über zwei Jahren wohlbehalten zu ihrem Ausgangspunkt St. Louis zurückkkehrten. Der Erfolg der Expedition beflügelte über Nacht die Träume einiger Politiker und Unternehmer an der Ostküste. Zunächst waren es Einzelgänger, die den Spuren der Expedition folgten, jene legendären *mountain men*, die zahlreiche weitere Wege über die Rocky Mountains in den ›Goldenen Westen‹ öffneten. Zu Beginn der 40er Jahre wurde der Expansionismus von Politikern und Presse propagiert und damit die Welle der ersten großen Trecks nach Westen ausgelöst, deren Mythos amerikanische Filme bis heute am Leben erhalten.

Vom missionarischen Eifer des Predigers Jason Lee angesteckt und durch die reißerischen Beschreibungen in Flugblättern motiviert, machte sich

Vulkan und führt durch Berg- und Waldlandschaft wieder zurück nach Portland. Unterwegs hat man öfter Gelegenheit zu einem Blick auf den schneebedeckten, ebenmäßigen Stratovulkan (3424 m), der rechter Hand malerisch hoch aus den Ebenen steigt. Auf halbem Weg führt bei Government Camp eine 8 Meilen lange Stichstraße direkt zum Fuß des Berges und in das Wintersportgebiet von Timberline mit der historischen **Timberline Lodge,** wo Skilifte bis auf 2621 m in Betrieb sind und man rund um das Jahr auf 31 Abfahrten rodeln und skifahren kann. Aber auch nur zum Kaffeetrinken lohnt der Abstecher, genießt man doch auf der Restaurant-Terrasse an der Vegetationsgrenze unterhalb des Gipfels von Mt. Hood einen herrlichen Fernblick weit über die Cascade Range, bei klarer Sicht bis hin zu den schneeglänzenden Vulkankegeln von Mt. Jefferson, der Three Sisters und von Mt. Bachelor.

Südlich von Portland beginnt das Willamette Valley, das sich 280 Meilen nach Süden bis zu den Klamath-Bergen hinzieht und in der Frühzeit der Besiedlung zu den bevorzugten Zielen der Pioniere gehörte. Noch heute lebt in der fruchtbaren Landschaft zwischen der westlichen Coast Range und dem östlichen Kaskadengebirge der überwiegende Teil der Bewohner von Oregon. Obst-, Weinbau und Viehwirtschaft sind die wichtigsten Erwerbszweige, neuerdings hat

1843 der erste größere Siedlertreck von Independence an der Westgrenze von Missouri auf die über 3000 km lange Reise in eine hoffnungsvolle Zukunft. Die meisten Pioniere bewältigten den sechsmonatigen Marsch zu Fuß, wobei sie ihre bescheidenen Habe auf Handkarren durch die Prärie zogen – nur die wenigsten konnten sich Planwagen und Ochsengespanne leisten. Als Hauptnahrungsmittel dienten ihnen Bisonfleisch, das von Jagdtrupps herangeschafft wurde, und Brot aus mitgeführten Mehlvorräten.

Bis 1860 strömten über 250 000 Menschen auf dem Oregon Trail und seinen Abzweigungen in Richtung Westen, etwa 20 000 starben. Nicht Indianerüberfälle waren die häufigste Todesursache, sondern Krankheiten, insbesondere Cholera, die durch die mangelnde Hygiene an den Rastplätzen schnelle Verbreitung fand. Unfälle durch nachlässigen Schußwaffengebrauch, durchgehende Gespanne oder Entkräftung taten ein übriges, die Schar der Siedler

zu dezimieren. Bei der Donner Party, die im Winter 1846 in der Sierra Nevada einschneite, soll es sogar zu Fällen von Kannibalismus gekommen sein.

Obwohl Oregon dem Trail den Namen gegeben hat, lag das Ziel der meisten Planwagen weiter südlich im sonnigen Kalifornien.

aber auch die Computerindustrie Einzug gehalten. Als wichtigste Verkehrsader durchquert die Interstate 5 (I-5), von Kalifornien kommend, das Tal in seiner gesamten Länge und ist an mehreren Stellen mit der US 101 durch Querstraßen verbunden. Weitaus beschaulicher als auf der eintönigen I-5 ist das Reisen entlang der zwischen Eugene und Portland parallel verlaufenden Landstraße 99W.

Als nächstes Ziel liegt **Salem** 17 (S. 361) am Wege, die Hauptstadt von Oregon und mit 109 000 Einwohnern drittgrößte Gemeinde des Staates.

Der Ort wurde 1840 von dem Methodisten Jason Lee gegründet, der – wenig erfolgreich – die hier ansässigen Calapooia-Indianer zum Christentum zu be-

kehren versuchte. Größtes Gebäude ist das 1938 errichtete **State Capitol** mit schönem Panoramablick über das Willamette Tal. Einen Einblick in die Pionierzeit des 19. Jh. gewährt das Freilichtmuseum **Mission Mill Village;** Weinfreunde können in der Honeywood Winery die bei uns kaum bekannten Oregon-Weine probieren.

Nach 22 Meilen ist das romantische Städtchen **Albany** erreicht, das 1848 auf dem Gebiet der Calapooia-Indianer gegründet wurde und kurze Zeit den indianischen Namen Takhena (Bodenmulde) führte. Die etwa 500 noch erhaltenen viktorianischen Häuser verleihen Albany einen fast europäischen Charakter, zu dem auch die zahlreichen überdachten Holzbrücken in der Umgebung beitragen.

42 Meilen sind es nun noch bis **Eugene** (S. 336), der nach Portland größten und wichtigsten Stadt von Oregon. Viel hat der von der Holzwirtschaft lebende Ort nicht zu bieten. Allerdings gelten die Wälder der Umgebung, sofern nicht bereits abgeholzt, als Wanderparadies, insbesondere der Willamette National Forest und der South Hills Ridgeline Trail.

Weiter geht die Reise durch **Cottage Grove** mit alten, überdeckten Brücken, malerischen Seen und fischreichen Flüssen nach **Roseburg**, dem Zentrum eines beliebten Erholungsgebietes in der Umgebung des Umpqua River. Diesem Fluß folgt auch die landschaftlich reizvolle US 138 zum Diamond Lake und weiter etwa 100 Meilen östlich zum bedeutendsten Sehenswürdigkeit in diesem Abschnitt der Route.

Vom Crater Lake National Park zum Lassen Volcanic National Park

Den fast kreisrunden Kratersee des **Crater Lake National Park** 18 (S. 333) im südlichen Abschnitt des Kaskadengebirges entdeckten Goldsucher erst 1853, obwohl er den Indianern, die ihn als Heiligtum verehrten, längst bekannt war. Im Jahre 1902 wurde das Gebiet zum ersten und einzigen Nationalpark des Staates erklärt. Der 10 km lange und über 6 km breite See liegt in 1900 m Höhe. Regen und Schnee füllten die Caldera, das vulkanische Einbruchbecken, das vor etwa 7000 Jahren durch die Explosion des historischen Vulkans Ma-

zama entstanden war. Das Besondere am Crater Lake ist die dunkelblaue Färbung, die ihm seine extreme Tiefe von 589 m verleiht. Damit ist er der tiefste See der Vereinigten Staaten.

Obwohl der Nationalpark das ganze Jahr über – zumindest von Süden und Westen her – geöffnet ist, können die Zufahrtswege während des Winters vorübergehend gesperrt sein (Straßenverkehrsberichte auf AM 1610 kHz). Doch auch bei freier Durchfahrt stellen oft-

Lassen Volcanic National Park

mals undurchdringliche Nebelwände oder tiefhängende Wolkenfelder das optisch einmalige Erlebnis in Frage.

Auf dem Kraterrand verläuft ringförmig eine etwa 33 Meilen lange Fahrstraße mit zahlreichen Aussichtspunkten, die im Winter streckenweise geschlossen ist. Einen besonders umfassenden Blick genießt man vom Watchman, einem Turm in 2450 m Höhe, den man nach etwa 30minütigem Aufstieg (1,3 km) von der Westseite des Sees aus erreicht. Erlaubt ist das Betreten der steilen Innenseite des Kraters wegen Absturzgefahr nur auf dem Cleetwood Trail (1,7 km), der im Nordosten von der Ringstraße zum Wasser hinab führt. Von dort fährt ein Boot zum Wizard Island, einem kleinen Vulkan inmitten des Sees. Etwa 200 km Wanderwege durchziehen das über 700 km² große Naturschutzgebiet; auch der berühmte Fernwanderweg ›Pacific Crest Trail‹, der von Kanada bis zur mexikani-

schen Grenze führt, durchquert den Park.

Statt auf der 62 zur I-5 zurückzukehren sollte man von der Südseite des Nationalparks der 97 nach **Klamath Falls** folgen. Der in der Übergangszone zwischen der Cascade Range und dem Great Basin am Upper Klamath Lake gelegene Ort ist vor allem Ausgangspunkt für den Besuch der noch weitgehend unberührten Natur der Umgebung, insbesondere des Upper Klamath National Refuge und des angrenzenden Bear Valley National Wildlife Refuge, in denen noch Adler leben. Doch durch das geplante Projekt des Salt Cave Dam sehen viele Umweltschützer auch dieses Paradies ernsthaft bedroht.

Ein weiteres Zeugnis vulkanischer Aktivitäten, vor allem von flüssigem Magma geschaffene unterirdische Kanäle, gibt es im etwas südlich, auf kalifornischem Boden liegenden **Lava Beds National Monument** [19] (S. 346) zu bestaunen. Spektakulärer gar gibt sich der etwa 100 km südlich liegende, 3187 m hohe **Lassen Peak,** der den Abschluß der Cascade Range bildet und auf einer landschaftlich reizvollen Strecke entlang der Straßen 139, 299, 89 und 44 erreichbar ist.

Der nach dem dänischen Pionier Peter Lassen benannte Berg, der seit Beginn dieses Jahrhunderts als **Lassen Volcanic National Park** [20] (S. 346) ausgewiesen ist und sich auch als Skigebiet großer Beliebtheit erfreut, gewann seine heutige Gestalt während eines gewaltigen Ausbruchs vor 300 000 Jahren, als die riesige Caldera entstand. Die heute sichtbare Spitze besteht aus Magma, das im Schlot erkaltet ist. Lassen Peak gilt als einer der aktivsten Vulkane Nordamerikas und hat zahlreiche vulkanische Erscheinungsformen vorzuweisen, darunter Schwefelquellen und

Fumarolen. Der letzte größere Ausbruch fand im Mai 1915 statt. Auch in der Umgebung gibt es viel zu entdecken, etwa den lieblichen Eagle Lake im Osten oder die tosenden Burney Falls im Norden nahe der Ortschaft Burney.

Reno und Umgebung

Ein völlig anderes Gesicht der USA erwartet den Reisenden auf der nächsten Etappe in der Spielermetropole **Reno** [21] (S. 360), die man vom Lassen-Park über die SR 44 und US 395 erreicht. Über 1200 m hoch inmitten prächtiger Berglandschaft gelegen, profitiert die Stadt als beliebtes Urlaubsziel im Sommer wie im Winter von den natürlichen Gaben der Natur und überdies von den liberalen Gesetzen des Staates. Nach Las Vegas stieg Reno zur zweiten Hochburg des Glücksspiels auf. Der Ort ging aus einem Versorgungsbahnhof für die umliegenden Minen von Goldfield und Tonopah hervor. Heute steht Reno ganz im Zeichen des Glücksspiels – selbst auf dem stillen Örtchen warten die Spielautomaten.

Wer dem Trubel entgehen will, kann einen Ausflug zum 36 Meilen nördlich liegenden **Pyramid Lake** unternehmen, dem größten natürlichen See Nevadas. Seinen Namen verdankt er dem Vermessungsingenieur John C. Fremont, der ihn 1844 auf seiner Expedition entdeckte und die Felsformation auf der kleinen Insel Anahoe mit einer Pyramide verglich. Das nördliche, mit bizarren Felsen bestandene Ufer gehört zum Reservat der Pajute-Indianer und darf nicht betreten werden.

Der alte Bergbauort **Virginia City, Nevada** (S. 375), 10 Meilen südlich von Reno gelegen und nicht mit dem Bergbauort gleichen Namens in Montana zu verwechseln, entwickelte sich in den 50er Jahren des 19. Jh. explosionsartig, nachdem man auf die Comstock Lode gestoßen war, das größte jemals entdeckte Silber- und Goldvorkommen in den USA. Die ›Glücksader‹ erhielt ihren Namen von einem Schäfer, der die Funde bekanntgemacht hatte. Die eigentlichen Entdecker, die Gebrüder Allen und Hosea Grosch, waren bald nach ihrem unglaublichen Fund und ohne die materiellen Freuden ihrer Entdeckung genießen zu können, zu Tode gekommen: Der eine schlug sich 1857 die Spitzhacke in den Fuß und erlag einer Blutvergiftung, der andere erfror kurze Zeit später im Schneesturm.

Der Name der Stadt soll auf den Prospektor James Finney zurückgehen, auch Old Virginni genannt, der 1859 im Saloon des Minenlagers eine Flasche Whisky hatte fallen lassen und im Zorn darüber den Ort nach seinem Spitznamen Virginia City nannte. Drei Jahre später lebten dort bereits 10 000 Menschen. Es gab 30 Saloons, 25 Geschäfte, acht Hotels und ein Theater. Daß auch eine Zeitung dazugehörte, war selbstverständlich. Für das 1860 gegründete Blatt ›Territorial Enterprise‹ veröffentlichte auch der junge Reporter Samuel Langhorne Clemens unter dem Pseudonym Josh seine humorvollen Beobachtungen aus dem Leben der Minenarbeiter. Für seinen ersten Roman ›Roughing it‹ (Auf die rauhe Tour) benutzte er einen weiteren Künstlernamen, unter dem er weltweit bekannt werden sollte – Mark Twain. Diesen Begriff hatte er als kleiner Junge den Mississippi-Schiffern abgelauscht; er bezeichnet die Marke Zwei auf der Lotleine, womit der Ausguck den Pegel am Bug maß und den er dann durch Zuruf an den Steuermann weitergab.

Mitte der 60er Jahre des 19. Jh. ebbte der erste Boom ab, die Stadt entvölkerte

sich. Aber die Ruhe währte nur kurz, denn als 1870 die Nachricht von der Entdeckung der größten Silberader der Welt die Runde machte, nahm der Aufschwung um so gewaltigere Dimensionen an, und Virginia City wurde zur reichsten Stadt der USA. Silber im Wert von über 1 Mio. Dollar kam jede Woche aus der Tiefe und verwandelte das karge Dasein der Minenarbeiter über Nacht in ein verwöhntes, ausschweifendes Leben. Karrenweise wurde nun Champagner von der Westküste ›importiert‹, und die Stars der damaligen Zeit gaben sich ein Stelldichein in ›Pipers‹ Opernhaus, darunter auch Lola Montez, die berühmte Tänzerin und Geliebte des Bayernkönigs Ludwig I. Im Jahr 1878 brach der Höhenflug nach dem Verfall des Silberpreises jäh ab, die Stadt verfiel fast über Nacht. Heute lebt Virginia City allein vom Tourismus. Die sorgsam restaurierten Holzhäuser und das Ghost-Town-Flair machen den Besuch lohnend, auch wenn alles ein wenig aufgesetzt und künstlich wirkt.

Ganz anders **Carson City** (S. 329), die nur wenige Meilen südwestlich gelegene Hauptstadt von Nevada, die nach dem Westernhelden Kid Carson benannt wurde. Sie entstand zwar zur gleichen Zeit wie Virginia City durch die Entdeckung der reichen Comstock Mine, teilte aber nicht deren Schicksal. Aufgrund des unermüdlichen Einsatzes des Stadtgründers Abraham V. Curry wurde der nur knapp 1000 Einwohner zählende Minenort 1864 Hauptstadt des neu geschaffenen Staates Nevada.

Wichtigste Sehenswürdigkeit ist das in der historischen Münze untergebrachte **Nevada State Museum,** das einen interessanten Einblick in die Münzprägung des vergangenen Jahrhunderts erlaubt und auch einen Teil der Mine umfaßt, der Carson seinen Aufschwung verdankt. Wer weiter auf historischen Spuren wandeln möchte, dem hilft eine blaue Linie auf den Bürgersteigen, die 59 bedeutsamen Punkte aus der Vergangenheit der Stadt aufzuspüren.

Etwa 20 Meilen entlang der vierspurigen US 50 sind es nun noch bis **Lake Tahoe** (S. 344), das seinen Reichtum nicht aus dunklen Minenschächten bezieht, sondern weitaus bequemer aus den Taschen urlaubsreifer Zeitgenossen. Das ›große Wasser‹, wie es in der Sprache der Washoe-Indianer heißt, liegt in fast 2000 m Höhe zu einem Drittel in Nevada und zu zwei Dritteln in Kalifornien. Von einer 72 Meilen langen Ringstraße ergeben sich immer wieder herrliche Ausblicke, etwa über die blaugrün schimmernde Emerald Bay oder am Sugar Pine Point. Bis zu 500 m tief, 35 km lang und 20 km breit, zählte das glasklare und tiefblaue Gewässer mit nur wenig gelösten Mineralien zu den chemisch reinsten Reservoiren der USA; erst die großangelegten Erschließungsmaßnahmen unserer Tage führten auch dort zu einer deutlichen Umweltbelastung.

Die selbst noch im Sommer schneebedeckten Gipfel der Sierra Nevada und der Carson Range erheben sich mehr als 1200 m hoch über den Wasserspiegel, dichte Nadelwälder drängen bis an die Ufer und verleihen dem Gebiet ein hochalpines Flair. In den kalifornischen Skigebieten, wie Heavenly Valley oder Squaw Valley, das 1960 als Austragungsort der Olympischen Winterspiele berühmt wurde, herrscht im Winter großer Andrang an Pisten, Loipen und Unterkünften. Im vergleichsweise weniger überlaufenen Sommer sind die Gästequartiere bevorzugt von Wanderern belegt, die in den umliegenden State Parks ideale Bedingungen vorfinden, wenn auch immer wieder Privatstrände den Zugang zum Ufer des Sees verhindern oder erschweren. An Wochenenden und in der Hauptreisezeit suchen viele Ausflügler aus dem benachbarten Reno, aber auch aus Sacramento oder gar dem fünf Stunden (knapp 200 Meilen) entfernten San Francisco Erholung in der reinen Gebirgsluft.

Sacramento

Auf der US 50, dem alten California Trail, wenden wir uns nun nach Westen, um **Sacramento** 22 (S. 361), der Hauptstadt von Kalifornien, einen kurzen Besuch abzustatten. Sie verdankt ihre Existenz dem hier noch schiffbaren Sacramento River, dem frühen Anschluß an das Eisenbahnnetz und dem fruchtbaren Ackerland ringsum. Als Gründer gilt John Sutter, dessen aufsehenerregender Fund im Jahre 1848 den Goldrausch in Kalifornien auslöste (s. S. 90), von dem auch Sacramento profitierte. 1854 konnte es sich erfolgreich als Metropole des aufstrebenden Staates bewerben.

Das alte Zentrum der aus einem Zeltlager hervorgegangenen Stadt ruft heute, liebevoll restauriert, die Erinnerungen an jene Zeit wach, als dort Mark Twain schrieb und Lola Montez ihre Gastvorstellungen gab. Man kann den historischen, etwa acht Blocks umfassenden Teil zu Fuß durchstreifen oder stilecht auf einer Kutschfahrt erkunden.

An die wichtige Rolle von Sacramento als Endpunkt der transkontinentalen Eisenbahn und Heimat der ›Big Four‹, der Gründer der Pacific Railroad Company, erinnert das riesige **California State Railroad Museum** im alten Bahnhof in der 2nd/I. Sts Street. Mehr als 20 restaurierte Lokomotiven und Bahnen sind zu besichtigen, dazu Dioramen, Bilder und andere Ausstellungsstücke, die 100 Jahre amerikanische Eisenbahn dokumentieren. Unübersehbares Wahrzeichen der Stadt ist das renovierte und prachtvoll ausgestattete Kapitol, das zwischen 1860 und 1874 entstand.

In Gesellschaft anderer, unzähliger Autos wird man auf dem letzten Stück der langen Route aus dem Norden auf der I-80 über Richmond und Oakland in das Zentrum von San Francisco förmlich eingesogen.

San Francisco und Umgebung

 Wie keine zweite Stadt in den Vereinigten Staaten und nur wenige andere in der Welt erweckt **San Francisco** (S. 365) bei fast jedem Besucher spontan Begeisterung. Die Faszination liegt in der malerischen Lage auf über 40 Hügeln zwischen Bay und Pazifischem Ozean, in der überschaubaren Größe und nicht zuletzt am kosmopolitischen Flair der internationalen Bewohner. Als Wahrzeichen überspannt seit 1937 die

Golden Gate Bridge die Einfahrt zur Bucht gleichen Namens, das Goldene Tor, das sich zum Golden State (Beiname) und zur Golden Poppy (Staatsblume) gesellt und an das kostbare Edelmetall erinnert, dem Kalifornien so viel verdankt.

Die Annalen der Stadt hätten schon 1542 begonnen werden können, wären dem Seefahrer Juan Rodriguez Cabrillo auf seiner Reise zur Meerenge von

Legendär: Die Golden Gate Bridge

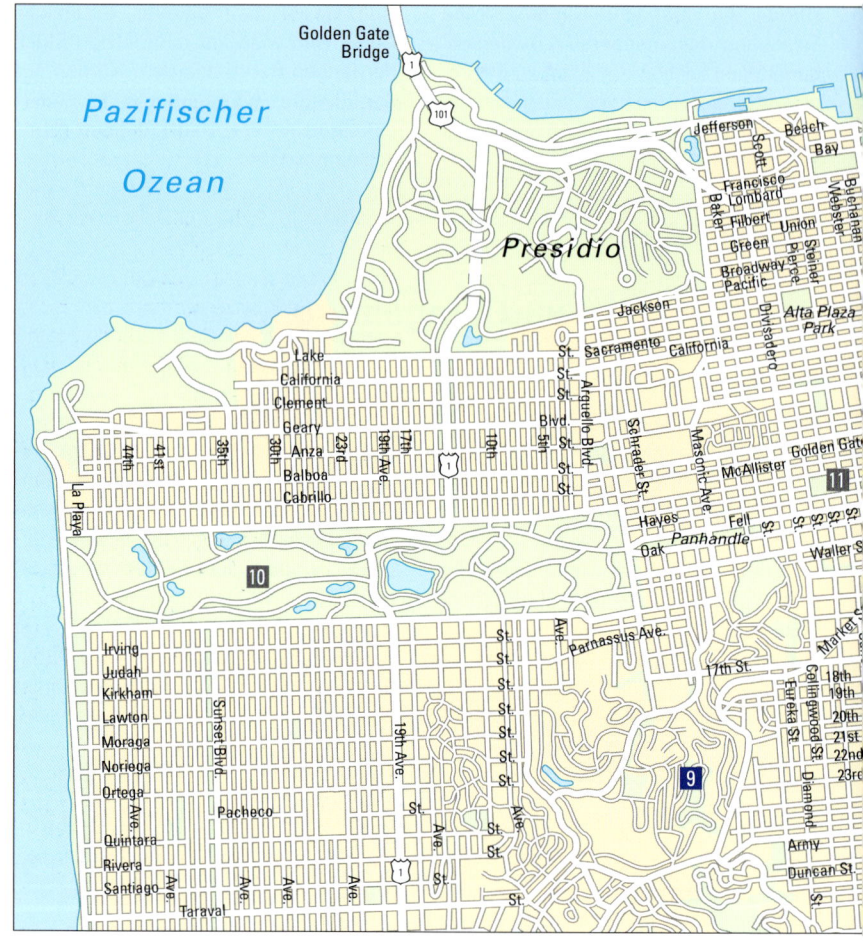

Anian nur die Elemente gewogen gewesen; doch so blieb die Bucht hinter einer dichten Nebelwand verborgen – Wetterbedingungen, wie sie auch heute noch gang und gäbe sind. Mag sein, daß 1579 Sir Francis Drake, Seeräuber und Kapitän im Dienste Ihrer Majestät der Königin von England, mit seiner ›Golden Hind‹ in der Bucht Anker geworfen hatte; fest steht, daß den Spaniern erst von Land her die günstige Lage auffiel, was sie 1776 durch den Bau der Missionsstation San Francisco de Asis –

heute bekannt als Mission Dolores – dokumentierten. Dann vergingen weitere sechzig Jahre, bis eine Handvoll Siedler im Schatten der Mission ihre Blockhütten errichteten und den Ort Yerba Buena (Gutes Kraut) tauften. Bis 1848 verlief das Leben der wenigen weißen Siedler in gemächlichen Bahnen, dann überschlugen sich die Ereignisse. In diesem Jahr fiel Kalifornien an die USA, und am American River nahm der Goldrausch seinen Lauf. Über Nacht dampften nun immer neue Schiffe mit goldhungrigen

dies, obwohl, wie jeder weiß, man eher auf einem Pulverfaß sitzt, verläuft doch mitten durch die Bay die berüchtigte San-Andreas-Spalte, die durch Erdbeben oft genug schon Beweise ihrer Zerstörungskraft geliefert hat.

San Francisco läßt sich gut zu Fuß erkunden, Parkplätze dürften gar nicht oder nur für teuer Geld zu finden sein. Die Orientierung wird durch das Schachbrettmuster, das in etwa nordsüdlich bzw. west-östlich verläuft, leichtgemacht. Als Downtown gilt das Gebiet zwischen Northern Waterfront mit Fisherman's Wharf, dem Financial District mit zahlreichen Wolkenkratzern, South of Market Street (SOMA) und Japan Town. Die bekanntesten Sehenswürdigkeiten sind in diesem Dreieck versammelt. Die grüne Lunge der Stadt, der Golden Gate Park, schließt sich im Westen an.

Als weltweite Besonderheit haben sich aus der Frühzeit der Motorisierung die Cable Cars erhalten, die nach wie vor bei der Bewältigung der achterbahnartigen Straßen von San Francisco gute Dienste leisten und von Einheimischen wie Touristen gern genutzt werden.

Das Herz von Downtown schlägt am **Union Square** ❶, einer kleinen Grünanlage mit Blumenrabatten, Palmen und vielen Parkbänken. Seinen Namen erhielt der Platz von Demonstrationen, die dort während des amerikanischen Bürgerkriegs zugunsten der Nordstaaten stattfanden. Dicht beisammen drängen sich hier über 30 Hotels, vornehme Kaufhäuser, teure Boutiquen und Galerien. Musikanten, Happenings, Straßentheater und ethnische Feste sorgen für Abwechslung, und auch heute noch machen gelegentlich Demonstranten

Abenteurern aus aller Welt in die Bucht, kaum an Land, bauten sie als erstes ihre Zelte auf. Bald glich die Stadt einem einzigen riesigen Lager, Spielhöllen und Bordelle schossen wie Pilze aus dem Boden. Der Zustrom von Glücksuchenden ist bis heute nicht versiegt, denn »diese goldene und weiße Akropolis, die sich«, wie John Steinbeck schrieb, »Welle um Welle gegen den blauen Pazifikhimmel hebt«, hat seither nichts von ihrer Anziehungskraft verloren. Noch immer vermuten viele dort das Para-

Laden in Chinatown

auf ihre Anliegen aufmerksam. In dieses bunte Bild mischen sich – ähnlich wie vor der City Hall – Bettler und Obdachlose. Die etwa 30 m hohe Granitsäule auf dem Platz erinnert an den Sieg von Admiral Dewey im Jahre 1898 über die spanische Flotte in der Bucht von Manila.

Vier Blocks nördlich schließt sich zwischen Van Ness und Sansome Streets sowie Bay Street South und California Street die mit annähernd 100 000 Chinesen größte chinesische Gemeinde außerhalb Asiens an: **Chinatown** 2. Wer das Drachentor mit den grünen Kacheln (Bush St. und Grand Ave.) durchschreitet, befindet sich in einer exotischen Welt, der offenbar nichts ferner liegt als die USA. In den Auslagen der Läden findet man Lackenten und Trockenfisch neben Ständen mit fernöstlichen Kräutern und Gewürzen. Delikatessengeschäfte reihen sich an Metzgereien, buddhistische Tempel, Restaurants und

Plunder-Shops. Souvenirs *made in Taiwan* liegen neben solchen aus der Volksrepublik China oder Hongkong. Flatternde Spruchbänder mit chinesischen Schriftzeichen überspannen die Straße – außer den zahlreichen Touristen scheinen nur wenige des Englischen mächtig.

Wie eine gläserne Wand recken sich am östlichen Rand von Chinatown die Wolkenkratzer des **Financial District** 3 mit dem Zentrum in der Montgomery Street in den Himmel und dokumentieren, daß gegen die ›Manhattisierung‹ der amerikanischen Städte wohl kein Kraut gewachsen ist. Als Blickfang gehört seit 1972 die 280 m hohe Transamerica-Pyramide als zweites Wahrzeichen von San Francisco zur Skyline der Stadt, und niemand kann sich heute mehr vorstellen, daß die eigenwillige Form einmal sehr umstritten war. Auf der 27. Etage befindet sich eine Aussichtsplattform.

Nördlich der Betonschluchten der Finanzwelt, auf dem Telegraph Hill, widmete Lili Coit eingedenk ihrer Errettung aus einem brennenden Hotel den 70 m hohen **Coit Tower** 4 verunglückten Feuerwehrleuten. Von der Aussichtsterrasse bietet sich ein schöner Blick auf die futuristisch anmutenden Hochhäuser des Financial District, aber auch auf die beiden Brücken Golden Gate und Oakland Bay Bridge. Im Turm sollte man sich die Wandmalereien ansehen, die Stil und Geist des berühmten mexikanischen Muralisten Diego Rivera widergeben und bei ihrer Fertigstellung 1930 wegen sozialkritischer Darstellungen für gehörigen Wirbel gesorgt hatten. Erst nach ihrer ›Entschärfung‹ erhielt die arbeitende Bevölkerung, der die Fresken ausdrücklich gewidmet waren, Zugang.

Vom Telegraph Hill erreicht man weiter nördlich den ehemaligen Fischerei-

Hafen **Fisherman's Wharf** 5 zwischen Pier 39 und 45, wo schon lange nicht mehr gefischt wird – jedenfalls nicht nach Meeresfrüchten, sondern nach dem Geld der Besucher. Aus der beschwerlichen Fischerei entwickelte sich dort nach dem Zweiten Weltkrieg die größte Touristenattraktion von San Francisco, obwohl es nichts wirklich Aufregendes zu sehen gibt und die einstige Hafenatmosphäre längst dem Kommerz zum Opfer fiel. Vielmehr erinnert alles an ein immerwährendes Straßenfest mit viel Tingeltangel, allen Arten von Imbißständen und Straßencafés, mit Fischrestaurants, Souvenirläden und umherziehenden Straßenkünstlern.

Ein wenig mehr Ruhe findet man in den Seitenstraßen um The Cannery, einer ehemaligen backsteinernen Konservenfabrik, in die heute Boutiquen und Cafés eingezogen sind. Dies ist auch der Platz, wo zum Teil hochtalentierte Künstler – Musiker, Maler, Akrobaten – den Passanten ihr Können unter Beweis stellen.

Von Pier 41 legen alle 45 Minuten kleine Boote des Red & White Fleet Ferry Service ab zu einem zweistündigen Rundgang auf der berühmt-berüchtigten ehemaligen Gefängnisinsel **Alcatraz** (spanisch für Pelikan), die mit dem legendären Gangsterboß Al Capone ihren prominentesten ›Gast‹ verwahrt hatte, ehe sie 1963 vor allem aus Kostengründen aufgegeben wurde. Zwischen 1969 und 1971 geriet die Insel noch einmal in die Schlagzeilen, als sie von Indianern besetzt wurde, die auf ihre Situation aufmerksam machen wollten. Während der Ferienzeit sind Kartenvorbestellungen unerläßlich. Aber auch weniger gruselige Bootsausflüge hinaus auf die Bay und unter der Golden-Gate-Brücke hindurch starten vom Pier 41.

Südwestlich des Union Square, erreichbar über die Market Street, die San Francisco von der Bay bis zu den Hügeln von Twin Peaks, diagonal durchzieht und das ebenmäßige Raster durchbricht, beginnt das **Civic Center** 6 mit den Verwaltungsgebäuden der Stadt, unter denen die Kuppel der City Hall nicht nur architektonisch hervorragt. Unverkennbar stand der Petersdom in Rom Pate, und nur erlesene Baumaterialien fanden Verwendung: Marmor aus Tennessee und Kalkstein aus Indiana. Vor dem goldverzierten Portal und unter den machtlosen Augen der Stadtväter haben sich seit geraumer Zeit in den Grünanlagen ganze Heerscharen von Obdachlosen ›häuslich‹ eingerichtet. In unmittelbarer Nähe zum Civic Center befindet sich das San Francisco Museum of Modern Art 7, ein imposanter Kunsttempel des Schweizer Architekten Mario Botta mit über 15 000 Kunstwerken des späten 19. Jh. und des 20. Jh.

San Franciscos Wiege steht im Mission-Viertel südöstlich der Market Street (16th und Dolores Sts), verkörpert durch die kleine **Mission Dolores** 8. Im Jahre 1776 unter dem Namen San Francisco de Asis errichtet, erhielt das Bauwerk später den Namen eines benachbarten einstigen Sees. Daß der Sakralbau alle bisherigen Erdbeben überstand, spricht für die Solidität der in traditioneller Lehm-Stroh-Technik errichteten Mauern. Nachträglich folgte ein Zementüberzug, um die Adobe-Mauern vor Verwitterung zu schützen. Bei der Ausschmückung des Innenraums übten sich die Bauherren in Bescheidenheit, nur die Deckenverzierungen ragen künstlerisch heraus. Auf dem angrenzenden Friedhof fanden vermutlich über 5000 Indianer ihre letzte Ruhestätte; die meisten von ihnen starben an Seuchen, die mit der neuen Heilslehre von den

Am Alamo Square

Missionaren ins Land getragen worden waren.

Wer der Market Street noch wenige Meilen weiter südwestlich folgt, kann den Serpentinenweg hoch zu den **Twin Peaks** 9 nehmen, ein Ausflug, der nach Sonnenuntergang durch einen der schönsten Blicke über die Stadt, zum Finanzial District und auf die Bay bis hinüber nach Oakland, belohnt wird.

Die nördliche Weiterfahrt von den Twin Peaks in die Stadt hinunter führt über die 17th und Stanyan Streets ins grüne Herz von San Francisco, den **Golden Gate Park** 10. Wer auf der Suche ist nach den Ausgeflippten, Überspann-

ten, Exzentrikern der Stadt oder nur den ›San Francisco Way of Life‹ studieren möchte, wird an Wochenenden bei schönem Wetter sicherlich fündig. Die Grünanlage zieht sich als ein Streifen von knapp 2 km Breite westlich von Japan Town 5 km weit bis zur Pazifikküste; so ist ein Auto bei einem Besuch sehr angeraten.

Die wichtigsten Sehenswürdigkeiten findet man im östlichen Teil des Parks, allen voran das viktorianische Gewächshaus Conservatory of Flowers aus Holz und Glas, eine originalgetreue Kopie der Londoner Kew Gardens, die ihren Weg Ende der 70er Jahre des vorigen Jahrhunderts um Kap Hoorn hierher fand. Zu der ständigen Ausstellung von Orchideen und tropischen Pflanzen gesellen sich je nach Jahreszeit wechselnde Blüten-Shows. Etwa 800 m weiter westlich zeigt das **M. H. de Young Memorial Museum** mit Gemälden, Skulpturen und Webwaren amerikanische Kunstwerke aus allen Epochen. Breiter Raum ist auch den Völkern aus Ozeanien, Afrika und Amerika gewidmet, wie rituelle Werkzeuge, Skulpturen, Töpfer- und Webarbeiten dokumentieren.

Mit derselben Eintrittskarte kann man in einem angrenzenden Flügel das **Asian Art Museum** besichtigen und die Werke asiatischer Künstler bewundern. Hier ist besonders die berühmte Avery-Brundage-Sammlung erwähnenswert, die mit Gemälden, Skulpturen und Keramiken in Teilen ausgestellt ist. Aber auch die Jade- und Porzellanausstellungen sollte man sich anschauen.

Gegenüber dem Young Museum lädt die **California Academy of Science** zur Besichtigung eines Aquariums und eines Planetariums ein. In besonderen Räumen werden mit viel technischem Aufwand Themen wie ›Die Evolution‹, ›Wildnisse Kaliforniens‹ oder ›Die Völker der Welt‹ behandelt. Eine weitere Sehenswürdigkeit, besonders im Frühling zur Zeit der Kirschblüte, ist der Japanese Tea Garden, Relikt einer Ausstellung von 1894.

Die östliche Verlängerung des Golden Gate Park stößt nach wenigen Blocks auf die Steiner Street, die den **Alamo Square** 11 östlich begrenzt. Wenn auch Wolkenkratzer die Skyline der Stadt bestimmen, so sind es doch die alten viktorianischen Holzhäuser, die den Charme von San Francisco ausmachen. Die schönsten und immer wieder abgelichteten Exemplare, die der Großbrand von 1906 verschont hatte, findet man hier herausgeputzt und fototrächtig vor der fernen Skyline der Stadt aufgereiht.

Sausalito

Ein kurzer Ausflug über die Golden Gate Bridge führt nach **Sausalito** (S. 368), einem Vorort von San Francisco. Auf Fischfang ist hier längst niemand mehr angewiesen, und auch die Werften, die im Zweiten Weltkrieg Hochkonjunktur

Hausboot in Sausalito

hatten, sind verfallen. Statt dessen lebt man gut von den Wellen des Tourismus, der über die berühmte Brücke schwappt. Souvenirshops, Straßencafés, Boutiquen und Galerien – alle bemühen sich um die Gunst der Vorbeiflanierenden. Als spezielles Charakteristikum von Sausalito hat in der Bucht an fünf verschiedenen Stegen eine kleine Armada von Hausbooten festgemacht, teils bohèmehaft und phantasievoll, teils exotisch und bizarr.

Ziele nordöstlich von San Francisco lassen sich am schnellsten über die 101 North oder I-280 North erreichen, die sich auf der Oakland Bay Bridge zur I-80 vereinen. Die bald abzweigende I-980 führt südlich nach Oakland.

Oakland

Seit jeher stand **Oakland** (S. 354) im Schatten des divahaften San Francisco, die Stadt war kaum mehr als ein Handlanger des jenseits der Bucht zur Schau gestellten Reichtums. Als 1906 das große Erdbeben San Francisco fast vollständig in Schutt und Asche legte, beherbergte und versorgte Oakland die mehr als 150 000 Menschen, die sich vor den Bränden schutzsuchend über die Bucht gerettet hatten. Daß in Oakland Jack London seine Jugend verbracht hatte und 1966 die Black-Panthers-Bewegung gegründet worden war, ist allgemein bekannt, allerdings auch die Behauptung, daß es dort für Besucher nichts Besonderes zu sehen gibt. Zu diesem nicht ganz unbegründeten Vorurteil hat die in Oakland beheimatete Schriftstellerin Gertrude Stein wohl am meisten beigetragen, als sie formulierte: »There is no there there«. Dieses vernichtende Urteil suchte die Stadtverwaltung zu entkräften, indem sie in der Fußgängerzone des City Square ein Monument aufstellte mit dem trotzigen Titel »There!«. Wer dennoch an Oakland nicht einfach vorübergehen will, kann sich das **Oakland Museum** ansehen, das mit seinen Abteilungen zur kalifornischen Geschichte, Natur und Kunst als eines der besten Regionalmuseen der gesamten USA gilt. Das **Paramount Movie Theater** mit bemalter Fassade und Art-déco-Interieur stammt als eines der wenigen noch erhaltenen Bauten jener Jahre aus der Glanzzeit von Hollywood.

Berkeley und Napa

Die I-80 erreicht nach 13 Meilen **Berkeley** (S. 326), eines der besten Ausbildungszentren der Vereinigten Staaten. 32 000 Studenten sind an der staatlichen Elite-Universität eingeschrieben, die sich nicht nur mit Vietnam-Demonstrationen einen Namen als streitbare und liberale Hochburg gemacht hatte, sondern 1964 auch mit der Free-Speech-Bewegung. Damals vermochte die Studentenschaft die Frage, ob sie sich neben ihrem Studium mit Politik befassen dürfe oder nicht, gegen Rektorat und Polizei für sich zu entscheiden. Schauplatz der Versammlungen war meist die Sproul Plaza an der Kreuzung von Bancroft St. und Telegraph Avenue, das Zentrum des Campus. Alles überragt der 94 m hohe Sather Tower, wegen seines venezianischen Vorbilds auch Campanile genannt. Von der Aussichtsplattform auf halber Höhe bietet sich ein herrlicher Ausblick über die San Francisco Bay. Weiter südlich auf der stets belebten Telegraph Avenue hat sich der Kommerz bevorzugt auf die Belange der Studenten ausgerichtet mit Straßencafés, Buch- und Musikläden.

Wer mag, kann sich in Palo Alto eine Autostunde südlich von San Francisco das rivalisierende Gegenstück zu Berkeley ansehen: die Stanford University. Die private Hochschule in der Hauptstadt des Silicon Valley gilt neben Harvard im Osten als *die* Eliteschule der USA. Lohnend sind auf dem Universitätsgelände neben den ungewöhnlichen Sandsteingebäuden, die eine Mischung aus romanischer und kolonialer Architektur darstellen, vor allem die Rodin-Skulpturen, die hier an verschiedenen Stellen zu finden sind.

Auf der Weiterfahrt von Berkeley nach Nordosten erreicht man über die I-80,

Im feuchtfröhlichen Zug durchs Weinland

Besucher des Napa Valley beklagen oft die Überlastung der engen SR 28, einer auf den Karten eher unbedeutenden Nebenstrecke, die sich als Kaliforniens Weinstraße zwischen Napa und Calistoga entlang des Napa River windet. Autofahrern bleibt bei dem hohen Verkehrsaufkommen oft kaum Gelegenheit, der für amerikanische Verhältnisse ungewöhnlichen Landschaft einen Blick zu gönnen, geschweige denn, öfter einmal anzuhalten und in Ruhe die Gegend zu erkunden.

Der vorzügliche kalifornische Wein interessiert auch die Gäste aus Fernost.

Aus dieser Erkenntnis heraus wurde das Projekt Wine Train geboren, eine ca. 30 km lange Eisenbahnlinie zwischen Napa und St. Helena, die parallel zur Hauptstraße verläuft und die Touristik-Branche an die 10 Mio. Dollar gekostet hat. In nostalgischen, renovierten Pullmann-Speisewagen aus den 50er Jahren werden je nach Tageszeit Brunch, Mittag- oder Abendessen serviert, im komfortablen Lounge-Wagen Snacks und Weinproben angeboten. Eile ist hier nicht angesagt, so dauert die Reise ca. drei Stunden, die man entspannt bei Essen und Trinken zubringen kann, während Weinberge und Felder an den Fenstern vorübergleiten. Doch in St. Helena ist die Fahrt noch nicht zu Ende. Dort stehen Busse bereit, um die Passagiere zu Besichtigungen und weiteren Weinproben verschiedener Weingüter zu befördern, ehe die Eisenbahnfahrt wieder zurück nach Napa geht.

Auf diese Weise wird der Besuch des Weinlandes zu einem informativen und genußreichen Erlebnis, und auch dem ehernen Verkehrsgebot der USA, mit Alkohol im Blut nicht Auto zu fahren, ist voll Genüge getan. Gleichwohl führen Gegner des Projekts ins Feld, daß der teure Zug kaum die Hauptstraße entlastet, sondern im Gegenteil wegen zweier Kreuzungen und an die 90 weiterer Bahnübergänge zusätzliches Verkehrschaos schafft.

Die Wine Train Tour kostet ohne Mahlzeiten zwischen 22 und 33 Dollar, mit Mahlzeiten und Getränken zwischen 55 und 79 Dollar. Der Zug verläßt Napa (1275 McKinstry St.) täglich zu wechselnden Zeiten. Auskunft und obligatorische Platzreservierungen ✆ 707-253-21 11 oder 800-427-41 24.

SR 37 und die als Weinstraße bekannte SR 29 nach ca. 25 Meilen **Napa,** das Tor zu Kaliforniens Weinland. Das Napa Valley, dessen Name an weiches Leder erinnert – und in der Tat wurde der Qualitätsbegriff dort geprägt – genießt in Amerika den Ruf, Spitzenweine und -Sekte zu produzieren, die übrigens in den USA als Champagne verkauft werden, weil keine andere Vokabel dafür zur Verfügung steht. Die Güter, auf denen die edlen Rebsäfte gekeltert werden, kann man entlang des Highway 29 zwischen Yountville und Calistoga besuchen und ihre Produkte meist gegen Bezahlung probieren. Über 3 Mio. Besucher aus aller Welt machen jedes Jahr davon Gebrauch, vor allem zur Weinlese im Herbst. Um dem ärgsten Touristenrummel zu entgehen, empfiehlt sich deshalb als beste Besuchszeit das Frühjahr.

Die Sierra Nevada

(Karte S. 105)

Von San Francisco aus bieten sich Ausflüge in die westlich gelegene Sierra Nevada an.

Der hoch aufragenden Gebirgskette haben die Spanier nicht von ungefähr den Namen Schneegebirge verliehen. Für die von Osten heranrollenden Planwagentrecks war es das letzte große Hindernis auf dem Weg nach Kalifornien. Wie die Tragödie am Donner Pass beweist, wo im Winter 1846 zahlreiche Mitglieder zweier Pionierfamilien erfroren und der Rest nur durch Kannibalismus überlebte, barg die Überquerung der Berge damals tödliche Gefahren. Dank moderner Straßen und Verkehrsmittel hat die Sierra Nevada heute ihre Schrecken verloren und sich zum beliebtesten ganzjährigen Erholungsgebiet von Kalifornien entwickelt. Die landschaftlich schönsten Regionen wurden unter Naturschutz gestellt.

Zunächst geht es von San Francisco auf den Autobahnen I-580 und I-205 über Livermore auf die autobahnähnliche SR 120, und dann ab Manteca sehr viel beschaulicher weiter ostwärts. Man durchquert das kalifornische Längstal, auch Central Valley oder Great Valley genannt, eine etwa 700 km lange und durchschnittlich 80 km breite, mit fruchtbarem Schwemmaterial gefüllte Senke zwischen der Coast Range und der Sierra Nevada.

Yosemite National Park

Erstes Ziel ist der **Yosemite National Park** 1 (S. 376), das nach dem Grand Canyon wohl bekannteste Naturschutzgebiet des Westens. In Kalifornien hat er mit jährlich über 3 Mio. Besuchern längst alle anderen Reiseziele überrundet, dadurch aber Probleme geschaffen, die manchem den Aufenthalt vergällen können: Immer häufiger schiebt sich im Sommer eine Schlange von Besucherautos nur schrittweise Richtung Eingang, erweisen sich zur Ferienzeit Un-

terkünfte und Campingplätze im Park für Wochen als restlos ausgebucht, bleiben ganze Waldregionen zur Regeneration der Natur monatelang für Besucher gesperrt und werden Parkplätze selbst an drittrangigen Aussichtspunkten knapp.

Bereits 1864 hatte Abraham Lincoln das Tal mit dem indianischen Namen, der ›Grizzlybär‹ bedeuten soll, unter staatlichen Schutz gestellt, um die sich abzeichnende Ausbeutung zu unterbinden. Auf Initiative des Naturfreunds John Muir (1838–1914) erhielt die Region 1890 den Status eines Nationalparks.

Der ›Urvater‹ der amerikanischen Nationalparks umfaßt heute ein Areal von etwa 3000 km^2, durchzogen von 600 km Straßen und über 1300 km Wanderwegen. Kerngebiet ist das Yosemite Valley, ein von Gletschern ausgeschliffener, bis zu 2 km breiter und 10 km langer Canyon zu Füßen schroffer Berge und senkrechter Felswände. Der weitaus größte Teil des Parks besteht aus abwechslungsreicher Hochgebirgswildnis, die sich allein Wanderern offenbart. Nur eine Straße (im Winter geschlossen) durchzieht den Park von West nach Ost und ermöglicht die Überquerung der

Sierra Nevada über den Tioga Pass (3031 m) hinab ins Great Basin.

Wie ein Wächter beherrscht **El Capitan,** ein schwarzer Monolith mit einer über 1000 m hohen senkrechten Wand, den Eingang zum Tal. Freeclimber aus aller Welt haben dort ihr Paradies gefunden. Als bunter Tupfer sind die tollkühnen Sportler mit dem Fernglas von der Straße aus hoch oben in der steilen Wand zu sehen. Sehr viel ungefährlicher ist der Gipfel über die insgesamt 14 km langen Yosemite-, Hetch Hetchy-, Eagle Peak- und El Capitan Trails von der Rückseite her erreichbar.

Blick vom Glacier Point ins Yosemite-Tal

Der aus den Bergen fließende Merced River ergießt seine Wassermassen in mehreren spektakulären Wasserfällen in die canyonartige Schlucht. Am eindrucksvollsten sind die dreistufigen **Yosemite Falls,** aufgeteilt in den Upper Fall (436 m), die Middle Cascades (206 m) und den Lower Fall (98 m). Während der untere Wasserfall auf einem kurzen Fußweg leicht erreichbar ist, muß man zum oberen einen 5 km langen steilen Aufstieg in Kauf nehmen. Als Wahrzeichen des Parks erhebt sich am Talende der charakteristische Granitkegel des **Half Dome** gut 1500 m über die Auen. Den Gipfel kann man auf einem 27 km langen, schwierigen Rundweg erreichen, eine 10-12stündige Anstrengung, für die man dann aber mit einem einzigartigen Panoramablick belohnt wird.

Eine weitere Attraktion liegt südlich des Tals und wird über eine 25 Meilen lange Stichstraße erschlossen, die beim Tunnel View Overlook von der Hauptroute nach Süden abzweigt. Sie endet am **Glacier Point,** der als schönster mit dem Auto erreichbarer Aussichtspunkt des Parks gilt. Aus etwa 1000 m Höhe geht der Blick tief hinab ins Yosemite-Tal bis weit hinüber zu den meist schneebedeckten Gipfeln der High Sierra.

Im **Mariposa Grove** an der Südspitze des Parks, erreichbar über den Highway 41, findet man riesenhafte Bäume der Gattung *Sequoiadendron giganteum.* Sie sind Überlebende aus der Zeit der Flugechsen, Saurier und riesenwüchsiger Schachtelhalme. Rätselhafterweise hat ein kleiner Bestand entlang eines 400 km langen Streifens die Eiszeiten überlebt, die auch Nordamerika unter mächtigen Gletschern begruben. Das Alter der Sequoias wird auf 3500 Jahre geschätzt, ihre Höhe liegt bei 85 m, ihr Umfang erreicht an der Basis gut 35 m. Bezogen auf das Volumen gelten sie als die mächtigsten Pflanzen der Erde, obwohl die Küsten-Redwoods ein gutes Stück höher und die Bristlecone Pines, knorrige Grannenkiefern, wesentlich älter werden. Während sich der Grizzly Giant, der mit 2700 Jahren zu den ältesten Vertretern der Mammutbäume zählt, noch bester Gesundheit erfreut, stürzte der berühmte Wawona Tunnel Tree, durch den man eine Autostraße geschlagen hatte, im Winter 1968 ein. Besucher können sich mit einem kleinen Bähnchen durch den Wald der Riesen fahren lassen oder auf einem bequemen Fußweg das großartige Naturerlebnis genießen. Weitaus weniger Betrieb als im lärmenden Yosemite-Tal, am vielbesuchten Glacier Point oder im Mariposa Grove erwartet Touristen in der High Sierra. Im Frühsommer kann man auf der Tioga Road hinauf in die blühenden Wiesen der Tuolumne Meadows gelangen und weiter zum 3031 hohen **Tioga-Paß,** der bis Juni unter einer dichten Schneedecke begraben ist und der auf die US 395 jenseits der Sierra Nevada stößt.

Mono Lake und Bodie State Historic Park

Bei dieser Fahrt bietet sich ein Besuch des **Mono Lake** 2 (S. 351) an, eines abflußlosen Gebirgssees in 2000 m Höhe beim Städtchen Lee Vining an der US 395. Seit fast 1 Mio. Jahren lagern die Flüsse dort ihre mineralische Fracht ab. Ein seltenes Zusammentreffen von Süßwasserquellen und sodahaltigem Wasser hat bizarre Tuffsteinsäulen wachsen

lassen. Zusammen mit dem kobaltblauen Wasser und den meist schneebedeckten Bergen ringsum bieten sie eines der großartigsten Landschaftsbilder der USA. Überdies hat sich hier ein höchst fragiles Biotop herausgebildet. Von den Grünalgen im See ernähren sich Meerwasserkrabben, die wiederum den hier brütenden Kalifornischen Möwen als Nahrungsquelle dienen. Leider wurden seit den 40er Jahren die Zuflüsse für die Trinkwasserversorgung von L. A. angezapft und in das Bewässerungsprojekt des kalifornischen Längstals miteinbe-

zogen. Dadurch stieg nicht nur der Salzgehalt des Sees beträchtlich, auch der Wasserspiegel sank innerhalb von vier Jahrzehnten um 14 m, wodurch die auf Inseln liegenden Brutplätze der Möwen für Kojoten zugänglich wurden. Durch Initiative der Umweltschützer wurde die Wasserentnahme zwar gedrosselt, der Konflikt zwischen Wasserwerk und dem Mono Lake Committee schwelt aber weiter. Immerhin wurde der See, der zu den ältesten Gewässern der Welt gehört, zum Mono Lake Tufa State Reserve erklärt.

Nur wenige Meilen nördlich des Mono Lake lockt der **Bodie State Historic Park** 3 (S. 327), die schönste Ghosttown in Kalifornien, vielleicht sogar des Westens. Benannt ist der ehemalige Minenort nach seinem Gründer William S. Bodey. Im Jahre 1879, etwa 20 Jahre nach der Gründung, hausten in der Bergeinsamkeit fern aller Zivilisation an die 10 000 Menschen, einzig von der Hoffnung beseelt, doch noch auf eine Gold- oder Silberader zu stoßen. Bodie galt damals als eine der gesetzlosesten Städte im Wilden Westen – 60 Bordelle soll es gegeben haben, 35 Saloons und drei Brauereien. Wie immer und überall, so folgten auch hier dem Rausch die jähe Ernüchterung, der Verfall.

Die übriggebliebenen 170 Holzhäuser samt Inventar sind heute in einem Nationalpark zusammengefaßt und werden ohne eine erkennbare Restaurierung im Originalzustand bewahrt. Durch halbblinde Scheiben und mottenzerfressene Gardinen kann man einen Blick auf staubbedeckte Möbel und undefinierbares Küchengerät des vorigen Jahrhunderts werfen. Verteilt über das 200 ha große Gelände trifft man auf verrostete Autochassis aus den Kindertagen der Motorisierung, auf verbeulte Loren und Reste von Förderbändern. Tankstellen, Imbißstände oder Souvenir Shops hingegen sucht man in Bodie vergebens.

Sequoia und Kings Canyon National Parks

Ein Stück südlich des Yosemite National Park kann man ein weiteres sehenswertes Naturschutzgebiet besuchen: die **Sequoia und Kings Canyon National Parks** 4 (S. 371). Die beiden ineinander übergehenden Nationalparks können bereits auf ein über hundertjähriges Bestehen zurückblicken. Mit dem Wagen zugänglich sind sie nur von Westen über die Highways SR 180 und 198 via Fresno und Visalia. Wer das Gebiet von Osten betreten wollte, wäre allein auf Wanderpfade angewiesen, die vom Great Basin über den ca. 4200 m hohen Gebirgskamm führen.

Die Parks dienen vor allem dem Schutz der archaisch anmutenden Mammut-Bäume *(Sequoiadendron giganteum)*, die wie im Yosemite National Park in Höhen zwischen 1200 und 2500 m die Westhänge überziehen. Am eindrucksvollsten präsentieren sich die Baumgiganten im Sequoia National Park entlang des Generals Highway. Auch wer nur wenig Zeit mitbringt, sollte vom mächtigen General Sherman Tree, der als das größte Lebewesen der Erde gilt, den etwa 3 km langen Congress Trail entlangwandern, welcher als Lehrpfad angelegt ist. Der westliche Teil des Sequoia Park, bekannt als Grant Grove, dokumentiert den erfolgreichen Kampf der Naturschützer gegen die Holzwirtschaft. Der Big Stump blieb als Mahnmal des Raubbaus, umgeben von vielen Riesen, die ihr Überleben nur der Initiative jener umweltbewußten Zeitgenossen verdanken, welche die Mammutbaumbestände aufkauften. Erst im Jahre 1950 wurde dieser Teil in den Park eingegliedert und damit wohl für immer vor der Axt bewahrt.

Den größeren Kings Canyon National Park kann man mit dem Wagen nur auf einer kurzen Stichstraße erkunden, die nicht nur den Blick auf himmelragende Sequoias ermöglicht, sondern auch eine großartige Gebirgsszenerie bietet. Die Landschaft erschließt sich besonders eindrucksvoll entlang der unterschiedlichen Wanderrouten, so etwa auf dem nur 700 m langen River Trail oder dem sich anschließenden Zumwalt Meadow Loop, einem 1,7 km langen Rundweg. Wer mag, kann seine Kräfte auch auf einem Teilstück der Fernwanderroute Pacific Crest National Scenic Trail erproben, bekannt als John Muir Trail, der von Kanada kommend entlang der Wasserscheide die beiden Nationalparks durchquert und weiter nach Mexiko führt.

Von San Francisco nach Los Angeles

Von San Francisco nach Los Angeles entlang der Küste

(Karte S. 105)

Nur wenige Kilometer südlich der letzten Ausläufer des Großraums **San Francisco** (s. S. 89) eröffnet sich den Reisenden mit der sanft geschwungenen Bucht von Monterey einer der schönsten Küstenstriche in Kalifornien. Die harmonische Verschmelzung von Meer, Klippen, Sandstrand und Bergkulisse entstand durch tektonische Bewegungen der Erdkruste. Die etwa 40 km lange Bucht ist der sichtbare Rand einer tief ins Meer reichenden Schlucht, deren Ausmaße sogar den Grand Canyon übertreffen. Es verwundert denn auch nicht, daß sich diese von der Natur begünstigte Region zum exklusiven Wohngebiet mit hoher touristischer Anziehungskraft entwickelt hat.

Der portugiesische Seefahrer Juan Rodríguez Cabrillo sichtete auf seiner denkwürdigen Erkundungsfahrt im Jahre 1542 die Bucht von Monterey. Den Namen erhielt die Region aber erst über ein Jahrhundert später durch Sebastian Vizcaino, den Leiter einer spanischen Expedition, der mit drei Schiffen die Küste erkundete und hier vor Anker ging. Namenspatron war der spanische Vizekönig in Mexiko, der die Reise veranlaßt hatte.

Monterey und Umgebung

Als Handelsposten und Missionsstation im Jahre 1770 gegründet, stieg **Monterey** 5 (S. 351) schnell zur Metropole auf. Erst nach dem mexikanisch-amerikanischen Krieg verlor es 1846 dieses Privileg, durfte aber als Sitz der ersten gesetzgebenden Versammlung eine bedeutende Rolle in der kalifornischen Geschichte spielen. Auch in ökonomischer Hinsicht wurde Monterey vom Glück verwöhnt. Riesige Sardinenschwärme vor der Küste bildeten einst die Grundlage einer lukrativen Konservenindustrie. Sie war zwar nur eine Episode, die Ende des zweiten Weltkriegs mit Ausbleiben der Fische ihr Ende fand, wurde aber von dem Schriftsteller John Steinbeck durch den Roman ›Cannery Row‹ (Die Straße der Ölsardinen) literarisch verewigt. Nach Abriß der Fabriken vermarktete die Stadt Meister und Werk geschickt, um die Vergangenheit nostalgisch zu verbrämen und mit Touristendollars zu vergolden. Selbst der Straßenname Cannery Row, den es in Wirklichkeit nie gegeben hatte, wurde übernommen und ziert nunmehr die Ocean View Avenue, den fiktiven Schauplatz des Geschehens. Die authentische Atmosphäre allerdings ließ sich damit nicht wiederbeleben. Statt penetranten Fischgeruchs ziehen die Düfte von Hot Dogs und Hamburgern durch die ›Straße der Ölsardinen‹, und statt des Klapperns von Konservendosen und Ratterns von Förderbändern berieselt Discomusik die Touristen. Abgesehen von dieser Attraktion, der Besucher ohne Kenntnis des Bestsellers ratlos gegenüberstehen müssen und die selbst Kennern des literarischen Meisterstücks viel Phantasie abverlangt, besitzt Monterey ein sehenswertes Altstadtviertel, in dem etwa 45 historische Adobehäuser aus der Epoche vor 1850 zusammengefaßt sind. Zu den Gebäuden, die während eines etwa 3 km langen, mit Pfeilen markierten Rundgangs besichtigt werden können, zählen das alte Zollhaus, das Pacific House mit historischem Museum und das Stevenson House, in dem Robert Louis Stevenson, der Autor der ›Schatzinsel‹, einige Zeit gewohnt hat.

Als eine der größten Attraktionen neben dem alljährlich Mitte September stattfindenden Jazz-Festival gilt das **Monterey Bay Aquarium,** das dem staunenden Besucher einen Blick in die faszinierende Unterwasserwelt des Tiefseegrabens vor der Küste vermittelt. Vor allem an Wochenenden muß man sich auf lange Wartezeiten und erhebliches Gedränge vor dem Aquarium einstellen.

Im Westen geht Monterey nahtlos in die kleine Ortschaft **Pacific Grove** (S. 356) über, die ihren Reiz vor allem aus der dramatischen Steilküste in der unmittelbaren Nachbarschaft zieht. Methodisten hatten diesen ruhigen Platz 1875 als Ferienziel entdeckt, und bis

heute konnte er mit vielen beschaulich wirkenden viktorianischen Häusern den Charme einer Oase der Ruhe bewahren. Davon profitieren auch die in Kanada beheimateten orange-schwarzen Monarch-Schmetterlinge *(Danaus plexippus),* die dort den Winter verbringen, die meisten von ihnen im Washington Park. Die Ankunft der Wanderfalter aus dem Norden feiert die Gemeinde alljährlich am 20. Oktober im farbenprächtigen Butterfly Festival. Reiches maritimes Leben können Naturfreunde in dem Gezeitenbekken des Asilomar State Beach studieren, in denen sich mehr als 200 Algenarten angesiedelt haben.

In Pacific Grove beginnt der **17-Mile Drive,** eine 27 km lange private Panoramastraße entlang der Küste bis vor die Tore des südlich gelegenen Carmel. Der Geldadel schuf sich dort ein Refugium mit herrschaftlichen Villen und einem eindrucksvollen Golfplatz. Lohnender aber ist der Blick Richtung Meer, wo man Kormorane, Pelikane und Seelöwen be

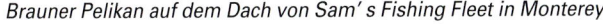
Brauner Pelikan auf dem Dach von Sam' s Fishing Fleet in Monterey

obachten kann. Als landschaftlicher Höhepunkt gilt die einsame Monterey-Zypresse auf einem Klippenvorsprung, die sogenannte Lone Cypress. Die Zufahrt zur Aussichtsstraße kann von Pacific Grove, Carmel oder vom Highway 1 erfolgen. Beim Lösen des Tickets erhält man einen Streckenplan mit einer Auflistung der Sehenswürdigkeiten.

Die sich südlich anschließende kleine Ortschaft **Carmel** 6 (S. 329) wurde 1904 von Künstlern aus San Francisco gegründet. Ihr Name, entlehnt der gleichnamigen Bucht und des in sie mündenden Rio del Carmelo, geht auf Sebastian Vizcaino zurück, der damit die drei ihn begleitenden Karmelitermönche ehrte. Schon bald zog die unorthodoxe Künstlergemeinde Persönlichkeiten wie Jack London, Upton Sinclair und William Rose Benét an, und wie bei Künstlerkolonien üblich, dauerte es nicht lange, bis auch hier ein exklusivelitäres Flair das exotisch-bohèmehafte Ambiente der Gründerjahre überdeckte.

Trotz aller Kommerzialisierung konnte Carmel seinen Charme zu bewahren. Die Galerien, Boutiquen und Restaurants entlang der Hauptstraße sind elegant, chic und teuer. Am ehesten kommt man in den schmalen Seitenstraßen der Idylle vergangener Tage auf die Spur.

Im Jahre 1771, lange vor den Künstlern, hatten die Franziskaner den Reiz der Landschaft entdeckt und ihre Mission von Monterey dorthin verlegt, da die neugetauften Indianerinnen inmitten der Militärkolonie von Monterey angesichts der spanischen Soldaten die erhoffte moralische Standfestigkeit vermissen ließen. Zwar behielt die im Süden der Ortschaft an der Rio Road liegende Mission ihren alten Namen San Carlos offiziell bei, war bald aber nur noch unter der Bezeichnung Carmel bekannt. Im Jahre 1775 wurde die erste Kapelle errichtet, die zwanzig Jahre später einem größeren, noch immer existierenden Bau weichen mußte. Die Mission diente den beiden Padres Crespi und Serra,

Prachtvolles Luxusbad im Hearst Castle

denen die Kette der Missionen in Kalifornien zu verdanken ist, bis zu ihrem Tod als Hauptquartier und beherbergt auch die Gebeine der beiden 1782 und 1784 verstorbenen Franziskaner.

Mit der Säkularisierung zerfiel auch Carmel, bis sich der Geistliche Casanova 1884 der Ruine annahm und einen wenig gelungenen Restaurierungsversuch unternahm. Erst 1936 wurde die Mission umfassend und sachgerecht instandgesetzt. Heute gilt die Anlage als eines der schönsten Beispiele früher Sakralarchitektur auf amerikanischem Boden mit einer Sammlung über die Geschichte der Missionen in Kalifornien.

Einige Kilometer südlich endet die Bucht mit einer ins Meer vorspringenden kleinen Halbinsel, die als **Point Lobos State Reserve** (S. 358) ausgewiesen und als Wanderparadies bekannt ist. Unter den vielen Pfaden empfiehlt sich besonders der Sea Lion Point Trail, von dem man Seelöwen und zuweilen auch vorbeiziehende Wale beobachten kann. Mit etwas Glück bekommt man zwischen den Tangfeldern auch die vom Aussterben bedrohten Seeotter zu Gesicht, die hier wieder heimisch gemacht wurden. Nicht minder eindrucksvoll ist die Flora mit seltenen Monterey-Zypressen und der für das sonst so trockene Südkalifornien verschwenderischen Blütenpracht im Frühsommer.

Big Sur

Ähnlich wie die Cannery Road in Monterey dank John Steinbeck zu weltweitem Ruhm gelangte, erhielt **Big Sur** 7 durch Henry Miller in seinem autobiographischen Werk ›Big Sur oder die Orangen des Hieronymus Bosch‹ ein literarisches Denkmal. Zwar existiert eine winzige Ortschaft dieses Namens, die geographische Bezeichnung umfaßt jedoch die gesamte Küstenregion zwischen Carmel und San Louis de Obispo beiderseits des Highway 1, der sich seit 1966 mit dem Zusatz *scenic* (landschaftlich malerisch) schmücken darf.

Schmal, kurvenreich und mit zahlreichen Steigungen und Gefällstrecken versehen, folgt die Straße der Kontur des Küstengebirges, gibt aus der Höhe schwindelerregende Blicke über den Pazifik und die sich staffelnden Rücken der Coast Range frei, um sich dann wieder in steilen Kehren zum Strand hinabzuwinden. Wer diese spektakuläre Route wählt, sollte Zeit und Muße mitbringen, zumal viele State Parks zum Campen und Wandern einladen.

Hoch über der kleinen Ortschaft **San Simeon** (S. 366) schuf der Zeitungsmogul William R. Hearst (1863–1951) auf einer Anhöhe namens La Cuesta Encantada (Zauberhügel) sein ebenso grandioses wie protziges Refugium. Und in der Tat geht von dieser Anlage, die nunmehr den Namen **Hearst Castle** 8 trägt, ein merkwürdiger Zauber aus, obwohl der eigensinnigen Architektur die Nähe zum Kitsch nicht abzusprechen ist und das Anwesen sich als kunterbunte Mischung unterschiedlichster Stilrichtungen präsentiert. Aber allein wegen des blauen Neptun Pool mit unvergleichlichem Blick über die tief unten rollenden Pazifikwogen lohnt sich der zweistündige Rundgang und auch wegen der einzigartigen Kunstsammlung, die der Milliardär in der Casa Grande, dem Hauptgebäude des weitläufigen Komplexes, zusammentrug.

Hearst, dem Orson Welles mit seinem Film ›Citizen Kane‹ ein Denkmal setzte, begann den Bau 1919. Die Vollendung erlebte das ehrgeizige, vornehmlich als Hort für die Kunstschätze des Zeitungskönigs konzipierte ›Schloß‹ trotz unerschöpflicher Geldmittel jedoch nie. Die Erben übereigneten die Hearst-Villa 1958 dem kalifornischen Staat, der sie zum Hearst San Simeon State Historical Monument deklarierte, das über 1 Mio. Besucher pro Jahr in seinen Bann zieht.

Als nächste Sehenswürdigkeit entlang des Highway 1 erwartet die Reisenden **San Luis Obispo** 9 (S. 366), mit 42 000 Einwohnern eine recht ansehnliche Stadt, die ihren Aufschwung dem Eisenbahnanschluß 1894 verdankt. Im Jahre 1772 ging sie aus der Missionsstation San Luis Obispo de Tolosa hervor, die heute ein kleines Museum mit Artefakten der Chumash-Indianer und der frühen Siedler beherbergt.

Santa Barbara, Malibu und Venice

Der Highway No. 1 verläuft nun weiter landeinwärts und mündet kurz vor Santa Barbara in die US 101. Das auf einem schmalen Küstenstreifen zwischen den Santa Ynez Mountains und dem Pazifik liegende **Santa Barbara** 10 (S. 367) dient den Bewohnern des nicht weit entfernten Los Angeles als beliebtes Wochenendziel. Wiederum war Sebastian Vizcaino, der die Bucht 1602 anlief, der erste europäische Besucher und auch der Namensgeber. Aber erst 1782 entstand an der Stelle eines Indianerdorfs eine befestigte Niederlassung der Spanier, gefolgt von einer Missionsstation der Franziskaner unter der Leitung von Francisco de Lasuén.

Die Stelle des alten Presidio markiert heute ein Park mit historischen Gebäuden, darunter das aus dem Jahre 1788 stammende El Cuartel, das zu den ältesten Bauwerken in Kalifornien zählt. Die 1786 gegründete Mission in der E. Los Olivos verdient ihren Beinamen ›Queen

of the Missions‹ zu Recht, gilt sie doch als eine der am besten erhaltenen in der Reihe der kalifornischen Missionsstationen. Heute dienen die Klosterräume als Museum. Das Kircheninnere weist mexikanische Züge auf, der pittoreske Brunnen vor dem Gebäude hingegen andalusisch-maurische.

Auch im Stadtzentrum haben sich noch viele alte Bauwerke erhalten, einige von ihnen aus luftgetrockneten Ziegeln *(Adobe)* und mit mexikanischem Einschlag. Die 1817 errichtete Casa Covarrubias (Santa Barbara St.) soll dem letzten mexikanischen Gouverneur als Residenz gedient haben. Der historische Stadtkern bildet alljährlich im August den Rahmen zur Old Spanish Days Fiesta, die die spanisch-mexikanische Vergangenheit farbenprächtig in Szene setzt.

Unübersehbar nähert sich die Küstenstraße nunmehr dem Großraum von Los Angeles; mit jeder Meile verdichtet sich der Straßenverkehr. Ehe man in den Moloch der Häuserschluchten und Stadtautobahnen eintaucht, bietet sich noch Gelegenheit zu einigen lohnenden Unterbrechungen. Zunächst sollte man einen Stopp in **Malibu** 11 (S. 349) einlegen.

Der wichtigste Grund, Malibu zu besuchen, besteht allerdings seit Ende 1997 nicht mehr, seit das früher hier beheimatete und berühmte Getty-Kunstmuseum nach Brentwood umgezogen ist (s. S. 118). Was bleibt, sind die Pier, die sich unter Anglern großer Beliebtheit erfreut, sowie einige Strandabschnitte, zu denen man noch freien Zugang hat und wo man den Wellensurfern zuschauen kann. Die teuren Anwesen in den Ausläufern der Santa Monica Mountains – so mancher Filmstar ist hier zu Hause – kann man sich zwar anschauen, neiden braucht man sie aber niemandem. Über vielen der teuren Villen hängt das Damoklesschwert der Ver-

Der mexikanische Einfluß ist unverkennbar: Blick über Santa Barbara

nichtung, sei es durch die immer wieder aufflackernden sommerlichen Buschfeuer oder nachfolgenden winterlichen Erdrutsche.

Über Santa Monica mit seiner Promenade direkt am Meer geht es zur Kleinstadt **Venice**, die sich, eingebettet in das Häusermeer des Los-Angeles-Beckens, von der Ozone Street im Norden über etwa 5 km am Meer entlang bis Marina Del Rey hinzieht. Der Name geht auf den Zigarettenfabrikanten Abbot Kinney zurück, der seine Liebe zur italienischen Lagunenstadt mit einem Klein-Venedig am Pazifik zeigen wollte, ausgestattet mit Häusern im Stil der Neo-Renaissance, Kanälen, geschwungenen Brücken und sogar importierten Gondeln. Vom Traum blieb nur der Name.

In den 50er Jahren fanden die Beatniks und später die Hippies den Weg dorthin; sie schufen zwar kein Venedig, aber die Metropole einer neuen Kultur, die weit über Kalifornien ausstrahlte. Bis heute hat sich daran wenig geändert.

Venice gibt sich exzentrisch, jung und für immer neue Einfälle offen. Der 3 km lange Ocean Front Walk, die Strandpromenade zwischen Ozone- und Washington Street, verwandelt sich vor allem an Wochenenden in einen Laufsteg der Eitelkoiton, eine Arena des Narzismus, die einem absurden Theater gleicht, das sich keiner entgehen lassen sollte. Am Muscle Beach lassen eingeölte Gewichtheber ihre prallen Bizepse spielen, nebenan jonglieren Wagemutige mit knatternden Kettensägen, eine Gruppe Schwarzer auf Inline Skates dreht leichtfüßig ihre Pirouetten, und Sektierer künden auf Schildern vom nahen Weltuntergang, während auf dem Rasen davor einige Chicanos die Kampfkraft ihrer Bullterrier erproben. Davor dehnt sich der breite Sandstrand, der schon zur Jahrhundertwende so manche wilde Party gesehen hat und auch heute Treffpunkt der Sonnenanbeter ist.

Von Venice aus geht es nun direkt nach Los Angeles.

Los Angeles und Umgebung

El Pueblo de Nuestra Señora la Reina de Los Angeles – Das Dorf unserer lieben Frau, der Engelskönigin – unter diesem Namen gründeten im Jahr 1781 fromme spanische Siedler aus Mexiko einen Ort, der sich in kurzer Zeit zu einer der größten Städte von Kalifornien mausern sollte. Schon 1835 erhielt **Los Angeles** (S. 347), wie es bald kurz und knapp genannt wurde, durch die mexikanische Regierung Stadtrechte, und als Kalifornien an die USA fiel, wurde es Hauptstadt im *county*. Wie alle Städte in Kalifornien, so profitierte auch Los Angeles durch den Bau der Eisenbahn und später durch den Goldrausch, doch es kam nicht die vornehmste Klientel, so daß man bald weniger von den Engeln, als von *los diablos,* den Teufeln, sprach.

Ende des 19. Jh. lebten bereits 100 000 Menschen in L. A., mehr noch in der Umgebung. Wichtige wirtschaftliche Impulse brachte die Entdeckung von Erdöl mitten in der Stadt, die Bodenspekulation blühte. San Pedro, ein bis dahin verträumter Fischerort, wurde zum Welthafen ausgebaut. Im Jahre 1910 nahmen unabhängige Filmgesellschaften in Hollywood die Produktion auf. Los Angeles wuchs unaufhaltsam – 1920 wurde San Francisco überrundet, zehn Jahre später lebten bereits weit über 1 Mio. Menschen im *county*.

Mitte der 50er Jahre öffnete Disneyland in Anaheim seine Pforten und legte damit den Grundstein für eine gigantische Tourismusindustrie. Doch es gab immer wieder auch Katastrophen und Rückschläge: 1928 brach ein Damm des Owens-Aquädukt, 1933 erschütterte ein schweres Erdbeben Long Beach, 1965 führten Rassenkonflikte zu Krawallen im Schwarzenviertel Watts, 1992 kam es zu den Los Angeles Riots, den schwersten Rassenunruhen in der Geschichte der Vereinigten Staaten, und 1994 gemahnte ein neuerliches Erdbeben im San Fernando Valley mit vielen Toten

Los Angeles

daran, daß die Stadt nur auf brüchiger Scholle errichtet ist.

Die nach dem Zweiten Weltkrieg aufkommende Massenmotorisierung führte zum Bau von Stadtautobahnen, die bald in dichtem Netz Los Angeles und dessen Vororte verbanden. Doch der unbegreifbare Verzicht auf ein funktionierendes Nahverkehrssystem stürzte die Angelenos in der weiter wuchernden Stadt in die völlige Abhängigkeit vom Kraftfahrzeug und stempelte L. A. zur absoluten

›Autostadt‹ mit Verkehrschaos, Lärm und Smog. So wurde Anfang 1993 im Zentrum eine U-Bahn in Dienst gestellt, die bis zum Jahr 2010 alle Vororte erreicht haben soll.

Wie in einem Amphitheater liegt Los Angeles in der Küstenebene am Pazifik, umschlossen von den Gebirgszügen der Coast Range. Der Stadtkern bedeckt eine Fläche von etwa 1200 km^2, der aus etwa 80 Ortschaften bestehende Großraum hingegen gut das Zehnfache,

womit er nahezu die Größe von Schleswig-Holstein erreicht (15 700 km^2). Fast 150 km dehnt sich das Häusermeer von Ost nach West aus und etwa 80 km von Nord nach Süd. Ein engmaschiges Autobahnnetz verbindet die beiden *counties* Los Angeles und Orange, in die die Stadt gegliedert ist. Den Straßenzügen liegt das typische Schachbrettmuster amerikanischer Städte zugrunde. Nur dort, wo die Geographie es gebot, etwa entlang der Küste oder der Gebirgskette der San Gabriel Mountains, mußten die Städteplaner von dieser kolonial-spanischen Tradition abweichen. Zwar herrscht die Meinung vor, dem unendlich erscheinenden Häusermeer der weit ausufernden Megalopolis fehle das Zentrum, aber es existiert durchaus, auch wenn es sich nicht durch die sonst übliche Ansammlung von Wolkenkratzern schon von weitem zu erkennen gibt.

Seit der Edelmann Felipe de Neve sich im Jahre 1781 hier mit elf Familien niederließ, liegt das Zentrum am Los Angeles River. Nicht nur das **Civic Center** 1 hat dort seinen Platz, auch die aus allen Himmelsrichtungen herangeführten Autobahnen vereinen sich im Bereich der Downtown im sogenannten *stack*. Die Urzelle der Millionenstadt liegt im **Pueblo State Historic Park** 2, eingerahmt von den Straßen Arcadia, Alameda, Spring und Macy. Obwohl vieles bewußt auf ›mexikanisch‹ getrimmt ist und die kommerziellen Absichten nur zu offensichtlich sind, verkörpert die historische Region für Latinos ein Stück Heimat, ein Platz, an dem man sich trifft, feiert, ißt und trinkt. Vornehmlich an mexikanischen Feiertagen wie dem Cinco de Mayo (5. 5.) und dem mexikanischen Unabhängigkeitstag (16. 9.) verwandelt sich der Pueblo State Park in einen Festplatz der Massen mit Straßengrills, Taco- und Enchilada-Buden. Auf der Plaza (zwischen North Main St. und Paseo de la Plaza) treten an Wochenenden zuweilen Mariachi-Musiker und Volkstanzgruppen auf.

Nördlich gelegen, erreichbar über den Broadway, öffnet sich in Chinatown die fernöstliche Welt. Mit der Chinatown von San Francisco kann sie sich zwar nicht messen, aber auch sie verkörpert auf kleinem Raum mit exotischen Geschäften und Restaurants ein Stück China.

Südlich des Civic Center recken sich die Hochhäuser des **Financial District** 3 Bunker Hill hoch in den Himmel, ansprechende Beispiele moderner Architektur. Auf den kleinen Plazas dazwischen ist genügend Raum für Kunst geblieben, im Water Garden der Bank of America etwa oder im Wells Fargo Court, einem gläsernen Pavillon inmitten der Hochhausfassaden. Auch das sehenswerte, 1986 eröffnete **Museum of Contemporary Art** (MOCA) 4 hat hier seinen Platz.

Ein ganz anderes Bild bietet sich südöstlich des Civic Center im Distrikt **Little Tokyo** 5, in dem sich die Einwanderer aus Fernost heimisch fühlen. Lohnenswert ist der Besuch des japanischen Gartens auf dem Dach des New Otani-Hotels, hoch über den Straßenschluchten. Das Herz des Viertels schlägt an der Noguchi Plaza, die von einer Skulptur des gleichnamigen Künstlers beherrscht wird, mehr aber noch an der nördlich angrenzenden, über eine Fußgängerbrücke erreichbaren Japanese Village Plaza, an der sich kleine Restaurants und Geschäfte zusammengefunden haben.

Als Horace Wilcox 1887 im heutigen **Hollywood** 6 auf die Idee kam, Parzellen seiner Farm an Zugereiste zu verkaufen, und seine Frau für den Besitz den schönen Namen ›Stechpalmenwald‹ erfand – nichts anderes nämlich bedeutet

Little Tokyo

Hollywood – ahnten sie die Entwicklung wohl kaum voraus. Noch weniger wohl hatte eine Gruppe gottesfürchtiger Protestanten die Zukunft dieses Landstreifens vor Augen, als sie sich 1910 in der Abgeschiedenheit niederließ, um den Sündenpfuhl der großen Städte zu entfliehen. Doch sie blieben nicht lange. Denn schon 1911 kamen einige Filmleute, angeführt von Cecil B. de Mille, von der verregneten Ostküste und drehten in einer Scheune an der Ecke Selma Avenue und Vine Street den Film ›Squaw Man‹. Heute befindet sich dort das Hollywood Studio Museum. Der zaghafte Protest der ehrenwerten Siedler »Keine Hunde, keine Schauspieler« scheiterte kläglich, der kometenhafte Aufstieg zur Filmmetropole war nicht mehr aufzuhalten.

Seine Sternstunde erlebte Hollywood in den Jahren vor dem Zweiten Weltkrieg, bevor das Fernsehen die Medienlandschaft grundlegend verwandelte. Zwar bemühen sich die Stadtväter nach wie vor, das Image der Traumfabrik am

Leben zu halten, aber nur noch die Studios von Paramount haben heute unmittelbar in Hollywood ihren Standort, die anderen großen Studios liegen etwas weiter entfernt, jenseits des Hollywood Fwy. Auch die meisten Stars flanieren und residieren längst außerhalb der Filmstadt.

Nach wie vor aber weist das große Schriftband an den Hängen des Mount Lee den Touristen den Weg. Ursprünglich war es als Werbung eines Immobilienmaklers gedacht und lautete ›Hollywoodland‹. Als die 15 m hohen, bereits 1923 errichteten Buchstaben verfielen, besann man sich der Wirksamkeit des weithin sichtbaren Hinweises, diesmal als Werbeträger für den seit 1910 eingemeindeten Stadtteil, und restaurierte die Teile 1978 mit großem finanziellen Aufwand. Die alte Endsilbe ›land‹ war schon 1949 der Verwitterung zum Opfer gefallen. Nicht wenige sehen in dem Schriftzug heute eine überdimensionierte Grabinschrift, die an eine längst versunkene Ära erinnern soll.

Die historischen Relikte der ruhmvollen Tage reihen sich vor allem entlang des Hollywood Boulevard. Prunkvollstes Erinnerungsstück ist ohne Zweifel das **Mann's Chinese Theater 7** (6925 Hollywood Blvd.), ein Premierenkino, das 1927 mit Cecil B. de Milles Streifen ›King of Kings‹ eröffnet wurde. Auf dem Vorplatz des Kinos haben über 180 Auserwählte der Branche, von Julie Andrews bis Adolph Zukor, ihre Visitenkarte in Form von Hand- und Fußabdrücken nebst Unterschrift im Zement hinterlassen. Auch der Hufabdruck eines verdienten Western-Pferdes befindet sich darunter.

Vermittelt der Hollywood Boulevard eher nostalgische Erinnerungen, so hat sich der einige hundert Meter südlich parallel dazu verlaufende Sunset Boulevard ganz der Gegenwart zugewandt. Der auch als Strip bezeichnete, gut 3 km lange Abschnitt zwischen Crescent Heights Boulevard und Doheny Drive, dem nicht mehr ganz jungen Fernsehpublikum aus der Serie ›77 Sunset Strip‹ vertraut, erwacht erst nach Einbruch der Dämmerung so recht zum Leben. Das

Eine Stadt von der Größe Schleswig-Holsteins: Blick auf das nächtliche Los Angeles

Auf der viereinhalbstündigen Glamour Tour können sie von der bequemen Glamour Tram all jene Schreckensszenarien über sich ergehen lassen, die ihnen aus Action-Filmen so vertraut sind. Geboten werden u. a. ein Laser-Gefecht, ein Brückeneinsturz, eine Springflut und ein Lawinenabgang. Auch King Kong und Dinosaurier kommen zum Zuge und der Weiße Hai lauert auf Badende. Höhepunkt ist das Erdbeben (Stärke 8,3 auf der Richter-Skala!) in einer U-Bahnstation. Darüberhinaus kann man bei verschiedenen Live-shows à la ›Miami Vice‹ Stuntmen bei der Arbeit zuschauen.

Wie eine Insel liegt das mondäne Viertel **Beverly Hills** 9 im Häusermeer von Los Angeles. Der Aufstieg zum ›Schlafzimmer‹ der Filmstars begann 1912 mit dem Bau des damals luxuriösen Beverly Hills Hotel. Immer mehr Villen entstanden in der Nachbarschaft, immer unverhohlener wurde der Reichtum als Zeichen des Erfolgs zur Schau gestellt. Die Grundstückspreise stiegen ins Unermeßliche und ließen Beverly Hills zur wohl exklusivsten Wohngegend der USA reifen, damit aber auch zu einer der bestgesicherten und -bewachten im ganzen Lande.

Sich zu Fuß in der Luxusenklave zu bewegen und vielleicht die Hoffnung zu hegen, einen der Filmstars zu Gesicht zu bekommen, ist ein ganz und gar nutzloses Unterfangen. Zum einen verbergen sich die Villen hinter gewaltigen Hecken und Mauern, zum anderen erregen Fußgänger die mißtrauische Aufmerksamkeit der neighbourhood watch, mit der sich die Anwohner vor unliebsamem Besuch schützen. Es dauert oft nicht

Nachtleben von Los Angeles hat hier sein Zentrum, aber auch die Musikszene ist mit Plattenläden und Künstleragenturen vertreten. Auf riesigen Plakatwänden, den vanity boards, stellen Film- und Musikindustrie ihre Neuerscheinungen vor. Mehr als die darauf angepriesenen Produkte verdienen die Riesen-Poster selbst Beachtung, stellen doch hier die besten Designer und Maler ihr Können unter Beweis.

Bei den **Universal Studios** 8, der größten Fernseh- und Filmfabrik der USA, sind Besucher stets willkommen.

Kunst vom Feinsten
Das neue Getty Center

Mitte Dezember 1997 wurde in Los Angeles das neue Getty Center eröffnet. Im Westen der Megalopolis war nach sieben Jahren Bauzeit auf einem Hügel in den Ausläufern der Santa Monica Mountains im Stadtteil Brentwood das 1 Mrd. Dollar teure Wunderwerk aus Stein und Glas vollendet. Um einen Innenhof mit Gärten, Brunnen und kleinen Teichen gruppieren sich fünf unterirdisch miteinander verbundene Pavillons, die jeweils auf zwei Etagen Gemälde, Zeichnungen, Skulpturen, bebilderte Manuskripte und europäische und amerikanische Fotografien ausstellen.

Daß das Haus Kunst vom Feinsten zu bieten hat, wußte man schon seit 1953, als das J. Paul Getty Museum noch in Malibu in der Nachbildung eines alten römischen Landhauses residierte. Nun aber wurde der geeignete architektonische Rahmen geschaffen für Meisterwerke wie Vincent van Goghs 54 Mio. Dollar teure ›Schwertlilien‹ oder Michelangelos ›Die Heilige Familie mit dem Kind Johannes der Täufer‹ und weitere Highlights von Rembrandt, Monet, Manet, Renoir und Cézanne, um nur einige der illustren Namen zu nennen.

Bei soviel Prunk durften natürlich auch die Außenanlagen nicht zu kurz kommen. Der Central Garden, ein ›lebendes Kunstwerk‹, beherbergt auf 12 ha mehr als 500 Pflanzenspezies, 10 000 neu gesetzte Bäume, einen Teich und Sitzgruppen zur Entspannung. In weiteren Gebäuden sind Galerien untergebracht, ein Kunst-Forschungsinstitut, eine 750 000 Bücher umfassende Bibliothek sowie ein Saal mit 440 Sitzen für Konferenzen, Vorträge und Musikveranstaltungen. Auch das leibliche Wohl wurde berücksichtigt; dafür sorgen ein dreistöckiges Restaurant, mehrere Cafés und ein Picknick-Platz. Fotografieren ist überall erlaubt, allerdings nur mit dem natürlich vorhandenen Licht (kein Blitzlicht).

Der Eintritt ist kostenlos. Doch entgegen aller grundamerikanischen Gepflogenheiten kann man nicht einfach vor-

lange, bis eine Streifenwagenbesatzung Passanten überprüft und ihnen nahelegt, mit dem Wagen zu fahren, denn gegen eine gemächliche Autofahrt durch die stillen Straßen hat niemand etwas einzuwenden.

Die Exklusivität beschränkt sich nicht auf die Wohnbezirke. So darf sich der **Rodeo Drive 10** in seinem Abschnitt zwischen Wilshire- und Santa Monica Boulevard sicher als die teuerste Ladenzeile der USA bezeichnen. Die Juweliere, Designer, Boutiquenbesitzer und Galeristen sind die ›Hoflieferanten‹ der Reichen und Schönen aus dem Showgeschäft und können es sich zuweilen sogar leisten, ihre exklusive Kundschaft nur nach Voranmeldung zu empfangen.

fahren und aussteigen. Es gibt nämlich nur 1200 Parkplätze, die sämtlich kostenpflichtig reserviert werden wollen. Nur wer mit Bus oder Taxi kommt, mit dem Fahrrad oder dem Motorrad, braucht keine Reservierung. Wegen des großen Besucherandrangs sollte man sich vorher unbedingt anmelden. Reservierungen per E-Mail werden allerdings nicht akzeptiert. Vom Parkplatz trägt eine Bahn die Besucher in einer 5-Minuten-Fahrt hinauf bis zur Hauptplaza. Von dort oben öffnet sich ein weiter Panoramablick über die San Gabriel Mountains, Downtown, L. A. und Century City bis hin zum Pazifischen Ozean.

Das altehrwürdige **Beverly Hills Hotel** (9641 Sunset Blvd.) hat seine Pforten nach einer aufwendigen Renovierung wieder geöffnet. Der rosafarbene Palast im mexikanischen Kolonialstil war lange Jahre die Klatschbörse des Ortes, aber auch verschwiegener Treffpunkt für Schäferstündchen. Viele Gerüchte der Filmbranche nahmen im Beverly Hills Hotel ihren Anfang. Dies ist kein Wunder, fehlt doch kaum ein Star von Rang und Namen auf der langen Gästeliste. Den Starrummel haben sich auch einige touristische Unternehmen zu Nutze gemacht. Bei den Stargazing Tours kann man unter Anleitung gezielt auf den Spuren der Idole wandeln. Wer lieber auf eigene Faust unterwegs ist, kann Adressenlisten der Villen erwerben. Ob sie die Wahrheit verkünden, ist schwer nachprüfbar, denn Namensschilder an den Häusern darf man nicht erwarten.

Um so bemerkenswerter ist es, daß gerade in diesem Vorort das **Museum of Tolerance** 11 seinen Platz gefunden

Page Museum 13, das eine Sammlung rekonstruierter Skelette enthält, die man in den La Brea Tar Pits gefunden hat. In den klebrigen Asphaltquellen, die einst Tausenden prähistorischer Tiere zur tödlichen Falle wurden, haben die Wissenschaftler bisher über 3 Mio. Fossilien geborgen. Das in der Nähe liegende **Pe-**

Mural in Santa Monica

hat. Mit modernster Medientechnik widmet es sich sowohl dem Phänomen von Rassismus und Intoleranz in den USA als auch dem Holocaust. Ein Stück weiter östlich in Richtung Civic Center liegen am Wilshire Boulevard zwei weitere bemerkenswerte Museen: Zum einen **Los Angeles County Museum of Art** (LACMA) 12, eines der größten Kunstmuseen im US-amerikanischen Westen. In dem aus fünf Gebäuden bestehenden Museumskomplex kann man eine umfangreiche Sammlung von Kunstwerken aus aller Welt bewundern, darunter viele Stücke deutscher Expressionisten. Außergewöhnlich ist das hinter dem Museum liegende **George C.**

terson Automotive Museum 14 beschäftigt sich weit über die reine Ausstellung von Oldtimern hinaus mit dem Phänomen Automobil anhand von Fahrzeugen, charakteristischen Szenen und sogar Spielzeug.

Das Ende 1997 eröffnete **Getty Center** 15 (s. S.118/119) stellt jedoch alle anderen Museen von Los Angeles in den Schatten. Atemberaubend auf einem Hügel in den Santa Monica Mountains im Stadtteil Brentwood gelegen, beherbergt der gigantische Kunsttempel in fünf unterirdisch miteinander verbundenen Pavillons Meisterwerke europäischer und amerikanischer Kunst sowie ein Forschungsinstitut.

Long Beach

Das sich südlich an den Hafen von Los Angeles anschließende **Long Beach,** das 1897 als Badeort gegründet wurde , ist heute einer der größten Häfen an der Pazifikküste und darüber hinaus reich an Erdöl, das mit riesigen Bohrplattformen vor der Küste gefördert wird. Von touristischem Interesse ist vor allem der 308 m lange Oceanliner **Queen Mary,** der dort für immer Anker geworfen hat. Das in Schottland gebaute Luxusschiff wurde 1934 auf der Route Southhampton-New York in Dienst gestellt und eroberte im Jahre 1938 mit einer Geschwindigkeit von genau 38,7 Knoten (71 km/h) das begehrte Blaue Band für die schnellste Atlantiküberquerung. Im Zweiten Weltkrieg diente es zusammen mit dem Schwesterschiff Queen Elisabeth als Truppentransporter und versah dann bis 1964 wieder den Passagierdienst. Heute beherbergen die 12 Decks ein Hotel, mehrere Restaurants und ein Museum.

Von Long Beach bietet es sich an, eine Fähre nach **Catalina Island** zu besteigen, um der Hektik der Großstadt für eine Weile zu entfliehen. Die gebirgige, 34 km lange und 13 km breite Insel in Sichtweite der Küste wurde 1542 durch Juan Cabrillo entdeckt und 1602 auch von Sebastian Vizcaino besucht, der ihr den heutigen Namen gab. Später fanden dort Sklavenhändler, Schmuggler und Piraten Unterschlupf. Es folgten Otternjäger und Walfänger, die die letzten Indianer vom Stamm der Gabrieleno ausrotteten oder vertrieben. Heute steht ein großer Teil der Insel unter Naturschutz. Ursprüngliche südkalifornische Küstenfauna und -flora, weite, wenig bevölkerte Sandstrände und der beschauliche kleine Hafen Avalon laden zum Verweilen ein.

Anaheim

Wohl kaum jemand wird die Region von Los Angeles verlassen, ohne **Anaheim,** etwa 15 Meilen östlich von Long Beach, einen Besuch abzustatten. In der Stadt im Orange County wachsen längst keine Südfrüchte mehr. Statt dessen hat sich hier das Vergnügungsviertel von Los Angeles etabliert, das sicherlich mehr Profit abwirft.

Die Geschichte des Orts begann 1857, als sich deutsche Winzer dort niederließen, erfolgreich Trauben anbauten und Wein kelterten, bis eine Rebkrankheit das Unternehmen scheitern ließ. Wie der Name des *county* andeutet, verlief das Geschäft nach Umstellung auf Orangen wesentlich erfolgreicher. Als wahre Goldgrube erwies sich dann der Bau von **Disneyland** im Jahre 1955, einem Vergnügungspark, der zur größten Touristenattraktion des Westens aufstieg. Mit enormem technischen Aufwand werden dort Illusionen geweckt und Traumwelten geschaffen, die groß und klein gleichermaßen erstaunen und begeistern. Dschungelfahrten mit dem Boot stehen ebenso auf dem Programm wie traditionelles Puppentheater oder zukunftsweisende High-Tech-Vorführungen im ›Tomorrowland‹. Trotz hoher Eintrittspreise kann der Andrang beängstigende Ausmaße annehmen, und man ist gut beraten, gegen den Strom zu schwimmen, um die kostbare Zeit nicht in Warteschlangen zu verschwenden. So empfiehlt es sich, die Wochenenden zu meiden, früh an der Kasse zu stehen und die wichtigsten Attraktionen gezielt anzusteuern. Da keine Verpflegung mitgebracht werden darf, herrscht vor den Restaurants zur Mittagszeit dichtes Gedränge. Überdies ist es ratsam, die Souvenirläden nicht erst am Abend zu betreten, wenn sich viele Besucher auf dem

Konfettiparade in Disneyland

Nachhauseweg besinnen, schnell noch ein Geschenk zu erwerben.

Die nur fünf Meilen von Disneyland entfernt liegende **Knott's Berry Farm** profitiert erfolgreich von der Anziehungskraft des weltberühmten Nachbarn und lockt mit einem Themenpark sowie 165 Shows und Attraktionen. Nachahmung darf man ihr allerdings nicht vorwerfen, kann der Vergnügungspark doch weit ältere Rechte geltend machen und sogar ein größeres Areal vorweisen als die Konkurrenz. 15 Jahre bevor Disneyland seine Tore öffnete, befriedigte das alteingesessene, aus einem Verkaufsstand hervorgegangene Familienunternehmen schon Abenteuerlust und Gaumenfreuden. Im ehrwürdi-

gen Mrs. Knott's Chicken Dinner Restaurant vor den Toren des Parks werden hungrigen Gästen nach wie vor knusprige Hähnchen serviert – ebenso wie die berühmten Boysenberry-Törtchen von Mrs. Knott.

Nur einen Straßenzug nördlich von Knott's Berry Farm liegt das **Movieland Wax Museum.** Was den meisten Besuchern von Hollywood und Beverly Hills verwehrt blieb, nämlich den Größen des Show-Business Auge in Auge gegenüberzustehen, kann hier an geduldigen Wachspuppen nachgeholt werden. Etwa 240 Filmstars werden in ihren wichtigsten Rollen präsentiert. Beliebteste Attraktion ist die Black Box, die den Besucher in die Welt des Horrors führt.

Südkalifornien – Die Mojave-Wüste und San Diego

(Karte S. 124)

Der schnellste Weg von der Westküste in die karge Region der Mojave-Wüste führt über die I-10, eine der wichtigsten Autobahnen der USA.

Etwa 100 Meilen östlich von Los Angeles erreicht man eine grüne Oase mitten in der Wüste: **Palm Springs** **1** (S. 356). Die Stadt liegt malerisch zu Füßen des 3288 m hohen San Jacinto Peak. Fern der Hektik von Los Angeles und doch schnell erreichbar, haben sich hier die Größen des Filmgeschäfts im doppelten Sinne eine Oase geschaffen, in der auch im Winter meist die Sonne scheint. Nicht von ungefähr tragen die Straßen Namen wie Frank Sinatra, Gene Autry, Dianah Shore und Bob Hope. So prägen denn auch Luxushotels, Golf-

plätze und Traumvillen mit Swimmingpools das Gesicht dieser Enklave des Reichtums und der Lebenslust.

Der Anfang allerdings war bescheiden. Die Spanier hatten eine hier sprudelnde Thermalquelle *Agua Caliente* genannt, die unwirtliche Gegend aber nicht besiedelt, so daß die dort nach wie vor ansässigen Indianer heute einen großen Teil des Geländes besitzen und damit beträchtlichen Reichtum anhäufen konnten. Erst als die Filmgrößen der 30er und 40er Jahre (wie etwa Humphrey Bogart, Ginger Rogers und Clark Gable) Palm Springs zum Winterquartier erkoren, explodierten die Grundstückspreise. Im Laufe weniger Jahre entwickelte sich die bescheidene Siedlung

Die Mojave-Wüste und San Diego

zu einem zweiten Beverly Hills, am Leben gehalten von ständiger Wasserzufuhr für die über 70 Golfplätze und Strom für die Klimaanlagen, ohne die das Leben zumindest im Sommer nicht erträglich wäre.

Die exklusive Geschäftsstraße Palm Canyon Drive bietet all jene Luxusartikel feil, die man zwar nicht benötigt, die aber als Statussymbol begehrt sind. Abends verwandelt sich die effektvoll beleuchtete Straße in eine Promenade, auf der sich die Jugendlichen mit luxuriösen Cabriolets zum beliebten *cruising* zusammenfinden; gesehen und bewundert zu werden ist dabei das Hauptanliegen.

Durch eine Fahrt mit der Aerial Tramway hinauf in die 2600 m hoch gelegenen San Jacinto Mountains kann man der Hitze leicht entgehen. Bei angenehmen 20 °C kann man dort einen weiten Blick über die Stadt und die sie umgebende Wüste genießen. Im Winter bietet der angrenzende Mount San Jacinto Wilderness State Park sogar die Möglichkeit, auf gespurten Loipen Ski zu laufen. Einen Einblick in das Leben der Wüstentiere erhält man im **Wildlife Park and Botanical Gardens The Living Desert**. Die Faszination der Wüste erschließt sich dort auf einem 10 km langen Wanderpfad und in einem Gehege für nachtaktive Tiere, in dem man die scheuen Wüstenbewohner und auch Dickhornschafe aus nächster Nähe beobachten kann.

Das **Palm Springs Desert Museum** ist der Kunst gewidmet. Gezeigt wird Western Art, zeitgenössische Kunst und kunsthandwerkliche Arbeiten der Indianer.

Ein hübscher Ausflug führt in die 6 Meilen südlich gelegenen Indian Canyons auf dem Territorium der Agua-Caliente-Indianer. Man stößt hier auf zahlreiche Relikte einer bis in präkolumbische Zeiten zurückreichenden Besiedlung, darunter Felsmalereien, Grundmauern und Felsvertiefungen, in denen mit Steinen das Getreide gemahlen wurde.

Von der künstlichen, durch Klimaanlagen und Pipelines am Leben gehaltenen Oase Palm Springs ist es nur ein Katzensprung in die lebensfeindliche und dennoch faszinierende Welt der Mojave-Wüste, die sich weit nach Osten erstreckt. Mit dem **Joshua Tree National Park** 2 (S. 344) wurde dort 1936 eine ihrer schönsten Regionen unter Naturschutz gestellt. Über 2000 km^2 mißt das sich von 300 m bis auf 1800 m die Hänge der San Bernardino Mountains hinaufziehende Areal.

Inmitten abwechslungsreicher Felslandschaft entfalteten sich die Lebensformen der Trockenlandschaft auf engstem Raum. Im südlichen, zur Colorado-Wüste zählenden und nur wenige 100 m hoch liegenden Teil herrschen Creosote- und Ocotillo-Büsche vor, umrahmt von zahlreichen Wildpflanzen, die im Frühjahr nach Regenfällen ihre Blütenpracht entfalten. Im hochgelegenen östlichen Teil, der High Desert, haben die eigenartigen Joshua Trees *(Yucca brevifolia)*, denen der Park seinen Namen verdankt, ihren Lebensraum. Die bis zu 11 m hohen, zur Familie der Lilien zählenden baumartigen Gewächse mit weit ausladenden Armen erhielten ihre biblische Bezeichnung angeblich von den ersten Mormonen, die sich auf ihrem Zug ins gelobte Land an die Passage aus dem Buche Josua »… du sollst dem Wege folgen, den dir die Bäume zeigen« erinnert fühlten. Im ökologischen Gefüge erfüllen die Bäume als Nistplätze für Vögel sowie als Nahrungsquelle und Unterschlupf für Insekten eine wichtige Funktion.

Von der artenreichen Flora des Parks profitieren auch zahlreiche kleine Lebewesen wie Schlangen, Präriehasen, Wüstenspringmäuse, Känguruhratten und Eidechsen. Nur selten allerdings wird man die überwiegend nachtaktiven Bewohner der Wüste zu Gesicht bekommen. Die glühende Hitze des Tages verschlafen sie in kühlen Erdlöchern oder im Schatten von Felsen, um erst bei Einbruch der Dunkelheit auf Nahrungssuche zu gehen. Auch die oft winzigen Vögel, die meist im Schutz der dichter bewachsenen Oasen leben, lassen sich nur mit viel Geduld und einem guten Fernglas beobachten.

Die Schönheit des Parks erschließt sich vor allem Wanderern. Besonders lohnend ist der kurze Abstecher in das von Felsen umschlossene Hidden Valley, das früher einmal Viehdieben Unterschlupf geboten haben soll und heute Besucher durch seine Artenvielfalt bezaubert. Ebenso mühelos ist der Fußweg zur Lost Horse Mine, einem Relikt aus der Zeit des Goldrauschs, der auch diese Bergregion erfaßt hatte. Den eindrucksvollsten Fernblick eröffnet der

1567 m hoch in den San-Bernardino-Bergen gelegene, mit dem Auto schnell erreichbare Keys View.

San Diego

Obwohl die Hafenstadt **San Diego** 3 (S. 363) am Rande der Wüste mit 1 Mio. Einwohnern nach Los Angeles die zweitgrößte Metropole in Kalifornien ist, bleibt sie überschaubar und gibt sich weitaus touristenfreundlicher als ihr monströser Nachbar 100 km nördlich.

Die Bucht lag schon früh im Blickfeld der Spanier. Der Franziskaner Junipero Serra und der Gouverneur Gaspar de Portolá legten dort bereits 1769 eine Missions- und Militärstation an und machten San Diego damit zur ältesten europäischen Dauersiedlung auf nordamerikanischem Boden. So sollte man als Ausgangspunkt für eine erste Erkundung die **Old Town** wählen, das 1968 zum State Park erhobene historische Viertel zu Füßen des 50 m hohen Presidio-Hügels. Seit 1821 wurden dort die ersten Adobehäuser um eine kleine Plaza herum errichtet, überragt von einer Kirche. 20 der historischen Bauwerke, die den Brand von 1872 überdauert haben, kann man heute auf dem autofreien, einem Freilichtmuseum ähnelnden Terrain besichtigen. Viele der herausgeputzten Häuser sind bewohnt, andere beherbergen kleine Geschäfte.

Die rechteckige Plaza gibt den Blick frei auf das Presidio, die Militärfestung auf dem Berg, der die erste Mission bereits fünf Jahre nach Gründung hatte weichen müssen. Das Geviert, das im Laufe der Zeit seinen Namen von Plaza de Libertad über Washington Plaza in California Plaza gewechselt hat, war der Mittelpunkt der Siedlung, Schauplatz farbenfroher Fiestas, blutiger Schießereien und militärischer Exekutionen. Die verwitterten Grabsteine auf dem Campo de Santo am östlichen Ende der San Diego Avenue halten das Andenken an die verstorbenen Honoratioren wach, denen die Stadt ihren Aufstieg verdankt.

Dort, wo früher die **Mission San Diego de Alcala** und später das Fort standen, hat heute das **Junipero Serra Museum** seinen Platz, das der San Diego Historical Society als Niederlas-

sung dient. Die Sammlung aus der Frühzeit Kaliforniens umfaßt außer Einzelex-
ponaten, darunter die Originalglocken
der Mission, eine wertvolle Bibliothek
zur Stadtgeschichte von San Diego.

Als das Militär 1774 den von der Mission besetzten Presidio-Hügel beanspruchte, zogen die Franziskaner etwa
10 km landeinwärts und gründeten im
Mission Valley eine neue Station (10818
San Diego Mission Rd.). Das nach dem
hl. Didacus von Alcala benannte historische Bauwerk wurde nicht nur zum
Wahrzeichen von San Diego erhoben –

mit der ungewöhnlichen, von Glocken-
nischen durchbrochenen Giebelwand
verleiht es der kalifornischen Missions-
architektur überdies einen unverwech-
selbaren Akzent.

Im Jahre 1868 entstand nördlich von
Downtown der fast 600 ha große **Balboa
Park,** der sich zum kulturellen Zentrum
der Stadt entwickelte und zahlreiche interessante Bauwerke aufweist. Benannt
wurde die Grünanlage nach dem spanischen Konquistador Vasco Nuñez de Balboa, der 1515 von Panama aus als erster
Europäer den Pazifik erblickt hatte.

San Diego 1 Old Town 2 Mission San Diego de Alcala 3 Balboa Park 4 San Diego
Zoo 5 Horton Plaza 6 Gaslamp Quarter 7 Sea World

Am einfachsten erreicht man das beliebte Stadterholungsgebiet über die 6th Avenue und die Laurel Street, die hinter der Cabrillo-Brücke El Prado oder The Promenade heißt und den Park durchquert. Als Wahrzeichen reckt sich der zur Weltausstellung von 1915 im Neo-Renaissance-Stil erbaute California Tower 60 m hoch in den Himmel. Der Turm und die ihn umgebenden Gebäude, meist im spanisch-maurischen Stil errichtet, verdanken ihre Existenz den Weltausstellungen von 1915 und 1935.

Die meisten Museen von San Diego sind hier zu finden, wie das **Museum of Man** mit anthropologischen Ausstellungen, besonders nord-, mittel- und südamerikanischer Kulturen, sowie das **San Diego Museum of Art** mit Gemälden zeitgenössischer und alter Meister. Die benachbarte private **Timken Art Gallery** zeigt Werke europäischer Maler sowie eine Sammlung russischer Ikonen, das **Museum of Photographic Arts** fotografische Meisterwerke aller Themenbereiche. Im **Model Railroad Museum** kann man sechs verschiedene Modelleisenbahn-Anlagen bewundern, das **Natural History Museum** widmet sich südkalifornischen und mexikanischen Pflanzen, Tieren und Mineralien. Das **Reuben H. Fleet Space Theater and Science Center** überrascht die Besucher mit wissenschaftlichen Filmen, Experimenten und Laser Shows, im **San Diego Aerospace Museum and International Aerospace Hall of Fame** wird die Erinnerung an die Flug- und Raumfahrtpioniere wachgehalten. Ferner findet man Theater, Galerien und Auditorien auf dem mit weiträumigen Rasenflächen, Sportanlagen und kleinen Seen durchsetzten Gelände.

Als größte Attraktion des Parks gilt allerdings der **Zoo,** der zu den besten der Welt zählt. Unter optimalen Bedingungen werden hier auf einer von Hügeln durchsetzten, 40 ha messenden Fläche 3500 Tiere gehalten. Viele der insgesamt 800 Arten gelten als bedroht, einige sogar als äußerst selten. Der Zoo darf sich rühmen, die weltgrößte Ansammlung subtropischer Pflanzen auf seinem Areal zu vereinen. Fußmüden Besuchern erschließt sich die weitläufige Anlage während einer geführten 3-Meilen-Rundfahrt im offenen Bus. Wer will, kann aus luftiger Höhe von der Gondel einer Seilbahn auf die Savannen, Urwälder und Canyons blicken, wobei als Zugabe noch das Stadtpanorama von San Diego geboten wird.

Bis 1985 war die **Horton Plaza** nur ein unscheinbarer, palmengesäumter Platz inmitten der Innenstadt. Seither jedoch verknüpft sich mit diesem Begriff eine Shopping Mall, zwischen den E und G Streets und den 1st und 4th Avenues, eine ungewöhnliche Einkaufslandschaft, die wohl alle Wünsche erfüllen kann. Der voll klimatisierte Konsumtempel in kühner Glas- und Stahlarchitektur vereint auf sechs Stockwerken Hunderte von Geschäften, kleinen Cafés und Restaurants, ein Shopping-Paradies amerikanischer Dimensionen. Und auch an die wichtigste Voraussetzung wurde gedacht: freies Parken auf vier Decks. Die sich über mehrere Häuserblocks ausdehnende Anlage beherbergt überdies das International Visitor Center.

Östlich an die Horton Plaza schließt sich zwischen Broadway und Island Avenue das **Gaslamp Quarter** an mit dem Zentrum in den 4th and 5th Avenues. Noch gegen Ende des vorigen Jahrhunderts bildete dieses Viertel mit der Market Street als Hauptstraße den Kern von Downtown. Doch mit Verlagerung des Geschäftslebens Richtung Broadway setzte der soziale Abstieg ein, die Bausubstanz der einst stolzen vikto-

Horton Plaza

rianischen Häuser verkam, das Gaslamp Quarter wurde zum Slum. Nur dank der Initiative des Gaslamp Quarter Council, einer Vereinigung von Konservatoren, Architekten und Künstlern, konnte der Abriß abgewendet und 1974 eine groß-angelegte Restaurierung eingeleitet werden. Heute präsentieren sich die 16 Blocks, inzwischen zum National Historic District erklärt, in frischen Farben, verlocken neu eröffnete Restaurants und Boutiquen Einheimische und Touristen zum Bummeln und Verweilen.

Noch bis vor 30 Jahren erstreckte sich entlang der Mission Bay nördlich von Point Loma ein fast undurchdringliches Sumpfland, das schon Cabrillo bei seiner Landung 1542 behindert hatte. Die

Trockenlegung im Jahre 1960 verwandelte das Gebiet in eine Lagune mit 40 km Uferlänge, die Wassersportlern paradiesische Möglichkeiten bietet und auch dem maritimen Zirkus **Sea World** als Standort dient. Unbestrittene Stars sind die Mitglieder der Schwertwal-Familie Shamu, die auf Kommando ihre tonnenschweren schwarz-weißen Körper in artistischer Manier durch die Luft wirbeln. Zwar stoßen die Dressur-Nummern und die sicher nicht artgerechte Haltung auf die Ablehnung der Tierschützer, aber wo sonst kann man diese Meeressäuger so nah in ihrem Element erleben und kennenlernen. Auch Seelöwen, Pinguine, Otter, Walrosse und sogar Haie gehören zum Ensemble von Sea World. Nicht versäumen sollten Besucher die Fahrt mit dem gläsernen Lift hinauf zur Spitze des Sky Tower, von wo sich vor allem in der Abenddämmerung ein atemberaubendes Panorama über die Stadt bis zu den fernen Bergen genießen läßt.

Anza Borrego Desert State Park

Wem nach den Stadtlandschaften der Kalifornischen Küste der Sinn nach Natur und Einsamkeit steht, der sollte San Diego auf der I-15 nach Nordosten verlassen und in Höhe von Poway auf die SR 67 und später SR 78 abbiegen, die ihn über Julian mitten in den **Anza Borrego Desert State Park** 4 (S. 324) bringt. Der von Touristenströmen noch verschont gebliebene Naturpark an der südwestlichen Ecke der Colorado-Wüste zwischen den Ausläufern der Coast Range und dem Salton Sea ist mit fast 2500 km^2 der größte State Park der USA. Seinen Namen verdankt er dem mexikanischen Entdecker Juan Bautista Anza,

der 1775 einen Siedlertreck aus Mexiko auf das Territorium der heutigen USA geführt hatte, um an der Bucht von San Francisco eine neue Niederlassung zu gründen. Der zweite Teil des Namens bezieht sich auf das dort beheimatete Dickhornschaf, spanisch *borrego* genannt.

Hauptattraktion ist die reiche Tier- und Pflanzenwelt, vor allem das verschwenderische Grün und die Blumenpracht im Frühjahr, wenn die lebensfeindliche Wüste fast über Nacht zu ungeahntem Leben erwacht. Im Kakteengarten beim Besucherzentrum sind die für die Region typischen Sukkulenten zusammengefaßt, darunter auch der feuerrot blühende Ocotillo-Busch, den man aber auch andernorts antrifft, so auf dem Palm Canyon Trail oder im Desert Gardens. Die Agaven wiederum haben ihren bevorzugten Standort im Mason Valley und im Desert Gardens.

Einen schönen Blick über die Landschaft hat man vom Font's Point, der sich trotz Piste leicht mit dem Auto erreichen läßt. Auf mehreren Routen erschließt sich die herbe Schönheit der Landschaft wieder besonders Wandern, so etwa auf dem Cactus Loop- (1,6 km), dem Yaqui Well- (3,2 km) oder dem Elephant Trees Nature Trail, der zu den für diese Gegend charakteristischen ›Elefantenbäumen‹ führt, deren Stämme an die Füße der Dickhäuter erinnern. Lohnend ist überdies der Besuch des im südlichen Teil des Parks liegenden, palmengesäumten Canyons Mountain Palm Springs und des Carrizo Badland Overlook mit großartigem Blick über die von Wind und Wetter geformte Erosionslandschaft. Auch die frühen Indianer haben im Park Spuren in Form von Felszeichnungen hinterlassen, die zumeist jedoch nur schwer erreichbar sind.

Land unter der Sonne Mexikos

Im Herzen von Arizona

(Karte S. 140/141)

In den USA gibt es nur wenige Staaten, denen Natur und Geschichte reichere Gaben in die Wiege gelegt haben als Arizona. Geprägt wird er von den beiden großen Naturräumen des Colorado Plateau im Norden und des Great Basin im Süden. Im Gegensatz zu dem von tiefen Canyons durchzogenen Colorado Plateau ist die südlich angrenzende Basin and Range Province, die sich als Mesa Central nach Mexiko hinein fortsetzt, durch den Wechsel von Nordwest nach Nordost verlaufender Bergrücken und dazwischenliegender Becken geprägt, die nach Süden immer mehr an Raum gewinnen. Während der gebirgige Nordosten noch Höhen über 3000 m erreicht, dominiert im Süden die Gila-Wüste, ein Ausläufer der sich von Kalifornien bis Mexiko erstreckenden Sonora-Wüste.

Das Klima in Arizona trägt semiaride bis wüstenhafte Züge, obwohl die exponierten Westabdachungen der Gebirge über 500 mm Jahresniederschlag erhalten. Aufgrund der starken Sonneneinstrahlung und der hohen Temperaturen verdunsten 90 % der Regenfälle, ehe sie in den Boden eindringen oder sich zu Flüssen sammeln können, zumal die Hauptregenzeit auf die heißen Monate Juli bis September entfällt.

Wie kaum sonst auf dem Boden der USA haben sich in den Canyons Spuren einer hochentwickelten präkolumbischen Zivilisation erhalten. Viele Jahrhunderte später waren die Ebenen zwischen Rio Grande und Colorado Schauplatz der Auseinandersetzung zwischen weißen Siedlern und hier ansässigen Indianerstämmen – Stoff, aus dem die heutigen Western fabriziert sind.

Als der spanische Konquistador Coronado 1540 als erster Weißer die Trockenlandschaft von Arizona auf der Suche nach den sagenumwobenen sieben Städten von Cibola durchquerte, war die Hochkultur der Anasazi seit über 200 Jahren erloschen. Die Stämme, auf die der Eroberer traf, wie die Zuni und Hopi, hatten die Traditionen ihrer Vorfahren mit Pueblo-Dörfern in bescheidenem Maße fortgeführt. Weniger auf der Suche nach Gold als vielmehr nach Seelen, ließen sich im 17. Jh. Franziskaner und Jesuiten in dem damals zu Spanien gehörenden Gebiet nieder und schufen mit ihren Missionsstationen die ersten Vorposten europäischer ›Zivilisation‹, lange bevor amerikanische Pioniere von Osten her das Gebiet erreichten. An einer intensiven Besiedlung wurden die Spanier durch die kriegerischen Apachen gehindert, die nach Übernahme des Pferdes von den Europäern zu den unumschränkten Herrschern der weiten Räume aufstiegen.

Indianerunruhen und die Wirren der mexikanischen Revolution von 1810 führten zur Aufgabe aller spanischen Siedlungen mit Ausnahme von Tucson und Tubac. Zu jener Zeit hatten bereits die ersten Trapper und Fährtensucher Wege durch die Wüste erkundet. Vor allem auf dem Santa Fe Trail zogen die Pioniere in Planwagen westwärts, als die Region 1848 an die Vereinigten Staaten fiel. Im Jahre 1850 erwarben die USA von Mexiko noch das Gebiet zwischen Colorado und Rio Grande. Im Bürgerkrieg stand Arizona zunächst auf seiten der Konföderierten, bevor die Unionstruppen die Oberhand gewan-

Phoenix

nen und es 1863 zum Territorium erhoben. Hauptstadt war zunächst Prescott.

Die Indianer widersetzten sich erbittert der Enteignung durch den Weißen Mann, wurden jedoch vom Militär mit äußerster Brutalität vom Land ihrer Vorfahren vertrieben. »Ich empfehle den Truppen, Apachen zu fangen und auszurotten unter allen Umständen und sie zu jagen wie Tiere« verkündete 1869 der Oberkommandierende des Department of California. Erst unter General Crook erfuhren die Apachen eine humanere Behandlung und gingen in den ihnen zugewiesenen Reservaten zum Ackerbau über.

Als jedoch das Bureau of Indian Affairs die Kontrolle übernahm, kam es wiederholt zu Auseinandersetzungen. Die bereits 1824 gegründete Institution verkörperte den langen Arm Washingtons, dazu ausersehen, die staatliche Indianerpolitik in die Tat umzusetzen und die in den Reservaten zusammengeschlossenen Indianer in die amerikanische Gesellschaft zu integrieren – eine Aufgabe, der das BIA bis heute nur sehr unvollkommen gerecht werden konnte.

1912 wurde Arizona als 48. Staat in die Union aufgenommen, blieb aber nach wie vor eine kaum besiedelte Region von geringem wirtschaftlichen Nutzen. Während des Zweiten Weltkriegs entwickelte sich Arizona wegen des günstigen Klimas zum Ausbildungszentrum der amerikanischen Luftwaffe. Auch die zukünftigen Piloten der Deutschen Lufthansa sammeln ihre ersten Flugerfahrungen in Phoenix.

Nach dem Krieg setzte ein rasantes Wachstum ein, getragen von High-Tech-Industrien, die nicht nur von den Luftwaffenstützpunkten profitierten, sondern auch von der staubfreien trockenen Wüstenluft. Das gesunde Klima Arizonas lockte auch zahlreiche Ruheständler an, die etwa in der Pensionärsstadt Sun City vor den Toren von Phoenix ihren Lebensabend verbringen. Mit einem Bevölkerungszuwachs von 130 % zwischen 1970 und 1992 gehört Arizona zu den am schnellsten wachsenden Bundesstaaten der USA und wird darin nur noch vom benachbarten Nevada (200 %) übertroffen.

Phoenix

■ Selten liegt soviel Wahrheit in einem Städtenamen wie bei **Phoenix** (S. 357), der knapp 1 Mio. Einwohner zählenden Hauptstadt von Arizona, kann sie doch wie kaum eine andere Ortschaft des Südwestens auf einen kometenhaften Aufstieg verweisen. Dabei begann alles sehr bescheiden. Im Jahre 1867 setzte ein gewisser Jack Swilling die von den Hohokam längst verlassenen Kanäle zur Bewässerung einiger Wiesen instand und verkaufte deren Gras an das nahegelegene Fort McDowell als Viehfutter. Bald darauf ließen sich einige Siedler nieder und begannen mit der Kultivierung des Bodens – aus unerfindlichen Gründen davon überzeugt, daß dies der Grundstein für eine blühende Stadt sei, die sich gleich einem Phönix aus der

Asche verloschener Kulturen erheben würde. Ihre Vision sollte sich erfüllen.

Als der Goldrausch im Norden von Arizona einsetzte, profitierte Phoenix von seiner günstigen Lage und wurde zum wichtigen Umschlagplatz für den Bedarf der Glücksritter. 20 Jahre nach Gründung zählte der rauhe Wildwestort bereits 3000 Seelen und konnte Prescott als Hauptstadt ablösen. Den wichtigsten Impuls aber erhielt die Stadt durch den 1912 eröffneten Roosevelt-Damm und das damit verbundene Salt-River-Projekt, das Tausende Quadratkilometer fruchtbaren Ackerlands für den Baumwollanbau erschloß.

Mit Ausbruch des Zweiten Weltkriegs stiegen das Militär und zahllose Zuliefererbetriebe zu den bedeutendsten Arbeitgebern auf. Eine ebenso wichtige Rolle spielte der Fremdenverkehr, der um 1901 mit einigen primitiven Zeltquartieren begonnen hatte. Im Jahre 1930 gab es bereits luxuriöse Ferienanlagen, aber erst die Entwicklung der Klimaanlage sollte eine Siedlungswelle auslösen, getragen vor allem von sonnenhungrigen Pensionären aus dem feuchtkalten Osten.

Abgesehen von Downtown gehört Phoenix mit einem völlig unterentwickelten Nahverkehr – kein Betrieb an Wochenenden – den Autofahrern, so daß Besucher möglichst einen Wagen zur Verfügung haben sollten. Sehenswürdigkeiten im klassischen Sinn bietet das Zentrum kaum. Fußmüde Besucher können den preiswerten DASH-Pendelbus (Downtown Area Shuttle) besteigen, der im 5- bzw. 10-Minuten-Takt zwischen dem historischen Ostteil und dem Capitol verkehrt.

Das historische Zentrum der Stadt liegt in Bahnhofsnähe. Am **Heritage Square** 1 vermitteln einige renovierte Fassaden von heute privat genutzten

Häusern etwas vom Flair vergangener Tage, darunter das 1895 im viktorianischen Stil errichtete Rosson House, das Stevens House, das Silva House – ein Fertighaus aus dem Jahre 1900 – und das Stevens Haustgen House. Das nahegelegene futuristische Gebäude The Mercado dokumentiert in Architektur und Warenangebot den starken mexikanischen Einfluß.

Ein Stück nordwestlich recken sich die schwarz glänzenden Türme des supermodernen **Arizona Center** 2 in den Himmel, mit überdachten und klimatisierten Passagen, gepflegten Geschäften und Boutiquen jeder Art, dazu Kinos, Restaurants, Springbrunnen, Grünanlagen und nicht zuletzt der Touristeninformation.

Daneben, gleich einem musealen Relikt, duckt sich die historische **St. Mary's Basilica** im Schatten der Hochhäuser. Als Kontrast dazu stehen die beiden Glasfassaden der **Symphony Hall** 3 und des Herberger Theaters, die sich an der Civic Center Plaza gegenüberstehen.

Das kulturelle Zentrum mit zahlreichen Museen erstreckt sich einige Blocks nördlich des historischen Stadtkerns beiderseits der I-10, die hier im Tunnel unter dem Deck Park verschwindet. Am Nordende des Parks liegt das Ende des 19. Jh. errichtete **Ellis Shackelford House** 4, eines der ältesten Gebäude der Stadt, das lange Zeit Sitz der Arizona Historical Society war und noch einige Eisenbahnwaggons aus alten Tagen im Garten aufzuweisen hat. Am Ostende des Parks sind das **Visual Center** 5 (Studios bildender Künstler, Ausstellung, Verkauf) und das **Performing Arts Building** 6 (experimentelles Tanztheater) untergebracht.

Zwei Blocks nördlich des Deck Park liegen die **Phoenix Library** 7 und das **Phoenix Art Museum** 8 dicht beieinander. Die Exponate umfassen neben europäischer Malerei des 19. Jh. vor allem Werke amerikanischer Künstler, darunter auch von Georgia O'Keeffe und dem Western-Maler Frederic Remington. Auf keinen Fall sollte man einen Besuch des 100 m weiter nördlich liegenden **Heard-Museum** 9 versäumen, das

St. Mary´s Basilica

nicht nur eine hervorragende Kachina-Abteilung, sondern auch die bedeutendste Sammlung indianischer Kunst in den USA besitzt. Es gibt keinen besseren Platz, sich mit der Kultur der im Westen lebenden Stämme und ihrem Kunstschaffen vertraut zu machen.

Der Aufstieg der östlichen Vorstadt **Scottsdale** zum noblen Ferienparadies begann um die Jahrhundertwende. Heute leben dort etwa 160 000 Menschen überwiegend vom Fremdenverkehr. Das Bild der gepflegten Innenstadt bestimmen teure Boutiquen, Galerien, Einkaufszentren und Restaurants. Se-

Präkolumbische Spuren

Das Territorium von Arizona umfaßt den Kernraum jener präkolumbischen Kulturen, deren Spuren sich bis etwa 500 v. Chr. zurückverfolgen lassen und die sich in mehreren Stufen bis zu den noch heute lebenden Indianerstämmen entwickelt haben. Vor etwa 12 000 Jahren, so nimmt man an, waren die ersten Sammler und Jäger in den Südwesten vorgedrungen, Abkömmlinge jener asiatischen Zuwanderer, die über 15 000 Jahre zuvor in einer zwischeneiszeitlichen Wärmeperiode über die Beringstraße nach Nordamerika gewandert waren.

Mit Beginn der Maiskultivierung formte sich etwa um 3500 v. Chr. im Südwesten von Arizona die Cochise-Wüstenkultur, aus der sich mit der Seßhaftigkeit um 100 v. Chr. die Hohokam-Kultur entwickelte. Um 300 n. Chr. waren bereits große geschlossene Dörfer bekannt, umgeben von künstlich bewässerten Feldern, 400 Jahre später übernahmen die Hohokam unter dem Einfluß der mexikanischen Hochkulturen Plattformhügel und Ballspielhöfe. Nach mexikanischem Vorbild trugen die abgeflachten Hügel früher wahrscheinlich kleine Tempel, während die Ballspielplätze rituellen Zeremonien dienten, bei denen der Flug des Balls den Weg zur Sonne symbolisierte. Auch Textilweberei, Keramik und Schmuckherstellung entwickelten sich unter dem Einfluß von Mesoamerika bei den Hohokam zu hoher Blüte.

Um 1300 gerieten die Hohokam in Kontakt mit den aus Osten zugewanderten Gruppen der Salado, die zur Anasazi-Kultur gehörten und die Pueblo-Bauweise einführten. Das Zentrum der Anasazi-Kultur lag an den Ufern des San Juan River in jenem Gebiet, in dem heute die vier Staaten Utah, New Mexico, Arizona und Colorado aneinandergrenzen. Die Kultur entwickelte sich in mehreren Stufen, an deren Beginn die sogenannten Korbmacher-Phasen standen (ca. 100 v. Chr.–90 n. Chr.). Die Menschen lebten in Felsenhöhlen und einfachen Hütten aus Strauchwerk, die sie über künstlichen Vertiefungen errichteten und mit einer Mörtel- oder Erdschicht überzogen *(pit houses)*. Im 8. Jh. entstanden daraus die ersten

henswert sind die von Frank Lloyd Wright (1869–1959) entworfene First Christian Church und das historische Zentrum Old Scottsdale mit hölzernen Bürgersteigen und rustikalen Häuserfronten aus den Pioniertagen des 19. Jh. Auch hier beleuchten mehrere Museen Geschichte und Kultur der Region. Zu erwähnen sind das **Hoohoogam Ki-Museum,** das sich den Pima- und Maricopa-Indianern gewidmet hat, das **Fleischer-Museum** mit Werken amerikanischer Impressionisten und das **Buffalo Museum of America.**

Klippenhäuser prähistorischer Indianer im Canyon de Chelly in Arizona

festen, überirdischen Quartiere, die sich im Laufe der Zeit zu komplexen, mehrstöckigen Pueblos entwickelten. Die Architekturform des Grubenhauses wurde für die Zeremonienhäuser, die *Kivas,* beibehalten. Im 12. Jh. dann kam eine neue Siedlungsform hinzu, die wie Bienenwaben in den steilen Felswänden eingenisteten Klippenhäuser *(cliff dwellings).*

Einer der Gründe für diese aufwendigen Konstruktionen dürfte das Schutzbedürfnis der Bewohner gewesen sein, die sich in den Pueblos wahrscheinlich zunehmend den Angriffen nomadisierender Stämme ausgesetzt sahen. Kaum 200 Jahre währte die als Pueblo III bezeichnete Blütezeit, dann verließen die Bewohner ihren Lebensraum In den schmalen Canyons und verstreuten sich über das Land. Als Ursache für die plötzliche Aufgabe wird eine mehrere Jahre andauernde Dürre angenommen, die den ackerbautreibenden Anasazi die Lebensgrundlage entzog. Als Erben der Anasazi gelten die heutigen Pueblo-Stämme, insbesondere die Zuni, Hopi, Pima und Papago.

Die Umgebung von Phoenix

Das kleine Museum **Pueblo Grande,** 5 Meilen östlich der Stadt in der Nähe des Flughafens, zeigt Reste von Siedlungen und Bewässerungskanälen der Hoho-kam. Am zweiten Wochenende im Dezember findet ein großer indianischer Kunsthandwerksmarkt statt.

Der 60 ha große **Papago Park,** 2 Meilen weiter östlich, ist mit seinem Desert Botanical Garden ein kleines Eldorado für Kakteenfreunde, die dort einen umfassenden Einblick in die Artenvielfalt nicht nur Nord- und Mittelamerikas erhalten. Am schönsten ist der Besuch zur Blütezeit im März und April.

Im **Pioneer Arizona Living History Museum,** 12 Meilen nördlich von Phoenix an der I-17, kann man an die 20 rekonstruierten Gebäude aus der Wildwest-Zeit in ursprünglicher Kakteenlandschaft besichtigen. Freiwillige in historischen Kostümen erläutern das damalige Leben.

Unter Leitung des Architekten Paolo Soleri, eines Schülers von Frank Lloyd Wright, entsteht in **Arcosanti,** etwa 50 Meilen nördlich von Phoenix, eine auf ökologischen Prinzipien basierende alternative Siedlung, die einmal 5000 Menschen beherbergen soll. Das experimentelle Projekt befindet sich wegen chronischen Geldmangels zwar noch immer im Aufbau, bildet aber einen höchst lehrreichen und hoffnungsvollen Kontrast zu der nach wie vor überall praktizierten Energieverschwendung. Den besten Blick auf das Projekt hat man vom ›View Point‹, zu dem ein Fußweg führt.

Der etwas abseits der Hauptverbindungsroute Phoenix-Flagstaff gelegene ehemalige Minenort **Prescott** (S. 359), bis 1887 sogar Verwaltungszentrum, liegt eingebettet in eine großartige Bergszenerie in 1700 m Höhe. Die Kleinstadt hat es verstanden, ihre bewegte Vergangenheit geschickt mit dem gesunden Klima und der offenbar noch unzerstörten Umwelt zu vermarkten. Zum Ruf eines attraktiven Ferienziels verhelfen auch zahlreiche noch gut erhaltene viktorianische Bauten des 19. Jh.

Im Zentrum der Stadt liegt die Courthouse Plaza, wo gegenüber dem alten Gerichtsgebäude die Touristeninformation untergebracht ist. Die Westseite des

Tucson und Umgebung

Platzes wird von der Whiskey Row flankiert, an der sich früher einmal die Spelunken reihten, die aber längst modernen Geschäften weichen mußten. Auf dem Platz befindet sich das Bucky O'Neill Monument, das an die Roosevelt's Rough Riders erinnert, das erste US-Kavallerie-Regiment, das im amerikanisch-mexikanischen Krieg von William O'Neill ins Leben gerufen wurde. Unter den Museen der Stadt sollte man dem **Smoki Museum** den Vorzug geben. In Architektur wie Innenraumgestaltung einem Pueblo nachempfunden, zeigt es eine umfangreiche Keramiksammlung aus den präkolumbischen Ruinenfeldern von Tuzigoot. Im **Phippen Museum of Western Art** werden Arbeiten zeitgenössischer Künstler der Region präsentiert.

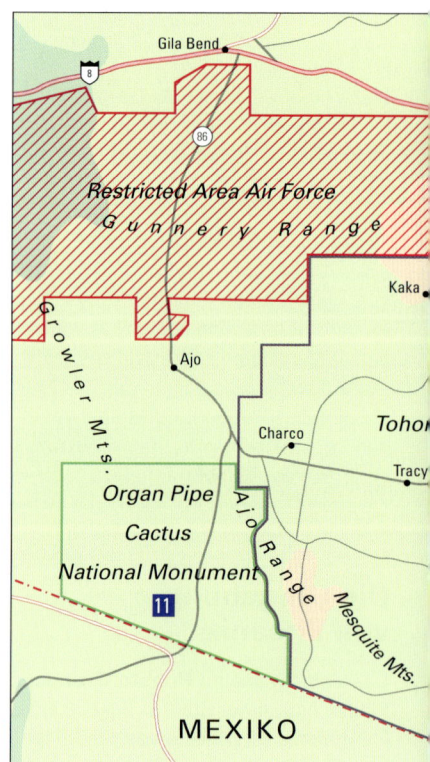

Rund um Tucson

Als zweitgrößte Stadt von Arizona (407 000 Einwohner) ist **Tucson** 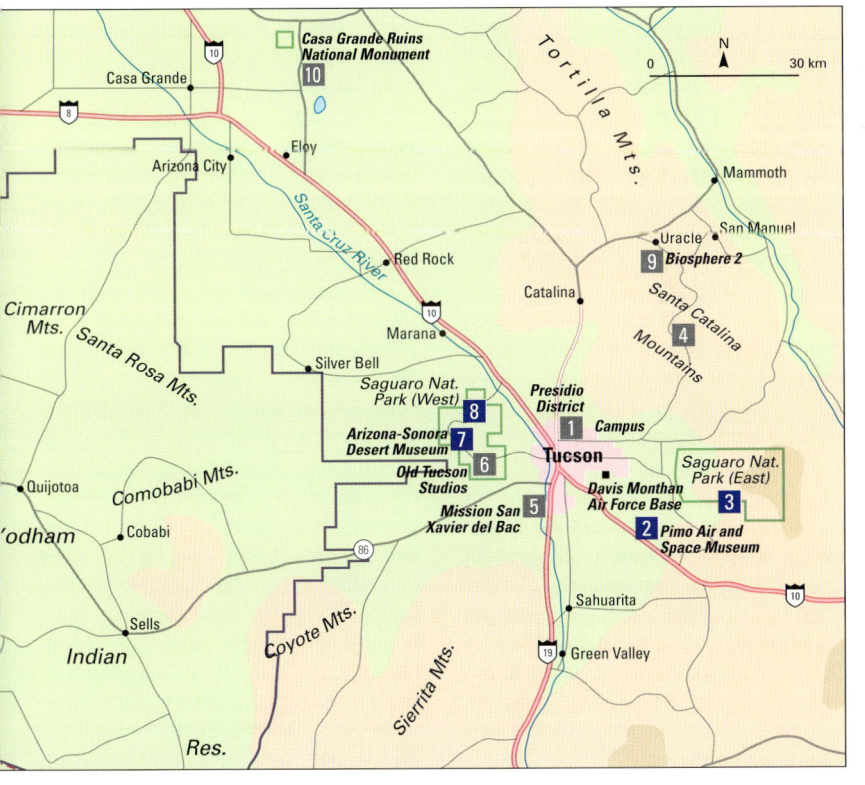 (S. 374) unbestrittenes Zentrum des Südens und mit 3800 Sonnenstunden eines der beliebtesten Winterziele amerikanischer Pensionäre. Von Phoenix aus ist die 116 Meilen südlich liegende Stadt über die I-17 schnell zu erreichen.

Die 800 m hoch gelegene, ringsum von Bergen umschlossene Wüstenmetropole leitet ihren Namen aus dem indianischen *Stjukshon* ab (am Fuß der dunklen Hügel). Dank des Wasserreichtums der Region wurde das Hochtal schon vor 12 000 Jahren durch die Vorläufer der späteren Südwestkulturen besiedelt.

Als erste Europäer kamen Jesuitenmönche um 1700 und gründeten unter Pater Kino die Mission San Xavier del Bac. Doch dem weiteren Zuzug spanischer Siedler widersetzten sich die dort lebenden Apachen, so daß die Spanier 1776 ein befestigtes Fort anlegen mußten. Im Jahre 1821 übernahm Mexiko das Erbe der spanischen Krone, 1846 schließlich fiel Tucson an die USA. Als Station am California Trail gewann es nun rasch an Bedeutung, zumal auf der Hauptroute nach Westen seit 1857 zwischen San Antonio und San Diego regelmäßig auch Postkutschen verkehrten. Die Ankunft der Eisenbahn im Jahre 1880 bewirkte den wichtigsten Entwicklungsschub, der Tucson in kurzer Zeit vom kleinen Handelsposten zur größten

Stadt von Arizona beförderte; erst 1920 wurde es von Phoenix entthront.

Das nahe Mexiko ist überall spürbar, ein Viertel der Bewohner ist mexikanischer Herkunft, und Spanisch ist gleichberechtigte Verkehrssprache. Die hispano-amerikanischen und indianischen Elemente machen sich auch im Stadtbild positiv bemerkbar, setzt doch blendendweiße Pueblo-Architektur immer wieder malerische Akzente.

Das Herz des alten Tucson schlägt im kleinen **Presidio District**, dem Standort des ehemaligen Forts. Als herausragendes Bauwerk dominiert das 1927 gebaute Pima County Courthouse mit einer mosaikgeschmückten Kuppel den Presidio Park. Einige Schritte nördlich liegt jenseits der Alameda Street das **Tucson Museum of Art** mit einer Sammlung präkolumbianischer Kunst. Ganz in der Nähe auf derselben Straße findet man das **Edward Nye Fish House,** ein Adobe-Anwesen aus dem Jahre 1868, das sich ein einflußreicher Kaufmann und Politiker hatte bauen lassen und das heute eine Kunstgalerie beherbergt. In seiner Nachbarschaft steht das **Stevens House,** ein ebenfalls aus Adobe errichtetes Herrschaftshaus aus dem Jahre 1865, in dem der Viehbaron Hiram Stevens residierte. Heute kann man hier sehr gepflegt und teuer speisen.

Alle Kolonialbauten in den Schatten stellt das **Casa Cordova** von 1848, das älteste historische Gebäude aus den frühen Pioniertagen, in dem das **Mexican Heritage Museum** mit Möbeln und Einrichtungsgegenständen aus der Kolonialzeit untergebracht ist. Das gegenüberliegende, ebenfalls historische **Old Town Artisans** beherbergt ein Kunstgewerbezentrum, das teilweise faszinierende Produkte der Region zum Kauf anbietet.

Einen zweiten Besichtigungs-Schwerpunkt bildet der **Campus** der Universität (Parkplatzprobleme), um den sich mehrere Museen gruppieren. Sehr lohnend ist das **Center for Creative Photography,** das nicht nur den Nachlaß des weltberühmten amerikanischen Fotografen Anselm Adams verwaltet, sondern die größte Fotosammlung der Welt zeigt, darunter Arbeiten von Paul Strand und Edward Weston. Der überwiegende Teil der 50 000 Bilder von 1400 Fotografen befindet sich im Archiv, das jedoch auf Wunsch zugänglich ist.

Etwas nördlich liegt das ebenfalls sehenswerte **Arizona Historical Society Museum,** das einen Querschnitt durch die Geschichte präsentiert, von der Kultur der Hohokam über die Epoche der Spanier und Mexikaner bis in die Pionierzeit des 19. Jh. Wer sich für die Natur und die Geschichte der Indianer von Arizona interessiert, sollte einen Blick in das 100 Jahre alte **Arizona State Museum** mit der weltgrößten Sammlung von Baumringen werfen. Drei Blocks weiter lassen sich im **Mineral Museum** die im Petrified Forest (s. S. 218) gewonnenen Eindrücke vertiefen.

Auf einer Rundfahrt um Tucson im Uhrzeigersinn werden zunächst Flugzeugfreunde am **Pima Air and Space Museum** **2** ihre helle Freude haben. In einer Ausstellungshalle, größtenteils aber unter freiem Himmel, ›parken‹ hier Flugzeugtypen vergangener Jahrzehnte, die meisten mit militärischer Vergangenheit. Eine Freiwilligen-Crew hat vielen der Maschinen wieder zu alter Schönheit und voller Flugfähigkeit verholfen. Wem das nicht ausreicht, kann bei der nordöstlich gelegenen Davis-Monthan Air Force Base Tausende teils martialische Militärflieger hinter kilometerlangem Maschendraht bewundern. Im knochentrockenen Wüstenklima von

Arizona stehen sie ›eingemottet‹ nebeneinander oder auch gestapelt und harren einer eventuellen Wiederverwendung – sofern sie nicht schon für aktives Gerät ausgeschlachtet wurden. Privatpersonen erhalten zwar keinen Zutritt zur Air Force Base, doch an Fotos über und durch den Zaun auf den sogenannten *bone yard* (Knochenhof) stört sich niemand.

Im 16 Meilen östlich von Tucson liegenden **Saguaro National Park (East)** 3, dem älteren und größeren des zweigeteilten Nationalparks, steht hingegen die Natur im Mittelpunkt, vor allem die mächtigen Saguaro-Kakteen *(Cereus giganteus)*, im Volksmund auch als Kandelaberkakteen bezeichnet. Sie sind eine typische Erscheinungsform der Sonora-Wüste und kommen jenseits der mexikanischen Grenze in waldartiger Konzentration vor. Die Pflanzen können Höhen von 16 m, ein Gewicht von 15 t und ein Alter von 300 Jahren erreichen. Mit etwa 2 cm pro Jahr wachsen sie nur sehr langsam und blühen erstmals im stattlichen Alter von etwa 50 Jahren, wobei sich die Blüte wie bei allen Cereus-Arten nur nachts öffnet.

Im Visitor Center kann man sich über die Geologie und Botanik der Region informieren und im angrenzenden Kakteengarten die unterschiedlichen Arten studieren, ehe man sich auf die Rundfahrt entlang des Cactus Forest Drive macht. Interesse verdient auch der Desert Ecology Trail, der den Besucher mit den erschwerten Lebensbedingungen der Pflanzen und ihrer erstaunlichen Anpassungsfähigkeit vertraut macht. Ausdauernde Wanderer können auf dem Tanque Verde Ridge Trail den 18 Meilen entfernten, fast 3000 m hohen Gipfel des Mica Mountain erreichen und mit Erlaubnis der Parkverwaltung dort auch kampieren.

Natur pur kann man auch in den nördlich angrenzenden **Santa Catalina Mountains** 4 erleben. In weniger als einer Stunde gelangt man auf dem 40

Flugzeuge im Pima Air Space Museum

Kulisse in den Old Tucson Studios

zeigt eine üppige Barockausstattung, die man gern mit der Sixtinischen Kapelle vergleicht. Während der Sonntagsgottesdienste spielen zuweilen Mariachi-Musikanten auf. Im März treffen sich hier die Indianer des Südwestens zum traditionellen Pow Wow (Gesang und Tanz).

Das nächste Ausflugsziel, die durch und durch künstliche Pioniersiedlung der **Old Tucson Studios** [6], liegt 12 Meilen westlich des Zentrums, erreichbar über die US 86 und die Kinney Road.

Die Westernstadt dient seit Jahrzehnten als Kulisse unzähliger Western-Filme. Selbst US-Expräsident Ronald Reagan ritt hier in seinen Schauspielertagen durch die Straßen. Wenn keine Dreharbeiten stattfinden, versuchen um sich schießende Stuntmen die Illusion der wilden Jahre zum Leben zu erwecken. Besucher können mit einer alten Postkutsche fahren, sich historische Filme ansehen oder mit Souvenirs eindecken. Im Wettbewerb ›Movie Mayhem‹ können Mutige sogar ihre schauspielerischen Fähigkeiten unter Beweis stellen. 1995 vernichtete ein Brand einen großen Teil der Anlage, die mittlerweile jedoch im alten Stil wiedererstand; nur die alte, arg mitgenommene Dampflokomotive harrt noch der Restaurierung.

Der Wüstenzoo des **Arizona-Sonora Desert Museum** [7], 2 Meilen nördlich der Studios an der Kinney Road gelegen, ist zweifellos die größte Attraktion von Tucson. In vorbildlicher Weise sind dort die Lebensformen der Wüste präsentiert, wie man sie in freier Natur wohl kaum zu sehen bekommt. Vom Biber bis zum Skorpion lassen sich die Tiere in ihren kleinen Ökotopen ungestört beobachten. Eine andere Abteilung erläutert die Geologie mit detaillierten Beispielen. Um sich das Wichtigste anzusehen, benötigt man mindestens einen halben

Meilen langen Mount Lemmon Highway aus den heißen Wüstenniederungen in erfrischende 2300 m Höhe, wo Wanderwege und Campingplätze zum längeren Verweilen einladen.

Das nächste lohnende Ziel der Rundfahrt führt den Reisenden zurück in die Geschichte. 9 Meilen südwestlich von Tucson markiert nahe der I-19 die schneeweiße Kolonialkirche **Mission San Xavier del Bac** [5] den Platz der ersten Missionsstation, die der Jesuitenmissionar Eusebio Francisco Kino 1692 gegründet hatte, um dort die Pima-Indianer zu bekehren. Erst 100 Jahre später wurde die Kirche unter Leitung der Franziskaner im barocken Kolonialstil errichtet. Daß der Glockenturm nicht beendet wurde, kann zwar mit dem tragischen Tod eines abgestürzten Maurers legendenhaft erklärt werden, hat aber wohl eher steuerliche Gründe, denn erst mit Fertigstellung eines Bauwerks wurden Abgaben an die Krone fällig. Das Innere

Tag. Es empfiehlt sich ein Besuch zu kühler Morgenstunde nicht nur für das eigene Wohlbefinden – mit aufsteigender Sonne verbergen sich die meisten Tiere.

Mit dem erworbenen Wissen sollte man nunmehr den nur 2 Meilen weiter nördlich liegenden **Saguaro National Park (West)** 8 ansteuern, auch wenn zur Entdeckung einer Känguruhratte oder Eule eine Portion Glück gehört – die meisten Wüstenbewohner sind ohnehin nachtaktiv. Im Mittelpunkt steht, so wie im oben beschriebenen östlichen Teil des Naturparks, der mächtige Saguaro-Kaktus, der hier jedoch in größerer Konzentration zu bewundern ist. Es gibt ein neues Visitor Center mit erläuternden Filmen und prähistorisch Felszeichnungen der Urbewohner, zu denen Ranger den Weg weisen können.

Mit der Natur in einer ganz anderen Art und Weise wird der Besucher im vieldiskutierten und umstrittenen ökologischen Versuchsprojekt **Biosphere 2** 9 35 Meilen nordöstlich von Tucson konfrontiert. Von der Außenwelt hermetisch abgeschlossen, wollten hier 1992 einige Wissenschaftler in völliger Autarkie überleben, nur gestützt auf kleine Biotope. Doch so einfach ließ sich die Natur nicht nachahmen. Schon nach vier Monaten in der Isolation machte ein zu hoher Kohlendioxid-Gehalt die künstliche Zufuhr von Sauerstoff notwendig, und bei bedecktem Wetter litten die Wissenschaftler Hunger; allein das Ungeziefer fühlte sich wohl. Nachdem die erste Besatzung der ›Bionauten‹ nach zwei Jahren Isolation abgelöst wurde, versank Biosphere 2 durch Mißmanagement und interne Reibereien im Chaos. Mit einer teilweisen Übernahme des Projekts durch die Columbia University von New York City Anfang 1996 wurde die Zielsetzung verändert. Jetzt werden in erster Linie die Auswirkungen des Kli-

mawandels auf der Erde untersucht; dazu müssen die Wissenschaftler nicht mehr monatelang in das System eingeschlossen werden und Überlebenstechniken proben.

Für interessierte Touristen wurde ein eigenes Visitor Center erbaut, Führungen durch die Anlage sind möglich. Außerdem gibt es ein Biosphere Café, einen Souvenirshop sowie ein Hotel. Die Eintrittspreise sind allerdings relativ hoch.

Die US 89 bringt uns nach Norden bis Florence, wo wir nach links abbiegen und bald darauf das **Casa Grande Ruins National Monument** 10 (S. 329) erreichen. Die Ruinenstätte auf halbem Weg zwischen Phoenix und Tucson gehört zu den weiteren rätselhaften Zeugnissen präkolumbischer Kultur in Arizona. Hinter dem spanischen Namen ›Großes Haus‹ verbirgt sich die besterhaltene Niederlassung mit den höchsten Bauwerken im Gila-Becken (nicht zu verwechseln mit der ebenfalls präko-

Kandelaberkaktus

Saguaro National Park

lumbischen Ausgrabungsstätte ›Casas Grandes‹ im nordwestlichen Mexiko). Entdeckt und benannt hatte sie Pater Kino schon im Jahre 1694, doch den staatlichen Schutz erhielt sie erst 1918.

Der aus Lehmblöcken geformte 10 m hohe Komplex entstand gegen 1350 und wurde kaum 50 Jahre später schon wieder verlassen. Über die Funktion der festungsartigen, von mehreren Dörfern umschlossenen Anlage besteht bisher keine Klarheit. Sehr wahrscheinlich diente sie den Hohokam als regionales Zeremonialzentrum und Observatorium. Zum Schutz der regenlöslichen Adobewände hat man das Hauptgebäude überdacht.

Das 512 m² große, an Mexiko grenzende **Organ Pipe Cactus National Monument** 11 (S. 355) liegt mit 125 Meilen recht weit von Tucson entfernt, die lange Anreise aber lohnt sich, erwartet den Besucher hier doch eine der faszinierendsten Wüstenregionen von Arizona. Der Park präsentiert die Flora und Fauna der Sonora-Wüste und zeichnet sich vor allem durch seine Kakteenviel-

falt aus. Neben den oben beschriebenen Saguaro kann man Orgelpfeifen-Kakteen *(Lamaireocerus thurberi)*, die kleinen buschigen Chollas *(Opuntia bigelovii)* oder den Senita Kaktus *(Lophocreus schottii)* bewundern. Aus dem Wege gehen sollte man vor allem der Jumping Cholla *(Opuntia fulgida)*, deren mit Widerhaken besetzten Glieder sich bei der geringsten Erschütterung lösen und jeden Vorbeikommenden – ob Mensch oder Tier – gleichsam ›anspringen‹.

Viel behäbiger hingegen wirken die Igelkakteen, die eine Höhe von 3 m erreichen können. Bei den seltenen Regenfällen pumpen sie sich so schnell mit Wasser voll, daß sie zuweilen umstürzen. Damit ist ihr Schicksal aber keineswegs besiegelt, können sie doch neue Wurzeln bilden, die ihnen schnell wieder Halt geben. Die Wunderwelt der Sukkulenten kann man auf zwei Rundfahrten durch den Park näher erkunden (Ajo Mountain Drive, 21 Meilen; Puerto Blanco Drive, 53 Meilen). Das Visitor Center, an dem die Routen abzweigen, liegt 17 Meilen südlich des Parkeingangs.

Entlang der mexikanischen Grenze – Von Tucson nach El Paso

(Karte S. 148/149)

Die I-10 bietet sich ab Tucson zwar als schnellste Verbindung in Richtung Osten über El Paso nach San Antonio in Texas an, dennoch sollte man jede Gelegenheit nutzen, die ermüdend-eintönige Autobahnfahrt durch interessante Abstecher zu unterbrechen.

So empfiehlt es sich, zunächst auf der US 89 oder I-19 nach Süden in Richtung der mexikanischen Grenze zu fahren. Hinter dem Namen **Green Valley** 🟦**1** (S. 342), etwa 20 Meilen südlich von Tucson gelegen, verbirgt sich nicht nur eine beschauliche Siedlung sonnenhungriger Pensionäre, sondern auch ein gruseliges Relikt des Kalten Krieges. Dank der Abrüstungsverträge zwischen den USA und der ehemaligen UdSSR erlaubt die amerikanische Armee dem Steuerzahler, im **Titan Missile Museum** einen Blick in die unterirdischen Abschußsilos der Atomraketen Titan II, die bis vor kurzem noch auf ihre 12 000 km entfernten Ziele gerichtet waren.

Im 25 Meilen südlicher liegenden **Tubac** 🟦**2** werden die Besucher 250 Jahre zurück in die Geschichte geführt, wo die Spanier zur Mitte des 18. Jh. einen Brückenkopf errichtet hatten. Lange konnten sich die Europäer dort gegen die kriegerischen Apache jedoch nicht behaupten. Als den USA im Jahre 1854 der Landstrich zufiel, bestand Tubac nur noch aus Adoberuinen, in die sich gelegentlich Glücksritter und Goldsucher verkrochen. Erst nach Ende des Zweiten Weltkriegs begann der langsame Aufstieg, getragen von Malern, Bildhauern, Goldschmieden und Holzschnitzern, die sich dort zu einer Künstlerkolonie zusammenfanden. Sehenswert sind die zahlreichen Galerien, das historische Museum auf dem Gelände der ehemaligen Befestigung und einige Bauten aus dem vergangenen Jahrhundert. Wer im Februar unterwegs ist, sollte den Künstlermarkt nicht versäumen; wer im Oktober kommt, erhält bei der folkloristisch angehauchten Anza Days Cultural Celebration Einblicke in den Umgang der Amerikaner mit ihrer Vergangenheit.

Ein sehr hübscher Ausflug führt einige Meilen nach Süden zum Tumacacori National Historical Park, in dem man sich angesichts der Ruine der spanischen Missionskirche bereits tief im kolonialen Mexiko fühlt. Die Kirche sollte einmal San Xavier del Bac in den Schatten stellen, wurde dann aber Opfer von politischen, mit dem mexikanischen Freiheitskampf verbundenen Unruhen und Indianer-Überfällen.

Bis zum Grenzort **Nogales** 🟦**3** ist es jetzt nur noch ein Katzensprung. Schön kann man die Stadt nicht nennen; sie bietet aber die Möglichkeit, ohne Grenzformalitäten die gleichnamige Schwesterstadt im Nachbarland zu besuchen, um sich dort bei Mariachi-Musik an Tamales und Burritos gütlich zu tun.

Es empfiehlt sich nun, die Reise nach Nordosten durch hügeliges Weideland auf der US 82 fortzusetzen, die das Erholungsgebiet des Patagonia Lake State Park berührt. Wer genug Zeit und Abenteuerlust mitbringt, kann mit genauen Karten auch abgelegene, schwer zu findende Ghost Towns in den umliegenden Bergen aufsuchen.

Von Tucson nach El Paso

Tombstone und Silver City

Das nächste Ziel, die legendäre Westernstadt **Tombstone** 4 (S. 373), ist hingegen nicht zu verfehlen. Der wohl berühmteste Minenort im Westen verdankt seinen makabren Namen ›Grabstein‹ dem Goldgräber Ed Schieffelin, der dort 1877 seinen ersten *claim* absteckte. Statt seines Grabsteins, wie Freunde ihm angesichts latenter Gefahren wie Apachen, Räuber und Klapperschlangen prophezeit hatten, fand er eine reiche Silberader und nannte die nun schnell wachsende Ortschaft ironisch Tombstone. Bald reihten sich Saloons, Tanzhallen, dubiose Hotels und Handelsagenturen entlang der Hauptstraße. Ein Jahrzehnt lang blühte der

Bergbau, bis die Minen durch aufsteigendes Grundwasser überflutet wurden.

Die zum Sterben zu zähe Stadt *(The town too tough to die)* überlebte aber und ist heute ein vielbesuchtes Touristenziel. Seinen Ruhm verdankt Tombstone nicht zuletzt der berühmten Schießerei am O. K. Coral zwischen den Brüdern Wyatt, James und Virgil Earp und John ›Doc‹ Holliday auf der einen sowie einigen Cowboys auf der anderen Seite. Das Feuergefecht, bei dem drei Cowboys erschossen wurden, ereignete sich 1881, aber noch immer erhitzen sich die Gemüter, ob hier nun ein fairer Kampf oder vielmehr kaltblütiger Mord stattgefunden hatte.

Die Gebrüder Earp, allen voran der legendäre Hilfs-Sheriff Wyatt, werden als

zwielichtige Gestalten beschrieben, die auf noch immer ungeklärte Weise in Tombstone zu Geld gekommen waren. Es gab nur Gerüchte, daß Wyatt Earp trotz seiner Stellung als Rechtshüter eine Verbrecher- und Falschspielerbande anführte. Nach dem Schußwechsel wurde er per Haftbefehl gesucht, dem er sich aber durch Flucht nach Kalifornien zu entziehen verstand, wo er 1929 im gesegneten Alter von 80 Jahren starb.

Am ersten und dritten Sonntag jeden Monats findet im O. K. Coral eine Nachstellung des legendären *shoot out* statt. Im benachbarten **Historama** werden die damaligen dramatischen Ereignisse mit einer Erzählung und lebensgroßen Figuren immer wieder in Szene gesetzt. Unmittelbar daneben hat das Camillus

Fly Studio seinen Platz, der Nachbau des Ateliers des berühmten Westernfotografen. Er begleitete unter anderem General Crook auf seinem Feldzug gegen die Apachen und nahm während der Verhandlungen inmitten des feindlichen Indianerlagers die berühmten Fotos von Häuptling Geronimo auf.

Tombstone besitzt überdies zahlreiche historische Gebäude, darunter das Bird Cage Theater, den ehemals ›heißesten‹ Nachtclub zwischen New Orleans und San Francisco – Theateraufführungen waren dort wohl eher die Ausnahme. Nicht versäumen sollten Besucher die Besichtigung des Friedhofs *Boothill* (Stiefelhügel) vor den Toren der Stadt, wo ehrbare Bürger neben Desperados ruhen. Denselben Namen beanspruchen übrigens noch andere Friedhöfe des Westens – z. B. in Virginia City, Montana oder in Dodge City, Kansas. Er macht deutlich, daß der Tod die dort Bestatteten zumeist in ihren Stiefeln ereilte und nicht im Bett.

Weniger touristisch geht es in den umliegenden Ghost Towns zu, etwa in Gleeson, 18 Meilen östlich, und dem 3 Meilen weiter nördlich gelegenen Courtland. Auch das 9 Meilen davon entfernte Pearce, das einmal 1500 Einwohner zählte, ist einen Besuch wert.

Mehr zu sehen gibt es allerdings im alten Bergbauort **Bisbee** 5 (S. 327) unweit der mexikanischen Grenze im schmalen Einschnitt des Mule Pass Gulch in über 1700 m Höhe. Als die ersten Prospektoren um 1875 dort statt auf das erhoffte Silber nur auf Kupfer stießen, war die Enttäuschung groß. Erst Jahre später stieg das Metall durch die einsetzende Elektrifizierung zum wichtigen Rohstoff auf und Bisbee zum bedeutenden frühindustriellen Standort der Kupfergewinnung und -verarbeitung. Erst 1947 schloß die letzte Mine, die Bergleute und ihre Nachfahren aber blieben. Etliche historische Gebäude der Jahrhundertwende, das **Bisbee Mining and Historical Museum** und eine Fahrt durch die unterirdischen Stollen halten die Vergangenheit lebendig.

Die Reise geht nun weiter über die von Kleinindustrie geprägte Grenzstadt Douglas auf der US 80 nach Nordosten, vorbei an den pittoresken Felsformationen der Chiricahua Mountains hinauf zur I-10, die man auf dem Territorium des Bundesstaates New Mexico erreicht. Wer Lust zum Wandern verspürt, kann auch einen gut 35-Meilen-Schlenker in seine Route einbauen und von Douglas in nördlicher Richtung über die US 191 und SR 181 in das Herzstück dieser Region fahren, zum 115 km entfernten **Chiricahua National Monument**.

Von dort führen die SR 181 und 186 über Willcox zur I-10. In der fernen Abgeschiedenheit dieser farbenprächtigen und wilden Erosionslandschaft mit vulkanischer Entstehungsgeschichte verstand es Apachehäuptling Cochise in den 1860er Jahren, sich den eindringenden Weißen geschickt zu widersetzen. Bei Lordsburg verlassen wir die I-10 nach Norden, um aus dem oft heißen Tiefland auf der abwechslungsreichen NM 90 ca. 45 Meilen in die kühle, bewaldete Gebirgsregion von **Silver City, NM** 6 (S. 371) aufzusteigen.

Der Ort war zwar schon den Spaniern unter dem Namen La Cienega de San Vicente bekannt, wurde aber erst Mitte des vergangenen Jahrhunderts von Goldsuchern besiedelt. Als weitaus ergiebiger erwiesen sich jedoch die 1870 entdeckten Silbervorkommen, die zahlreiche Glücksritter anzogen. Zu den Siedlern jener Tage zählte auch ein gewisser Henry McCarty, der in Silver City bereits als Kind seine kriminelle Laufbahn begann und später als ›Billy the Kid‹ in die Geschichte eingehen sollte. Er hatte mehrere Morde auf dem Gewissen, ehe er 1881 im Alter von 21 Jahren nach der Flucht aus der Todeszelle bei Fort Sumner von Sheriff Garrett erschossen wurde.

Besondere Beachtung verdient das noch im viktorianischen Stil erhaltene Zentrum beiderseits des Big Ditch. Der etwa 20 m tiefe, heute als Stadtpark dienende Canyon war einmal die Hauptstraße des Ortes, ehe sich um die Jahrhundertwende mehrere Regenfluten dort den Weg ins Tal bahnten und die Main Street fortspülten.

Ein Blick ins **Silver City Museum** beleuchtet die Stadtgeschichte und zeigt auch einige Stücke der Mimbre-Keramik. Sie stammt von dem Indianerstamm gleichen Namens, der zwischen

Eine Stadt als Touristenattraktion: Tombstone

den Jahren 950 und 1200 in der Region lebte. Die meist schwarze, mit unterschiedlichen Motiven bemalte Töpferware ist von hoher Qualität und weist nachträglich eingeschlagene Löcher auf. Archäologen vermuten, daß es sich um zeremonielle Keramiken handelte, die ›getötet‹ wurden, um den darin gefangenen Geist zu entlassen. Eine noch größere Sammlung dieser Kunstwerke beherbergt das Museum der **Western New Mexico University.**

Ein Abstecher lohnt sich zum **Gila Cliff Dwelling National Monument** 7 (S. 339), der wichtigsten Sehenswürdigkeit der Region. Folgt man der kurvenreichen Bergstraße SR 15, gelangt man zu den präkolumbianischen Klippenwohnungen.

50 m über der Talsohle haben die Bewohner sechs natürliche Höhlen als Behausung genutzt und mit 40 Räumen in teilweise zweistöckiger Bauweise ausgestattet. Zwischen den Jahren 1250 und 1350 lebten dort etwa 40–50 India-

ner, wobei bis heute nicht geklärt ist, ob es sich um Angehörige der Mogollon-Kultur handelte oder um eine Splittergruppe der Anasazi. Wie die meisten an deren Klippenhäuser wurde auch Gila im 14. Jh. verlassen. Später nutzten die Apachen die Höhlenwohnungen als Zufluchtsstätte während der kalten Wintermonate. Daß die Region schon vor Ankunft der Gila-Leute recht dicht besiedelt war, davon zeugen zahlreiche Ruinenfelder am Mimbres River, wo die Archäologen eine Vielzahl von Grubenhäusern freigelegt haben, die als Vorläufer der Klippenbehausungen gelten.

Eine Vorstellung von der mühevolle, gefährlichen und naturzerstörenden Arbeit in den Minen verschafft der Besuch der großen, bis 1929 arbeitenden **Old Tyrone Mine** nahe dem gleichnamigen modernen Ort an der NM 90 kurz vor Erreichen von Silver City, mehr aber noch der Ausflug zur **Santa Rita / Chino Open Pit Mine** 8. Der Kupfer-Tagebau liegt 15 Meilen östlich an der NM 152 und wurde bereits um 1800 in Betrieb genommen. Wo früher einmal die Kleinstadt Santa Rita lag, gähnt heute ein über 300 m tiefes Loch mit einem Durchmesser von über 2 km. 7 Meilen nördlich von Silver City liegt an der SR 15 der nur noch von wenigen Menschen bewohnte Minenort Pinos Altos, in dem 1860 Gold entdeckt wurde, das sich aber wegen der ständigen Apachen-Gefahr nur unter hohem Risiko abbauen ließ. Zu sehen gibt es einige noch gut erhaltene beziehungsweise restaurierte Häuser, darunter ein Schulgebäude, den Buckhorn Saloon und die Oper. Zu den Männern, die dort reich wurden, gehörte

George Hearst, der Vater des berühmten Zeitungsmagnaten aus Kalifornien.

White Sands National Monument

Über die US 180 und I-10 erreichen wir Las Cruces, von wo es auf der US 70 in Richtung Nordosten zum **White Sands National Monument** 9 (S. 375) geht, einer der ungewöhnlichsten Landschaften der USA.

Im Zusammenspiel von Relief, geologischer Struktur und Klima haben sich im Tularosa-Becken im Süden von

New Mexico einzigartige Gipsdünenformationen gebildet, die mit ihren blendendweißen Kämmen weiträumigen Schneeverwehungen ähneln. Die wasserunlöslichen Gipskristalle entstammen Sedimenten der angrenzenden San Andreas- und Sacramento Gebirge, die das Tularosa-Becken im Westen und Osten begrenzen. Das Material, durch die Erosion vornehmlich im Becken abgelagert, gelangte in gelöster Form in den Otero-See. Nach dessen Austrocknung vor etwa 5000 Jahren blieben riesige Gipskristalle zurück, die Selenite, die Längen von mehr als 1 m erreichten. Gips bildete sich in Form kleiner Kügel-

chen auch dort, wo gipshaltiges Grundwasser durch Kapilarwirkung an die Oberfläche gedrungen und verdunstet war. In den bis zu 15 m hohen Dünen, die meist bogenförmig ausgerichtet sind, erreicht die Konzentration von Kalziumsulfat 96 %. Wie in der Sahara ändern auch hier die Dünen durch den Wechsel der Windrichtung ständig ihre Form.

Es erstaunt und fasziniert zugleich, in dieser Einöde eine überaus reiche Tier- und Pflanzenwelt anzutreffen. Die Yucca-Palmen oder die Rio Grande Cottonwood, eine Pappelart, können sich sogar im Gebiet von Wanderdünen behaupten. Beim Anmarsch einer Düne wächst der Stamm, so daß die Krone wie ein Korken auf der Düne ›schwimmt‹. Ist die Düne über die Pflanze hinweggewandert, verkürzt sich diese wieder, indem der jetzt exponierte Stamm Blätter treibt und die alte Krone abstirbt. Auch die Tierwelt hat sich vorzüglich an die Hitze und Trockenheit angepaßt. Weiße Eidechsen und Springmäuse sind nur einige Beispiele der perfekten Tarnung, die Besuchern eine leblose Welt vorgaukeln, wären da nicht die zahllosen kleinen Spuren als Beweis vielfältigen Lebens. Quer durch die Dünenlandschaft führt eine 16 Meilen lange Ringstraße (Loop Road). Ein mit Sonnenschutzdächern versehener Picknickplatz lädt zum Verweilen ein. Bei Vollmond bleibt der Park bis weit in die Nacht geöffnet – ein großartiges, unvergeßliches Erlebnis für alle Besucher. Übernachten ist dort jedoch nicht erlaubt.

Die friedliche, weltabgeschiedene Atmosphäre ist trügerisch, da der 585 km² große Park inmitten eines Raketentestgeländes der US-Armee und keine

White Sands National Monument

100 km entfernt von der berüchtigten Trinity Site liegt, wo 1945 die erste Atombombe der Welt zündete. Der dabei aufgerissene Krater kann zweimal im Jahr besichtigt werden. Die nahegelegene Stadt **Alamogordo** (S. 322) lebt vor allem von der angrenzenden Holloman Air Force Base, wo Raketen entwickelt und getestet werden. An Raumfahrt interessierte Reisende finden im Space Center (2 Meilen nordöstl. an der US 54) ein hervorragendes Museum mit vielen Exponaten zum Thema Space Shuttle.

Die US 82 führt nun aus der oftmals lähmenden Hitze der Wüste nach nur 16 Meilen steil hinauf ins 2800 m hoch gelegene Cloudcroft, wo man sogar Ski laufen kann, und weiter durch den Lincoln Forest nach Osten. Das sich von Nord nach Süd über 250 km hinziehende Waldgebiet erhielt seine Bezeichnung vom einstigen Regierungssitz des *county* gleichen Namens ca. 50 Meilen nordöstlich, das heute als Lincoln State Monument ausgewiesen ist. Wer an der Geschichte des Wilden Westens besonders interessiert ist, sollte von Cloudcroft über die SR 244 und 214 einen Bogen dorthin schlagen und dann über Roswell und Artesia seine Reise wieder nach Süden fortsetzen.

Lincoln (NM) wurde 1840 unter dem Namen Las Placitas del Río Bonito von Farmern als Befestigung gegen Überfälle der Apache gegründet und erhielt dann 1869 seinen heutigen Namen. Ein Jahrzehnt später entfachte die Rivalität zwischen zwei einflußreichen Familien den Lincoln County War, in dem auch Billy the Kid eine unrühmliche Rolle spielte. Die Fehde endete am 19. Juli 1878 mit einem großen *shoot out*. Danach verlief die Geschichte der Stadt in friedlichen Bahnen. Um 1900 wurde der Regierungssitz des *Counties* verlegt und Lincoln verlor rasch an Bedeutung, ohne

jedoch zur Geisterstadt zu verkommen. Dank des Einsatzes des Lincoln County Heritage Trust, aber auch vieler Privatpersonen, gilt Lincoln mit über 40 restaurierten Häusern heute als eines der schönsten Beispiele einer New-Mexico-Kleinstadt des 19. Jh.

Carlsbad Caverns National Park

Die US 82 stößt bei Artesia auf die von Nord nach Süd führende US 285, auf der wir 36 Meilen weiter nach Carlsbad und 13 Meilen weiter entlang der US 62 zum **Carlsbad Caverns National Park** 🔟 (S. 329) gelangen.

Unmittelbar an der Grenze zu Texas liegt unter dem Gebirge der Guadaloupe Mountains eines der größten Höhlensysteme der Welt, das 1930 unter Naturschutz gestellt wurde. Das unterirdische, noch immer nicht völlig erforschte Labyrinth verdankt seine Entstehung komplexen geologischen Prozessen, welche vor 250 Mio. Jahren begannen. Damals lag das Gebiet am Rand eines großen Binnenmeeres, wo sich durch Muschelablagerungen gewaltige Kalksteinriffe bildeten. Bei Hebung der Landmasse zerbrachen sie und wurden durch eindringendes Meerwasser teilweise aufgelöst, wodurch unzählige Hohlräume entstanden, die heute bis in etwa 300 m Tiefe reichen. Einsickerndes Wasser hat die unterirdischen Räume im Laufe der Jahrmillionen in einen Stalagtitenwald verwandelt.

Guano-Sucher, von Fledermäusen angelockt, entdeckten die Höhlen um die Jahrhundertwende. Neben den Haupthöhlen gehört auch die 25 Meilen entfernt liegende New Cave zum Naturschutzgebiet. Ihr Besuch erfordert trotz

In den Höhlen des Carlsbad Caverns National Park

der obligaten Führung eine Portion Abenteuergeist, da die Tropfsteinhöhle noch im Urzustand erhalten ist und weder über ein Wegenetz noch über elektrische Beleuchtung verfügt.

Der für Besucher geöffnete Teil der Haupthöhlen liegt auf mehreren Ebenen, die durch einen asphaltierten, 5 km langen Weg miteinander verbunden sind. Wer es bequemer haben möchte, kann auch mit dem Fahrstuhl vom Visitor Center bis auf die unterste Ebene in über 200 m Tiefe fahren. Die Rückkehr zur Oberfläche erfolgt allerdings immer mit dem Fahrstuhl. Am Visitor Center kann man sich einen tragbaren Empfänger leihen, der an den Aussichtspunkten die jeweils passenden Erklärungen liefert. Die Blue Tour beschreibt den Weg vom Höhleneingang, die Red Tour beschränkt sich auf die Sehenswürdigkeiten auf der unteren Ebene. Größte Attraktion ist dort der Big Room, der mit einer Höhe von 80 m, eine Länge von 540 m und einer Breite von 330 m zu den größten unterirdischen Räumen der Welt zählt. Am faszinierendsten aber ist der Formenreichtum der Stalagmiten und Stalagtiten, die durch Kalkablagerungen entstanden sind. An einigen Stellen bildeten sich sogar die seltenen Heliktiten, die durch Kapilarwirkung wachsen und nicht durch Wassertropfen. Durch Rückgang der Niederschläge hat dieses Wachstum aber schon seit langem aufgehört.

Zwischen Mai und September sollte man bis zum Abend in den Carlsbad Caverns verweilen, um sich ein weiteres Naturschauspiel nicht entgehen zu lassen: Pünktlich bei Sonnenuntergang verlassen Hunderttausende von Fledermäusen in einem riesigen Schwarm die Höhlen, um am Pecos River auf nächtliche Insektenjagd zu gehen. Bei Sonnenaufgang kehren sie einzeln zurück und verschlafen den Tag in der Bat Cave, etwa 400 m vom Eingang entfernt. Den Winter verbringen die Tiere in den wärmeren Gefilden von Mexiko.

Guadalupe Mountains National Park

Auf der US 62 geht es nun weiter in Richtung Südwesten, wo man nach 36 Meilen einen weiteren Höhepunkt, den **Guadalupe Mountains National Park** 11 (S. 342) erreicht.

Der relativ wenig besuchte, 350 km² große Park umschließt den südlichen Teil der gleichnamigen Gebirgskette. Wie auch die Carlsbad Caverns entstand dieser Gebirgszug aus einem Riff, das vor ungefähr 250 Mio. Jahren in einem urzeitlichen Meer gebildet und später gehoben wurde. Zahlreiche archäologische Funde dokumentieren eine bis 12 000 Jahre zurückreichende Besied-lung durch steinzeitliche Höhlenbewohner, die in den damals noch feuchten Niederungen und Tälern reichlich Nahrung fanden.

Später nutzten die Mescalero-Indianer die Quellen am Fuß der zerklüfteten, bis auf 2667 m ansteigenden Berge, wurden dann aber von der Armee vertrieben, um Neusiedlern Platz zu machen. Die Indianer hatten sich vorzüglich an die spärliche Vegetation der Trockenzone angepaßt und wußten die Pflanzen geschickt zu nutzen. Hauptnahrungsmittel war Mescal, das Fruchtfleisch der Mescal-Agave, das auch als Grundlage zur Herstellung des berauschenden Getränks gleichen Namens dient. Die faszinierende, von Canyons durchschnittene

Der Guadalupe Mountains National Park

Bergwelt läßt sich auch heute nur zu Fuß erkunden. Ausgangspunkt für die meisten Wanderungen ist das Visitor Center bei Pine Springs, in dessen Nähe die Reste der Pinery liegen, einer historischen Pferdestation der Butterfield Overland Mail Company. Die 1858 gegründete Gesellschaft versah als erste einen regelmäßigen Postkutschendienst zwischen St. Louis und San Francisco, eine höchst abenteuerliche, 25tägige Reise über 4500 km holpriger Piste durch einsames und gefährliches Indianerland. Jedem Mitreisenden wurde auferlegt, ein Gewehr, einen Colt, 100 Patronen sowie ein Bowiemesser mit sich zu führen, ferner sechs Unterhosen, einen dicken Mantel und zwei Wolldecken. Doch nach gut zwei Jahren, als Texas aus der Union austrat, mußte die Route wieder eingestellt werden. Die meisten der 139 Stationen verfielen. In der kurzen Zeit ihres Bestehens hatten mehr als 50 Angestellte ihren Wagemut mit dem Leben bezahlt, und viele Stationen waren durch Indianer geplündert und abgebrannt worden. Doch die Butterfield-Linie hatte als Vorreiter des Pony Express und später der transkontinentalen Eisenbahn ihren Platz in der Besiedlungsgeschichte des Westens eingenommen.

Ein weiteres Relikt aus den Pioniertagen erwartet die Besucher ein Stück nordöstlich in der im Jahre 1870 erbauten Frijole Ranch. Auf einem kurzen Rundweg erreicht man von dort die Quellen Manzanita und Smith Spring, in deren Umfeld sich eine artenreiche Vegetation entfaltet hat.

Auf der Zufahrtsstraße US 62/180 gelangt man auch zum zweiten Visitor Center in McKittrick Canyon, einem oasenähnlichen, von Steilwänden umschlossenen Tal. Eine sehr beliebte, etwa 10 km lange Rundwanderung durch den Canyon ermöglicht Wanderern einen Blick in die Entstehungsgeschichte des ehemaligen 600 km langen Riffs. Besonders lohnend ist der Besuch im Herbst, wenn das bunt verfärbte Laub einen großartigen Kontrast zum tiefblauen Himmel und den grauen Felsen bietet. Von Norden führt mit der SR 137 eine weitere, 60 Meilen lange Stichstraße in den Park. Sie kommt aus New Mexico, wo sie nördlich von Carlsbad Caverns von der US 285 abzweigt, und endet im Dog Canyon. Auch von diesem wenig besuchten Endpunkt bieten sich schöne Wanderrouten an, darunter der Bush Mountain Trail (14 km) und der Tejas Trail (17 km), die bis zum Visitor Center von Pine Springs führen. Vom Tejas Trail kann man über den McKittrick Canyon Trail (16 km) auch zum McKittrick Visitor Center gelangen.

El Paso

Auf der nunmehr sehr einsamen US 62/180 (kaum Tankstellen!) geht es weiter nach Westen bis zur Grenzstadt **El Paso** [12] (S. 336).

Bereits 1581 entdeckte eine spanische Expedition diesen wichtigen, über 100 m hoch gelegenen Übergang Paso del Norte, dem die Stadt ihren heutigen Namen verdankt. Aber erst 1659 entstand die Missionsstation Nuestra Señora de Guadalupe als Keimzelle einer spanisch-indianischen Siedlung am Camino Real zwischen Chihuahua und Santa Fe.

Es gibt kaum eine Stadt auf amerikanischem Boden, in der Mexiko mehr Präsenz zeigt als hier. Ciudad Juarez, die Schwesterstadt jenseits des Rio Grande, ist mit über 1,6 Mio. Einwohnern einer der größten Ballungsräume von Mexiko und eng verflochten mit der Wirtschaft

Auf der Suche nach den Sieben Städten
Die Coronado-Expedition

Francisco Vásquez de Coronado, um 1510 in Salamanca geboren, ging als junger Offizier nach Mexiko und stieg bald zum Gouverneur der nordwestlichen Provinz Neu-Galizien auf. Als der Vizekönig Mendoza 1540 eine Expedition zu den legendären Sieben Städten von Cibola aussandte, übernahm Coronado die Führung. Pedro Nareja de Castañedas beschrieb die große Expedition von 1540/41. Der Bericht mit detaillierten Erläuterungen indianischer Lebensformen gilt als eine der wichtigsten zeitgenössischen Quellen zur Erforschung der frühen Indianerkulturen.

Coronados Trupp folgte der mexikanischen Golfküste nach Norden und gelangte in das Gebiet der Pueblo-India-ner, wo man das Hauptquartier aufschlug und Kundschafter ausschickte: »Hauptmann Alvorado machte sich auf die Reise und erreichte innerhalb von fünf Tagen ein Dorf, das auf einem Felsen lag und Acuco (Acoma) genannt wurde; es hatte eine Bevölkerung von etwa 200 Menschen. Diese Leute waren Räuber, vom ganzen Land in der Runde gefürchtet. Das Dorf war sehr widerstandsfähig, weil es unzugänglich oben auf einem Felsen lag, der nach allen Richtungen steil abfiel und so hoch war, daß es schon eine sehr gute Muskete sein mußte, die eine Kugel so hoch trug«.

Castañedas, der Chronist der Expedition, beschrieb als erster das Leben der hochzivilisierten Pueblo-Indianer, etwa

der USA. *Maquiladora* heißt das Zauberwort der ökonomischen Kooperation zwischen den beiden Ländern. Firmen der USA lassen im zollfreien Grenzraum ihre Produkte auf mexikanischem Boden mit billigen Arbeitskräften fertigen, was eine starke Anziehungskraft auf arbeitsuchende Mexikaner zur Folge hat.

Auch der Tourismus spielt eine wichtige Rolle, weniger allerdings aufgrund historischer Sehenswürdigkeiten, sondern wegen der lebendigen Tex-mex-Kultur. Besucher sollten sich jedoch nicht die Fahrt entlang des etwa 8 Meilen langen historischen Mission Trail

entgehen lassen, einst Teil der Camino Real, die sich zwischen Ausfahrt Zaragossa an der I-10 und der FM 1110 (Clint San Elzario Rd.) erstreckt. Entlang der Route liegen einige sehenswerte spanische Missionskirchen. Die Mission von Ysleta an der Grenze der Tigua Indian Reservation wurde 1681 zu Ehren des Heiligen Antonius gegründet, durch eine Flut im Jahre 1740 und ein Feuer im Jahre 1907 jedoch weitgehend zerstört. Vom ursprünglichen Bau sind nur noch einige Adobe-Mauern erhalten. Offiziell trägt die Kapelle heute den Namen Our Lady of Mount Carmel. Die 2 Meilen weiter östlich liegende ursprüngliche Kaden Bau der Siedlungen: »Alle arbeiten zusammen, um diese Dörfer zu bauen, die Frauen werden dazu gebraucht, den Lehm zu mischen und die Wände zu bauen, während die Männer das Holz holen und an Ort und Stelle bringen. Kalk haben sie nicht, aber sie machen eine Mischung aus Asche, Holzkohle und Schmutz, die fast ebenso gut wie Mörtel ist, denn für ein Haus von vier Stockwerken machen sie die Mauern nicht dicker als eine Elle.«

Vom Hauptquartier Coronados wurde auch eine Erkundungstruppe nach Norden entsandt, die unter Lopez de Cardeñas bis zum Südrand des Grand Canyon vordrang: »Sie verbrachten drei Tage an diesem Ufer und hielten Ausschau nach einer Abstiegsmöglichkeit zum Fluß hinunter, dessen Wasser von oben wirkte, als ob es sechs Fuß breit wäre, obwohl die Indianer sagten, es sei eine halbe Meile breit.« Einige Männer wagten den Abstieg: »Sie kehrten gegen vier Uhr nachmittags zurück; es war ihnen nicht gelungen, den Boden zu erreichen, so groß waren die Schwierigkeiten, die sich ihnen entge-

genstellten, weil das, was von oben leicht erschien, gar nicht leicht war, sondern vielmehr sehr schwer und mühevoll.«

Als sich die legendären Sieben Städte von Cibola nur als Pueblos zwar zivilisierter, aber keineswegs reicher Indianer erwiesen, jagte Coronado dem Mythos vom goldenen Quivira nach und zog weiter ostwärts in die Ebenen der Great Plains, wo er Bekanntschaft mit den Prärie-Indianern machte, die damals noch unberitten waren: »Diese Menschen werden Querechos und Teyas genannt. Sie reisen wie die Araber mit ihren Zelten und Rudeln von Hunden, die mit Stangen beladen sind und maurische Packsättel mit Gurten haben … Sie sind ein freundliches Volk und nicht grausam.«

Auch dieser Ausflug in die Ebenen des heutigen Texas, der möglicherweise bis zum Kansas River führte, brachte dem Suchenden nicht den ersehnten Reichtum. Enttäuscht und mutlos kehrte Coronado nach Mexiko zurück, wo er 1554 im Alter von nur 44 Jahren starb.

pelle von Socorro wurde von Piro-Indianern gebaut, fiel aber ebenfalls einem Hochwasser des Rio Grande zum Opfer und wurde daraufhin 1840 auf sicherem Grund neu errichtet. Ungewöhnlich sind die indianisch beeinflußte Architektur und das handgeschnitzte, noch aus der alten Kirche stammende Dachgebälk.

Lohnend ist ein Blick über die Grenze, auch wenn er mit Aus- und Einreisegebühren bzw. Brückenzoll und möglicherweise längerer Wartezeit bei der Grenzkontrolle verbunden ist. Außer unverfälscht lärmiger mexikanischer Lebensart und preiswerten Einkaufsmöglichkeiten erwarten den Besucher die bescheidene Misión Nuestra Señora de Guadalupe neben der Kathedrale und das Museo Histórico (Av. Juarez östlich der Plaza) mit interessanten Exponaten zur Geschichte der Region aus mexikanischer Sicht. Ohne Touristenkarte und gültige Kfz-Haftpflichtversicherung sollte man unbedingt der Versuchung widerstehen und sich nicht aus dem unmittelbaren Grenzbereich entfernen – sofern man seinen Wagen für die kurze Zeit nicht ohnehin in El Paso zurückgelassen hat und damit bei der Wiedereinreise eventuellen unbequemen Fragen der amerikanischen Grenzbeamten entgeht.

Grenzland am Rio Grande – Von El Paso zum Golf von Mexiko

(Karte S. 161)

Von El Paso bis nach Brownsville am Golf von Mexiko bildet der Rio Grande die natürliche Grenze zwischen den USA und Mexiko. Es ist eine dünn besiedelte Region und zugleich eine der neuralgischen Zonen der USA, was das Verhältnis zum Nachbarn Mexiko betrifft. Denn entlang des Flusses klafft ein 1500 km breites Einfallstor für illegale Zuwanderer aus Lateinamerika, das allein mit bilateralen Bemühungen und modernster Technik nicht zu kontrollieren ist. Als *wet backs,* nasse Hintern, bespöttelt dann auch der Volksmund die Immigranten, die sich meist im Schutz der Nacht durch den Fluß watend ins Gelobte Land geschlichen haben (s. S. 166).

Leitlinie der Reise ist die überaus einsame US 90, die bei Van Horn von der I-10 nach Südosten abzweigt und bis hinunter zum Golf von Mexiko führt. Mit unverhofften Straßensperren der Grenzpolizei und der Kontrolle von Wagen- und Ausweispapieren muß man jederzeit rechnen.

Esoteriker mögen die Reise abends in der kleinen Ortschaft Marfa unterbrechen, das für seine ungeklärten Lichterscheinungen am nächtlichen Himmel über der Wüste bekannt ist und deshalb UFO-Gläubige anzieht, die zur Marfa Light Viewing Site pilgern.

Wer nicht in Eile ist und hohe Temperaturen gut verkraftet, kann auf der Fahrt zum Big Bend National Park von Marfa aus einen Umweg über die US 67 nach **Presidio 1** (S. 359) machen. Presidio hat sich den Ruf der heißesten Ortschaft von Texas erworben, obwohl der Ort in einer fruchtbaren, bereits in prähispanischen Zeiten kultivierten Gemüseanbauzone liegt. Spanisch ist dort die vorherrschende Sprache. Einen nachhaltigen Eindruck der Pionierzeit vermittelt der restaurierte Trading Post in der nahegelegenen Fort Leaton State Historic Site, der einmal vom Handelsweg zwischen Chihuahua und San Antonio in Texas profitierte.

Big Bend National Park

Zu den Höhepunkten entlang der Strecke gehört zweifellos der Besuch des **Big Bend National Park 2** (S. 326), einer der schönsten und am wenigsten überlaufenen Nationalparks des Landes. Man kann das Naturschutzgebiet direkt von Marathon auf der nach Süden führenden US 385 erreichen oder von Presidio aus am Rio Grande nach Osten entlang auf der sehr schönen FM 170. Der abwechslungsreiche Weg durch die Bofecillos Mountains wurde schon von spanischen Eroberern benutzt, später vom legendären mexikanischen Freiheitskämpfer Pancho Villa im Kampf gegen die verhaßten Gringos.

Der über 3000 km² große Nationalpark an der Grenze nach Mexiko verdankt seinen Namen ›Großer Bogen‹ der hufeisenförmigen Schleife des Rio Grande, in die er sich einfügt und die über eine Strecke von 180 km die südliche Grenze des Parks bildet. Das Naturschutzgebiet kann man auf drei von Norden kommenden Stichstraßen erreichen, die am Visitor Center im Zentrum des Parks zusammentreffen.

Die ursprüngliche Landschaft zeigt ein vielgestaltiges Gesicht aus Bergen, Wüste, fruchtbaren Flußauen und schmalen Canyons. Obwohl Indianer wie auch Spanier den Rio Grande schon sehr früh an mehreren Stellen regelmäßig überquert hatten, begann die eigentliche Erforschung im Gebiet von Big Bend erst im Jahre 1852. Der Fluß, der durch den Rio Conchos gespeist wird, hat sich auf seinem Weg zum Golf von Mexiko im Laufe der Jahrmillionen tief in die Landschaft eingeschnitten und mehrere Canyons gebildet. Der größte Teil des Parks liegt in der **Chihuahua-Wüste,** die sich als Teil des mexikanischen Hochlandes bis nach Texas hineinzieht. Im Gegensatz zu den drei anderen nordamerikanischen Wüsten, dem Great Basin, der Wüste von Sonora und der Mojave, wird die Chihuahua-Wüste von sommerlichen Regenfällen begünstigt, die eine artenreiche Vegetation ermöglichen. Dennoch sind die klimatischen Bedingungen auch hier extrem. Während die Sommersonne den Boden nicht selten auf über 60° C aufheizt, können im Winter Luftmassen aus dem Norden Nachtfröste bringen.

Von El Paso zum Golf von Mexiko

Frühling in der Chihuahua-Wüste

Um den gefährlichen UV-Strahlen und der Hitze zu entgehen, führen die meisten Tiere ein nachtaktives Leben, so daß Besucher auf den ersten Blick den Eindruck einer leblosen Landschaft gewinnen. Doch mit etwas Glück bekommt man einige der scheuen Wüstenbewohner wie Antilopenhase *(jack rabbit)*, Wüstenratte *(kangaroo rat)*, Erdkuckuck *(roadrunner)* oder Präriewolf *(coyote)* zu Gesicht. Big Bend ist zudem die Heimat des Pumas, auch Panther oder Berglöwe genannt, der Menschen jedoch kaum gefährlich wird; nur sehr selten wird man die scheue Raubkatze entdekken, und nur in Ausnahmefällen würde sie Menschen angreifen. Auch die furchterregende Riesenspinne *(tarantula)* ist für Menschen nicht gefährlich. Ein ausreichender Sicherheitsabstand hingegen empfiehlt sich bei der Begegnung mit den teils tödlich giftigen Wüstenbewohnern, etwa den Skorpionen oder den im Park nicht seltenen Kopperhead-, Korallen- oder Klapperschlangen. Wenn auch immer wieder Unfälle bekannt werden, so muß man jedoch ihretwegen dem Park nicht fernbleiben, solange man die Grundregeln der Parkverwaltung beherzigt: immer festes Schuhwerk tragen, mit der Hand nicht unbedacht in Gestrüpp fassen, möglichst auf den Wegen bleiben und sich bei Dunkelheit nie ohne Taschenlampe fortbewegen. Als unangenehmste Erfahrung wird man wahrscheinlich nur die schmerzhafte Bekanntschaft mit Kakteenstacheln machen, aber mit ein wenig Umsicht läßt sich auch das vermeiden.

Im Herzen des Parks erheben sich die **Chisos Mountains** bis auf eine Höhe von über 2000 m. Aufgrund der relativ hohen Niederschläge liegen sie wie eine grüne Oase inmitten wüstenhafter Umgebung und haben sich dadurch über die Jahrtausende zum Lebensraum endemischer Tier- und Pflanzenarten entwickelt. So gibt es nur hier das *Sierra del Carmen whitetail deer,* eine Hirschart, die während der Eiszeiten weit verbreitet war, nunmehr aber auf diese kleine Region beschränkt ist. Die Colima-Grasmücke findet man nur in einem winzigen Biotop eines kleinen Canyons. Auch unter den 1000 Pflanzenarten gibt es endemische Gewächse wie die Chisos-Eiche und die Chisos-Agave. Wer die Wüste in voller Farbenpracht erleben will, sollte den Park im März und April besuchen, zur Blütezeit von Wildpflanzen und Kakteen.

Vom Visitor Center an der Panther Junction führt ein etwa 10 Meilen langer Ausflug in die Chisos Berge. Mit Blick auf eine großartige Gebirgskulisse steigt die Straße zum Panther Pass (1760 m) auf. Hier hat man Gelegenheit zu einer kleinen Wanderung zum Lost Mine Peak (7 km hin und zurück), wo sich der Legende zufolge eine vergessene Silbermine verbirgt – ausgebeutete Indianer sollen dort ihre spanischen Peiniger ins Jenseits befördert und hinter ihnen den Stolleneingang verschüttet haben. Vom Paß führt die Straße in sehr steilen Kehren hinab ins Chisos Basin.

Hier nimmt die recht anstrengende, aber lohnende 20 km lange Rundwanderung entlang des South Rim Trail ihren Ausgang, die bis auf 2200 m Höhe führt und unvergeßliche Fernblicke über die Landschaft des Big Bend ermöglicht.

Den Rio Grande entlang zur Mündung

Den **Rio Grande** kann man auf zwei asphaltierten Straßen erreichen. Die östliche, 20 Meilen lange Route führt durch abwechslungsreiche Landschaft zum Visitor Center im Rio Grande Village. Kurz vorher hat man vom Rio Grande Overlook einen weiten Blick über den Fluß auf das mexikanische Dorf Boquillas und die Sierra del Carmen, das Gegenstück der Chisos Mountains. Vom Rio Grande Village aus führt ein Fußweg durch dichte Ufervegetation, in der unzählige Vögel ihr Revier haben. Angeblich soll Big Bend mit über 400 Arten alle anderen Nationalparks der USA übertreffen. Ein besonders eindrucksvoller Blick über die Schlucht des Rio Grande bietet sich vom Boquillas Canyon Overlook, zu dem eine 4 Meilen lange Piste führt. Vom Ufer kann man zu Floßfahrten starten oder nach Mexiko übersetzen, um dem Dorf Boquillas einen kurzen Besuch abzustatten.

Die westliche, 22 Meilen lange Stichstraße zum Rio Grande beginnt an der Santa Eleña Junction und hat den gleichnamigen Canyon zum Ziel. Der Weg führt vorbei an den ehemaligen Farmen Sam Nail Ranch und Blue Creek Ranch, die durch Überweidung die Vernichtung der Grasnarbe zu verantworten haben. Linker Hand ragen bald die beiden Felsdome Mule Ears in den Himmel, einige Meilen weiter bietet sich ein Blick in den Tuff Canyon. Am Berg Castellan vorbei erreicht die Straße die gleichnamige ›Siedlung‹, die auf eine Grenzbefestigung aus dem Jahre 1914 zurückgeht. Das Fort sollte die Siedler des Umlands vor mexikanischen Banditen schützen, die in den unruhigen Jahren des mexikanischen Bürgerkriegs ihre Raubzüge bis in die USA ausdehnten.

Etwa 8 Meilen weiter endet die Straße am Terlingua Creek, den man durchwaten kann, um zum Santa Eleña Canyon Trail zu gelangen. Eng an den Felsen geschmiegt, bietet er einen großartigen Blick auf den bis zu 500 m steil abfallenden Rio-Grande-Durchbruch. Ein Stück vor dem Parkplatz befindet sich die Anlegestelle für Schlauchbootausflüge (Informationen im Visitor Center).

Als nächstes Ziel entlang der US 90 verdient **Langtry** 3 (S. 345) einen kurzen Zwischenstopp an der Stelle, wo die Straße an den Rio Grande stößt. Das winzige Nest (30 Einwohner), 80 Meilen nordwestlich von Del Rio gelegen, verdankt seine Bekanntheit dem Richter Roy Bean, der durch eine unorthodoxe Rechtsprechung bereits zu Lebzeiten eine Legende war. 1882 trat der Ladenbesitzer aus Vinegaroon das Amt des ersten Friedensrichters im Pecos County an und verlegte seinen Wirkungskreis in die Eisenbahnsiedlung Langtry. Mit Hilfe der Texas Rangers, des Gesetzbuchs ›1879 Revised Status of Texas‹ und seines Colts pflegte er fortan eine sehr persönliche Gesetzesauslegung, die bald als das ›Recht westlich des Pecos‹ bekannt und gefürchtet war. Man sagte ihm zahlreiche Todesurteile nach und stempelte ihn sogar zum *hanging judge*. Doch sein härtestes Urteil war wohl die Ausweisung eines Verbrechers aus Langtry ohne Waffe, Pferd und Geld. Als Gerichtssaal fungierte Roy Beans Saloon, den er mit dem Schild ›Richter Roy Bean, öffentlicher Notar, eiskaltes Bier, Friedensrichter, das Gesetz westlich des Pecos‹ zierte und ›The Jersey Lilly‹ nannte. Der Name bezog sich auf seine platonische Liebe für die damals im Westen berühmte englische Sängerin Lilly Langtry, der er zahlreiche unbeantwortet gebliebene Briefe schrieb.

Das Gerichtsgebäude ist kürzlich aufwendig renoviert worden und steht unter Denkmalschutz. Ein modernes Visitor Center ergänzt das Original-Bauwerk mit Dioramen aus dem Leben des ungewöhnlichen Helden. Über eine kleine Brücke gelangt man in einen Kakteengarten, den eine jener alten Windmühlen überragt, die schon bei der Besiedlung des Staates gute Dienste geleistet hatten. Es ist kein Zufall, daß sich die erste Windmühle der USA 1854 auf dem Boden von Texas drehte.

An der etwas südlich liegenden **Amistad National Recreation Area** 4 (S. 323), einer unüberschaubaren Seenplatte, finden vor allem Camper-Reisende eine willkommene Gelegenheit, sich nach den heißen Wüstentagen etwas Erfrischung zu gönnen und vielleicht sogar mit einem gemieteten Boot auf Erkundungsfahrt zu gehen. Der Name *Amistad* – spanisch für Freundschaft – beschwört das gute Einvernehmen mit dem südlichen Nachbarn Mexiko, der mithalf, die Zusammenflüsse von Rio Grande, Pecos- und Devils River zu einem riesigen See aufzustauen. Das Gewässer erstreckt sich heute über beide Territorien und wird folglich über die Grenze hinweg gemeinsam unterhalten und genutzt. Besonders lohnend ist der Ausflug in den nördlich angeschlossenen Seminole Canyon State Historical Park mit unzähligen indianischen Felszeichnungen. Die wichtigsten in Fate Bell Shelter kann man in Begleitung eines Rangers besuchen, andere, wie Panther – oder Parida Cave, sind zumeist nur mit dem Boot und bei entsprechendem Wasserstand erreichbar.

Im etwas südlich liegenden Del Rio haben sich italienische Zuwanderer nie-

Auf dem Rio Grande im Big Bend Nat. Park

Mobilmachung am Tortilla Curtain
Die illegale Einwanderung

Schon immer haben Völker Barrieren errichtet, um sich fremde Kulturen, denen sie sich nicht gewachsen fühlten, vom Leibe zu halten – man denke nur an den römischen Limes, die Chinesische Mauer und aus jüngster Vergangenheit an den Eisernen Vorhang, der teilweise mitten durch Deutschland verlief. Pikanterweise leisten sich auch die USA, die sich doch als Hort von Freiheit und Toleranz verstehen, an ihrer Südgrenze ein solches Sperrwerk. Von einem Eisernen Vorhang freilich will dabei niemand sprechen, fehlen doch die martialischen Merkmale totalitärer Grenzbefestigungen wie Elektrozäune, Tretminen und Schußwaffengebrauch, aber ansonsten lassen sich manche Parallelen ausmachen.

Seit fast zwei Jahrhunderten schon verkörpert die Grenze zu Mexiko die Nahtstelle zweier grundverschiedener Lebensräume, mit gesellschaftlichen und wirtschaftlichen Gegensätzen, die auf der Welt ihresgleichen sucht. Wiederholt war ihr Verlauf Anlaß unfriedlicher Auseinandersetzungen. Ging es im amerikanisch-mexikanischen Krieg 1848 noch um Gebietsansprüche beiderseits des Rio Grande, so dient die Grenze heute als Bollwerk gegen den anbrandenden Strom der zunehmend verarmenden Landbevölkerung Mexikos, ja, von ganz Lateinamerika.

Obwohl sich die USA traditionell als Einwanderungsland verstehen und nur durch die Immigranten aus aller Welt zur führenden Nation aufsteigen konnten, versuchen sie jetzt mit Gewalt, ihre Tür ins Schloß zu drücken. Es gilt, den hohen Lebensstandard im Land zu wahren und den Süden der USA nicht kampflos der Invasion preiszugeben. Längst schon ist der obligatorische Englischtest als Grundlage der Einbürgerungsurkunde abgeschafft – wozu auch: in Kalifornien, Arizona, New Mexico oder Texas sind die Latinos vielerorts inzwischen fast unter sich, und nicht nur in Geschäften, Schulen und Fabriken, auch in den Ämtern stieg Spanisch zur zweiten Umgangssprache auf. So ist dem glücklosen mexikanischen General Ana mit seiner Streitmacht nach 150 Jahren doch noch eine Art später Genugtuung beschieden.

Integrierten die USA im Jahre 1991 noch fast 2 Mio. Flüchtlinge, so drosselten sie die Zahl inzwischen auf kaum ein Viertel. *Hold the Line* (Haltet die Stellung) lautet denn auch die vom Weißen Haus ausgegebene Devise, und man will es nicht nur bei militärischen Parolen belassen; auf 10 000 Mann soll die U. S. Border Patrol aufgestockt werden, um die Wogen der Armut zu brechen und das Land dicht zu machen.

Die Flüchtlinge aus dem Süden erwartet heute an der 3300 km langen Grenze der *Gringos Americanos* eine technikstarrende Abwehranlage. Strategische Abschnitte sind durch bis zu 3,30 m hohe Zäune befestigt, über Bodensensoren gesichert, mit automatischen Infrarot-Kameras überwacht und durch Scheinwerferbatterien in Flutlicht getaucht. Im grenznahen Hinterland patrouillieren durchtrainierte Menschenjäger mit Hunden, Nachtsichtgeräten und modernster Elektronik rund um die Uhr, zu Lande und in der Luft, um Durchgeschlüpfte vor dem Abtauchen im Labyrinth der Großstädte abzufangen. Als Antwort darauf erleben professionelle Schlepperbanden ungeahnten Zulauf, die ihrerseits mit jedem Trick versuchen, ihre zu allem entschlossene Klientel über die immer dichtere Grenze zu schleusen.

Bisher kannten die USA weder Meldepflicht noch Personalausweis, und man war stolz darauf. Doch das soll sich nach einer Gesetzesnovelle des US-Abgeordnetenhauses demnächst ändern. Dann muß sich jeder Arbeitnehmer, ob Einwanderer oder gebürtiger Amerikaner, gefallenlassen, bei Razzien nach seinen Papieren gefragt zu werden. Flüchtlingskindern soll der Schulbesuch untersagt werden und jede Form von Sozialhilfe nur noch Aufenthaltsberechtigten zugutekommen.

Mit ihren rigiden Maßnahmen kann sich die Administration auf die Zustimmung breiter Bevölkerungskreise stützen, denn jeder Illegale stärkt die blühende Schattenwirtschaft, unterläuft mit seiner erzwungenen Bescheidenheit die gewerkschaftlichen Errungenschaften der letzten Jahrzehnte und wird wohl früher oder später ins soziale Netz fallen. Dabei wäre vor allem die Landwirtschaft der südlichen Bundesstaaten in ihrer Effizienz und Produktivität ohne die Hungerlöhne der illegalen Einwanderer in dem Ausmaß überhaupt nicht vorstellbar. John Steinbecks Klassiker ›Früchte des Zorns‹ hat auf den Erdbeerfeldern und in den

Orangenplantagen Kaliforniens an Aktualität kaum eingebüßt, nur kommen die Streikbrecher von heute nicht mehr aus der Dust Bowl des Mittleren Westens, sondern aus dem südlichen Chiapas, Sonora oder Chihuahua.

Das immer krassere Wohlstandsgefälle zwischen den USA und den Län-

Chicanos in San Antonio

dern *South of the Border* drückt immer stärker auf die Grüne Grenze. So sickern trotz aller Aufrüstung mehr *Chicanos* denn je ins Gelobte Land, die meisten bei San Diego und Tucson, aber auch bei McAllen, El Paso und Laredo kämpft die *Border Patrol* gegen Windmühlenflügel. Oft versammeln sich die Fluchtwilligen, die längst nicht mehr nur aus der Unterschicht kommen, im Laufe des Tages zu Dutzenden unverblümt unter den machtlosen Augen der Polizei am jenseitigen Ufer des Rio Bravo del Norte, wie der Rio Grande im

Nachbarland heißt. Im Schutz der Nacht werden die Flüchtlinge mit wenigen Schritten den seichten Fluß durchwaten und auf Leitern wie Schatten über die Grenzbefestigungen huschen. Wer gefaßt wird, hat eben Pech gehabt und muß zur Feststellung seiner Identität ein paar Stunden in Abschiebehaft schmoren – mehr kann ihm (oder ihr) kaum geschehen. Und so wird er schon wenig später sein Glück erneut versuchen.

Mit den Flüchtlingswogen kamen auch neue Probleme in die Grenzregion. Ein Fünftel der Gefängnisinsassen von El Paso beispielsweise stellen Illegale. Immer öfter auch überfallen ganz nach alter Wildwestmanier mexikanische Banditen ahnungslose amerikanische Autofahrer, um sich bei Anrücken der Polizei in Seelenruhe mit der Beute auf ihr heimatliches Territorium zurückzuziehen. Eine dreiste mexikanische Räuberbande stellte die berüchtigtsten Desperados der amerikanischen Pionierzeit noch in den Schatten und trieb die texanischen Ordnungshüter schier zur Verzweiflung: An die 600 Überfälle auf ‚eine in unmittelbarer Grenznähe verlaufende Bahnlinie der AMTRAK sollen allein 1996 auf ihr Konto gehen.

dergelassen und dem Stadtbild einen bis heute erkennbaren Stempel aufgedrückt, von allem im Weingut Val Verde Winery. Sogar während der Prohibition durfte dort weiter gekeltert werden.

Will man dem Grenzfluß weiter folgen, muß man nunmehr die US 90 verlassen und auf der US 277 nach Süden fahren. **Eagle Pass** 5, die nächste größere Stadt am Weg zum Golf von Mexiko, empfängt den Besucher eher verschlafen, liegt es heute doch abseits der großen Hauptverkehrsadern. Seine Existenz verdankt der Ort dem Goldrausch von 1848, als die Goldsucher auf dem Weg zur Westküste dort den Rio Grande in einer Furt überquerten. Der größte Teil der Bevölkerung lebt heute jenseits der Grenze im mexikanischen Piedras Negras, das den eigentlichen Anziehungspunkt bildet und über eine Brücke leicht zu Fuß erreichbar ist.

Einen ähnlichen Charakter amerikanisch-mexikanischer Mischkultur trägt das etwa 120 Meilen südlicher liegende **Laredo** 6 mit seiner mexikanischen Schwesterstadt Nuevo Laredo. Weit mehr noch als El Paso ist der 150 Meilen südwestlich von San Antonio liegende Grenzort vom Einfluß mexikanischer Lebensart geprägt. Fast sämtliche Bewohner sind im Nachbarland jenseits des Rio Grande verwurzelt, so daß man sich hier wie in einer mexikanischen Enklave fühlt. Im Jahre 1775 gründete der spanische Offizier Tomás Sánchez den Ort, den er nach seiner Heimatstadt Laredo benannte. Auch nach der Unabhängigkeit von Texas blieb Laredo bis 1846 ein Teil von Mexiko. Erst der Vertrag von Hidalgo, mit dem der Amerikanisch-mexikanische Krieg sein Ende fand, legte den Rio Grande als verbindliche Grenze fest und bewog einen Teil der Bewohner, zum jenseitigen Ufer zu wechseln und dort die mexikanische Schwesterstadt Nuevo Laredo zu gründen.

Mittlerweile ist das im Sommer hitzeflirrende Provinznest zu einer respektablen Stadt mit über 100 000 Einwohnern herangewachsen, bietet jedoch keine Sehenswürdigkeiten im klassischen Sinn. Größte Attraktion ist die mexikanische Atmosphäre. Auch von Laredo kann man problemlos einen Abstecher ins Nachbarland unternehmen, um von den guten Einkaufsmöglichkeiten und den preiswerten Unterkünften zu profitieren.

Die Reise entlang der Grenze geht nun auf der US 83 weiter nach Süden. Je mehr man sich dem Golf nähert, desto belebter wird die Region, desto mehr verliert die Landschaft an Ursprünglichkeit und Reiz. Einen letzten Blick in ein Naturparadies kann man im Bentson Rio Grande State Park nahe der Ortschaft Mission werfen, in dem die vielfältige Flora und Fauna des Deltas geschützt ist und zahlreiche Vogelarten ihre Heimat haben.

Zwar kann **Brownsville** 7, die wichtigste Industrie- und Hafenstadt an der Mündung des Rio Grande, auf eine höchst abwechslungsreiche Geschichte zurückblicken, die sichtbaren Zeugnisse der bewegten Vergangenheit beschränken sich jedoch auf einen kleinen Bereich im Zentrum und auf einige Museen. Bereits 1519 landete dort der spanische Eroberer Alonso Alvarez de Piñeda, wurde aber von den kriegerischen Karankawa wenig freundlich empfangen, so daß an eine Besiedlung vor 1748 nicht zu denken war.

Grenzstreitigkeiten zwischen den USA und Mexiko über den Verlauf des Rio Grande war auch einer der Funken, an denen sich der Amerikanisch-Mexikanische Krieg von 1848 entzündete. Zwei Jahre zuvor hatten die Amerikaner das offiziell noch zu Mexiko gehörende Texas annektiert, in dem sich mehr und mehr amerikanische Siedler niedergelassen und 1836 sogar die Unabhängigkeit erklärt hatten.

Tief in Texas

(Karte S. 170)

Das Herz des nach Alaska größten amerikanischen Bundesstaates schlägt im Landesinnern in den weiten Graseebenen der Great Plains, denen der Staat seinen Ruf als Land der Rinder und Steaks verdankt. Die Klimaschwankungen in Texas sind gewaltig. Im Winter versinken weite Teile unter einer meterdicken Schneedecke, im Sommer leiden Menschen und Vieh durch Perioden langer Trockenheit und Temperaturen jenseits der 40-Grad-Marke.

Vor Ankunft der Europäer lebten auf dem heutigen Territorium von Texas zahlreiche Indianerstämme, von denen aber keiner die Besiedlung durch die Weißen überlebte. Zu ihnen zählten die seßhaften Caddoe, die nomadisierenden Lipan-Apachen und die kriegerischen Karankawa, mit denen die ersten europäischen Besucher recht unliebsame Erfahrungen machten.

Im Jahre 1528 landete eine Expedition unter dem Befehl des königlichen Schatzmeisters Panfilo Narváez bei Tampa in Florida und brach, schlecht ausgerüstet, ins Landesinnere auf, um das Gebiet zwischen Golf und Pazifik für Spanien in Besitz zu nehmen. Doch der geplante Eroberungszug endete als Fiasko. Als nächster durchzog Francisco Vasquez de Coronado im Jahre 1540 Teile des Landes auf der Suche nach den Sieben Städten von Cibola (s. S. 158). Auch ihm war das Glück nicht hold, aber mit der Freilassung einiger Pferde setzte

Abilene

Fort Worth

Dallas 4

Tyler

Stephenville

Athens

Corsicana

TEXAS

35

Waco

45

Brady

Lampasas

Temple

281

Huntsville

Georgetown

Bryan

Fredericksburg

Johnson City

Austin 3

Brenham

10

Colorado River

7 **Houston**

10

2 New Braunfels

90

1 San Antonio

Gonzales

6 Galveston

87

Sabinal

281

Stockdale

87

59

Bay City

37

Victoria

Cotulla

Port Lavaca

35

35

Tivoli

Beeville

Aransas Pass

5 Corpus Christi

Port Aransas

53 *Mustang Island*

Laredo

Hebbronville

Golf von Mexiko

Padre Island Nat. Seashore

77

Rio Grande

Brownsville

N

0   100 km

er – allerdings unbeabsichtigt – eine Entwicklung in Gang, die das Leben der Indianer revolutionieren sollte. Zwar nahmen die Spanier das Land offiziell in Besitz, sie kolonisierten es aber nicht. So konnte der Franzose Robert Cavelier de La Salle 1685 zunächst französische Gebietsansprüche ungestraft anmelden und Fort St. Louis an der Lavaca-Bucht errichten.

Als die Spanier nach 1687 von dem Vorstoß der Franzosen erfuhren, der zu diesem Zeitpunkt aber schon gescheitert war, unternahmen sie ernsthaftere Anstrengungen, ihren Anspruch auch zu sichern. Zunächst verliehen sie der Region den Namen Texas-Coahuila, für den der Indianerstamm der Thecas Pate stand. Weitaus schwieriger gestaltete sich die Besiedlung sowie die ›Bekehrung‹ der meist nomadisierenden Indianerstämme.

Zum Zentrum spanischer und später mexikanischer Präsenz entwickelten sich die Missionsstation San Antonio de Valero und das benachbarte Fort Alamo, die 1719 entstanden; weitere Missionsstationen entlang des San-Antonio-Flusses folgten. Im Jahre 1731 ließen sich hier die ersten, von den Kanarischen Inseln stammenden Siedler nieder. Das Land aber blieb ein ungeliebtes Kind der Spanischen Krone und entwickelte sich nur langsam. Auch Mexiko, das 1821 die Nachfolge Spaniens antrat, schenkte seinen Besitzungen im Norden nur wenig Beachtung und duldete, daß sich der Amerikaner Stephen J. Austin mit 300 Familien in Texas niederließ. Doch Mexiko schickte vermehrt Neusiedler, so daß die Bevölkerung von 7000 Personen im Jahre 1821 sprunghaft auf fast 50 000 im Jahre 1836 emporschnellte. Die un-

Tief in Texas

terschiedliche Lebensart der Mexikaner und der amerikanischen Siedler, die sich Texaner nannten, führte immer öfter zu Konflikten, die in der amerikanischen Forderung nach der Unabhängigkeit von Mexiko gipfelten. Im März 1836 kam es zur ersten kriegerischen Auseinandersetzung zwischen mexikanischen Truppen und amerikanischen Separatisten, die sich in der Kirche von Fort Alamo verbarrikadiert hatten. Nach dreizehntägiger Belagerung wurden alle bis auf den letzten Mann niedergemacht. Zur gleichen Zeit hatten 44 einflußreiche Texaner eine Unabhängigkeitserklärung verfaßt, David G. Burnet zum Gouverneur ernannt und Sam Houston die militärische Führung der ›Truppe‹ übertragen.

Der Sieg von Alamo genügte dem mexikanischen General Santa Anna nicht. Um den amerikanischen Einfluß weiter einzudämmen, machte er Jagd auf Texaner und ließ in dem Städtchen Gollad 350 Gefangene ermorden. Doch bei San Jacinto gelang es den Texanern, die Nachlässigkeit der siegesgewohnten Mexikaner auszunutzen und den General und seine Mannen bei der Siesta zu überraschen. In knapp 20 Minuten war die mexikanische Truppe trotz ihrer Überzahl besiegt und Santa Anna dazu gezwungen, im April 1836 mit dem Vertrag von Velasco die Unabhängigkeit des Staates Texas anzuerkennen.

Zunächst bemühte man sich um Anschluß an die USA, doch stieß das Begehren des sklavenhaltenden Staates in Washington auf taube Ohren. So zog Präsident Houston den Antrag zurück und proklamierte Texas 1838 zur unabhängigen Republik. Mexiko verweigerte die Anerkennung, und auch von den USA war keine Hilfe zu erwarten, so daß die paramilitärische Ordnungsmacht

South of the Border
Ein Ausflug nach Mexiko

Viele amerikanische Grenzorte haben im Nachbarland Mexiko eine ›Schwesterstadt‹, so etwa das texanische Laredo mit Nuevo Laredo auf der anderen Seite oder El Paso und Ciudad Juarez. Der Sprung über die Grenze gestaltet sich im Rahmen des kleinen Grenzverkehrs meist problemlos und völlig unbürokratisch. Auch das kalifornische San Diego und sein mexikanisches Pendant Tijuana sind praktisch als ein riesiger urbaner Raum anzusehen, obwohl beide Städte ihren eigenen Charakter haben und *south of the border* allein schon optisch durch seine Armut einen extremen Kontrast zum reichen US-Nachbarn aufweist. Der San Diego Trolley fährt von 5 Uhr morgens bis Mitternacht alle 15 Minuten nach San Ysidro. Von der Endstation kann man zu Fuß über eine Holzbrücke nach Mexiko gehen und ist wenig später in der Innenstadt von Tijuana.

der Texas Ranger für Ruhe und Ordnung sorgen mußte; wiederholt drang sie dabei tief auf mexikanisches Territorium vor. Dennoch kamen zahlreiche Neusiedler. Im Jahre 1844 gründeten deutsche Geschäftsleute den ›Verein zum Schutz Deutscher Einwanderer‹, eine Siedlungsgesellschaft, die 8000 Deutschen zu einer neuen Heimat in Texas verhalf. Es kamen aber auch Iren, Tschechen, Polen und Dänen, so daß sich Texas schnell zu einem Schmelztiegel kultureller, ethnischer und religiöser Gruppierungen entwickelte.

Als sich England für die Republik zu interessieren begann, waren die USA irritiert. So durfte Texas 1846 als 28. Mitglied endlich dem Staatenbund beitreten, löste damit aber den Mexikanisch-Amerikanischen Krieg aus, der 1848 mit dem Vertrag von Hidalgo zugunsten der USA endete. Während des Bürgerkriegs löste sich Texas erneut von den USA

und schloß sich den Konföderierten an. Dieses Mal stand der Staat auf der Verliererseite und durchlief harte Jahre des Wiederaufbaus. Stacheldraht und Eisenbahnlinien entwickelten sich zu Motoren des Fortschritts. Im Jahre 1879 ging die Zeit der freien Weideflächen zu Ende, mit Stacheldrahtzäunen widersetzten sich die Farmer der unkontrollierten Nutzung ihrer Grundstücke durch Herden fremder Rancher. Ein Gesetz beendete schließlich die daraus entstehenden erbitterten Auseinandersetzungen, die als ›Zaunschneidekrieg‹ in die Geschichte eingingen. Der Standort der Hauptstadt wurde mehrfach gewechselt. Auf Washington-on-the-Brazos folgte Columbia, dann Houston und schließlich Austin.

Als man auf der Suche nach Wasser im Jahre 1866 auf eine Ölquelle stieß, schüttete man das Loch enttäuscht wieder zu – der Fund kam 30 Jahre zu früh.

Wer als Tourist im Grenzbereich und nicht länger als 72 Stunden bleibt, braucht keine Papiere vorzuweisen. Bei der Rückkehr allerdings wird der Reisepaß verlangt. Wenn man Pech hat, bringen der amerikanische Zoll und die Einwanderungsbehörden die volle Schärfe der Vorschriften für Neueinreisende zur Anwendung, vor allem dann, wenn das amerikanische Visum nur noch wenige Tage Gültigkeit hat.

Tijuana, mit 1,4 Millionen Einwohnern die zweitgrößte Stadt Mexikos, ist vor allem beliebtes und preiswertes Einkaufsziel der US-Amerikaner und daher ganz auf die mit US-Dollar zahlende Kundschaft eingestellt. Jugendliche zieht es wegen der traditionell liberalen Ausschankgesetze dorthin, ältere US-Bürger wegen der preiswerten Dentalarbeiten. Das Herz der Stadt schlägt in ›La Revo‹, der Einkaufsstraße La Revolución in der Innenstadt südlich der Calle 1A. Authentisch mexikanisches Leben wird man allerdings auch dort nicht vorfinden. Restaurants und Bars reihen sich an kleine Hotels, Diskotheken, Lebensmittel- und Souvenirshops.

Jeder Tourist wird von den Einheimischen wahrscheinlich als *Gringo Americano* angesehen, zu denen man ein zwiespältiges Verhältnis hegt und denen es bekanntlich wirtschaftlich sehr viel besser geht. Deswegen ist – vor allem bei Gedränge und in der Dunkelheit – äußerste Vorsicht beim Umgang mit Geld und Wertsachen angesagt. Die Notruftelefonnummer der Polizei lautet 134. Das Tijuana Touristenbüro, CANACO, ✆ 85 84 72, befindet sich an der Ecke Revolucíon und Calle 1A und ist täglich von 9 bis 19 Uhr geöffnet.

1901 aber begann ein Boom, der dem Goldrausch kaum nachstand. Hunderte von Gesellschaften wurden gegründet. Der bis dahin arme Staat, der noch kurz zuvor einen Teil seines Territoriums für den Wiederaufbau seines abgebrannten Kapitols in Austin hatte verkaufen müssen, schwamm plötzlich im Geld, das für den weiteren Aufbau von Industrie, Landwirtschaft und Infrastruktur genutzt wurde. Heute zählt Texas zu den reichsten Staaten der USA.

San Antonio und Umgebung

Weite Teile des Landstrichs um San Antonio haben durch die erodierten Reste des Edwards Plateaus einen hügeligen Charakter erhalten. Gewelltes Grasland, durchsetzt mit Bauminseln und stellenweise durch Felskuppen aufgelockert, bestimmen das äußere Bild dieses auch als Hill Country bezeichneten Teils von Texas. Wie die Nabe eines Rades liegt die geschichtsträchtige, 1,34 Mio. Einwohner zählende Stadt **San Antonio** 1 (S. 363) im Herzen von Zentraltexas. Ihr Aufstieg begann 1718 mit der Errichtung der Mission San Antonio de Valero, die später den Namen Alamo erhielt, abgeleitet aus der spanischen Bezeichnung für Pappel. Im Laufe der nächsten Jahre entstanden im Umkreis vier weitere Missionen; der Zuzug von Siedlern begann allerdings erst 1731. Die Missionen wurden 1794 säkularisiert und die Gebäude aufgegeben, die Stadt blieb aber weiterhin Metropole der spanischen Provinz Texas.

Im Jahre 1821 erhielt Stephen F. Austin von der Republik Mexiko, die kurz zuvor ihre Unabhängigkeit von Spanien erkämpft hatte, die Erlaubnis, 300 Familien in Texas anzusiedeln. In kaum 15 Jahren war der Strom der Nordamerikaner auf über 35 000 angewachsen und hatte Mexiko 1824 veranlaßt, sich um Siedler aus anderen Nationen zu bemühen. Nach der Schlacht von Alamo wurde die Stadt aufgegeben und erst 1840 durch deutsche Zuwanderer wieder besiedelt.

Heute ist San Antonio auf den ersten Blick eine Großstadt wie viele, gewinnt aber bei näherem Kennenlernen durch ihren historischen Kern, durch den der kleine San Antonio River fließt. Indianer hatten dem sich in zahlreichen Windungen dahinschlängelnden Gewässer den schönen Namen ›betrunkener alter Mann auf dem nächtlichen Heimweg‹ gegeben – angeregt durch die Beobachtung der spanischen Padres, die offensichtlich nicht immer ein gottgefälliges Leben führten. Ein Spaziergang entlang der etwa 3 km langen Flußpromenade dient als Einstimmung auf die Stadt und ruft mit kleinen Straßencafés, Restaurants und Boutiquen Erinnerungen an Europa wach. Auch einige der besseren Hotels findet man hier.

Das mexikanische Herz von San Antonio schlägt am Market Square, einige Blocks westlich an der Commerce Avenue, wo zahlreiche Geschäfte, Imbißbuden, Restaurants und Galerien ein Stück mexikanischer Kultur verkörpern. Auf der anderen Seite des Flusses breitet sich die Hemis Fair Plaza aus, wo 1968 die Texas World Fair abgehalten wurde. Anziehungspunkt ist der über 250 m hohe Tower of the Americas mit Drehrestaurant und großartiger Rundumsicht (tägl. 8–23 Uhr).

Die alte Missionsstation **The Alamo,** drei Blocks nördlich der Hemis Fair Plaza, ist heute ein Schrein amerikanischer Geschichte und Denkmal für den heroischen Widerstand von 189 Texanern, die 1836 13 Tage lang dem Ansturm der Truppe von General Santa Anna standhielten. Daß die Gründe für die Rebellion der Texaner, die auf mexikanischem Staatsgebiet siedelten, weniger rühmlich waren, verschweigen die Amerikaner gern. Einer der wichtigsten Streitpunkte zwischen den amerikanischen Siedlern und der mexikanischen Regierung gründete in der Weigerung Mexikos, Texas gegen den Widerstand der Nordstaaten der USA für die Beibehaltung der Sklaverei den Rücken zu stärken und ihnen weiterhin Sklaven zu liefern. Für die texanischen Großgrundbesitzer war dies Anlaß genug, die Loslösung von Mexiko zu proklamieren. Was heute als heroischer Akt im Befreiungskampf gesehen wird, galt damals in den Nordstaaten als ›Verschwörung von Sklavenhaltern‹. Das ist auch der Grund, warum Texas so lange um die Aufnahme in die Union buhlen mußte.

Unter den fast 200 Mann, die sich in Alamo verschanzt hatten, befanden sich so prominente Männer wie Davy Crockett und der berühmt-berüchtigte Jim Bowie, dem schon zu Lebzeiten ein legendärer Ruf folgte. Obwohl er als todkranker Mann in Alamo eintraf – er litt an Tuberkulose – und durch einen Sturz in der Festung halb gelähmt war, fanden die Mexikaner ihn nach der Erstürmung auf seinem Krankenbett inmitten von 16 mit dem Bowie-Messer getöteten Feinden. Nur eine Frau, ein Kind und zwei schwarze Diener überlebten den fünfstündigen Sturmangriff am Morgen des 6. März. Aber auch Santa Anna hatte mit 1500 Toten gewaltige Verluste hinnehmen müssen, von denen sich seine Armee nicht wieder erholte. Nur sieben Wochen später ereilte ihn in Jacinto das Schicksal, als seine Truppe aufgerieben und er gefangengenommen wurde.

The Alamo

Als sich die Texaner in Alamo verschanzten, war die Mission zwar bereits aufgegeben, aber nach wie vor von einer Mauer umschlossen und mit mehreren Geschützen bewaffnet. Erhalten ist heute nur die Ruine der ehemaligen Missionskapelle und eine Baracke, die als Museum und Gedenkschrein dienen. Vor dem Gebäude steht ein Gedenkstein mit den Namen der in Alamo Gefallenen.

The Alamo ist zwar die berühmteste Mission in San Antonio, aber bei weitem nicht die schönste. Mit vier weiteren Gründungen versuchten die Spanier, im Gebiet von San Antonio Fuß zu fassen.

Es gelang ihnen allerdings nur vorübergehend. Angriffe der Apachen und Comanchen sowie Seuchen dezimierten die ansässige Indianerbevölkerung und führten 1824 zur Säkularisierung der Missionen.

Die historischen Stätten liegen südlich des Zentrums in Flußnähe und sind im **San Antonio Missions National Historical Park** zusammengefaßt. Ein im Touristenbüro erhältliches Faltblatt gibt eine genaue Routenbeschreibung, überdies weisen Schilder mit der Aufschrift Mission Trail den Weg. Am eindrucksvollsten ist die 1720 gegründete **San Jose Mission,** deren weiträumi-

»Enjoy your drink!«

Kapelle und die Grundmauern einiger Wirtschaftsgebäude. Diese Mission, 1731 als Ersatz für eine im Osten aufgegebene Station gegründet, entwickelte sich schnell zum wichtigsten Nahrungsmittel-Lieferanten der Region. In der Nähe liegt ein noch gut erhaltener Aquädukt, der die Bewässerung der missionseigenen Anbaugebiete ermöglichte.

Dem Zentrum am nächsten liegt **Nuestra Señora la Purissima Concepción** (Mission Rd., nahe Mitchel Rd.). Die mit ihren kantigen Türmen trutzig wirkende Kirche stammt aus dem Jahre 1755 und gilt als älteste nicht restaurierte Steinkirche der USA. In der Kapelle kann man ein Gemälde aus der Kolonialzeit betrachten.

San Antonio versteht sich als Kulturmetropole. Unter den etwa ein Dutzend Museen ist der **Spanish Governor's Palace** (hinter der City Hall) hervorzuheben, der ab 1772 als Regierungssitz diente und 1931 restauriert wurde. Über dem Eingangsportal des flachen Adobe-Gebäudes hängt das Wappen der Habsburger als Erinnerung an Karl V., unter dessen Regentschaft (1516–56) Spanien seine amerikanischen Kolonien erwarb und zur Großmacht aufstieg.

Einen Besuch lohnt auch das **Institute of Texan Cultures,** das einen Querschnitt durch die texanische Geschichte bietet. Der Schwerpunkt liegt auf dem Beitrag der 26 am Aufbau des Landes beteiligten ethnischen Gruppen. Das **Witte Museum of History and Science** (3801 Broadway) widmet sich den naturwissenschaftlichen Aspekten der Landeskunde. Eine völlig andere Art, Geschichte zum Leben zu erwecken, bietet der neue Freizeitpark **Texas Fiesta,** eine Art multikulturelles Disneyland (nahe Loop Rd. 1604 und I-10). Auf 80 ha werden vier kulturhistorische Episoden abgehandelt. In Crackaxie Canyon er-

ges Gelände wie eine Oase der Ruhe erscheint, zu der das 20. Jh. noch keinen Zugang gefunden hat. Besondere Beachtung verdient das ›Rosa Fenster‹ an der Südfassade, das als herausragendes Beispiel früher Steinmetzkunst gilt.

Die nicht weit entfernt am Ufer des San Antonio River liegende Mission **San Francisco de la Espada** (US 281/Mission Drive), die zehn Jahre später entstand, fällt durch ihren festungsartigen Charakter auf. So diente der Glockenturm nicht nur seinem üblichen Zweck, sondern bei Angriffen auch als Bastion. Die Mission war eine Gründung der Franziskaner, die ihre alte Wirkungsstätte San Francisco de los Tejas in Ost-Texas wegen Seuchen und Trockenheit hatten aufgeben müssen.

Ein Stück in Stadtrichtung hatte auf der gegenüberliegenden Flußseite die **Mission San Juan Capistrano** ihren Platz (erreichbar über die US 181). Erhalten sind nur eine 1909 restaurierte

wacht die Zeit um 1920 zu neuem Leben, Spassburg dokumentiert das deutsche Erbe mit Sängerhalle, Karussell und Bierzelt, bei Los Festivales geht es mexikanisch zu, und Rockville gedenkt der wilden 50er Jahre mit Rock und Jukebox.

Eine Mischung aus Zoo und Zirkus bietet **Sea World of Texas** auf 100 ha mit der Vorführung dressierter Delphine und Schwertwale, dazu zahlreichen Aquarien und Einzelausstellungen sowie zwei Wildwasserfahrten, alles eingebettet in üppige Flora.

New Braunfels

Während die meisten einstigen Einwanderer-Enklaven sich längst dem American Way of Life unterworfen haben und allenfalls das Ortseingangsschild noch von der Herkunft ihrer Gründer kündet, hat das Städtchen **New Braunfels** 2 (S. 354), 23 Meilen nordöstlich von San Antonio, sein deutsches Erbe bewußt in den Dienst des Fremdenverkehrs gestellt. »In New Braunfels you can dine at bier gartens and dance to oompah music« preist ein Prospekt die Hauptattraktionen.

Die auf 28 000 Einwohner angewachsene Stadt wurde 1845 auf Initiative des hessischen Prinzen Carl von Solms-Braunfels gegründet. Bis heute ist sie in den USA für deutsche Wurst und deutsches Brot bekannt und lockt alljährlich im November Tausende zum großen zehntägigen ›Wurstfest‹. Auch der mit Wasserrutschen ausgestattete Vergnügungspark namens Schlitterbahn spiegelt nicht nur in seinem Namen, sondern auch in der Dekoration das amerikanische Deutschlandbild mit ›Rothenburg-Touch‹ und bayerischer Kneipengemütlichkeit wider.

Fiesta in San Antonio

In der eingemeindeten Ortschaft **Gruene** blieben die meisten Bauten aus der Zeit der ersten deutschen Siedler erhalten, darunter eine rustikale Bierhalle mit dem ältesten Tanzboden von Texas. Wer deutscher Vergangenheit detaillierter nachspüren möchte, dem empfiehlt sich das **Sophienburg-Museum** mit umfangreichen Archiven als wahre Fundgrube.

Austin

Die Entwicklung von **Austin** 3 (S. 325) zur Hauptstadt begann 1839, als sich fünf Ranger im Auftrag des Vizepräsidenten Mirabeau Lamar aufmachten, einen geeigneten Standort für die Hauptstadt der Republik zu erkunden. In der kleinen Ortschaft Waterloo am Ufer des Colorado glaubten sie, dafür den geeigneten Platz gefunden zu haben.

German Roots
Deutsche in Texas

Bis ins 20. Jh. hinein war das Hill Country fast ausschließlich von deutschen Einwanderern bewohnt, die in mehreren Wellen ins Land gekommen waren.

Begonnen hatte die deutsche Besiedlung von Texas mit dem Versuch Mexikos, einen Gegenpol zum Vordringen nordamerikanischer Siedler in diesem damals noch zu Mexiko gehörenden Landstrich zu bilden. Als Lockmittel diente eine großzügige Landschenkung an sogenannte *Impressarios* mit der Auflage, dort innerhalb von sechs Jahren mindestens 100 Familien seßhaft zu machen. Bald schossen deutsche Niederlassungen wie Pilze aus dem Boden.

In Deutschland herrschten zu Beginn des 19. Jh. unruhige Zeiten. So folgten nicht wenige dem Ruf der *Impressarios* und deutscher Siedlungsgesellschaften nach Texas, wo sie von ihren Nachbarn aufgrund ihrer Ausbildung zunächst mit der spöttischen Bezeichnung ›Latein-

bauern‹ belegt wurden, sehr schnell aber durch ihren Arbeitseinsatz die Skeptiker zum Schweigen brachte. »An den Wänden hingen wertvolle Madonnenbilder; ein Bücherregal war zur Hälfte mit deutschen Klassikern, zur anderen Hälfte mit Kartoffeln gefüllt. Man saß auf Fässern und lauschte Beethovens Musik, die der Hausherr auf dem Flügel vortrug«, berichtete Julius Froebel 1858 über seinen Besuch bei deutschen ›Lateinbauern‹ in Texas.

Baron von Meusebach tat sich als besonders eifriger Kolonisator hervor und gründete zahlreiche Niederlassungen, darunter Fredericksburg (Friedrichsburg), Schönberg, Leiningen, Meerholz und die nach kommunistischem Muster organisierte Gemeinschaft Bettina, deren Name auf Bettina von Arnim zurückgeht. Die experimentierfreudigen Neubauern führten den Reis- und Tabakanbau ein und widersetzten sich wegen ihrer liberalen Ge-

Bei der Umbenennung des Städtchens besann man sich des Mannes, der die ersten nordamerikanischen Siedler nach Texas gebracht hatte: Stephen F. Austin (1793–1836). Doch die Entwicklung der neuen Metropole ging nur schleppend voran. Größter Widersacher des Plans war Sam Houston, der erste Präsident des unabhängigen Texas; er plädierte für das nach ihm benannte Houston als Hauptstadt. Im Jahre 1842 konnte er sich

endlich durchsetzen und Austin seine bevorzugte Stellung entreißen. Doch 1850 wendete sich das Blatt erneut, und seither behauptet Austin seinen Anspruch unangefochten. Allerdings ist die Frage nach dem rechtmäßigen Eigentümer des Kapitols noch immer ungeklärt – nach wie vor besitzt der Staat kein verbrieftes Recht an diesem Grundstück.

In den 60er Jahren entdeckte die Computerindustrie die Universitäts-

Gruene

300 000 Flüchtlinge aus Deutschland fanden in jenen Jahren Aufnahme in den Vereinigten Staaten, viele von ihnen in Texas. Heute sind die Deutschstämmigen assimiliert, verstehen kaum noch die Sprache ihrer Vorfahren und haben auch ihre Namen angepaßt. Daß sie ihr kulturelles Erbe dennoch nicht ganz vergessen haben, bezeugen sowohl die zahlreichen ›Oktoberfeste‹ in den ehemaligen Hochburgen deutscher Zuwanderer als auch ihr musikalisches Erbe, dessen Wurzeln in der böhmischen und deutschen Volksmusik liegen. So beeinflußten die hauptsächlich akkordeonbetriebenen Polka- und Walzerklänge die Texmex-Musik entlang der mexikanischen Grenze. Im Gegensatz zur französischen Cajun-Musik Louisianas ist die skurrile Musik der sogenannten Texas Bohemia allerdings nur regional bekannt. Man findet sie zu beiden Seiten des I-10 zwischen Houston und San Antonio, bis hinunter nach Corpus Christi, wo sie bei denkwürdigen Gelegenheiten wie dem »South Texas Polka und Sausage Fest« gespielt wird. Wer eine Kostprobe hören will, der sei auf die CD ›Texas Bohemia – Polkas, Waltzes, Schottisches 1959–1993‹ von Thomas Meinecke verwiesen (Trikont US-0201; Vertrieb: Indigo, Hamburg).

sinnung der damals in Texas noch gängigen Sklaverei, die den frühen Anschluß an die USA verhindert hatte. Das deutsche Element gewann in Zentraltexas so sehr an Boden, daß alle Verordnungen zweisprachig erschienen und sogar der Traum von ›Deutsch-Texas‹ durch die Köpfe einiger Zuwanderer geisterte.

Die zweite deutsche Siedlungswelle erreichte das Land nach 1848. Fast

stadt. Firmen wie IBM, Motorola, Hewlett Packard, Texas Instruments, 3M und viele andere Wegbereiter der Microelektronik wurden vom hohen Ausbildungsstandard der Bewohner und durch die niedrigen Lebenshaltungskosten der Kleinstadt angelockt. Von den inzwischen mehr als 500 ansässigen Computerunternehmen zählt heute vor allem Apple zu den wichtigsten Arbeitgebern in Austin.

Obwohl die texanische Stadt über mehrere Museen verfügt und mit dem **Austin Museum of Art at Laguna Gloria** die größte Kunstausstellung des Staates ausrichtet, ist sie aufgrund ihrer lebendigen Musikszene, die mit der von New York, San Francisco und Los Angeles verglichen wird, vor allem für Musikfreaks ein wahres Mekka.

Im Zentrum steht das 1881 errichtete **State Capitol,** ein Granitbau nach dem

Vorbild in Washington D.C. Auf den Spuren neuerer Geschichte kann man im **Lyndon B. Johnson Museum** wandeln, einer hochmodernen Anlage mit Erinnerungsstücken an den 36. Präsidenten der USA (1963–1969), der 1973 in Austin starb. Besonders Deutsche dürfte ein kurzer Abstecher in das **Elisabet Ney Museum** mit dem Studio der deutschen Bildhauerin interessieren, die in den 70er Jahren des vergangenen Jahrhunderts nach Texas emigrierte und zu einer bekannten Künstlerin aufstieg. Zum Bummeln empfiehlt sich Sixth Street, die Hauptstraße aus alten Tagen. Auf dem unter Denkmalschutz gestellten Abschnitt zwischen I-35 und der Congress Avenue hinterläßt sie mit viktorianischen Häuserzeilen, den Cafés, Restaurants, Galerien und Souvenirläden vor allem an Wochenenden ein buntes Bild. Abends lohnt der Besuch des Warehouse Districts mit seinen hervorragenden Music-Clubs und Studentenkneipen.

Seit 1980 hat Austin mit dem Bau der **Congress Avenue Bridge** eine neue, höchst ungewöhnliche Attraktion. Unterhalb der Brücke hat sich die größte städtische Fledermauskolonie Nordamerikas angesiedelt. Von März bis November läßt sich allabendlich ein beeindruckendes Schauspiel erleben: Bei Sonnenuntergang flattern ca. 1,5 Mio. Fledermäuse scharenweise in den Abendhimmel, um auf Insektenjagd zu gehen.

Dallas

Hinter dem Namen **Dallas** 4 (S. 333), durch die gleichnamige Fernsehserie weltweit bekannt geworden, verbirgt sich die siebtgrößte Stadt der USA, die mit dem benachbarten Fort Worth zu einem Ballungszentrum von über 1 Mio. Einwohnern verschmolzen ist. Ihre Entstehung verdankt die Stadt einem Irrtum. Als John Neel Bryan 1841 auf den Trinity River stieß, hielt er ihn für einen Verkehrsweg bis zum Golf von Mexiko. Zwar erreichte 1868 ein Dampfboot aus Galveston die Niederlassung, benötigte dazu aber ein volles Jahr. Was dem Schiffsverkehr versagt blieb, gelang der Eisenbahn. Lange Zeit war Dallas Endpunkt der unter Geldmangel leidenden Linien Texas Pacific- und Texas Central

Railroad. Die Verschnaufpause der Bahnbauer verhalf dem Ort zu einem erheblichen Bevölkerungsanstieg, da das fast vergessene Dallas über Nacht zum begehrten Umschlagplatz für die Agrarprodukte der Umgebung geworden war. Wie Houston empfing auch Dallas seinen entscheidenden Wachstumsimpuls durch die Erschließung ergiebiger Ölvorkommen in unmittelbarer Umgebung. Der Grundstein zum Reichtum war gelegt und zog weiteres Geld an, unter anderem die Federal Reserve Bank. Bereits 1908 hatten wiederholte Überschwemmungen des Trinity River eine Neugestaltung der Innenstadt erforderlich gemacht, die vom Städteplaner George Kessler in Angriff genommen und im Laufe der Jahrzehnte auch umgesetzt wurde. Als Ort des Kennedy-Attentats hat die Stadt traurige Berühmtheit erlangt.

Dallas gibt sich ultramodern und zukunftsorientiert. Den besten Eindruck von der konsumorientierten Gesellschaft und der hektischen Jagd nach dem Dollar erhält man in Downtown, wo die gläsernen Paläste der Banken, Ölkonzerne und Versicherungsgesellschaften in den Himmel ragen. Viele Besucher bestaunen ›**The Sixth Floor**‹ (das sechste Stockwerk), jenes Gebäudes an der Ecke Elm- und Houston Streets, aus dessen Fenster am 22. November 1963 höchstwahrscheinlich die tödlichen Schüsse auf John F. Kennedy fielen. Eine kleine Ausstellung zeichnet den Lebensweg des ersten katholischen Präsidenten der USA nach.

Im **State Fair Park,** dem Gelände der Texas Centennial Exhibition von 1936, blieb in den Fassaden der Gebäude ein sehenswerter Querschnitt des Art-déco-Stils jener Zeit erhalten, zu dem namhafte Architekten der USA beitrugen. Im Park haben heute zahlreiche Museen ihren Platz, darunter das **Age of Steam Railroad Museum** mit einer Sammlung alter Lokomotiven und Waggons, das **Dallas Civic Garden Center** mit tropischer Blütenpracht und die beiden Wissenschaftsmuseen **Science Place I** und **II.**

Am Golf von Mexiko

(Karte S. 170)

Die Ufer des Golf von Mexiko sind in ihrem südlichen Abschnitt durch die Schwemmland-Ebenen, die tief eingeschnittenen Lagunen und Mangrovenwälder nur schwer zugänglich. So gibt es dann auch keine küstennähere Straße als die US 77, die von Brownsville nach Norden durch nur dünn besiedeltes Gebiet weit im Landesinnern verläuft. Autofahrern erschließt sich die reizvolle Landschaft am besten bei einer Fahrt entlang der Nebenstraßen SR 35 (ab Corpus Christi) und 87 (ab Galveston).

Corpus Christi

Von Brownsville aus erreicht man nach einer eintönigen Fahrt von etwa 150 Meilen die Hafenstadt **Corpus Christi** 5 (S. 332). Die Bucht war zwar schon den Spaniern bekannt, wurde aber erst 1839 von dem amerikanischen Pionier Henry L. Kinney als Standort für einen Handelsposten erkoren. Bedeutung erlangte Corpus Christi erst mit dem Bau eines Schifffahrtskanals im Jahre 1920, der den Hafen – mit fast 14 m der tiefste im Golf von Mexiko – auch für größere Schiffe erreichbar machte. Wegen seiner schönen, palmenbestandenen Promenade und den nahegelegenen 150 km langen Sandstränden auf den vorgelagerten schmalen Inseln Mustang und Padre gehört die Stadt zu den beliebtesten Badezielen am Golf. Das **Texas State Aquarium** zeigt einen Querschnitt durch die Tier- und Pflanzenwelt des Golfs von Mexiko und der Karibik. Liebhabern asiatischer Kunst werden im **Asian Culture Museum and Educational Center** Exponate aus dem chinesischen, japanischen und indischen Kulturkreis geboten.

Als **Padre Island National Seashore** wurde der größte Teil der gleichnamigen Insel unter Naturschutz gestellt. Man kann sie zwar mit dem Fahrzeug über einen Damm erreichen, eine durchgehende Verbindung gibt es aber nicht. Das nördlich anschließende Mustang Island, das in einem State Park teilweise ebenfalls unter Naturschutz steht, wird hingegen von der SR 53 in seiner ganzen Länge durchquert. Im Norden besteht von Port Aransas eine kostenlose Fährverbindung zum Festland. Die Hotels konzentrieren sich auf die Küstenpromenade und das North Padre Island, wo auch die Parkverwaltung zu finden ist.

Galveston

Bis nach **Galveston** 6 (S. 338), dem nächsten Ziel an der Golfküste, ist es ein gewaltiger Sprung von etwa 350 Meilen, der die riesigen Ausmaße dieses fast 700 000 km² großen Staates nur allzu deutlich macht.

Die etwa 37 Meilen südlich von Houston auf einer vorgelagerten Insel liegende Kleinstadt kann auf eine bewegte Geschichte zurückblicken. Die Mexikaner hatten dort einen vorgeschobenen Posten, den der französische Freibeuter Jean Laffite nach ihrem Rückzug 1817 zur Basis für seine Kaperfahrten ausbaute. Nach dem Anschluß an Texas schneiderte der Städteplaner Michael Menard 1839 einen neuen Grundriß mit rechtwinklig sich kreuzenden Straßen, was bis heute die Orientierung erleichtert.

Im September 1900 ebnete eine haushohe Flutwelle im Gefolge eines Hurrikans die Ortschaft ein und forderte 6000 Menschenleben. Mit enormem Aufwand entstand ein neues Galveston. Die Überlebenden errichteten nicht nur einen Betondamm, den Seawall, gegen die Flut, sondern legten die Stadt durch Aufschüttung bis zu 5 m höher. Daß sich die Mühen gelohnt hatten, zeigte sich beim Orkan von 1915, bei dem ›nur‹ 275 Menschen umkamen.

Als Houston durch einen Kanal unmittelbaren Zugang zum Golf erlangte, verlor Galveston seine Bedeutung als wichtigster Hafen des Südens. In den 70er Jahren begannen die Stadtväter mit der Renovierung der historischen Bausubstanz und kurbelten den Tourismus an, mit dem man sich nun eine neue Einnahmequelle erschlossen hat.

Zur Stadtbesichtigung empfiehlt sich das rosa Touristenbähnchen Treasure Isle Tour Train, das eine Rundfahrt durch die neuen und alten Viertel unternimmt, und The Galveston Yellow Flyer, ein motorisierter Nachbau der alten Straßenbahn. Besonders sehenswert sind in Galveston die oft zu alter Schönheit restaurierten viktorianischen Holzhäuser mit Südstaaten-Flair im Distrikt The Strand, der ehemaligen Wall Street des Südwestens. Die sorgfältig aufeinander abgestimmten Farben, die Säulen, Erker und Veranden berichten von einem – wenn auch verflossenen – Wohlstand und Stolz ihrer Erbauer, sie stellen aber auch die Dauerhaftigkeit der traditionellen Holzbauweise selbst im extrem feucht-heißen Klima des Golfs unter Beweis. Zwischen der 20. und 25. Straße kann man seltene Beispiele von Häusern mit Eisenfassaden bewundern, die den Übergang von der Ziegelbauweise zum Stahlskelettbau dokumentieren und damit die Voraussetzung zur Hochhausarchitektur schufen. Ob alt oder neu, den meisten Bau-

Malerisches Galveston

werken ist die behördlich vorgeschriebene Errichtung auf Stelzen gemeinsam
– eine Einrichtung, die bei einer erneu-
ten Flutkatastrophe Schlimmstes verhüten soll, dem Landstrich am Golf zugleich ein eigenes, unverwechselbares
Gepräge gibt.

Lohnend ist auch der Blick auf den
nach wie vor geschäftigen Fischereihafen, wo man mit dem Nachbau eines
Mississippi-Dampfers zu einer zweistündigen Rundfahrt durch die Bucht
ablegen kann. Am Pier 21 hat das **Texas
Seaport Museum** seinen Platz und präsentiert voller Stolz die 400-Tonnen-Bark
›Elissa‹, einen Windjammer aus dem
Jahre 1877, der zuweilen sogar Segel
setzt und auf große Fahrt geht.

Ein großer Teil der Insel wird von
einem 50 km langen Strand mit feinem
Sand eingenommen, an dem sich an
Wochenenden und in der Ferienzeit die
Bewohner von Galveston und Houston
bei Sport, Spiel und Picknick tummeln,
um im unermüdlichen Seewind die
schwüle Hitze besser zu ertragen.

Houston

Mit 1,7 Mio. Einwohnern ist **Houston** 7
(S. 343) nicht nur die weitaus größte
Stadt in Texas, sondern auch wirtschaft-
liches Zentrum des Staates und einer
der wichtigsten Häfen der USA. Ihre
Gründung verdankt die Metropole den
Gebrüdern Allen, die 1836 einen maritimen Handelsposten am Buffalo Bayou
eröffneten, einem kleinen Fluß, der
etwas weiter südlich in die Bucht von
Galveston mündet. Namenspatron war
Sam Houston, der kurz zuvor die mexikanischen Truppen geschlagen und
damit die Unabhängigkeit seines Landes erkämpft hatte.

Die Stadt galt wegen des feuchthei-
ßen Klimas bis weit ins 20. Jh. hinein als
höchst ungesunder Ort – erst die Kli-

Die Skyline von Houston

Commerce und Main Sts), wo allerdings kaum etwas aus der Gründerzeit erhalten blieb. Als viel gepriesene Sehenswürdigkeit gilt 5 Meilen südwestlich des Zentrums der **Astrodome,** eine 18 Stockwerke hohe Sporthalle der Superlative mit 65 000 Sitzplätzen. Gegenüber liegt das nicht weniger eindrucksvolle Vergnügungszentrum **Six Flags, Astroworld** und **Water World** mit riesigen Rollschuhbahnen, Shows und zahlreichen Attraktionen im Stil von Disneyland.

Als wohltuender Kontrast empfängt Stille die Besucher des gepflegten, 1927 errichteten Anwesens **Bayou Bend,** das die Philanthropin Ima Hoog mit einer erlesenen Sammlung amerikanischer Möbel und Gemälde des 17. bis 19. Jh. ausgestattet hatte und 1965 dem Houston Museum of Fine Arts schenkte.

Das **Houston Museum of Fine Arts** besitzt eine große Sammlung aus vielen Epochen und Regionen der Erde, darunter Exponate aus Ägypten, Griechenland und Rom, Werke der Renaissance aus Italien und Spanien sowie Gemälde des bekannten Western-Malers Frederic Remington (1861 bis 1909).

Die größte Attraktion von Houston ist das **Lyndon B. Johnson Space Center** vor den Toren der Stadt, das sich auch gut von Galveston aus erreichen läßt. Das Visitor Center des NASA-Kontrollzentrums gibt einen lückenlosen Querschnitt durch die bemannte amerikanische Raumfahrt anhand zahlreicher Originale, darunter Raumkapseln und Raketentriebwerke gigantischen Ausmaßes. Zuweilen finden auch kurze Vorträge und Führungen durch das Mission Control Center statt, von dem die Raketenstarts und bemannten Raumflüge überwacht werden.

maanlage nahm ihr die Schrecken. Der Hauptimpuls für den wirtschaftlichen Aufschwung ging im Jahre 1935 – ähnlich wie bei Corpus Christi – vom Bau eines 12 m tiefen Schiffahrtskanals aus, der Houston mit dem 70 km entfernten Golf von Mexiko verband. Hinzu kamen Baumwollplantagen, Textilverarbeitungsbetriebe und vor allem Raffinerien, die das schwarze Gold der texanischen Ölfelder verarbeiten.

Houston kann nur mit wenigen Attraktionen aufwarten, die einen Besuch für europäische Touristen lohnend machen. Das Netz der Stadtautobahnen, das nicht von ungefähr den Spitznamen *spagetti bowl* (Spagetti-Schüssel) trägt, muß zwar jeden Fremden verwirren, unterscheidet sich darin aber kaum von dem anderer amerikanischer Millionenstädte.

Ein Stadtrundgang zu Fuß beschränkt sich auf das alte Zentrum **Allan's Landing Park** (am Buffalo Bayou, Ecke

Canyons und Wüsten

Von Los Angeles zum Grand Canyon

(Karte S. 188/189)

Die Route von der Westküste der USA bis tief hinein ins Herz des Colorado Plateau gehört nicht von ungefähr zu den touristischen Standardrouten, erschließt sie doch auf einer – zumindest für amerikanische Verhältnisse – geringen Entfernung von etwa 600 Meilen drei Ziele, von denen jedes für sich allein schon eine USA-Reise wert ist: Death Valley, Las Vegas und Grand Canyon.

Die Route startet in Los Angeles. Um sich nicht im Labyrinth der Autobahnen zu verlieren, sollte man die Stadt zunächst auf der gut ausgeschilderten, wenngleich eintönigen I-15 in Richtung Las Vegas verlassen. Wer heute auf der Autobahn sicher, komfortabel und mühelos durch das Zentrum der Mojave-Wüste nach Osten gleitet, denkt wohl kaum an die Strapazen und Gefahren der frühen Wegbereiter Amerikas vor 170 Jahren. Zu den kühnsten Pionieren zählte der Trapper Jedediah Smith, der 1826 die Wüste in einem 15-tägigen Kampf gegen Hunger und Durst bezwang und mit seinen Männern ganz unverhofft im damals noch mexikanischen Südkalifornien auftauchte, wo ihn aber anstatt Begeisterung die Festnahme durch die Grenzsoldaten erwartete.

Die I-15 berührt zunächst den ehemaligen Bergbauort Barstow, von dem aus sich ein kurzer Abstecher zur etwa 10 Meilen nordöstlich liegenden Ghost Town des **Calico Regional Park** ■ (S. 328) unternehmen läßt. Die Westernstadt durchlebte ihre Glanzzeit während

des kurzen Silberbooms Ende des vergangenen Jahrhunderts, ehe der Preisverfall des Edelmetalls die Siedlung inmitten der durchlöcherten Berge wieder von der Landkarte strich. Erst Walter Knott, der Gründer von Knott's Berry Farm, erkannte mit seinem Gespür für Touristen-Dollars den Wert der morschen Bretterbuden und begann Anfang

Von Los Angeles zum Grand Canyon

der 60er Jahre mit der Restaurierung. Doch da man kaum eine Handvoll der Original-Häuser retten konnte, baute man neue nach altem Vorbild, quartierte auf der Main Street entlang der hölzernen Bürgersteige eine rührige Andenkenindustrie ein, ließ eine kleine Eisenbahn durch das Gelände bimmeln und trieb damit auch den letzten Old-West-Geist aus der Stadt.

Etwa 60 Meilen weiter verlassen wir in Baker die I-15 nach Norden, um auf der US 127 einen der faszinierendsten Nationalparks der USA anzusteuern.

Von der verschlafenen kleinen Ortschaft Death Valley Junction windet sich die Straße in zahlreichen Kehren hinab ins Tal des Todes.

Death Valley National Park 2 (S. 334), der berühmteste Wüstenpark der USA, liegt im Osten der Mojave-Wüste und überschreitet mit seinem nordöstlichen Ausläufer die Grenze ins benachbarte Nevada. Bewegungen der Erdkruste haben ein 220 km langes und bis zu 26 km breites abflußloses Becken entstehen lassen, das bis 86 m unter den Meeresspiegel absinkt und in vor-

Scotty´s Castle

geschichtlicher Zeit einmal mit dem 150 km langen Lake Manly gefüllt war.

Der abschreckende Name Todestal wurde von frühen Pionieren geprägt. Im Jahre 1849 hatten einige Abenteurer auf dem Weg zu den Goldfeldern in Kalifornien eine Abkürzung durch das äußerst trockene und heiße Tal gewagt und diesen Versuch mit unsäglichen Strapazen, einige von ihnen sogar mit dem Tod, bezahlen müssen.

Heute erschließt der Highway SR 190 die Fremdartigkeit und Schönheit des Todestals jedem Autofahrer. Nahe dem Besucherzentrum am Furnace Creek trifft man auf die Überreste der Harmony Borax Works; 2 Meilen südlich werden noch einige der hochrädrigen, 36 t fassenden Transportwagen, mit denen sich jeweils 20 Maultiere zwölf Tage lang bis nach Mojave durch die Wüste quälen mußten, und andere Relikte aus der nur sechs Jahre währenden Borax-Epoche (1881–1887) im gleichnamigen Museum ausgestellt.

Etwa 3,5 Meilen südlich des Museums erreicht die Straße am **Zabriskie Point** einen der spektakulärsten Aussichtspunkte. Wie die Wogen eines versteinerten Meeres staffeln sich die okkerfarbenen Hügel und die tiefschwarzen Täler der Erosionslandschaft im Abendlicht. Zu einem weiteren, nicht minder großartigen Aussichtspunkt gelangt man, wenn man der Straße weiter nach Süden folgt und dann auf den Highway 178 abbiegt, der direkt hinauf zu **Dantes View** führt. Vom Parkplatz windet sich ein kurzer Pfad in die Black Mountains, bis sich ein atemberaubendes Panorama eröffnet, das in der wabernden Mittagsglut tatsächlich die Vorhölle aus Dantes ›Göttlicher Komödie‹ verkörpern könnte. Im weichen Abendlicht freilich fühlen sich Betrachter eher himmlischen Gefilden nahe. Tief unten haben ausgetrocknete Flußläufe ihre Mäander in grellweißen Salzpfannen hinterlassen, im Norden leuchtet das frische Grün der Oase Furnace Creek, in der Ferne begrenzen die schneebedeckten Gipfel der Sierra Nevada den westlichen Horizont, gekrönt vom Mount Witney. Einer der höchsten und zugleich der tiefste Punkt der USA liegen damit gleichzeitig im Blickfeld des Betrachters.

Die ersten Abenteurer, die ins Tal kamen, hatten für die Schönheiten der Natur allerdings kaum einen Blick übrig. Sie waren dem Gold verfallen, das schnellen Reichtum verhieß, zu oft aber nur Enttäuschung brachte. Nennenswerte Funde wurden bis heute nicht bekannt, obwohl sich seit 1850 hartnäckig die Gerüchte der ›Lost Gunsight Mine‹ und der ›Lost Breyfogle Mine‹ halten, in Vergessenheit geratene Goldgruben märchenhafter Ausmaße.

Aber auch Kurioses bietet das Todestal. Am nördlichen Ende des Highway 190 setzte der skurrile und auf mysteriöse Weise zu Vermögen gekommene Kunstreiter Walter Scott eine schloßartige Villa in die Wüsteneinsamkeit, die bald unter dem Namen **Scotty's Castle** bekannt war. Wahrscheinlich aber hatte der aus Chicago stammende Millionär Albert M. Johnson seine Hände mit im Spiel. Nach dem Tod des Exzentrikers Scott im Jahre 1954 verfiel das Anwesen, bis es 1970 in den Besitz des National Park Service überging. Schmiedeeiserne Gitter, wertvolle Teppiche, europäische Möbel und eine überdimensionierte Orgel bilden einen merkwürdig surrealen Kontrast zur Wüstenlandschaft ringsum.

Wer heute im Death Valley unterwegs ist, braucht nicht um sein Leben zu bangen, sofern er nicht vom Wege abweicht und sich auf die extrem hohen Temperaturen oft weit jenseits der 40° Celsius-Marke einstellt – so wurden am 10. Juli 1913 Rekordtemperaturen von 57° Celsius gemessen. Daher verbieten auch die meisten amerikanischen Mietwagengesellschaften aus Sorge um überkochende Kühler eine Fahrt ins Death Valley. Ein ausreichender Wasservorrat, schützende Kleidung und ein verläßliches Fahrzeug gehören zu den wichtigsten Voraussetzungen für den Besuch des Todestals; dennoch will eine Fahrt im Sommer gut überlegt sein.

Las Vegas und Umgebung

Um nicht zweimal denselben Weg zu fahren, kann man das Death Valley auf der US 374 in Richtung Nordosten verlassen, gelangt dann bei Beatty auf die US 95 und folgt ihr nach Südosten. Größer kann man sich den Kontrast nicht vorstellen, der sich nach gut 120 Meilen einstellt: **Las Vegas** **3** (S. 345) (363 000 Einwohner, County insgesamt über 1 Mio. Einwohner), die glitzernde Metropole des Glücksspiels und der Unterhaltung, erhebt sich wie eine Vision aus der leblosen Wüste – für Touristen ein Traum, für Tugendwächter vielleicht eher ein Alptraum.

Die berühmteste Stadt Nevadas und eine der bekanntesten der USA verdankt ihren Ruhm ausschließlich dem Glücksspiel. Nichts deutet mehr darauf hin, daß dieses ›Sündenbabel‹ 1855 von frommen Mormonen gegründet wurde. Damals gab es dort nur eine kleine Oase auf dem Landweg nach Kalifornien, die ihr Überleben vor allem einem Depot der 1905 eröffneten Eisenbahnlinie verdankte. In einer großen Auktion versteigerte die Bahn, die große Teile des Landes erworben hatte, Parzellen entlang ihrer Trasse und löste damit einen wahren Besiedlungs-Boom aus.

Las Vegas wurde eine Western-Stadt wie viele andere entlang der Bahnlinie und litt wie andere unter der Großen Depression der 30er Jahre. Erst als der Gouverneur 1931 das bis dahin streng verbotene Glücksspiel legalisierte und zudem die Wartezeit für Ehescheidungen auf sechs Wochen verkürzte, war das Rezept für einen ungeahnten Aufschwung gefunden, der auch heute noch fortdauert. Der Bau des Hoover-Damms und die damit verbundene Gewinnung von billigem Strom ermöglichte Las Vegas schon in den 30er Jahren, bei Dämmerung in ein funkelndes Gewand aus Abermillionen bunter Neonlichter zu schlüpfen – ein einzigartiger Effekt, der bis heute jeden Besucher in seinen Bann zieht.

Verständlicherweise fühlte sich zunächst die Unterwelt magisch angezogen, kontrollierte bis in die 60er Jahre die Geschäfte und investierte hohe Summen in den Neubau glanzvoller Kasinos. Angeblich sollen bis auf wenige Ausnahmen die zwischen 1951 und 1958 errichteten großen Hotels von Verbrechersyndikaten aus New York, Chicago und Miami finanziert worden sein. Die Situation wurde besser, als der legendäre Milliardär Howard Hughes, geplagt von einer paranoiden Bakterienfurcht, sich wegen der erhofften keimarmen Wüstenluft 1966 im Desert Inn einquartierte und die Hotels und Grundstücke entlang des Strip aufzukaufen begann. Das Bild vom skrupellosen Spielerparadies wird allmählich abgelöst durch das familienfreundliche Image einer gigantischen Unterhaltungsmetropole. Ausgelöst haben diesen Wandel vor allem die vielen Themenhotels mit ihrer überdimensionalen Architektur, ihrem Freizeitangebot, das keine Wünsche offen läßt und seit neuestem mit virtuellen Special-effects-Shows, sogenannten *theme-rides,* die per Computersimulation die reale Welt draußen fast völlig vergessen lassen.

Heute strömen jedes Jahr mehr als 12 Mio. Besucher in der Hoffnung auf außergewöhnliche Unterhaltung nach Las Vegas – manche hoffen wohl auch auf schnellen Reichtum. Mit 87 000 Zimmern besitzt die Stadt das größte Hotelangebot der USA. Bereits am Flughafen ›warten‹ Spielautomaten, und auch in Hotels, Geschäften und Restaurants stehen die ›einarmigen Banditen‹. Daneben gibt es unzählige Kasinos, in denen man bei Bingo, Baccarat, Blackjack, Craps, Keno, Pai Gow, Poker oder Roulette sein Geld verlieren kann – um nur die wichtigsten Spiele zu nennen. Doch wer nur zum Schauen in die grell-bunte Welt von Las Vegas eintaucht und dabei die vielen, zuweilen wohl sogar subventionierten Vergünstigungen in Anspruch nimmt, die eher für die Spieler gedacht sind, wird garantiert zu den Gewinnern zählen.

Nicht zuletzt auch die preisgünstigen Unterhaltungsveranstaltungen machen einen Besuch von Las Vegas lohnend. Zu unterscheiden sind *Big Room Shows* in Sälen mit 600 bis 1500 Plätzen und *Lounge Shows* mit maximal 400 Zuschauern.

Die *Big Room Shows* zeigen entweder ein europäisches Programm *(continental),* ähnlich den Revuen des Moulin Rouge in Paris oder Holiday on Ice, sind einem einzelnen Star gewidmet oder bringen ein amerikanisches Musical auf die Bühne. Die Vorführung dauert in der Regel 90 Minuten und bedingt zuweilen die Bestellung eines Drinks oder Diners. Zur *Cocktail Show* sollte man eine Stunde, zur Dinner Show zwei Stunden vor Aufführungsbeginn seinen Platz eingenommen haben. Gäste der Hotels, in denen die Shows stattfinden, erhalten bei der obligatorischen Reservierung und der Platzvergabe eine vorrangige Bedienung.

In den *Lounge Shows,* die am Abend mehrfach stattfinden (meist zwischen 19 und 4 Uhr), treten weniger bekannte Interpreten auf. Dinner wird nicht serviert, dafür erhalten die Gäste mindestens zwei Drinks in Rechnung gestellt. Die besten Veranstaltungen, sogenannte Headliners, finden nur in den Spitzenhotels statt. Genauere Programminformationen findet man in der Wochenzeitschrift ›Las Vegas Today‹, die in den Hotels ausliegt.

Die Kasinos und Hotelpaläste reihen sich entlang des Strip, einem Abschnitt des Las Vegas Boulevard, etwa 3 km

südlich des Zentrums. Zwischen beiden Stadtteilen besteht ein 24stündiger Pendelbusverkehr. Entlang der Hotelzone verkehrt der gummibereifte Nachbau einer Straßenbahn (Las Vegas Strip Trolley).

Das legendäre, 1952 eröffnete Sands, bekannt durch die Auftritte Frank Sinatras oder Dean Martins, ist inzwischen abgerissen. Am glitzernden Flamingo haftet das anrüchige Flair, 1946 als erstes Kasino mit Geld aus den dunklen Quellen des Gangsters Benjamin Siegel finanziert worden zu sein, der enge Verbindung mit Frank Costello und Lucky

Las Vegas:
Spielerparadies und
riesiger Freizeitpark

Just married
Heiraten in der Instant-Gesellschaft

Amerika kocht auch nur mit Wasser, doch manches sieht man hier herrlich pragmatisch: z. B. das Heiraten. Wer das steife Trauungs-Ritual grauer, deutscher Amtsstuben scheut oder wer am ›schönsten Tag des Lebens‹ gern seiner Schwiegersippe entkommen würde, kann seinem Auserkorenen auch während einer Ferienreise in den USA das Jawort geben – wo, das liegt bei jedem selbst. Amerikanische Standesbeamte tolerieren fast jede gewünschte Kulisse für ihre kurze, wenn auch folgenschwere Amtshandlung. Wem die nüchternen Büros nicht gefallen, den trauen sie auch bei tosender Brandung am pazifischen Strand, im stillen Dämmerlicht eines Sequoia-Haines oder gar im hoch über der Mojave-Wüste dahinschwebenden Heißluftballon – der Phantasie sind keine Grenzen gesetzt. Wem das alles noch zu umständlich erscheint, der kann auch einfach an einem speziellen *drive-in*-Schalter vorfahren und sich hinter

dem Steuer vermählen lassen – angeschnallt, falls er nicht mit dem Motorrad kommt. Am nächsten Schalter wartet schon McDonalds mit dem Hochzeitsmenü.

Aus unerfindlichen Gründen hat sich besonders Las Vegas als Heiratsparadies weltweit einen Namen gemacht und damit einen krisensicheren Wirtschaftszweig geschaffen. Die Prozedur ist denkbar einfach. Normalerweise benötigt man (und frau) in den USA zum Heiraten einen Bluttest. Das hat historische Gründe und weniger mit Aids zu tun als mit möglichen venerischen Krankheiten. In Las Vegas braucht man diese Negativbescheinigung ausnahmsweise jedoch nicht. Auch eine Wartezeit ist nicht vorgesehen, allein die Volljährigkeit (je 18 Jahre) muß nachgewiesen werden. Telefonische Anfragen beantwortet das Clark County Marriage License Bureau, ✆ 7 02-4 55-44 15. Die Trauungszeremonie findet statt im Büro des Marriage Commis-

Luciano unterhielt. Im pompösen Mirage, das über 5000 Angestellte zählt, kann man Siegfried und Roys Tiger-Show ›Beyond Belief‹ bewundern. Damit konkurrieren kann allenfalls noch das Caesars Palace, das sich das alte Rom zum Thema gewählt hat und die Besucher mit riesigen Figuren von Cäsar und Apollo lockt. Im Innern warten das Boot der Kleopatra und der

David von Michelangelo. Schon die ungewöhnliche Architektur des Luxor als Pyramide weisen den Weg zu diesem außergewöhnlichen Themenhotel. Das Bally's galt einst, damals noch unter dem Namen MGM Grand, als größtes Hotel der Stadt, liegt aber mit seinen 2800 Zimmern heute nur noch auf Platz acht. In die Schlagzeilen geriet die Luxusherberge 1980, als ein verheerender

sioner, 309 South 3rd Street, und kostet 35 Dollar. *Wedding Chapels,* kleine kitschige Hochzeitskapellen am Strip mit Kunstrasen vor dem Eingang verlangen 40 bis 60 Dollar. Je schlichter der Rahmen, desto niedriger die Rechnung. Soll der obligatorische Hochzeitsmarsch auf Endlosband durch eine Wunschmusik ersetzt werden, möchte man etwa Blumengestecke haben oder Mitschnitte der Trauungszeremonie auf Video, gar hinterher in einer überlangen weißen Luxuslimousine entschweben, so kostet das natürlich sein Geld. Wie auch immer – spätestens nach 20 Minuten ist alles vorbei. Übrigens befindet sich in guter Gesellschaft, wer in Las Vegas den Bund fürs Leben knüpft: Elvis und Priscilla Presley taten es, Paul Newman und Joanne Woodward, Richard Gere und Cindy Crawford, auch Clint Eastwood, Joan Collins und Mikkey Rooney, letzterer sogar mehrfach.

Leider kann man die amerikanische Urkunde zu Hause nicht einfach in seinem Stammbuch abheften. Zur Anerkennung deutscher Behörden muß sie natürlich noch von einem amtlich bestellten Dolmetscher übersetzt werden, was wieder Kosten verursacht. Aber Vorsicht: Beim Antrag auf Umschreibung kann es ein böses Erwachen geben. Nicht alle deutschen Standesämter akzeptieren das ausgeflippte Las

Heiraten wie die ›Promis‹:
Vor der Little White Chapel in Las Vegas

Vegas als ›Hochzeits-Ausrichter‹, wohl aber seriöse Rathäuser in amerikanischen Großstädten. Ein Tip: Machen Sie es wie der Autor und heiraten Sie an Halloween (31. Okt.) unter der Glaskuppel der altehrwürdigen City Hall von San Francisco. Dann ist alle Welt verkleidet – die Büroschreibkraft als Elefant, die Standesbeamtin als ›Madam‹ und Sie, die Brautleute, vielleicht als König und Königin.

Brand 84 Menschenleben forderte. Zumindest hinsichtlich schierer Größe stellt das neue MGM Grand alles in den Schatten – 5005 Zimmer des größten Hotels der Welt warten auf Gäste. Am anderen Ende der Skala liegen kleinere ältere Kasinos, die von den Einheimischen aufgrund der besonderen Atmosphäre bevorzugt werden und weniger mit High-Tech blenden, dafür aber gute

Büfetts bieten. Dazu zählen das Showboat, das Rio und Sam's Town.

Natürlich gilt es auch im Unterhaltungsgeschäft, die zahlreichen schwarzen Schafe rechtzeitig zu erkennen. Dazu zählen vor allem die sogenannten Sextease-Lokale, die viel versprechen, sich dann aber mehr oder weniger darauf beschränken, den Gästen für eine Flasche nichtalkoholischen ›Champagners‹

(Cidre) zwischen 100 und 1000 Dollars aus der Tasche zu ziehen und sie dann zum Aufbruch zu nötigen. Die meisten Häuser haben keine Schanklizenz; einige Taxifahrer setzen hier gegen eine Provision gern ahnungslose Gäste ab.

Als Entspannung im Non-Stop-Unterhaltungsrummel empfiehlt sich der Besuch der Imperial Palace Auto Collection im gleichnamigen Hotel, wo auf der fünften Etage über 200 Oldtimer oder aus anderen Gründen bemerkenswerte Fahrzeuge ausgestellt sind.

Ein Nervenkitzel der besonderen Art erwartet den Besucher im 1996 eingeweihten **Stratosphere Tower,** einem 350 m hohen Vergnügungsturm mit dazugehörigem Hotel, Kasino, Restaurant sowie drei Hochzeitskapellen. Auf der Aussichtsterasse windet sich in 300 m Höhe eine Achterbahn dreimal um den Turm, ein Stockwerk höher kann man von einem 21 m hohen Gorilla auf einen *Space Shot-Thrill Ride* mitgenommen

werden: Per Druckluft geht es zunächst innerhalb von drei Sekunden 50 m hoch bis zum Ende des Stahlmastes, dann 40 m im freien Fall hinab!

Was wäre das Mekka des Glücksspiels ohne den etwa 30 Meilen südöstlich beginnenden Lake Mead, wo der Colorado River aufgestaut wurde und der nun unermüdlich und preiswert den Strom für die Heerschar der Klimaanlagen, Lichtreklamen, Spielautomaten und Fahrstühle liefert. Das Reservoir bewässert überdies 200 000 ha Land und versorgt an die 14 Mio. Menschen mit Trinkwasser.

Technisches Glanzstück des Bewässerungsprojekts ist der **Hoover-Damm** 4, der den Black Canyon absperrt, durch den sich der Colorado zwängt. Nicht aber Durst, Bewässerung oder Stromgewinnung waren Anlaß zum Bau, sondern verheerende Flutkatastrophen am Unterlauf des Colorado. Ein Mammutprojekt inmitten der Wüste erwartete die Ingenieure und Arbeiter bei der Grund-

pompöses neues Visitor Center, das mehr gekostet haben soll als das Nobelhotel Luxor in Las Vegas, sorgt schon dafür, daß niemand achtlos vorbeifährt.

Der 110 Meilen lange und bis zu 160 m tiefe **Lake Mead** wurde 1938, drei Jahre nach Fertigstellung des Damms, aufgestaut und ist heute als National Recreation Area ein beliebtes Ziel amerikanischer Touristen, die dort ein breites Wassersportangebot finden. Zum Erholungsgebiet zählen auch noch der Lake Mojave und Teile der Wüste bis zur Grenze des Grand Canyon National Park.

Baden kann man besonders gut in Boulder Beach, nur 30 Meilen von Las Vegas entfernt. An den Marinas von Calville Bay und Echo Bay lassen sich Boote mieten. Überdies gibt es zahlreiche Campingmöglichkeiten.

Grand Canyon

Das aus Sedimenten aufgebaute und gefaltete Colorado Plateau, das auch weiten Gebieten Utahs und Nevadas Gestalt verleiht, findet in Arizona seinen südlichen Abschluß. Treppenartig fallen die Sedimente der Grand Staircase von Norden nach Süden bis zum Kaibab Plateau ab, das vor etwa 220 Mio. Jahren entstand und in das sich der Colorado über 1000 m tief eingegraben hat, um eine der großartigsten Schluchten der Erde zu schaffen.

Zur Weiterfahrt zum Grand Canyon National Park zweigt man bei Boulder City auf die US 93 ab, die in südöstlicher Richtung nach Kingman führt. Wenn man einen kleinen Umweg von ca. 25 Meilen in Kauf nimmt, kann man von hier anstatt auf der eintönigen I-40 auf einem gut erhaltenen Teilstück der

steinlegung im Jahre 1931. Zunächst mußte der Colorado durch Stollen im Fels umgeleitet werden, dann erst konnte der Damm hochgezogen werden. Aus 7 Mio. Tonnen Zement entstand ein technisches Wunderwerk, 380 m lang, 221 m hoch und an der Basis 201 m dick. Die gefährliche Arbeit verschlang über 175 Mio. Dollar, an die 90 Arbeiter verloren ihr Leben. Über die Dammkrone führt die US 93, die Hauptverbindungsroute von Las Vegas nach Flagstaff. Die Staumauer markiert nicht nur die Grenze zwischen Nevada und Arizona, hier verläuft auch die Trennlinie zwischen zwei Zeitzonen, der Mountain- und der Pacific Time Zone. Die östliche Seite des Damms eilt der westlichen um eine volle Stunde voraus. Den Besuch der Anlage (die inzwischen allerdings als umstrittener ›Dinosaurier‹ gilt), der mit der Fahrstuhlfahrt zum Turbinenhaus am Fuß des Damms beginnt, sollte man sich nicht entgehen lassen. Ein

Grand Canyon

historischen **Route 66** über Peach Springs bis Seligman durch herrliche Western-Landschaft reisen, um dort nach knapp 100 Meilen wieder auf die I-40 zu stoßen. Nach 44 Meilen Autobahn zweigt die SR 64 nach Norden ab, die über die SR 180 nach 56 Meilen zum Grand Canyon führt.

Der **Grand Canyon National Park** (S. 339), das fast zum nationalen Heiligtum erhobene Naturwunder, kündigt sich keineswegs mit der Dramatik an, die es verdiente, etwa wie ein aus der Ebene steigender Vulkan oder ein donnernder Wasserfall. Ohne jede Einstimmung offenbart sich plötzlich, sobald man an die Kante tritt und in die Tiefe blickt, ein auf den Kopf gestelltes Ge-

birge, das sich nach unten verjüngt und im schmalen Band des silberschimmernden Colorado ›gipfelt‹. Die Kraft des Wassers und die Hebung der Scholle haben diese unvergleichliche Kulisse geschaffen und wie mit dem Seziermesser ein Stück Erdkruste freigelegt. Der in der Abfolge der Schichtungen sichtbare Entwicklungszeitraum unserer Erde reicht vom Präkambrium (vor über 600 Mio. Jahren) bis zum Mesozoikum (vor 225 Mio. Jahren).

Der Grand Canyon gibt somit den Blick frei auf Jahrmillionen der Erdgeschichte. Den Boden bedecken Gesteine aus der Urzeit, Reste einstiger Gebirge, die abgetragen und durch Durck und Hitze in Schiefer verwandelt wurden. Urzeitliche Meere haben weitere Ablagerungen angehäuft, in die an einigen Stellen flüssiges Magma aus dem Erdinnern eindrang und erstarrte. Vor etwa 1 Mrd. Jahren wurden die Sedimente erneut zu Gebirgen aufgefaltet, von der Erosion wieder eingeebnet und mit neuen Ablagerungsschichten bedeckt, die bis in die Perm-Zeit (vor 270–225 Mio. Jahren) reichen und an ihrem oberen Horizont als versteinerte Korallen eines tropischen Meeres in Erscheinung treten. Seit etwa 600 Mio. Jahren sägt sich der Colorado seinen Weg durch die Schichten – ein Prozeß, der noch immer anhält.

Als einer der ersten Weißen sichtete der Spanier Francisco de Coronado 1540 den Canyon. Doch die Natur hatte ihm eine unüberwindliche Barriere in den Weg gelegt, angesichts derer nur die Umkehr blieb. Seit 1919 zieht das 5000 km^2 große Gebiet als Nationalpark alljährlich Millionen Besucher in seinen Bann. Eine Zufahrt besteht sowohl zum Südrand (South Rim) als auch zum 400 m höher gelegenen und etwa 20 km Luftlinie entfernten Nordrand (North Rim). Wer beide Kanten besuchen will, muß einen anstrengenden, mehrtägigen Fußmarsch quer durch den Canyon oder im Auto einen Umweg von gut 200 Meilen in Kauf nehmen.

Der ganzjährig geöffnete **South Rim** wird weitaus häufiger besucht als die Gegenseite, bieten sich doch hier die spektakulärsten Panoramen. Die Aussichtspunkte reihen sich entlang einer westlichen und einer östlichen Stichstraße (West und East Rim Drive), wobei die westliche im Sommer für den Individualverkehr zugunsten eines kostenlosen Pendelbusses gesperrt wird.

Die bekannteste Aussicht eröffnet sich am **Yavapai Point,** den man, von der Einfahrt kommend, zunächst erreicht. Der Blick geht über das Gewirr der Felsformationen, die der Erosion bisher widerstanden, bis hinüber zum North Rim und bis tief hinein in die Canyonwelt. Ein kleines Museum erläutert die Erdgeschichte. Vom etwa 8 Meilen langen West Rim Drive eröffnen sich immer wieder großartige Blicke auf das schmale Band des Colorado und die vielfarbigen, gestuften Canyonwände. Vom Trailview Point ist ein Teil des Bright Angel Trail sichtbar, der sich von dort zum Fluß hinunterwindet – von so hoch oben erscheinen Maultiere und Wanderer klein wie Ameisen.

Unmittelbar an der Kante führt ein Fußweg entlang, der zwischen Yavapai Point und Maricopa Point asphaltiert ist. Ein besonders eindrucksvoller, weiter Blick von West nach Ost bietet sich vom **Hopi Point,** einer vorspringenden Felskanzel, die vor allem bei Sonnenuntergang gern besucht wird. Vom Mojave Point kann man das schimmernde Wasser des Colorado besonders gut erkennen. Der South Rim Drive endet bei **Hermits Rest,** von wo der Hermit Trail nach Dripping Springs hinunterführt, der Einsiedelei eines gewissen Louis Boucher, der sich dort Ende des 19. Jh. niedergelassen hatte.

Zum Abstieg in den Canyon bieten sich mehrere Wege an. Der einfachste und meistbenutzte ist der etwa 12 km lange Bright Angel Trail, der 1300 m bergab über Indian Gardens (Campingplatz) zur **Phantom Ranch** (Lodges) führt. Die Tücken des gut ausgebauten Pfades werden oft unterschätzt, da der Abstieg in der Frische des Morgens kaum Kräfte erfordert – wie von selbst und im Nu ist der Colorado erreicht. Der endlose, steile Aufstieg hingegen durch die nachmittägliche, sonnendurchglühte Wand, bei Temperaturen über 40° Celsius, Windstille und fehlendem Schatten kann jedoch schnell die Kräfte ungeübter Wanderer überfordern. Nur wer wirklich fit ist, wird Hin- und Rückweg aus eigener Kraft an einem Tag bewältigen – Naturbeobachtungen und Genuß bleiben dabei freilich auf der Strecke. Wichtig sind gut eingelaufene Schuhe, ausreichender Wasservorrat und Sonnenschutz. Im Sommer sollte man wegen Hitzschlaggefahr auf eine Fußwanderung verzichten und lieber an einem Maultierritt zum Colorado teilnehmen.

Noch höhere Anforderungen stellt der sehr steile, etwa 10 km lange South Kaibab Trail, der zur Hängebrücke über den Colorado führt. Man sollte ihn nur für den Abstieg benutzen und über den Bright Angel Trail zurückkehren.

Der ebenfalls am Canyonrand entlangführende East Rim Drive verbindet **Mather Point** mit dem **Desert View** (25 Meilen). Wie auf einer Perlenkette reihen sich dort die Aussichtspunkte aneinander. Am Yaki Point liegt die dunkle Granite Gorge im Blickfeld, in der die ältesten Gesteine ans Tageslicht treten. Hier beginnt der South Kaibab Trail. Der bald darauf folgende **Grandview Point** trägt seinen Namen zu Recht, bietet sich doch von dort eines der schönsten Panoramen. Auf einem 5 km langen Pfad kann man zur ehemaligen Lost Chance Mine hinabsteigen, die Ende des 19. Jh. auf der Horseshoe Mesa angelegt wurde, einem Plateau zwischen Canyonrand und Colorado River. Im kleinen Tusayan Museum kann man sich über die indianischen Kulturen des Colorado-Plateaus informieren, Lipan Point wiederum gewährt einen großartigen Ausblick auf den östlichen Abschnitt des Canyons. Die Straße endet in Desert View, wo ein Aussichtsturm einen Blick nach Osten in die **Painted**

Desert ermöglicht. An den Wänden im Turminnern berichten Fresken des indianischen Malers Fred Kabotie von der Mythologie der Hopi.

Ein sehr lohnender, wenngleich anstrengender Ausflug führt nach **Supai** in das Reservat der Havasupai (die Leute vom grünen Wasser) nahe dem südlichen Canyon-Rand. Die kleine Gruppe spaltete sich wahrscheinlich schon im 12. Jh. von den Hualapai ab, um in der Tiefe des Canyons ein sicheres Leben zu führen. Mit dem Wagen kann man nur bis zum Hualapai Hilltop fahren, von dem ein steiler Pfad 12 km in die Tiefe

Blick in den Grand Canyon

nach Supai führt, dem Zentrum des etwa 500 Personen zählenden Stammes.

Der weitaus seltener besuchte North Rim des Grand Canyon ist auch weniger erschlossen. Der Abstecher lohnt dennoch, bietet sich doch schon durch die höhere Lage eine völlig andere, kaum minder faszinierende Perspektive.

Man erreicht den Nordrand über die landschaftlich sehr reizvollen Straßen US 64 und US 89 (im Winter geschlossen), wobei sich von dort Gelegenheiten zu lohnenden Abstechern ergeben, die nur einen kleinen Umweg erfordern.

Nördlich des Grand Canyon erreicht man über die US 89 die Stadt **Page** 7 (S. 356). Am Lake Powell gelegen, ist sie idealer Standort für Ausflüge. Da das Gebiet zur Navajo Indian Reservation gehört, sind oft kostenpflichtige Genehmigungen einzuholen. So kann man auf einer etwa 80 km langen Bootstour von den Marinas Wahweap, Bullfrog und Halls Crossing das **Rainbow Bridge National Monument** 8 besuchen. Der an einem Seitenarm des Lake Powell gelegene höchste Naturbogen der Welt (88 m Höhe, 84 m Spannweite) gilt den Navajo nach wie vor als geheiligter Platz

Antelope Canyon

– und sollte mit auch mit Respekt besichtigt werden. Europäer entdeckten den Bogen erstmals 1909 auf einer Expedition, die gezielt zur Suche nach dem Naturwunder ausgesandt worden war.

Eine Erlaubnis benötigt man auch, um den höhlenartigen, etwa 110 m langen **Antelope Canyon** zu besuchen, eine extrem schmale Sandstein-Klamm, die morgens noch im Dunkeln liegt und erst mit Höhersteigen der Sonne teilweise erleuchtet wird – ein Fest für jeden, der gern fotografiert (Stativ, Taschenlampe, staubdichte Plastikbeutel). Bei stärkerem Wind oder gar Sturm wird man die Besichtigung kaum genießen, da dann ständig Sandvorhänge von oben herniederrieseln. Im Sommer 1997 ereignete sich dort ein schweres Unglück, als die durch einen fernen Regenschauer ausgelöste Springflut eine ganze Touristengruppe in den Tod riß ein weiterer, schrecklicher Beweis für die Gefahren und die Unberechenbarkeit der Wüste. Da der tiefe Sandweg zur Klamm nur für Geländefahrzeuge mit hoher Bodenfreiheit geeignet ist, empfiehlt sich, beim Touristenbüro in Page als Tagesausflug eine Jeeptour zu buchen oder vom Tor nach Entrichtung einer geringen Eintrittsgebühr den etwa 3 km langen Weg zu Fuß anzutreten.

Bei Jacob Lake verlassen wir die US 89 und fahren auf einer Stichstraße zum Grand Canyon – **North Rim** des Grand Canyon. Bereits von der Canyon Lodge am Ende der Zufahrtsstraße hat man einen großartigen Blick in den Bright Angel Canyon und die Berge Brahma, Deva und Zoroaster. Vom nahen **Bright Angel Point** kann man Sonnenauf- und untergang besonders eindrucksvoll genießen, wobei der Blick weit hinüber bis zum San Francisco Peak geht, der sich fern des Grand Canyon über der Landschaft erhebt.

Auf dem Cape Royal Drive gelangt man durch Nadelwälder zum **Point Imperial,** dem mit 2683 m höchsten Punkt des Grand Canyon National Park. Im Norden sieht man die Vermilion Cliffs, im Nordosten erheben sich die Navajo Mountains von Utah, im Osten geht der Blick hinüber zur Painted Desert, im Südosten zum Colorado River Canyon. Der südöstlichste Punkt des North Rim ist am Cape Royal erreicht. Ein Fußweg führt vom Parkplatz bei Window Overlook auf eine Felskanzel nach Cliff Springs, von wo sich ein umfassender Panoramablick bietet.

Die Nationalparks nördlich des Colorado

(Karte S. 188/189)

Die von Canyons durchzogenen Hochflächen, begrenzt von der I-15, der I-70 und dem Grand Canyon gehören zu den eindrucksvollsten Landschaften der USA. Wind, Sand und Wasser haben eine vielgestaltige, farbige Zauberwelt geschaffen, deren schönste Teile unter Naturschutz gestellt sind. Am einfachsten erreicht man das Gebiet vom North Rim des Grand Canyon aus.

Zion National Park

Der 593 km² große **Zion National Park** **9** (S. 377) zeigt einen anderen Aspekt des geologischen Formenschatzes der Grand Staircase als der Grand Canyon, bewegt man sich hier doch vorwiegend auf dem Boden eines Canyons, begleitet von himmelragenden Wänden, Pfeilern und Domen. Gestalt gewann die Landschaft durch den Virgin River, der sich tief in die Sedimentschichten sägte.

Die Mormonen, die als erste durch die Schluchten zogen, sahen in der Großartigkeit der Landschaft ein Abbild des Himmels und verliehen ihr den Namen Zion; auch in Bergen und anderen prägnanten Gebilden erkannten sie Göttliches und bedachten sie deshalb mit religiösen Bezeichnungen.

Zwei Straßen durchziehen den Park, im Süden die SR 9 (Zion-Mt. Carmel Highway) mit einer nach Norden abzweigenden Stichstraße (Zion Canyon Scenic Drive), im Norden führt die nur 6 Meilen lange Kolob Canyons Road in den Park. Von Osten her ist die Einfahrt in den Park besonders spektakulär. Kurz nach der Einfahrt liegt die erste eindrucksvolle Formation, die Checkerboard Mesa am Wegesrand, eine kreuz und quer von eiszeitlichen Furchen durchzogene Felswand. Hinter einem langen Tunnel öffnet sich dann die Canyonlandschaft, in die sich die Straße hinabwindet. Ehe man in den Zion Canyon Scenic Drive einbiegt, sollte man zum Visitor Center fahren, das – wie in den Nationalparks üblich – durch Filmvorführungen und Ausstellungen einen hervorragenden Überblick vermittelt.

Die 6,5 Meilen lange **Scenic Route,** die der Nordgabelung des Virgin River folgt, macht ihrem Namen alle Ehre. Nach 1,5 Meilen führt eine Abzweigung zum Fluß, den man auf einer Brücke zu Fuß überqueren kann, um einen Blick auf die Three Patriarchs zu werfen (Abraham, Isaac und Moroni), die sich als rote Sandsteinkegel hoch in den Himmel recken. Etwa 1 Meile weiter beginnt der Fußweg zu den Emerald Pools, von Wasserfällen gespeisten kleinen Seen, die sich in Felsvertiefungen gebildet haben. Der oberste der Teiche ist nur über einen steilen, ausgewaschenen Pfad erreichbar. Vorbei an der Zion Lodge geht die Fahrt weiter zum Rastplatz Grotto. Dort zweigt ein schmaler, teilweise sehr steiler Pfad zum Aussichtspunkt Angels Landing (2,7 km) ab, der hoch über dem Tal thront und einen umfassenden Blick gewährt.

Der nächste verlockende Stopp heißt Weeping Rock (Weinender Felsen), wo ein kleiner Pfad hinter einen Wasserschleier führt. Regenwasser, das Jahre zuvor auf der Hochebene gefallen war und dann durch den Sandstein sickerte, tritt hier entlang einer undurchlässigen Tonschicht zutage.

Die Straße folgt nun einer Flußschleife mit schönem Blick zurück auf den 2056 m hohen Great White Throne, um kurz darauf vor dem Temple of Sinawava (1347 m) zu enden. Von dort erreicht man über einen der schönsten Trails im Park nach 2 km die Narrows, eine stellenweise nur 6 m breite, aber bis zu 600 m hohe Schlucht mit senkrechten Felswänden. Das kleine Abenteuer beginnt mit der Durchwatung einer 1 m tiefen Furt des Virgin River. Danach verläuft der Weg streckenweise inmitten des Flusses über glitschige und scharfkantige Steine, so daß man rutschfestes Schuhwerk tragen sollte. Seitdem einige Wanderer von einer Flutwelle überrascht wurden und ertranken, ist der Weg zeitweise gesperrt. Wer ganz hindurchwandern will, benötigt eine Sondergenehmigung.

Zion National Park

Um in den nördlichen Teil des Parks zu gelangen, muß man einen Bogen von ca. 40 Meilen nach Westen schlagen, bis zur I-15 zurückkehren und der Straße dann nach Norden bis zur Abfahrt Kolob Canyons folgen. Der Besucherstrom hält sich hier selbst in der Ferienzeit in Grenzen. Die Fahrt in den Taylor Creek Canyon wird mit großartigen Panoramen belohnt. In einer Schleife führt die Straße zum Lee Pass, dem Ausgangspunkt schöner Wanderungen, unter anderem zum gewaltigen **Kolob Arch** (zwei Tage), einem der größten Naturbögen der Erde. Für Autofahrer endet der Ausflug am Kolob Canyons Viewpoint, der Betrachtern mit dem Blick auf die senkrechten Felswände der Finger Canyons noch einmal die grandiose Landschaft vor Augen führt.

Wer den Nordteil besucht, kann dabei der Ortschaft **Cedar City** 10 einen kurzen Besuch abstatten, die sich vom Bergbauort zum Zentrum des Tourismus entwickelt hat. Im Jahre 1851 gründeten die

Mormonen dort eine Niederlassung, um dringend benötigtes Eisenerz für ihre Hauptstadt Salt Lake City abzubauen. Schon nach wenigen Jahren mußten sie ihr Vorhaben aufgeben, da man Eisen billiger aus den Bergwerken des Ostens beziehen konnte.

Berühmt ist der Ort über die Landesgrenzen hinaus für das **Shakespearean Festival,** das auf einer authentischen Bühne aus viktorianischer Zeit alljährlich zwischen Juni und September drei Stücke des großen Autors zur Aufführung bringt.

Vor den Toren der Stadt liegt das **Cedar Breaks National Monument** 11 (S. 329), ein etwa 800 m tiefer Kalksteinabbruch mit Verwitterungsformen. Entlang des Randes dieses natürlichen ›Amphitheaters‹ wachsen bizarre Grannenkiefern *(Bristlecone Pines),* die zu den ältesten Pflanzen der Erde zählen. Das Gelände ist im Winter geschlossen.

Bryce Canyon ▷

Bryce Canyon National Park

Über die SR 14 und die US 89 gelangt man zum **Bryce Canyon National Park 12** (S. 327), einem weiteren Höhepunkt unter den Nationalparks des Colorado Plateau.

Das 145 km² große, ganzjährig geöffnete Naturschutzgebiet im Südwesten von Utah gehört trotz seiner bescheidenen Ausmaße zu den bekanntesten Nationalparks der USA und ist daher in der Ferienzeit entsprechend überlaufen. Die Kräfte der Erosion haben ein eng umgrenztes Gebiet des Colorado Plateau in einen Zaubergarten aus gelben, roten und braunen Felstürmen und -nadeln verwandelt, nicht unähnlich dem Stalagtiten-Wald einer Tropfsteinhöhle. Viele der tonnenschweren Gebilde balancieren auf einer winzigen Fläche und scheinen allen Gesetzen der Schwerkraft zu spotten. Die weichen Strahlen der auf- oder untergehenden Sonne tauchen die Formationen in warmes Licht und vertiefen noch den märchenhaften Charakter.

Im Bryce Canyon sind die oberen Schichten der sogenannten *Grand Staircase* (große Treppe) sichtbar, schräg verlaufende Sedimente unterschiedlicher Farbe und Mächtigkeit. Die älteste Schicht, das Kaibab Plateau, entstand vor über 200 Mio. Jahren. Darüber lagern *Cliffs* (Felsschichten) mit den Farbbezeichnungen *Chocolate* (Braun), *Vermilion* (Zinnoberrot), *White* (Weiß), *Grey* (Grau) und *Pink* (Rosa). Letztere besteht aus den besonders farbenprächtigen Ablagerungen eines Sees, der vor 600 Mio. Jahren die Region bedeckte und die nun von Wind und Wasser abgetragen werden.

Kein Wunder, daß die einst dort lebenden Pajute in den Felsen versteinerte Geschöpfe sahen, die der Bannstrahl traf wie weiland Lots Weib, und die im Spiel von Licht und Schatten anscheinend zum Leben erwachen.

Der Mormone und Namenspatron Ebenezer Bryce, der als erster Weißer die Wunderwelt sah und sich hier sogar niederließ, betrachtete das Felsenlabyrinth aus der Sicht des Viehzüchters und beschrieb es als »A hell of a place to loose a cow« – einen fürchterlichen Ort, um eine Kuh zu verlieren.

Zentrum des Parks ist das Bryce Amphitheater, wo die Abbruchkante des Plateaus einen Halbkreis bildet. An mehreren Stellen führt die Straße zu Aussichtspunkten, von denen man nicht nur einen herrlichen Blick hat, sondern auf Fußwegen in das Gewirr der Felsen hinabsteigen kann. Zahlreiche bis zu 13 km lange *Trails* durchqueren das Labyrinth, einer davon ist Mietpferden vorbehalten.

Sunrise Point und Sunset Point sollte man früh morgens oder abends besuchen, obwohl man vom Sunset Point keineswegs die untergehende Sonne sehen kann, da die gesamte Kante nach Osten ausgerichtet ist. Inspiration Point und Bryce Point im Süden und Fairyland Point im Norden des Amphitheaters gewähren ganz andere Ein- und Überblicke. Wer Zeit hat, kann auch auf dem Rim Trail (9 km) von Bryce Point bis Fairyland Point entlang der Kante wandern und so den Wandel der Szenerie Schritt für Schritt beobachten.

Ein Ausflug führt zum Rainbow Point nahe der Südspitze des Parks. Am Wege liegen die Natural Bridge (Höhe 38 m, Spannweite 26 m), die Aussichtspunkte Agua Canyon und Ponderosa Point. Besonders interessant ist der Blick vom Yovimpa Point nach Süden, kann man doch von dort die Schichtung der einzelnen Sedimente besonders gut erkennen. Die Straße endet am Rainbow Point, dem mit 2776 m höchsten Punkt des Parks mit dem wohl schönsten Panoramablick.

Man sollte nun nicht mehr zur US 89 zurückkehren, sondern den Park auf der schmalen, aber landschaftlich reizvolleren Nebenstraße SR 12 in Richtung Südosten verlassen. Die Reise führt durch den Dixie National Forest nach Norden und berührt dabei den Ort Boulder. Dort vermittelt im Anasazi Indian Village State Park eine rekonstruierte Anlage aus sechs Räumen ein gutes Bild vom Leben der Pueblo-Indianer im 11. Jh. Wer später den Mesa Verde National Park (s. S. 246) besuchen will, kann sich den Ausflug allerdings ersparen.

Capitol Reef National Park

Nach etwa 40 Meilen mündet die SR 12 in die SR 24, auf der man kurz darauf in den **Capitol Reef National Park** 13 (S. 329) gelangt.

Der schmale langgestreckte Park umschließt mit einer Fläche von 1000 km^2 die Waterpocket Fold, eine der größten Erdfaltungen in Nordamerika, die sich über 150 km im Bogen vom Colorado nach Nordwesten hinzieht. »Land des schlafenden Regenbogens« nannten sie die Navajo, weil alle Regenbogenfarben in den Gesteinsschichten vertreten sind. Die Barriere entstand bei der Hebung des Colorado Plateau vor etwa 65 Mio. Jahren durch Auffaltung von vielfarbigen Sedimenten, die Meere und Wüsten zuvor zusammengetragen hatten. Flugpassagiere aus Europa haben tagsüber gute Chancen, das Gebiet etwa eine Stunde vor der Landung in Los Angeles eindeutig ausmachen zu können. Aus großer Höhe betrachtet, erinnert es an das skelettierte Rückgrat eines riesigen Urtiers, während es aus der Ebene

tatsächlich einem gigantischen, dem Ozean entstiegenen Riff gleicht. Und was den ersten Teil des Namens betrifft, so wollen frühe Reisende in den steinernen Türmen und Domen auch Strukturen entdeckt haben, die an das Capitol in Washington D.C. erinnern.

Mehrere Straßen und zahlreiche Wanderwege unterschiedlicher Schwierigkeitsgrade führen zu den Sehenswürdigkeiten des ganzjährig geöffneten Parks. Den Hauptzugang bildet die den Park durchquerende SR 24, an der auch das Visitor Center liegt. Besonders eindrucksvoll ist die Annäherung von Westen, wo sich die Faltung Reisenden wie eine Wand entgegenschiebt. Beim Visitor Center zweigt der nach Süden führende Scenic Drive auf eine leicht zu befahrende, etwa 13 Meilen lange Strecke parallel zum Gebirgszug ab. Nach etwa 3 Meilen führt eine Stichstraße zum Grand Wash, von wo man auf steilen Wegen zum Fremont River (3,5 km) ab oder zum Cassidy Arch (3 km), einem natürlichen Felsbogen, aufsteigen kann. Die Straße endet in der Capitol Gorge, einer schmalen Schlucht, die früher den Hauptzugang von Osten bildete. Man muß auf gleicher Strecke wieder zum Visitor Center zurückkehren.

In der Nähe des Besucherzentrums lag auch die 1880 von Niels Johnson gegründete erste Siedlung. Ab 1890 ließen sich dort strenggläubige Mormonen nieder, um in der Abgeschiedenheit dem Verbot der Polygamie zu trotzen. Näherte sich der Sheriff, versteckten sie ihre Frauen in einer der Schluchten, etwa im Co-hab Canyon, dessen Name sich von *cohabitation* (Beischlaf) ableitet, was auch als Schimpfwort für polygame Mormonen galt. Von der inmitten fruchtbarer Obstplantagen liegenden Siedlung Fruita ist noch das Schulgebäude erhalten, in dem bis 1941 unterrichtet wurde.

Setzt man die Fahrt auf der SR 24 in östlicher Richtung fort, kann man ein Stück weiter bei Petroglyphs aus der Ferne Felszeichnungen der Fremont-Kultur bewundern. Etwa $1/2$ Meile weiter verlockt Hickmann's Bridge zu einem Aufenthalt, um zu einem gewaltigen Felsbogen hinaufzusteigen (ca. 1,6 km) oder weiter entlang des Rim Overlook Trail zu wandern und die grandiose Sicht auf das Fremont-Tal (4 km) zu genießen.

Behunin Cabin, kurz vor Verlassen des Parks am Straßenrand gelegen, veranschaulicht die Mühsal frühen Pionierlebens. Im Jahre 1884 hatte sich hier der Mormone Elijah Cutler Behunin mit seiner zehnköpfigen Großfamilie niedergelassen und einen Weg durch die Capitol Gorge gebahnt.

Der zweite Abstecher von der SR 24 führt vom Osteingang Richtung Süden entlang der Notom-Bullfrog Road bis zum Strike Valley Overlook, der den wohl schönsten Ausblick im Park bietet und den 4 km langen Fußweg in den engen Muley Twist Canyon allemal lohnt.

Folgt man der SR 24 vom Osteingang bis Hanksville und biegt dort nach Süden auf die SR 95 ab, erreicht man die Landschaften südlich des Colorado und das Reservat der Navajo-Indianer. Bleibt man dagegen westlich des Colorado, hat man noch Gelegenheit, zwei weitere, vom Colorado geprägte Nationalparks etwas abseits der Hauptroute zu besuchen.

In der Südostecke des Staates Utah hat der Colorado mit seinen Nebenflüssen eine Erosionslandschaft grandioser Schönheit geschaffen, die auch durch Anlage des Glen-Canyon-Staudamms nichts von ihrer Einmaligkeit verloren hat. Im Gegenteil, der zum Lake Powell aufgestaute Fluß hat sich in eines der beliebtesten Ferienziele der USA verwandelt, das Wassersportlern, Anglern und Wanderern einzigartige Urlaubsfreuden verspricht. Die Zeiten von Wesley Powell, der 1869 als erster unter Lebensgefahr dort die Stromschnellen des Colorado durchfuhr und dessen Namen der Stausee nun trägt, sind unwiederbringlich vorbei.

Canyonlands National Park

Ein besonders reizvoller Abschnitt im Norden von Lake Powell an der Einmündung des Colorado und des Green River wurde 1964 zum **Canyonlands National Park** 14 (S. 328) erklärt, der sich anschließende Teil erhielt den Status einer National Recreation Area, an die auch der Capitol Reef National Park grenzt. Das Gebiet ist heute ein Dorado für Wassersportler, Mountainbike- und Jeepfahrer. Boote, Fahrräder und geländegängige Autos kann man sich in Moab (s. S. 212) mieten, wo auch Touren und Führungen angeboten werden.

Die 1365 km^2 großen Canyonlands bestehen aus drei durch den Green River und den Colorado getrennten Bereichen mit je einem Besucher-Zentrum: Island in the Sky, The Needles und The Maze. Wer alle besuchen will, muß längere Autofahrten und weite Umwege in Kauf nehmen. Versorgungsmöglichkeiten sind praktisch nicht verfügbar. So empfiehlt es sich, rechtzeitig für Treibstoff, Trinkwasser und Lebensmittel zu sorgen.

Die zwischen Colorado und Green River liegende Plateau-Landschaft **Island in the Sky** bietet von ihren Rändern atemberaubende Blicke weit in die

Capitol Reef National Park

Canyons hinab, deren Wände in Stufen senkrecht aus der Tiefe steigen. Vom nordöstlichen Parkeingang, erreichbar über die SR 313, überquert man zunächst die Red Sea Flat, eine rote Sandsteinebene, wie sie für das Colorado Plateau typisch ist. In Mesa Arch sollte man eine kleine Pause einlegen, um den Blick durch den Steinbogen auf den Washer Women Arch und die White Rim Mountains zu genießen.

Auf Stichstraßen gelangt man nun zu den einzelnen Aussichtspunkten. Einen der besten Blicke hat man am südlich gelegenen Grand View Point Overlook, nicht weniger faszinierend ist die Aussicht in den fast 700 m tiefen Canyon vom Green River Overlook. Von geologischem Interesse ist der Besuch des Upheaval Dome, der sich nicht als Aufwölbung entpuppt, sondern im Gegenteil als ein über 400 m tiefer Krater. Noch rätseln die Gelehrten, ob es sich um einen Meteoriteneinschlag handelt oder vielleicht um Reste eines Salzdoms, der

die über ihn liegenden Sedimente hochpreßte und dann, der Witterung preisgegeben, schnell abgetragen wurde. Außer diesen mit jedem Auto befahrbaren Hauptrouten gibt es zahlreiche Pisten, die geländegängigen Fahrzeugen vorbehalten sind und tief in die Wildnis führen. Am beliebtesten dafür ist die über 125 Meilen lange White Rim Road entlang der Abbruchkante von Island in the Sky, die in der Nachkriegszeit von Uransuchern angelegt wurde. Auf mehreren einfachen Campingplätzen kann man die Nacht in der Einsamkeit verbringen.

Bewegt man sich in Island in the Sky auf einer nur wenig gewellten ›Aussichtsplattform‹, so befindet man sich in **The Needles** inmitten einer zu bizarren Formen erodierten Landschaft aus Bögen, Felsnadeln, ausgewaschenen Becken und tief eingeschnittenen Canyons. Vor 700 Jahren war das Felslabyrinth Heimat der Anasazi, die dort ihre Siedlungen im Schutz überhängender

Petroglyphen im Canyonlands Nat. Park

Felswände errichteten. Kurz nach der Einfahrt über die SR 211 in diesen südöstlichen Parkabschnitt sieht man in Roadside Ruin bereits die Reste eines präkolumbischen Kornspeichers, der vor über 700 Jahren errichtet wurde. Am nächsten Haltepunkt Pothole Point, den man nach kurvenreicher Fahrt erreicht, hat die Erosion wannenartige Senken aus dem Gestein modelliert, die sich nach Regenfällen mit Wasser füllen und dann in wenigen Tagen zu einem Paradies für winzige Lebewesen werden, deren Larven und Eier die Trockenzeit im Schutz einer Schlammkruste überdauert haben. Die Straße endet am Big Spring Canyon Overlook. Ein 9 km langer und recht anstrengender Fußweg führt von dort zum Confluence Overlook, welcher den besten Blick auf den Zusammenfluß von Colorado und Green River ermöglicht. Auch in The Needles erschließt sich die Landschaft erst denjenigen ganz, die mit Mountain

Bike oder Jeep auf den zahlreichen Pisten unterwegs sind.

Der Parkabschnitt **The Maze** westlich des Green River, noch heute eine der urtümlichsten und abgelegensten Regionen der USA, ist nur zu Fuß oder mit dem Jeep zugänglich. Bei Regen oder Schnee sind die teils sehr einfachen Pisten nicht befahrbar. Die Landschaft bietet sich als ein von unzähligen Canyons durchschnittenes Labyrinth fern jeglicher Zivilisation dar. Besondere Attraktion sind die prähistorischen Felsbilder im Horseshoe Canyon, deren Alter auf 400 Jahre geschätzt wird. Ein steiler Weg führt vom Plateau hinab zum Eingang des Cataract Canyon, einer der schwierigsten Wildwasserstrecken der USA.

Die kleine Ortschaft **Moab** 15 (S. 350) an der US 191 ist nicht nur Ausgangspunkt für den Besuch von Canyonlands und Arches National Park, sondern bietet darüber hinaus weitere landschaftliche Reize in unmittelbarer Umgebung. Einst trieb Butch Cassidy dort sein Unwesen, später verewigte der Schriftsteller Zane Grey (1875–1939) den Ort in seinen Western-Romanen, dann jagten Regisseure ihre Helden durch die Felsengärten der 24 Meilen entfernten Fisher Towers; heute dienen sie der Werbewirtschaft als Kulisse für Fernsehspots. Von Moab werden auch zahlreiche mehr oder minder abenteuerliche Ausflüge in die Canyon-Landschaften angeboten, von der beschaulichen Bustour bis hin zur atemberaubenden Wildwasserfahrt durch die Schluchten des Colorado. Freunde von Action-Filmen werden sicherlich einen Blick in die **Hollywood Stuntsmen's Hall of Fame and Museum** werfen wollen, an Geschichte interessierte Besucher hingegen eher in das **Dan O'Laurie Museum**.

Arches National Park

Der **Arches National Park** 16
(S. 324), mit 313 km² ein relativ kleines
Naturschutzgebiet, schließt fast unmittelbar nordöstlich an den Canyonlands
National Park an. Die US 191 führt zum
Eingang im Süden des Parks, wo sich
auch das Besucherzentrum befindet.
Zwar sind Naturbögen auch andernorts
eine typische Erscheinungsform des
Colorado Plateau, nirgendwo sonst
aber treten sie derart gehäuft auf; 95
davon kann man auf engstem Raum besuchen.

Die einzigartige ›Sandsteinarchitektur‹ wird durch den Arches Scenic Drive
erschlossen, eine 18 Meilen lange Stichstraße mit vielen Aussichtspunkten und
Übersichten, die alle ihren Reiz haben.
Besucher mit wenig Zeit sollten wenigstens die Windows Section 12 Meilen
hinter dem Eingang aufsuchen. Wer
gern ein wenig wandert, dem sei der
leichte Fußweg zum Double O Arch des
Devils Garden im äußersten Norden
empfohlen; mehrere weitere bemerkenswerte Bögen liegen am Weg. Am
bekanntesten ist der am Ostrand des
Parks einsam an einer Felskante ste-

Arches National Park

hende riesige Delicate Arch in 1472 m Höhe. Man kann ihn jedoch nur zu Fuß erreichen. Der Pfad beginnt in Wolfe Ranch und führt nach 2,4 km über Berg und Tal zum Ziel – zwei anstrengende Stunden, die sich aber lohnen. Bergsteigen ist grundsätzlich erlaubt. Es darf jedoch keine Landmarke des Parks bestiegen werden, die in einer Karte mit eigenem Namen vermerkt ist, wie z. B. all die steinernen Bögen, Brücken oder markanten Felsen. Im Zweifel sollte man sich im Visitor Center erkundigen oder einen Ranger befragen.

Flagstaff und Umgebung

(Karte S. 215)

Die 2100 m hoch gelegene Stadt **Flagstaff** 1 (S. 337) im Schnittpunkt von I-40, I-17 und US 89 gilt als zentraler Ausgangspunkt für die Besichtigung des Grand Canyon (s.S. 197) und zahlreicher Sehenswürdigkeiten in der näheren und weiterer Umgebung. Flagstaff erhielt seinen Namen nach einer Fichte, die 1879 bei der Feier des amerikanischen Unabhängigkeitstages als Flaggenmast *(flagstaff)* diente und danach als Orientierungspunkt für die westwärts ziehenden Planwagentreks stehenblieb.

Die Sehenswürdigkeiten der Innenstadt halten sich in Grenzen. Zu empfehlen ist der Besuch des **Museum of Northern Arizona,** das die Natur- und Kulturgeschichte des Colorado Plateau hervorragend präsentiert. Das Museum führt auch von Wissenschaftlern und Historikern geleitete Touren in teilweise abgelegene Regionen durch.

Wer auf der Suche nach schönen Souvenirs ist, sollte der **Art Barn** einen Besuch abstatten, einer von zahlreichen Künstlern gemeinschaftlich betriebenen Galerie, in der man u. a. Kachina-Puppen, Webereien der Navajo und Indianerschmuck zu annehmbaren Preisen findet. Im angrenzenden **Coconino** **Center For The Arts** kann man seine Kenntnisse über das Kunstschaffen der Region vertiefen.

Mit den Pioniertagen befaßt sich das **Pioneer Historical Museum.** Zu sehen sind unter anderem frühe Fotografien und Gebrauchsgegenstände der ersten Siedler, Erntemaschinen, ein Blockhaus und ein Lokomobil.

Der Erkundung des Planeten Mars weit vor der Zeit der Sonden und Marsfahrzeuge läßt sich im **Lowell Observatory** auf dem Mars Hill östlich des Zentrums nachspüren. Es wurde 1894 von Dr. Percival Lowell gegründet, der nach intelligentem Leben auf dem Mars forschte. Dabei glaubte er, im Teleskop geradlinige Strukturen auszumachen, die er als künstliche Kanäle deutete, was ein Jahrhundert lang die Science-fiction-Welt beflügelte und sich erst in unseren Tagen als Wunschdenken erweisen sollte. Doch seine Vorhersage, wonach noch ein letzter Himmelskörper unseres Sonnensystems der Entdeckung harrt, erfüllte sich 14 Jahre nach seinem Tod, als man 1930 dort dem Planeten Pluto auf die Spur kam.

Etwa 19 Meilen nordöstlich von Flagstaff, erreichbar über I-40, Exit 201, US

89, ragt in einer Höhe von 300 m ein Vulkankegel über die Ebene, dessen letzter Ausbruch sich anhand von Untersuchungen verkohlter Baumreste auf das Jahr 1064 bestimmen läßt. Seinen Namen verdankt das **Sunset Crater Volcano National Monument**

(S. 372) rötlichen Eisenoxyd-Beimischungen der Asche, die den äußeren Kraterrand wie in einem ›ewigen‹ Sonnenuntergang sanft leuchten lassen. Zu sehen gibt es erstarrte Lavaströme und einen Lavatunnel, durch den sich flüssiges Magma den Weg gebahnt hatte. Der

Indianerland südlich des Colorado

Park ist ganzjährig geöffnet, der Eintritt gilt auch für das benachbarte **Wupatki National Monument** (S. 376), erreichbar vom Sunset Crater auf der 19 Meilen langen und landschaftlich schönen Loop Road.

Angelockt durch die fruchtbare Lava-Asche des Sunset-Vulkans haben sich dort vor etwa 900 Jahren Angehörige verschiedener Südwestkulturen niedergelassen, unter ihnen Stämme der Anasazi, Hohokam und Mogollon. Sie schufen einen blühenden Kulturraum, der über 800 Siedlungen umfaßte und bis zur Abwanderung um 1225 zu den am dichtesten besiedelten Regionen des präkolumbischen Westens zählte. Der langgezogene Wupatki-Pueblo mit etwa 100 Räumen, der bis zu 300 Menschen Unterkunft bot, blieb am besten erhalten. Die angrenzenden Ballspielplätze deuten auf den Einfluß mexikanischer Hochkulturen hin. Da die archäologischen Arbeiten an den bisher 2000 registrierten Fundstellen noch nicht beendet sind, ist für Touristen nur ein kleiner Teil zugänglich.

Vom Exit 204 der durch Flagstaff führenden I-40 bringt uns eine Landstraße in Richtung Süden zum **Walnut Canyon National Monument** 3 (S. 375), wo etwa 300 Pueblo-Behausungen bekannt sind, 25 von ihnen kann man auf einem Fußweg vom Visitor Center erreichen, ohne sie allerdings betreten zu dürfen.

Die dritte bedeutende historische Stätte präkolumbischer Kultur in der Umgebung von Flagstaff, **Montezuma Castle National Monument** und **Montezuma Well** 4 (S. 352), liegt ca. 50 Meilen südlich der Stadt, etwas abseits der I-17, Exit 289. Die Namengebung aus spanischer Zeit ist irreführend, handelt es sich doch bei dieser Anlage keineswegs um ein Bauwerk aztekischen Ursprungs, sondern um ein Relikt der Sinagua, die das Rio-Verde-Tal zwischen Flagstaff und Phoenix schon vor 2000 Jahren besiedelt hatten und später mit anderen Kulturen verschmolzen. Etwa

Montezuma Castle

im 7. Jh. ließen sich Gruppen der Hoho-kam in dem fruchtbaren Tal nieder, be-trieben Feldbau mit künstlicher Bewäs-serung, bestatteten ihre Toten in Erdgrä-bern und hatten von Mexiko das rituelle Ballspiel übernommen.

Nur über Leitern erreichbar, ›klebt‹ Montezuma Castle hoch in der Fels-wand über dem Beaver Creek. Das Bau-werk hat im Gegensatz zu vielen ande-ren Cliff Dwellings einen deutlich wehr-haften Charakter, der wahrscheinlich wegen der Bedrohung durch nomadi-sierende Indianerstämme notwendig war. Hinter den glatten, nur durch einige Sehschlitze unterbrochenen Mauern verbergen sich 20 Räume, verteilt auf fünf Stockwerke. Der Zutritt ist zwar nicht erlaubt, doch anhand eines Mo-dells im Besucher-Zentrum läßt sich die Architektur gut studieren.

Als Grundlage der Bewässerung diente nicht nur der Fluß, sondern auch ein Teich 11 Meilen nördlich der Sied-lung. Der **Montezuma Well** ist ein Kalk-stein-Einbruch von etwa 50 m Durch-messer und 20 m Tiefe. In der Umge-bung befinden sich Reste zweier einst mehrstöckiger Häuser und ein alter Friedhof, in dessen Gräbern neben Ske-letten auch Keramik- und Textilbeigaben gefunden wurden.

Indianerland südlich des Colorado

(Karte S. 215)

Im Grenzdreieck der Staaten Utah, Ari-zona und New Mexico hat der Staat den Stämmen der Navajo und Hopi etwa 65 000 km² herbe Wüstenlandschaft als Reservat zugewiesen. In der kargen, le-bensfeindlichen Landschaft finden die Menschen jedoch nur mühsam ihr Aus-kommen und müssen daher mit einem weit unter dem Landesdurchschnitt lie-genden Lebensstandard vorlieb neh-men. Zunehmend allerdings entdecken die Indianer den Tourismus als Einnah-mequelle – mehr oder weniger profes-sionell vermarkten sie nun die einzig-artige Naturlandschaft und ihre uns exotisch anmutende Lebensart. So ist eine Fahrt auf dem Colorado Plateau nicht nur eine Reise zu den Naturwun-dern der USA, sondern zugleich auch eine nachdenklich stimmende Begeg-nung mit der Urbevölkerung und der Geschichte dieses mächtigsten Landes der Welt, das in seinem Drang nach Westen rücksichtslos vom Recht des Stärkeren Gebrauch gemacht hat. Unter diesem Gesichtspunkt sollten auch die zahlreichen Ge- und Verbote verstanden und akzeptiert werden, die vielerorts den Besuchern der Reservate auferlegt werden.

Wer die weitverstreuten Sehenswür-digkeiten alle besuchen will, muß sich auf lange Fahrstrecken und größere Umwege einstellen.

Von Flagstaff aus geht es zunächst auf der nach Osten führenden I-40 zum **Me-teor Crater** 5 (S. 350), einem gewalti-gen Krater von 200 m Tiefe und einem Durchmesser von 1,5 km, den seine Ent-decker Ende des 19. Jh. zunächst für einen erloschenen Vulkan hielten. Doch bald schon äußerte der Mineningenieur Daniel M. Barringer die kühne Vermu-tung, es handele sich um einen Meteoriteneinschlag, und kaufte das Gelände zur Erhärtung seiner These. Unter dem Druck unwiderlegbarer Beweise – so wurden bei Bohrungen Meteoritenfragmente aus Nickel-Eisen und zwei bis dahin unbekannte Mineralien gefunden – mußte die Fachwelt 1929 seine Theorie akzeptieren. Ihm zu Ehren spricht man seitdem vom Barringer-Krater.

Vor etwa 49 000 Jahren schlug dort ein Meteorit ein mit einem Durchmesser von nicht einmal 30 m, aber einer Geschwindigkeit von über 70 000 km/h, und explodierte unter Freisetzung unvorstellbarer Energien. Entlang der Krone des riesigen Walls verläuft ein 6 km langer Rundpfad mit guter Fernsicht. Der Trichtergrund aber, auf dem wegen mondähnlicher Verhältnisse die Apollo-Astronauten geübt hatten, ist für Besucher nicht zugänglich.

Petrified Forest National Park

Auf der I-40 fahren wir weiter über Holbrook (S. 342) zum **Petrified Forest National Park** 6 (S. 357). Daß die farbige Landschaft des Colorado Plateau nicht immer wüstenhafte Züge trug, beweist dieser großartige Nationalpark. Vor etwa 225 Mio. Jahren war die Hochfläche der heutigen Painted Desert eine von großen Strömen durchzogene Niederung, bedeckt mit pinienartigen Wäldern, Farnen und Schachtelhalmen und belebt von kleinen Dinosauriern, großen Amphibien und schuppengepanzerten Fischen.

Durch Hochwasser oder vulkanische Schlammfluten wurden die mächtigen Bäume entwurzelt, in die Senke gespült und mit einer Schicht aus Schlick und Asche bedeckt, die eine Sauerstoffzufuhr verhinderte und dadurch den Pro-zeß der Versteinerung in die Wege leitete. Silikathaltiges Grundwasser drang in das Holz, allmählich ersetzten die abgelagerten Silikatkristalle das organische Material, ehe sie zu Quarz wurden. Das Gebiet sank später ab, wurde überflutet und mit Sedimenten überdeckt, die schließlich an die Erdoberfläche gehoben und der Erosion von Wind und Wetter ausgesetzt waren. Die durch Spuren von Eisenoxyd, Mangan, Karbon und Aluminium besonders farbenprächtigen fossilen Relikte der Urzeit zogen schon bald nach ihrer Entdeckung durch Angehörige der US-Armee Mitte des 19. Jh. zahlreiche Mineraliensammler an, die das versteinerte Holz wagenweise abtransportierten, um es zu Tischplatten und Fensterbänken zu verarbeiten. Anfang dieses Jahrhunderts machte der Staat dem Raubbau ein Ende und stellte die wichtigsten Fundstellen als National Monument unter Schutz; 1932 erwarb er weitere 10 km^2 hinzu und verlieh dem Areal 1962 den Status eines National Park. Im Jahre 1970 schließlich wurden die umliegenden Gebiete der Painted Desert auf einer Fläche von 200 km^2 als Wilderness Area ausgewiesen und damit privater Nutzung entzogen.

Jeder Besucher sollte der Versuchung widerstehen, versteinerte Andenken aus dem Park zu schmuggeln, und sei das Stück noch so klein. Wer sich nicht an das strenge Verbot hält, riskiert drakonische Strafen – Ranger-Kontrollen sind jederzeit möglich. Reinen Gewissens jedoch kann man für vergleichsweise wenig Geld in parknahen Souvenirläden versteinertes Holz jeder Größe und Färbung erwerben; der Kaufbeleg sollte dann als Beweis aufbewahrt werden.

Den Wissenschaftlern bietet der Park immer neue Überraschungen. So wur-

Versteinerter Baumstamm im Petrified Forest National Park

den dort 1985 die ältesten bisher gefundenen Dinosaurier-Reste freigelegt. Aber nicht nur die Paläontologen finden hier ein Dorado, auch Prähistoriker sehen im Park ein reiches Betätigungsfeld. Felszeichnungen, Keramikfunde und Gebäudereste bekunden eine bis 2000 Jahre zurückreichende Besiedlung, die um 1400 im Rahmen des großen Exodus der Südwestkulturen auch hier ihr Ende fand.

Der 379 km^2 große Park wird von einer 27 Meilen langen Straße durchzogen, die den nördlichen Eingang an der I-40 mit dem südlichen an der US 180 verbindet. Wer von Norden kommt, beginnt seine Fahrt am Painted Desert Visitor Center, das mehrfach täglich einen informativen Film über die Entstehung des Parks zeigt. Vom Aussichtspunkt Pintado Point hat man einen besonders schönen Blick über die Painted Desert mit dem 1900 m hohen Pilot Rock. Nizhoni Point besticht im Morgenlicht. Vom Lacey Point lassen sich vor allem im

Abendlicht die mehrfarbig gemusterten Sedimentschichten studieren. Die Straße überquert die I-40 zu der Puerco Indian Ruin, wo Zeugnisse der Anasazi-Kultur erhalten blieben, darunter Felsgravuren mit Tierdarstellungen und bescheidene Gebäudereste. Den Newspaper Rock, eine weitere interessante präkolumbische Felsmalerei, kann man leider nur aus der Distanz betrachten.

Vorbei an den farbigen Hügeln der Tepees, so benannt nach den Indianerzelten gleicher Form, gelangt man zur Abzweigung des Blue Mesa Trail. Der 1,5 km lange Fußweg windet sich durch die Erosionslandschaft und berührt mehrere Fundstellen versteinerter Bäume. Von Jasper Forest läßt sich die Oberflächengestalt des Parks besonders gut erfassen, in Crystal Forest hingegen die Zerstörung durch Mineraliensammler des vergangenen Jahrhunderts. Die fossilen Bäume wurden zum Teil gesprengt, um die darin enthaltenen Quarze und Amethyste herauszulösen.

Trading Posts
Vom Tauschhandel zum Supermarkt

Als erste Weiße zogen nicht etwa Siedler auf der Suche nach einer neuen Heimat durch die unerforschten Weiten des Westens, sondern abenteuerlustige Trapper auf der Jagd nach den begehrten Biberfellen. Frankokanadier taten sich hier besonders hervor und wagten sich bereits um 1600 mit ihren Kanus tief in die Wildnis im Norden des Kontinents, lange bevor die ersten Planwagen Richtung Pazifik rollten.

Schon damals legten sie bescheidene Handelsposten an, um bei den Indianern Felle gegen die nützlichen und weniger nützlichen Dinge des Weißen Mannes einzutauschen. Diese Stationen dienten als erste Berührungspunkte zwischen der indianischen Urbevölkerung und Pionieren aus der westlichen Welt.

Der Warenaustausch hatte unübersehbare Folgen, da auf diesem Weg auch Feuerwaffen in die Hände einiger Stämme gerieten. Nicht selten sahen sich weniger gut ausgerüstete Indianer wegen der plötzlichen Verschiebung des Kräftegleichgewichts zur Flucht Richtung Westen gezwungen. Vor allem die Sioux setzten die neu gewonnene Überlegenheit gegen ihre Nachbarn ein und beherrschten bald die Prärien des Mittleren Westens.

Im Südwesten nutzten die spanisch-indianischen Bisonjäger, die *Ciboleros*, ihre Kontakte zu den Indianern, um einen schwunghaften Handel zu treiben. Statt sich weiterhin den Gefahren und Mühen der Jagd auszusetzen, zogen sie bald mit Planwagen über Land und tauschten Büffelhäute, Maultiere und Rinder gegen Schnaps, Kaffee oder Stoffballen. So entstanden die ersten mobilen *Trading Posts* in der Geschichte des Westens. In ihrem Schatten gedieh aber auch der Menschenhandel. Die Comanchen machten regelrecht Jagd auf Frauen und Kinder, um die Gefangenen dann gegen Lösegeld über die *Comancheros,* wie die Händler auch bald genannt wurden, ihren Familien wieder zuzuführen.

Als 1763 mit dem Frieden von Paris Kanada an die Engländer fiel, übertrugen jene den lukrativen Handel an die beiden Gesellschaften North West Company, die vom Pazifik aus operierte, und Hudson Bay Company, die am Atlantik ansässig war. Da in ihrem Monopolbereich vorwiegend seßhafte Indianer siedelten, kam es im kanadischen Raum zu einer relativ fest gefügten Wirtschaftsstruktur; die Einheimischen waren verläßliche Lieferanten der *Trading Posts.*

Ganz anders in den USA: Der Pelzhandel, und damit auch die Institution der *Trading Posts,* etablierte sich erst um 1806, ausgelöst durch den Mexikaner Manuel Lisa, einen skrupellosen Geschäftemacher aus St. Louis. An der Mündung des Bighorn in den Yellowstone River errichtete er den ersten, sogleich als Fort ausgebauten Handelsposten inmitten eines ertragreichen Biber-reviers. Anders als in Kanada betrieben jedoch weiße Trapper die Fallenstel-lerei, da die nomadisierenden Indianer der Plains und Rocky Mountains wenig Neigung verspürten, sich in die Geschäfte der Weißen einspannen zu lassen; im Gegenteil, sie widersetzten

Zu beliebten Handelsplätzen, gewis-sermaßen zu temporären Trading Posts, entwickelten sich Anfang des 19. Jh. auch die Jahrestreffen der Trap-per inmitten der Wildnis. Nicht nur Felle, Waffen, Whiskey und Pferde wechselten auf den feuchtfröhlichen Rendezvous ihre Besitzer; befreundete

Traute Nachbarschaft: Indianer und Siedler vor einem Laden in Fort Stanton, New Mexico

sich sogar mit Gewalt den eindringen-den Trappern. So wurden die *Trading Posts* gegen Indianerüberfälle befestigt, um ihre Funktion als sicheres Zwi-schenlager für die wertvollen Felle und als Versorgungsdepot der Fallensteller zu erfüllen.

Mit Ausweitung der Pelztierjagd stieg auch die Zahl der *Trading Posts,* die oft-mals einer Handelsgesellschaft gehör-ten. So hatte sich um 1840 am Oberlauf von Missouri und Yellowstone bereits gut ein Dutzend dieser Umschlagplätze etabliert. Diese Posten lagen vorwie-gend an jenen Flüssen, über die St. Louis, die Pelzhandelsmetropole der USA, mit Kanus erreichbar war.

Indianerstämme boten den hart gesot-tenen *mountain men* auch ihre Töchter als Ehefrauen an.

Über die *Trading Posts* fanden nicht nur Feuerwaffen Verbreitung bei den Stämmen, sondern auch der Alkohol, dessen verheerende Wirkung bis zum heutigen Tag trotz des inzwischen strengen Einfuhrverbots in Reservate andauert. Weit schlimmer noch wüte-ten bis dahin unbekannte Krankheiten der Weißen, denen die Indianer auf-grund mangelnder Abwehrkräfte schutzlos ausgeliefert waren. So infi-zierten sich 1837 einige Mitglieder der Assiniboin im Trading Post Fort Union am oberen Missouri mit Pocken, die in kürzester Zeit fast den gesamten Stamm dahinrafften. Ein ähnliches Schicksal teilten die Schwarzfuß-Indianer, die der tödlichen Seuche ebenfalls hohen Tribut zollen mußten.

Der Niedergang der *Trading Posts* zeichnete sich Mitte des 19. Jh. mit Freigabe des *Indian Territory* zur Besiedlung durch Weiße ab. Die Spannungen zwischen den westwärts drängenden Pionieren und den hin und her geschobenen Indianern wuchsen, immer häufiger waren Handelsposten Ziel indianischer Angriffe. Nach und nach mußten sie aufgegeben werden, zumal ihre wirtschaftliche Bedeutung mit Öffnung der Landwege allmählich verlorenging und nur die wenigsten strategischen Wert besaßen.

Aus den *Trading Posts* vergangener Tage gingen Handelsposten hervor, wie man sie, leicht abgewandelt, noch heute findet. Mit staatlicher Konzession etablierten sich weiße Händler innerhalb der Reservate und boten unter ihrem Dach all das feil, was die dortigen Bewohner zum Leben brauchten. Nicht selten bereicherten sich die Kaufleute dabei an ihrer Kundschaft, die den Geschäftspraktiken der Weißen oftmals nicht gewachsen war. Daß es auch Ausnahmen gab, zeigt der als National Historic Site ausgewiesene Hubbell Trading Post in Arizona. Mit Verständnis, Sympathie und Aufopferung kümmerte sich John L. Hubbell, der die Niederlassung 1878 gegründet hatte, um die Navajo, bis er 1930 dort starb.

Im südlichen Teil des Parks, der den Namen Rainbow Forest (Regenbogenwald) trägt, sollte man sich nicht den Giant Logs Trail entgehen lassen, der zum Old Faithful führt, dem mit 2,90 m Durchmesser größtem fossilen Baum. In Long Logs auf der gegenüberliegenden Straßenseite kann man die größte Anhäufung versteinerter Bäume im Petrified Forest bewundern. Der mächtigste Stumpf erreicht noch eine Höhe von gut 2 m. Die Zerstückelung der Baumriesen ist nicht erst Ergebnis der Erosion, sondern auf Erdbewegungen zurückzuführen, mit denen die Scholle des Colorado Plateau lange zuvor gehoben wurde. Einen Blick sollte man auch in das **Museum** werfen, das anhand auserwählter Stücke einen Querschnitt durch die Welt des Trias gibt. Gezeigt wird auch das Skelett eines Phytosauriers. Weiter geht die Fahrt zunächst auf der I-40 etwa 32 Meilen nach Nordosten bis Chambers, wo wir auf die US 191 nach Norden abbiegen und nach knapp

50 Meilen das **Hubbell Trading Post Historical Site** 7 (S. 344) erreichen.

Der Handelsposten wurde 1878 von John Lorenzo Hubbell gegründet, der sich, anders als viele Pioniere der damaligen Zeit, als Freund der Indianer sah. Er trieb nicht nur Handel, sondern half bei Behördengängen und verwandelte seinen Posten bei der großen Pockenepidemie von 1886 in eine Krankenstation. Heute stellen dort die Indianer ihr kreatives Geschick unter Beweis und treiben Handel mit den Touristen. Sehenswert ist Hubbells Wohnhaus mit einer exquisiten Sammlung indianischer Kunst.

Canyon de Chelly National Monument

Wer genügend Zeit hat, sollte der US 191 weitere 35 Meilen nach Norden folgen und einen Abstecher zum **Canyon de Chelly National Monument** 8 (S. 325) unternehmen.

Der 40 km lange und bis zu 300 m tiefe Canyon im Nordosten von Arizona, der mit seinen Seitentälern zu den eindrucksvollsten Landschaften des Südwestens gehört, beherbergt einzigartige Zeugnisse präkolumbischer Besiedlung. Der Name ist eine Verballhornung des Navajo-Wortes *Tsegi* (Felsschlucht); die spanische Aussprache ›dsche-ji‹ hat sich im Laufe der Zeit zu dem heute gebräuchlichen ›de-sché‹ abgeschliffen.

Die Besiedlung des Sandsteinlabyrinths kann man anhand von Felsritzungen 2000 Jahre zurückverfolgen, als sich die Vorläufer der Anasazi-Gruppen hier niederließen. Die zahlreichen Klippenbehausungen stammen allerdings erst aus der letzten Siedlungsperiode im 12. und 13. Jh. Zur Mitte des 17. Jh., lange nachdem die Cliff Dwellers ihre Felswohnungen wegen anhaltender Dürre aufgegeben hatten, suchten die ersten Navajo auf der Flucht vor den Ute, Comanchen und Spaniern Schutz in den Canyons, und fügten der prähistorischen Felsmalerei eigene Werke erstaunlicher Ausdruckskraft hinzu.

Inmitten des Navajo-Reservats gelegen, werden die Flußniederungen des Canyon de Chelly nach wie vor von den Indianern als Weidegründe genutzt. Zwei vom Visitor Center ausgehende Autostraßen, South Rim und North Rim Drive, verlaufen an der Kante und ermöglichen den Blick in die Tiefe. Vom Junction Overlook am South Rim Drive erkennt man Junction House Ruin an der Einmündung des Canyon del Muerto, noch großartiger ist der Blick vom White House Overlook auf die in einer Felsspalte liegenden Behausungen zu Füßen einer senkrechten Sandsteinwand.

Der North Rim Drive entlang des Canyon del Muerto berührt zunächst Antelope House Overview mit Blick auf eine Behausung, die nach der Felszeichnung darüber benannt wurde. Es folgt Mummi Cave Overlook, von dem man die größte Anlage des Parks sehen kann. In seinen Ursprüngen geht das mit einem Turm versehene Bauwerk bereits auf die Korbmacher-Periode um 500 n. Chr. zurück, erhielt seine heutige Gestalt aber erst durch die Anasazi im 12. Jh. Am Endpunkt der Straße liegt Massacre Cave, eine Höhle, in der 1810 über 100 Navajo von Spaniern niedergemacht wurden.

Die weitere Bewegungsfreiheit der Touristen ist eingeschränkt. Nur die White House Ruin darf man zu Fuß vom White House Overview ohne Begleitung besuchen (5 km hin und zurück). Mit indianischen Führern hingegen kann man die Canyonlandschaft zu Fuß, mit dem Pferd oder mit dem Jeep durchstreifen und viele der Felszeichnungen betrachten, die sich über die Region verteilen. Bekannt sind die Navajo-Bildnisse ›Spanische Reiter‹, ›Raubzug gegen die Ute‹ und ›Stehende Kuh‹. Einige der Bilder lassen sich sogar einem Künstler namens Little Sheep zuordnen, der um 1830 dort tätig war.

Um dem **Reservat der Hopi** 9 einen Besuch abzustatten, muß man wieder zum Hubbell Trading Post zurückkehren und die SR 264 in Richtung Westen nehmen.

Nach 20 Meilen liegt Steamboat Rock am Wegesrand, ein Felsklotz, der einem Mississippi-Dampfer ähnelt. Kurz darauf kreuzt man die Grenze des Hopi-Reservats, das eingebettet in jenes der Navajo liegt, und durchfährt die pittoreske Tafelberglandschaft der Hopi Mesa. Verwaltungszentrum ist der 1875 gegründete Keams Canyon Trading Post. Es lohnt sich ein Besuch der umliegenden Hopi-Dörfer, die sich auf drei Hochflächen verteilen, der ersten, zweiten und dritten

Mesa. Für einen Besuch benötigt man eine Erlaubnis. Informationen dazu erhält man vom Hopi Public Relation Office oder beim Hopi Cultural Center.

Auf der ersten Mesa, 15 Meilen westlich von Keams Canyon, ist das von Felswänden umschlossene Dorf **Walpi** bevorzugtes Ziel, darf allerdings nur mit einem einheimischen Führer aufgesucht werden. Auf der zweiten Mesa, 10 Meilen weiter westlich, verdient vor allem **Shungopovi,** das älteste Dorf des Reservats, Beachtung, zumal hier in Jahren mit gerader Endziffer im August die berühmten Schlangentänze als Regenzeremonie stattfinden. Auf der zweiten Mesa liegt auch das Hopi Cultural Center mit Museum, Informationsstand und Hotel. **Kykotsmovi,** Anfang dieses Jahrhunderts zu Füßen der dritten Mesa gegründet, wird seltener aufgesucht, sei aber jedem empfohlen, der genauere Auskünfte wünscht, da hier das Hopi Tribal Headquarter und das Office of Public Relations ihren Standort haben.

Bei Tuba City mündet die SR 264 in die US 160, der wir nunmehr in Richtung Nordosten bis Kayenta folgen.

Monument Valley und Umgebung

Ein schöner Ausflug läßt sich von hier aus zu dem 11 Meilen südlich liegenden **Navajo National Monument** 10 unternehmen, wo die Besucher mit den Klippen-Pueblos **Betatakin, Keet Seel** und **Inscription House** die drei wichtigsten Zeugnisse der Anasazi-Kultur auf dem Boden von Arizona erwarten. Sie entstanden in der zweiten Hälfte des 13. Jh., wurden aber auf-

Ziegenherde im Canyon de Chelly

grund lang andauernder Dürre nach nur 50 Jahren wieder verlassen. Dennoch entfaltete sich die Keramikkunst dort in kürzester Zeit zu höchster Blüte. Das mehrfarbige Dekor entwickelten die Hopi weiter.

Wie im Mesa Verde National Park (s. S. 246) wurden die verschachtelten Wohnräume unter dem Überhang steiler Felswände errichtet, die vor Wetter und Feinden gleichermaßen Schutz boten. Einen ersten guten Überblick hat man von einem Aussichtspunkt unweit des Visitor Center. Betatakin ist auf einem 3,5 km langen Fußweg erreichbar, darf allerdings nur in Gruppen und in Begleitung eines Rangers besucht werden (Anfragen dazu im Visitor Center). Noch strengere Vorschriften gelten für die Besichtigung des 10 km entfernten Keet Seel, wo nur 25 Personen pro Tag Zutritt haben. Zum weit entfernten und leider schlecht erhaltenen Inscription House finden keine Führungen statt.

Kayenta ist auch Ausgangspunkt für den Besuch des **Monument Valley Navajo Tribal Park** 11 (S. 351), etwa 23 Meilen nördlich an der US 163 gelegen.

Als weltweit bekannte Kulisse für Westernfilme und Zigarettenreklame ist diese Felslandschaft an der Nordostgrenze zu Utah zum Inbegriff des Südwestens geworden. Das Tal liegt inmitten des Reservats der Navajo und wird durch eine 17 Meilen lange, vom Visitor Center ausgehende Piste erschlossen, die zu den schönsten ›Monumenten‹ im Mystery Valley führt. Die meisten Berge sind Ergebnis von Erosion des weichen Sandsteins, einige aber auch, wie das schwarze Basaltgestein erkennen läßt, vulkanischen Ursprungs. Zwei dominierende Formationen, Merrit Butte und Mitchell Mesa, sind nach zwei Goldsuchern benannt, die hier reiche Silber-

adern entdeckten, ehe sie von Pajute-Indianern 1881 umgebracht wurden.

Wer tiefer in die Region vordringen will, kann sich einer zwei bis zweieinhalbstündigen Jeep-Tour anschließen, auf der man zu Hogans (das sind die traditionelle Navajo-Häuser), zu Cliff Dwellings und Felsmalereien geführt wird.

Wer dem zeitweise beängstigenden Touristenansturm auf der reglementierten Rundstrecke durch das Monument Valley entgehen möchte, dem sei der Besuch einer kaum minder monumenta-

len Landschaft in der Nähe empfohlen – des einsam gelegenen **Valley of the Gods** 12 im Südwesten Utahs. Man erreicht es, wenn man vom Monument Valley der US 163 weiter nach Nordosten folgt und nach etwa 30 Meilen links auf die SR 316 abbiegt.

Zuvor jedoch bietet der kleine **Goosenecks State Park** nahe der Abzweigung noch einmal eine Lehrstunde in Geologie. In engen Schleifen bahnt sich der San Juan River in 300 m Tiefe den Weg durch das Gestein des Colorado Plateau.

Oft gesehenes Film- und Werbemotiv und immer noch faszinierend:
Monument Valley im Navajo-Reservat

Nur einen Katzensprung ist es von hier zum großartigen, über 2000 m hoch gelegenen Panoramapunkt **Muley Point Overlook,** der einen weiten Blick bis hinüber zum Monument Valley erlaubt. Die Zufahrt zweigt nach links in einer Serpentine von der aus dem Valley of the Gods nach Norden hinausführenden SR 261 ab.

Dieselbe Straße bringt uns weiter nach Norden zu einem weiteren Höhepunkt, dem **Natural Bridges National Monument** 13 (S. 353), wo sich anhand dreier Steinbögen die Entwicklungsgeschichte dieser Naturwunder nachvollziehen läßt. Sie tragen die klangvollen Hopi-Namen Owachomo (Felshügel), Sipapu (Platz der Erscheinung) und Kachina (Geistertänzer). Siedlungsreste weisen darauf hin, daß auch dieses Gebiet einst Lebensraum der Anasazi war. Die einspurige, 9 Meilen lange SR 275 führt in einer Schleife durch den Park Sipapu Bridge und Kachina Bridge – durch einen Pfad miteinander verbunden – sind nur zu Fuß erreichbar. Wasser gibt es lediglich vor dem Visitor Center am Eingang. Vorsicht ist vor ungesicherten Steilkanten, den oft heftigen Sommergewittern und Springfluten in den engen Canyons angezeigt. Vom Besteigen der ›Brücken‹, die oft von einer rutschigen Verwitterungsschicht bedeckt sind, ist wegen Absturzgefahr und nicht zuletzt wegen bestehender Verbote dringend abzuraten.

Wir können die Reise auf der US 95 fortsetzen, wo wir in Hanksville auf die oben beschriebene Route (s. S. 188) zu den Nationalparks nördlich des Colorado stoßen.

Obwohl die Szenerie des Valley of the Gods mit ihren hohen Felsdomen, die die früheren Bewohner vielleicht an Götterversammlungen gemahnt haben, dem Monument Valley ähnelt, und geologisch auch noch als Teil dieser Landschaft zu sehen ist, wird die Region aufgrund der schmalen, unbefestigten Wege von Touristen seltener besucht. Nach Regen oder bei drohendem Unwetter sollte man auf den etwa zweistündigen Abstecher verzichten – auf Hilfe würde man auf dem Rundweg lange warten müssen.

Vom Grand Canyon nach Albuquerque

(Karte S. 228/229)

Wählt man von Flagstaff aus die I-40 als Verbindungsweg nach Osten, nähert man sich allmählich dem Rand des Colorado-Plateaus. Während die Sedimente im Norden eine fast geschlossene Decke bilden, die von tiefen Canyons und Erosionsfurchen durchzogen ist, lösen sie sich südwärts in einzelne Gebirge und Plateaus auf. Weiter nach Osten treten die Ausläufer der Rocky Mountains in Erscheinung, die in der Hauptkette, den Sangre de Cristo Mountains, noch Höhen von über 4000 m erreichen (Wheeler Peak 4042 m). Parallel dazu verläuft die Kette der San Juan Mountains, die als Wasserscheide zwischen Atlantik und Pazifik wirken. Sie sind aus einem harten Granitkern geformt, der sich bei der Faltung aufgewölbt und die über ihm lagernden Schichten durchbrochen hat.

Aufgrund der Höhenlage von durchschnittlich 1200 m schwanken die Tagestemperaturen beträchtlich. Mit 350 mm Jahresniederschlag, der sich auf etwa 50 Tage verteilt und im Winter in Höhen über 2500 m als Schnee niedergeht, ist das Gebiet eine der trockensten Regionen der USA.

Zunächst erreicht man die verkehrsgünstig an der I-40 nahe der Grenze zu Arizona gelegene Stadt **Gallup** ▮ (S. 338), Handelszentrum der in den umliegenden Reservaten lebenden Indianer. Seine Existenz verdankt Gallup den nahen Kohleminen, die 1881 die Santa Fe Railway veranlaßt hatten, dort eine Bunkerstation für ihre Dampflokomoti-

ven einzurichten, aus der sich sehr schnell eine stattliche Ortschaft entwickelte. Ein Besuch von Gallup lohnt sich nur anläßlich des Inter-Tribal Indian Ceremonial, eines viertägigen Spektakels mit Rodeo, Indianertänzen und Kunsthandwerksmärkten meist Mitte August. Der Andrang ist allerdings dann sehr groß. Indianertänze kann man im Som-

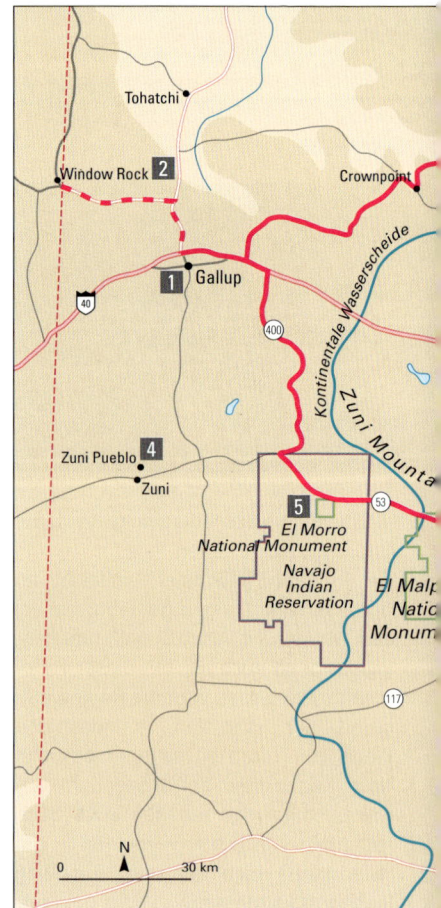

Vom Grand Canyon nach Albuquerque

mer auch täglich um 19.30 Uhr in der Arena des Red Rock State Park anschauen.

Wer sich an farbigen Sandsteinformationen nicht sattsehen kann, dem sei ein Abstecher zum **Window Rock** 2 empfohlen, 25 Meilen nordwestlich in Arizona unmittelbar an der Grenze zu New Mexico, den man über die US 666 und die SR 264 erreicht. Die Erosion hat dort ein riesiges Loch in eine Felswand gefräst. Überdies ist der kleine Ort berühmt für sein fünf Tage andauerndes Indianerfest im September, das als

größtes der USA gilt und Besucher von weither anlockt.

In die Vergangenheit der Pueblo-Kultur führt der Besuch des abgelegenen, nur über staubige, einsame Pisten erreichbaren **Chaco Culture National Historic Park** 3 (S. 341) nordöstlich von Gallup. Mit annähernd 7000 Einwohnern war Chaco sicherlich einmal eine der größten Anasazi-Siedlungen im Südwesten und ein Mittelpunkt des Handels. Archäologen haben Reste eines strahlenförmig vom Ruinenfeld ausgehenden Straßennetzes entdeckt,

Im Acoma Pueblo

das nicht nur bis Mesa Verde in Colorado (s. S. 246) und Aztec Ruins im Norden (s. S. 251) verlief, sondern sich bis tief nach Mexiko und Mittelamerika hinein verfolgen läßt.

Der Park umfaßt heute die Reste von 13 größeren Pueblos und über 2500 kleineren Ausgrabungsstellen, an denen sich die Entwicklungsgeschichte vom einfachen *pit house* bis hin zum komplexen Pueblo nachvollziehen läßt. Bewohnt war Chaco zwischen 900 und 1150, bis die Bevölkerung die Siedlung wahrscheinlich infolge anhaltender Dürre aufgab und sich zerstreute.

Mehrere kürzere Pfade führen zu den einzelnen Bauwerken, darunter Pueblo Bonito, der größte und am besten erhaltene Wohnkomplex. Die ehemals fünfstöckige Anlage bedeckte eine Fläche von 12 000 m^2 und umfaßte 600 Räume sowie 32 Kivas.

Von Gallup aus erreicht man zahlreiche Reservate der Pueblo-Indianer, die auf Tourismus eingestellt sind, ja sogar

davon leben. Am bekanntesten ist **Zuni** **4** (S. 377), 36 Meilen südlich von Gallup, die einzige noch erhaltene Siedlung der legendären Sieben Städte von Cibola, die Coronado so verzweifelt gesucht hatte, nachdem der erste europäische Besucher, Pater Marcos de Niza, sie als große Stadt mit goldenen Dächern beschrieben hatte. Wahrscheinlich hatte de Niza 1539 den Pueblo nur aus der Ferne gesehen, denn seinen Begleiter, den schwarzen Abenteurer Esteváns, töteten die Indianer beim Besuch des Dorfes. Noch heute soll das Ereignis in den Legenden der Zuni seinen Platz haben: »Dort und damals wurde von unseren Vorfahren genau an der Stelle, wo der Stein unten am Arroyo von Kya-Ki-Me steht, einer der schwarzen Mexikaner getötet, ein großer Mann mit Pfefferlippen … Da rannten die übrigen davon, gehetzt von unseren Ahnen …«.

Auch später zeigten sich die Zuni den Spaniern gegenüber eher reserviert und waren keineswegs geneigt, zum Christentum überzutreten, obwohl eine von den Indianern ausgemalte Kolonialkirche aus dem 17. Jh. im Pueblo steht. Bis heute hat der Stamm viele seiner alten Traditionen, wie etwa Regenzeremonien, bewahrt. Fremde dürfen den rituellen Maskentänzen beiwohnen und fotografieren, sofern sie zuvor eine Erlaubnis beantragt haben. Die wichtigste Zeremonie dieser Art, der Shalako-Tanz, findet Ende November statt. Die Zuni sind als hervorragende Silberschmiede über die Landesgrenzen hinaus bekannt. Neben Schmuck gehören auch die Kachinas und Steinfetische in Tiergestalt zu den beliebtesten kunsthandwerklichen Gegenständen, die sie über eine Kooperative anbieten.

Im Mittelpunkt des **El Morro National Monument** 5, (S.338) etwa 30 Meilen östlich von Zuni an der SR 53 gelegen, steht der Inscription Rock (Fels der Inschriften), in dem bereits präkolumbische Indianer Zeichnungen hinterlassen hatten, bevor sich auch die Spanier dort verewigten, unter ihnen Don Juan de Oñate, erster Gouverneur der spanischen Besitzung (1605) und Don Diego Vargas, der New Mexico nach dem Pueblo-Aufstand von 1680 für Spanien zurückgewann (1692). Freigelegt wurden überdies Reste zweier Anasazi-Dörfer aus dem 13. Jh.

Im wenige Kilometer südlich gelegenen **El Malpas National Monument** 6 (S. 341) wird der Besucher mit einer bizarren Landschaft konfrontiert, die von Lavaströmen modelliert wurde und den Indianern als geheiligter Ort galt.

Der Ort **Grants** 7 (S. 341), auf den man am Schnittpunkt der SR 53 und der I-40 stößt, erweckt eher einen unscheinbaren Eindruck und gibt nicht sofort zu erkennen, daß in seiner Nähe die reichsten Uranvorkommen der USA liegen, entdeckt 1950 durch einen indianischen

Schäfer. Einen fast authentischen Blick in eine unterirdische Uranmine kann man im New Mexico Museum of Mining von Grants werfen.

Nicht weit östlich davon, erreichbar über die Ind. 38, erinnert der besuchenswerte **Acoma Pueblo** 8 (S. 341) wiederum an frühe Bewohner der Region. Der nach Taos bekannteste und sehenswerteste Pueblo von New Mexico liegt auf einem felsigen Hochplateau und gilt als die älteste ununterbrochen bewohnte Siedlung des Landes. Bis ins 5. Jh. lassen sich die Spuren früher Siedler nachweisen, und als Coronado im Jahre 1540 dort vorbeizog, fand er bereits eine große Gemeinschaft vor.

Hauptsehenswürdigkeiten sind das auf dem Plateau liegende Pueblo Sky City und die Mission San Esteban de Acoma aus dem Jahre 1629. Fremden ist das Betreten der Mesa nur in Begleitung eines einheimischen Führers gestattet. Vor der Besichtigung müssen Besucher im Visitor Center am Fuß des Plateaus eine gebührenpflichtige Erlaubnis einholen, die auch die Führung durch Sky City einschließt. Zum Fotografieren ist ein gesondertes Ticket zu lösen, Filmen ist verboten. Weit über die Grenzen berühmt ist die dünnwandige, weißgrundige Keramik der Acoma, die im Visitor Center, aber auch landesweit in Kunstgewerbeläden angeboten wird.

40 Meilen vor Albuquerque kann man von der I-40 in der Ferne den schön gelegenen, von einer Kirche überragten **Laguna Pueblo** 9 (S. 341) sehen. Er wurde erst im Jahre 1699 gegründet und ist damit die jüngste Siedlung dieses Typs, in der Angehörige der unterschiedlichen Stämme wie Zuni, Acoma und Sandia eine neue Heimat gefunden haben. Protestantische Glaubenseiferer haben Ende des vergangenen Jahrhunderts die Indianer gewaltsam bekehrt

Menschen, Tiere, Rummelplatz
Die New Mexico State Fair

Jeweils Mitte September richtet Albuquerque als Hauptstadt von New Mexico die *State Fair* aus, den größten Jahrmarkt des Landes und für die Einheimischen das wichtigste Ereignis des Jahres. Während turbulenter 14 Tage kommen dann mehr als eine Mio. Besucher zu den *Fairgrounds* – kaum weniger, als der gesamte Bundesstaat an Einwohnern aufbringt.

Das riesige Volksfest lockt mit vielerlei Attraktionen wie Pferderennen, Ausstellungen, Musikaufführungen, Paraden, Rummelplatz oder Rodeo. Einen traditionellen Platz nehmen dabei die landwirtschaftlichen Leistungsshows ein, wo Rancher und Farmer aus der näheren und weiteren Umgebung ihre prächtigsten Zuchttiere und vielfältigen Agrarerzeugnisse präsentieren. Im ›Babyzoo‹ können Kinder Lämmer, Fohlen und Kälber streicheln oder Enten- und Hühnerküken auf die Hand nehmen.

Dies ist auch der rechte Ort, alle möglichen Erzeugnisse der Kleinindustrie an den Mann zu bringen. Vor allem dem indianischen Kunsthandwerk ist mit Verkaufsausstellungen breiter Raum gelassen. Im Indian Arts Building, im Indian Village und an Ständen entlang der Hauptstraße kann man typische Keramikprodukte, kunstvollen Silberschmuck und geschmackvolle Leder- und Webarbeiten erstehen.

Natürlich findet man auch die üblichen Kirmes-Attraktionen wie Karussell, Achter- und Geisterbahn. Auch für das leibliche Wohl ist bestens gesorgt. Der Duft von Barbecues, gebrannten Mandeln und Pizzen hängt in der Luft, und je nach Geschmack und Geldbeutel kann man bei amerikanischen oder ethnischen Gerichten neue Kraft tanken.

Die Abende gehören ganz den Rodeovorführungen im Tingley Coliseum, dem Höhepunkt des Tages. Als angeblich weltgrößte Veranstaltung ihrer Art – sonst wäre man wohl auch nicht in Amerika – zieht sie in Scharen nicht nur ein fachkundiges Publikum in Jeans und mit Cowboyhüten an, sondern auch alles, was im Rodeo-Geschäft Rang und Namen hat. Wagemutiger Bullenringkampf, das Reiten bockender Pferde und artistische Lassoarbeit mit fliehenden Kälbern erfreuen sich zwischen Pazifik und Atlantik seit jeher größter Beliebtheit. Die meisten Rodeonummern erfüllen zwar nach unserer Ethik den Tatbestand der blanken Tierquälerei, doch sie gehören nun einmal nach Amerika wie der Stierkampf nach Spanien, und wer nicht so sehr mit der geschundenen Kreatur leidet, wird voll auf seine Kosten kommen.

Die Fairgrounds befinden sich nordöstlich von Downtown zwischen Lomas Blvd. im Norden und der Central Ave. im Süden. Die Tore haben täglich von 8 Uhr bis Mitternacht geöffnet. Parkplätze zu moderaten Gebühren stehen in ausreichender Zahl zur Verfügung, und auch die Eintrittsgelder bewegen sich in volkstümlichem Rahmen.

und einige der Kivas zerstört. Sehenswert sind die Kirche aus der Gründungszeit und die traditionellen Tänze am 24. Juni, 10. August und 19. September. Das Fotografieren im Pueblo ist verboten.

Albuquerque

Ein Blick auf die Karte zeigt, warum **Albuquerque** 10 (S. 322) zur größten und wirtschaftlich bedeutendsten Metropole von New Mexico heranwachsen konnte: Wie die Nabe eines Rads liegt es im Mittelpunkt der sich hier kreuzenden Autobahnen I-40 und I-25.

Ihre Gründung verdankt die Stadt der Lage an einer damals wichtigen Verkehrsader, die Mexico City mit der Provinzhauptstadt Santa Fe verband. Im Jahre 1706 hatten durchreisende Kolonisten die Vorzüge des fruchtbaren Tals entdeckt und vom Vizekönig Herzog Alburquerque Erlaubnis für die Gründung einer Niederlassung erhalten. Wen wundert es, daß man sie nach dem fernen Gönner benannte – das erste ›r‹ in seinem Namen ging dabei verloren. Zunächst wurde eine Adobe-Kirche errichtet. Einige jeweils durch eine gemeinsame Wand verbundene Häuser gruppierten sich um eine kleine Plaza, so daß ein festungsartiger Innenhof entstand, in den man sich bei Indianerangriffen zurückziehen konnte.

Wie so häufig im Westen gab auch bei der Stadtgründung von Albuquerque die Eisenbahn den entscheidenden Impuls. Um teuren Landerwerb zu vermeiden, ignorierten die Planer der Santa Fe Railroad die Interessen der Reisenden und führten die Trasse 3 km östlich an der Niederlassung vorbei. Damit lösten sie die Gründung einer neuen Siedlung aus, die sich nun schnell zum Hauptzentrum entwickelte – eine Stellung, die sie

dann nie mehr abgab. Heute lebt etwa ein Drittel der Bevölkerung von New Mexico in und um Albuquerque, das sich in den letzten Jahren wegen der nahen Uranbergwerke zu einem Zentrum der Atomforschung entwickelt hat. Interessierte Besucher können sich im **National Atomic Museum** einen Einblick in die Geschichte der atomaren Streitmacht der USA verschaffen.

Kirche und Plaza liegen in **Old Town** noch an derselben Stelle wie zu Zeiten der Spanier, haben ihr Gesicht seither allerdings mehrfach gewandelt. Statt des staubigen Gevierts von einst lockt nun eine **Plaza** mit kleinen Galerien, Boutiquen und Restaurants die Besucher. Die in ihren Ursprüngen aus dem Gründungsjahr 1706 stammende **San-Felipe-de-Neri-Kirche** an der Nordwestecke des Platzes präsentiert sich heute als eine Mischung aus Adobe-Stil und viktorianischer Strenge. Ganz in der Nähe liegt das **New Mexico Museum of Natural History,** das Besucher mit der Naturgeschichte des Staates vertraut macht. Daneben hat das **Museum of Albuquerque,** das sich der Geschichte des Rio Grande Gebiets widmet, seinen Platz.

Ein Stück nördlich der Altstadt liegt unmittelbar an der Interstate das unter indianischer Leitung stehende **Indian Pueblo Cultural Center,** eine Kombination aus Museum und Kunstgewerbemarkt. An Wochenenden finden dort Tanzvorführungen und Demonstrationen einheimischer Kunstfertigkeiten statt. Einige Blocks östlich hat sich das neuere Stadtzentrum mit dem Civic Center als Mittelpunkt herausgebildet, eine Mischung aus traditionellen Backsteinbauten und modernen Hochhäusern. Südlich der **Civic Plaza** beginnt die Fußgängerzone, die mit schattigen Bäumen und Brunnen bis zur Central

Avenue verläuft, hinter der sich nichts anderes verbirgt als der legendäre Highway 66, eine der ersten Transkontinentalstraßen, die von Chicago nach Los Angeles führte.

Das Gelände der **University of New Mexico** liegt ein gutes Stück weiter östlich jenseits der I-25 an der alten US 66. Sehenswert sind vor allem die unterschiedlichen, aus der Adobe-Bauweise entwickelten Architekturformen und einige Museen. Das **Art Museum** legt den Schwerpunkt auf die Kunst des 19. und 20. Jh., die Jonson Gallery widmet sich dem Künstler Raymond Jonson, das **Maxwell Museum of Anthropology** befaßt sich mit den Anasazi und den daraus entstandenen Indianerkulturen des Südwestens.

Wer plant, von Albuquerque auf der I-40 weiter Richtung Texas oder Oklahoma zu fahren, der sei auf eine Kuriosität am Wegesrand verwiesen. In Sichtweite von Amarillo in Texas, etwa 5 Meilen westlich der Stadt, hat ein Rancher namens Stanley Marsh 1974 mit Hilfe einer Künstlergruppe aus San Francisco zehn alte Cadillacs der Nase voran auf seinem Acker eingegraben; nur die Hecks – von immer neuer Graffiti verziert – ragen steil in den Himmel. Wer ohnehin durch Amarillo fährt, sollte den kurzen Abstecher zur **Cadillac Ranch** nicht scheuen.

Die Pueblos der Umgebung

Acht der insgesamt 19 Pueblos von New Mexico befinden sich in der näheren oder weiteren Umgebung von Albuquerque.

Zwar haben sich die Bewohner des **Isleta Pueblo** 11 (S. 323, 16 Meilen südlich an der I-25 gelegen) weitgehend as-

similiert, pflegen aber ihre Traditionen in Form von Tänzen (4. September, Weihnachten und Ostern) und schönen Keramikarbeiten. Sehenswert ist die Missionskirche San Augustin de Isleta, ein ansehnlicher Adobe-Bau aus dem 17. Jh. Während des Pueblo-Aufstands zerstört und zeitweise als Viehstall genutzt, wurde die Kirche nach der Rückeroberung durch die Spanier wieder aufgebaut und dient seither ihrem ursprünglichen Zweck.

Die von den Spaniern errichteten und heute zum National Monument erhobenen **Salinas Pueblo Missions** (S. 323) beiderseits der US 60 liegen in drei voneinander getrennten ehemaligen Pueblos. Aufgrund der schwierigen Lebensbedingungen und aus Furcht vor Angriffen der Prärie-Indianer gaben die Bewohner die Siedlungen bereits Ende des 17. Jh. auf, so daß die teilweise recht gut erhaltenen Pueblos noch heute einen umfassenden Eindruck vom damaligen Leben vermitteln.

Der bei Mountainair an der US 60 liegende **Pueblo Abo** 12 der Tompiro-Indianer war früher einmal einer der größten im Südwesten, wurde aber schon 1670 verlassen. Eindrucksvoll sind die Ruinen der Missionskirche, die aus dem Jahre 1650 stammt und zu den wenigen zählt, die den Pueblo-Aufstand von 1680 überdauert haben.

Mit über 1500 Einwohnern zählte der auf einem Hügel über der Prärie 126 Meilen südlich von Mountainair an der SR 55 liegende Pueblo **Gran Quivira** 13 einmal zu den Siedlungszentren im Südwesten. Obwohl die Ausgrabungen noch andauern, kann man bereits über 300 Räume, sechs Kivas und zwei kleine Kirchen auf einer selbstgeführten Tour besichtigen.

Durch ihre Lage in einem Canyon mit Sicht auf die Ebenen ist die Ruinenstätte

Kurioses am Straßenrand: Die Cadillac-Ranch bei Amarillo

Quarai 14 (S. 323) die vielleicht eindrucksvollste, obwohl die Reste überwiegend aus Hügeln bestehen. Lediglich von der Missionskirche blieben bis zu 12 m hohe Sandsteinmauern erhalten. Als lebendiges Erbe längst vergangener Zeiten wachsen ringsum wilde Rosen, deren ›Urahnen‹ in den Gärten der Franziskaner blühten.

Der kleine **Sandia Pueblo** 15; (14 Meilen nördlich von Albuquerque) ist wegen seines Kunsthandwerk-Zentrums Bien Mur bekannt, das auch Arbeiten anderer Stämme anbietet. Der traditionelle Mais-Tanz wird alljährlich am 13. Juni aufgeführt.

Auf dem Weg zum Jemez Pueblo hat man nahe der Abzweigung von der I-25 Gelegenheit zum Besuch des **Coronado State Monument** 16. Das heute verfallene Pueblo 13 Meilen nordwestlich von Albuquerque an der I-25 nahe der Ausfahrt Bernalillo und zu Füßen der Jemez Mountains gelegen, diente 1540/41 der Coronado-Expedition als Hauptquartier. Von dort wurden die Kundschafter auf der Suche nach dem sagenhaften Gold der Indianer bis zum Grand Canyon und weit nach Texas hinein ausgeschickt. Daß Coronado für sich den Ruhm in Anspruch nehmen konnte, als erster Weißer bis dahin unbekannte Landstriche durchquert zu haben, wird ihn wenig getröstet haben. Vermeintlicher Reichtum hatte ihn in die Ferne gelockt, mit leeren Händen kehrte er 1541 nach Mexiko zurück.

Über eine Leiter kann man hier in die rekonstruierte Kiva hinabsteigen. In bewohnten Pueblos ist dieser heilige Raum für Fremde tabu. Die originalen Wandmalereien wurden entfernt und ins Museum des Visitor Center gebracht, die Wände danach mit Kopien wieder bemalt.

Der **Jemez Pueblo** 17 (S. 344), dessen Bewohner sich bis zuletzt den Spaniern widersetzt hatten, liegt 45 Meilen nordwestlich von Albuquerque eindrucksvoll im engen Tal des Jemez River. Die Einwohner sind für ihre Keramik bekannt, die sie in einer eigenen Kooperative verkaufen. Tänze finden am 2. August, 12. November, 12. Dezember sowie zu Weihnachten und Neujahr statt. Nicht weit entfernt liegt die Ortschaft Jemez Springs mit den Ruinen einer ehemaligen Franziskaner-Kirche aus dem Jahre 1617, die beim Pueblo-Aufstand von 1680 zerstört und nicht wieder aufgebaut wurde.

In dem 26 Meilen nördlich von Albuquerque abseits der I-25 gelegenen konservativen **San Felipe Pueblo** 18 (S. 365) herrscht striktes Fotografierverbot. Alljährlich findet am 1. Mai ein Mais-Tanz statt, an dem über 100 Akteure teilnehmen.

Santa Fe und Umgebung

Wer von Albuquerque die etwa 100 Meilen nach **Santa Fe** 19 (S. 367) hinauffährt, sollte statt der I-25 die weitaus interessantere östlich davon verlaufende Bergstraße SR 14 wählen, die dem historischen Turquoise Trail folgt. Die an den Hängen der Sandia Mountains mäandernde Straße berührt mehrere historische Bergbauorte, von denen vor allem Golden, Madrid und das verschlafene Cerrillos Erwähnung verdienen.

Wie kaum sonst in den USA sind in der Hauptstadt von New Mexico die unterschiedlichen kulturellen und historischen Strömungen verschmolzen. Ihre Bewohner berufen sich bewußt auf das indianische, spanische und anglo-amerikanische Erbe.

An der Stelle eines indianischen Pueblos gründete Pedro de Peralta im Jahre 1610 Santa Fe, nachdem die erste spanische Niederlassung in San Gabriel gescheitert war, und nannte sie La Villa Real de Santa Fé de San Francisco de Asis. Inmitten des fruchtbaren Rio Grande-Tals gelegen, entwickelte

sich die Siedlung schnell zum Handelszentrum zwischen den Spaniern und den Indianern und der Umgebung. Die hartnäckige Missionierung der Franziskaner, die vor der Ausnutzung und Bevormundung der Indianer nicht haltmachten, löste 1680 den großen Pueblo-Aufstand aus, von dem auch Santa Fe betroffen war. Als die Indianer in die Stadt eindrangen, verbarrikadierten sich die 1000 Bewohner im befestigten Gouverneurspalast. Erst nach fünf Tagen gelang ihnen die Flucht nach Süden. Es sollte dann noch zwölf Jahre dauern, bis sich die Spanier zurückwagten und mit dem Wiederaufbau begannen.

Die Funktion der Stadt als kommerzielle Drehscheibe erhielt eine neue Dimension, als die Amerikaner 1821 den Santa Fe Trail eröffneten. Der Überlandweg zog sich von Franklin, Missouri über 1500 km westwärts bis in diesen Ort hin. Dank dieser Verbindung und der liberalen Handelspolitik von Mexiko, das 1822 das Erbe Spaniens angetreten hatte, flossen nicht nur Warenströme zwischen dem westlichen und östlichen Teil der USA, es kamen auch Pioniere und Siedler.

Während des mexikanisch-amerikanischen Kriegs rückten amerikanische Truppen entlang des Santa Fe Trail vor und besetzten 1846 die Stadt. Vier Jahre später wurde Santa Fe Hauptstadt des neuen Territoriums New Mexico. Während des Unabhängigkeitskriegs geriet die Stadt 1862 kurzfristig in die Hände der Südstaatler, ehe sie nach der Schlacht von Glorieta von den Unionstruppen befreit wurde. Als die Eisenbahn 1880 die Stadt erreichte, verlor der Santa Fe Trail seine Funktion und lebt seitdem nur noch in Straßenschildern und der Legende fort.

Anders als in den meisten Städten der USA liegen die Sehenswürdigkeiten von

Haus im Adobe-Stil
in Santa Fe

Santa Fe dicht beieinander und lassen sich leicht zu Fuß erkunden.

Ausgangspunkt des Rundgangs ist die altehrwürdige **Plaza,** die bis heute den Mittelpunkt bildet. An der Nordseite liegt der 1610 in Adobe-Bauweise errichtete **Palace of the Governors,** der Gouverneurspalast, der bis 1909 als Regierungssitz diente und heute ein Museum mit Exponaten zur Geschichte von New Mexico beherbergt. In dem Gebäude nahm Lew Wallace, zwischen 1878 und 1881 Gouverneur von New Mexico, nicht nur die Regierungsgeschäfte wahr, sondern verfaßte auch

den Roman ›Ben Hur‹. Unter den Arkaden bieten Indianer unterschiedlicher Stämme ihr Kunsthandwerk feil und beanspruchen damit ein historisch verbrieftes Recht. Die anderen Gebäudefronten teilen sich Restaurants, Souvenirläden, Boutiquen und Galerien.

Auf der Plaza endete einst auch der Santa Fe Trail, an den das ›End of the Trail‹ Monument an der südwestlichen Ecke ebenso erinnert, wie die von dort nach Südwesten verlaufende Straße Old Santa Fe Trail. Ein zweites Denkmal ehrt General Stephen Kearny, der im mexikanisch-amerikanischen Krieg Santa

Töpfer, Weber, Silberschmiede
Indianisches Kunsthandwerk

Das künstlerische Schaffen der indianischen Urbevölkerung stand einst in engem Zusammenhang mit der Lebensweise und den zur Verfügung stehenden Ressourcen. Erst wenn der Hunger gestillt war, konnten die Menschen ihre schöpferische Kraft auf Dinge richten, die nicht unmittelbar dem Broterwerb dienten. Bestes Beispiel sind die Nordwestküsten-Indianer, die, im Überfluß lebend, eine für das frühe Nordamerika beispiellose künstlerische Aktivität entfalteten. Mit gewaltigen Totempfählen, kunstvollen Textilmalereien und einzigartigen Masken verewigten sie die Welt der Tiergeister. Von unvergänglichem ästhetischen Reiz ist die stark stilisierte Formgebung, die bis zur völligen Abstraktion reicht.

Zwar lagen den Werken religiöse Motive zugrunde, die Kunst diente aber auch der Erbauung. Selbst Gebrauchsgegenstände wie Löffel, Truhen, sogar Paddel waren verziert. Überdies spielte das Prestige als Impuls für die Suche nach immer neuen Wegen und Techniken eine nicht zu unterschätzende Rolle. So überboten sich die Häuptlinge in der Herstellung von Totempfählen, die nach ihrem Tode von ihrer Größe künden sollten. In Form von Tierdarstellungen erzählten die bis zu 15 m hohen Pfähle die Familiengeschichte, eingefaßt vom Wappen des Herrschers, das wiederum die Gestalt eines Tieres hatte. Mit dem Niedergang der Westküstenvölker gingen auch diese hochentwickelten Fähigkeiten verloren und können heute nur noch in Museen besichtigt werden. Die Stämme des Südwestens hingegen haben ihre Kunst bis heute bewahrt und gelernt, sie als Kunsthandwerk geschickt zu vermarkten.

Die Ursprünge des Kunstschaffens im Südwesten, das seinen Ausdruck vornehmlich in der Keramik und Weberei findet, gehen weit zurück in präkolumbische Zeiten. Dank des Tourismus haben diese Arbeiten eine Wiederbelebung erfahren, die allerdings vielfach dem Geschmack der Käufer Rechnung tragen und somit zuweilen weit von den traditionellen Mustern abweichen.

Zu den ältesten Ausdrucksformen künstlerischen Schaffens gehören Flechtarbeiten aus Gräsern und Yucca-Fasern, die früher der Herstellung von Behältnissen dienten. Die Tradition wird heute vor allem von den Hopi, Papago und Apache fortgeführt, die sich damit eine Einkommensquelle erschlossen. Kennzeichen ihrer aufwendigen Arbeiten sind streng geometrische Muster aus verschiedenfarbigen Gräsern.

Die Kunst des Webens kann als eine Erweiterung des Flechtens mit neuen Materialien gesehen werden. Die präkolumbischen Pueblo-Völker verwendeten zunächst Baumwolle; als die Spanier die ersten Schafe ins Land brachten, entwickelten vor allem die Navajo die Wollweberei zu hoher Vollendung, nachdem sie sich mit der Tierhaltung vertraut gemacht hatten.

Zunächst webten die Navajo-Frauen Decken mit einem charakteristisch gestreiften Grundmuster, dem *chief pattern.* Erst unter dem Einfluß westlicher Händler wandten sie sich nach Einzug ins Reservat auch der Teppichweberei zu und differenzierten, dem Geschmack der Käufer entsprechend, die Muster, wobei jedes Dorf des riesigen Reservats seinen eigenen Stil entwickelte. Die handgewebten, etwa 1,90 m × 0,90 m messenden *Navajo rugs* erfreuen sich außerordentlicher Beliebtheit und erzielen hohe Preise.

Bekannt sind die Navajo vor allem auch wegen ihres Schmucks, wobei Silber, Türkise und Korallen Verwendung finden. Die Kenntnisse zur Verarbeitung dieser Materialien erlernten sie erst im 19. Jh. von den Mexikanern, die Silberschmuck als Tauschware ins Land brachten. Innerhalb nur weniger Jahrzehnte beherrschten die Navajo die Techniken in höchster Vollendung und übertrumpften darin ihre Lehrmeister. Beliebt sind Ketten aus hohlen Silberkugeln, türkisbesetzte Armreifen und Gürtelschnallen. Auch Zuni und Hopi haben sich der Schmuckherstellung zugewandt und darin eine zeitgemäße Möglichkeit gefunden, ihr hohes künstlerisches Talent gewinnbringend einzusetzen.

Weit in die Vergangenheit zurück reicht hingegen die Töpferkunst, die bereits unter den präkolumbischen Völkern einen hohen Stand erreicht hatte und von den Pueblo-Völkern fast unverändert bis ins 19. Jh. fortgeführt wurde. Mit dem Aufkommen billiger Metallgefäße verarmte die Kunst zunächst, erlebte dann aber nicht zuletzt aufgrund des Tourismus eine Renaissance. Zwar wurden auch hier im Dekor Zugeständnisse an den Zeitgeschmack gemacht, die alten Techniken aber blieben unver-

ändert. Als Hochburg der indianischen Töpferei gelten die Rio Grande Pueblos San Ildefonso und Santa Clara sowie die Dörfer der Hopi. Vorherrschend ist auch hier die bei den Indianerkulturen dominierende Stilisierung und die strenge Geometrie der Muster.

Eine Besonderheit sind die aus Holz gefertigten Kachinas der Hopi, die dem religiösen Kult entstammen und nun den Weg in den Souvenirhandel gefunden haben. Früher dienten die Nachbildungen der Kachina-Tänzer dazu, Jugendliche mit der Bedeutung dieser für die Gemeinschaft so wichtigen Geister vertraut zu machen, ehe sie nach der Initiation selbst an den Zeremonien teilnehmen durften.

Als jüngstes Feld indianischen Kunstschaffens gewinnt die Aquarellmalerei zunehmend an Bedeutung, die längst ihren Weg in Museen und Galerien gefunden hat. Auch mit diesem Medium verstehen es die Indianer meisterhaft, ihre Kunstfertigkeit zu beweisen.

Fe eroberte, ein drittes gedenkt der Gefallenen der Schlacht von Glorieta am 28. 3. 1862, die den Rückzug der Südstaatler aus New Mexico einleitete. Die Südostecke der Plaza nimmt das 1919 errichtete Adobe-Hotel La Fonda ein, das nicht nur viele illustre Gäste beherbergte, sondern spanische Tradition fortführt, soll doch hier schon 1610 eine Herberge gestanden haben. An der Palace Avenue hat das ebenfalls im Adobe-Stil erbaute **Museum of Fine Arts** seinen Platz, das 1917 entstand, um dem wachsenden Strom von Künstlern ein Forum für ihre Werke zu bieten. Der in den 80er Jahren erweiterte Bau zeigt eine sehenswerte Kollektion einheimischer moderner Werke sowie wechselnde Ausstellungen zeitgenössischer Künstler.

Einen Block östlich der Plaza erhebt sich die **Cathedral of St. Francis of Assisi,** die Kirche des hl. Franziskus von Assisi, Schutzpatron und Namensgeber der Stadt. Das Gotteshaus wurde 1869 unter Leitung des Erzbischofs Jean Lamy in neoromanischem Stil auf den Ruinen eines von Indianern 1680 zerstörten Vorgängerbaus errichtet. Aus weitaus früherer Zeit stammt die Madonnenfigur, die bereits 1628 aus Mexiko hierher gebracht wurde und damit als älteste der USA gilt.

Unweit der nordöstlichen Ecke der Plaza führt eine Art Prozessionsweg zum Fort Mercy Hill empor, gesäumt von Bronzetafeln, die auf bedeutende Ereignisse in der Stadtgeschichte hinweisen. Bis 1868 stand dort ein Adobe-Fort, heute erinnert ein Kreuz an die 1680 von den Indianern während des Pueblo-Aufstandes umgebrachten 23 Franziskaner.

Ein Stück weiter südlich der Plaza versteckt sich am alten Santa Fe Trail auf dem Gelände des Hotels Inn at Loretto die kleine **Loretto-Kapelle,** die 1878 als

Kopie der Sainte Chapelle in Paris erbaut wurde und eigentlich Lady of the Light Chapel heißt. Bekannt ist der heute nicht mehr für Gottesdienste genutzte Bau durch seine ›wundersame‹ Wendeltreppe. Als die Handwerker nach Fertigstellung der Kirche entdeckten, daß sie die Treppe zur Empore vergessen hatten, war guter Rat teuer. Die Nonnen flehten Gott um Hilfe an, und wie durch Fügung erschien ein fremder Zimmermann in der Stadt, baute eine hölzerne Wendeltreppe und verschwand, ohne Lohn zu fordern.

Ein Wunder ganz anderer Art erwartet Besucher wenige Schritte weiter in der Show ›**Footsteps across New Mexico**‹, in der mit modernster Medientechnik Geschichte und Sehenswürdigkeiten des Staates präsentiert werden.

Über den Santa-Fe-Fluß führt der alte Santa Fe Trail weiter nach Süden zur **Mission San Miguel,** einem der ältesten noch genutzten Gotteshäuser in den USA. Die in ihren Ursprüngen auf das Jahr 1610 zurückgehende Missionskirche diente zunächst den indianischen Arbeitern der spanischen Siedler, wurde jedoch während der Revolte von 1680 zerstört und nach der Wiedereroberung neu errichtet.

Einige Blocks östlich des Zentrums liegt das Künstlerviertel entlang der **Canyon Road,** das in den 30er Jahren entstand, nun aber wegen hoher Grundstückspreise kaum noch junge Talente anzieht. Die Künstler zieht es eher in die Guadalupe Street am westlichen Stadtrand, wo sich das bunte Leben einer ›multikulturellen Gesellschaft‹ studieren läßt.

Im Südosten von Santa Fe liegen am Ufer des Arroyo de la Chamisos mehrere Museen dicht beieinander. Das **Museum of Indian Arts and Culture** spannt den Bogen der indianischen Südwestkulturen von frühen Keramikfunden bis zu den Kunstfertigkeiten der Indianer unserer Tage. Einige Schritte weiter liegt das **Museum of International Folk Art,** das aus einer Privatsammlung hervorgegangen ist und neben spanischer Volkskunst eine Sammlung von Modellen berühmter Bauwerke, Dörfer, Straßen und Plätze aus aller Welt zeigt.

Eine auf dem Pajarito Plateau am Ostabhang der Jemez Mountains gelegene präkolumbische Siedlung wurde von Abkömmlingen der Anasazi-Völker aus Chaco und anderen um 1300 verlassenen Pueblos bis etwa 1500 bewohnt. Zu sehen sind die Reste großer Behausungen, die, verglichen mit dem Mesa Verde National Park und dem Canyon de Chelly National Monument, jedoch kaum beeindrucken. So wird das **Bandelier National Monument** 20 (S. 326) denn auch eher von Wanderern aufgesucht, die in der Wilderness Area neben alten Kulturen auch unverfälschte Natur suchen, der man auf Wanderwegen von über 70 Meilen Länge überall findet.

20 Meilen nördlich von Santa Fe liegt der kleine, für seine Keramikarbeiten bekannte **Santa Clara Pueblo** 21, dessen Bewohner auch sehenswerte Erntetänze aufführen. Festtag ist am 12. August, gegen Bezahlung erhält man zuweilen eine Fotogenehmigung. Vom Santa Clara Pueblo fährt man auf der US 84/285, später auf der SR 68 weiter Richtung Norden nach Taos.

Taos und Umgebung

Die indianisch-spanische Siedlung **Taos** 22 (S. 372) am Rande des gleichnamigen Reservats lag jahrhundertelang durch Berge geschützt abseits der großen Pionierrouten und konnte so ihren eigenen, durch das Nebeneinander indianischen, spanischen und anglo-amerikanischen Erbes gekennzeichneten Charakter bewahren. Die Taos-Indianer lehnen die touristische Vermarktung ihrer Traditionen ab und schließen Fremde von ihren Zeremonien aus, Besucher des Pueblo sind jedoch willkommen. Auch die Nachfahren der Spanier pochen stolz auf ihre Vergangenheit und beharren auf der Gleichberechtigung ihrer Sprache, wobei sie großen Wert darauf legen, nicht als Mexikaner verkannt zu werden.

Im hochgelegenen Tal über dem Rio Grande lebten bereits lange vor Ankunft der Spanier Pueblo-Indianer, deren Bauwerke noch immer ihre ursprüngliche Funktion erfüllen und daher auch zahlreiche Touristen anziehen. Die Spanier gründeten im 16. Jh. neben dem Pueblo ihre eigene Niederlassung Don Fernando de Taos und errichteten 1598 die Missionsstation San Géronimo de Taos. Großen Erfolg hatten die Franziskaner nicht, im Gegenteil. 1680 rief Häuptling Popé von Taos zum Kampf gegen die Fremden, dem allein am 10. August des gleichen Jahres 400 Siedler und Priester zum Opfer fielen. Die Überlebenden verschanzten sich in Santa Fe und flüchteten bei der ersten Gelegenheit nach Mexiko. Erst zwölf Jahre später wagten die Spanier erneut einen Vorstoß und unterwarfen die Indianer nach langwierigem Kleinkrieg. Im Jahre 1847, während des amerikanisch-mexikanischen Kriegs, war Taos zum zweiten Mal Ausgangspunkt einer Revolte. Diesmal erhoben sich die Spanier gemeinsam mit den Indianern gegen die Annexion von New Mexico durch US-amerikanische Truppen. Mit Geschützen und Granaten griff

Coronel Stirling Price den Pueblo in Taos an, in dem sich 650 Kämpfer verschanzt hatten und schoß ihn in Grund und Boden. 150 Indianer starben, der Rest kapitulierte. 14 Anführer wurden zum Tode verurteilt und gehenkt.

Zwei Jahre nach dem Aufstand ließ sich der legendäre Kid Carson in Taos nieder. Weder des Lesens noch Schreibens kundig, hatte er seine Karriere als Trapper begonnen, diente dann während des amerikanisch-mexikanischen Krieges in der Armee, wo er zum Brigadegeneral aufstieg und später entscheidenden Anteil an der ›Befreiung‹ der Navajo hatte. Zu Beginn unseres Jahrhunderts dann kamen die ersten Maler, fasziniert von der Landschaft, und gaben den Anstoß zur Gründung der Taos Society of Artists, die nachhaltigen Einfluß auf die Kunstszene von Nordamerika ausübte. Eine große Künstlerkolonie, auch etliche Festivals, setzen bis heute diese Tradition fort.

Mit seinen Adobe-Häusern und zahlreichen Galerien sowie Kunstgewerbeläden erweckt Taos fast den Eindruck eines Freilichtmuseums. Herzstück ist die

Etwa 3 Meilen nördlich ragt der **Taos Pueblo** aus der Ebene, eine vier- bis fünfstöckige Adobe-Anlage, die seit über 500 Jahren bewohnt ist.

Unter den farbenfrohen Festen sind besonders die Fiesta zu Ehren des Heiligen Geronimo (29. und 30. September) und die Taos Fiestas (25. und 26. Juli) hervorzuheben. Begleitet werden diese Veranstaltungen von zeremoniellen Tänzen, wie dem Sonnenuntergangstanz und dem Maistanz, bei denen striktes Fotografierverbot herrscht.

6 Meilen südlich von Taos liegt an der SR 68 **San Francisco de Asis,** eine der schönsten Missionskirchen des Landes. Das 40 m lange Gebäude aus dem 18. Jh. trägt mit Heiligenbildern und -figuren sowie einem Altaraufsatz aus der Gründungszeit der Kirche spanische Züge. Im Pfarrhaus befindet sich das ›mysteriöse‹ Bild ›Der Schatten des Kreuzes‹ des Malers Henry Ault. Bei bestimmten Lichtverhältnissen scheint Christus das Kreuz zu tragen, bei anderen bleibt es unsichtbar.

2 Meilen westlich der Mission erreicht man die große **Hacienda Martinez,** den fortartigen Herrensitz des Bürgermeisters von Taos aus dem Jahre 1804, ausgestattet im Stil jener Tage. Im **Millicent Rogers Museum,** 4 Meilen nördlich an der US 64, kann man sich mit der bewegten Geschichte von Taos vertraut machen.

Plaza de Don Fernando de Taos, die im 18. Jh. als Festung gegen die Comanchen und Ute angelegt wurde und heute von neueren Bauwerken umgeben ist. Westlich des Platzes liegt in der Ledoux Street das Haus des Malers Ernest Blumenschein, der 1915 die Taos Society of Artists gründete, einen Block nördlich das Haus des Gouverneurs Bent, der bei der Revolte von 1847 vor den Augen seiner Familie skalpiert wurde. Ein Stück weiter östlich hatte Kid Carson sein Heim. Die historischen Häuser sind heute Gedenkstätten und kleine Museen.

Die Rocky Mountains

Von den Canyons in die Berge nach Denver

(Karte S. 248/249)

Von Flagstaff aus geht es nördlich über die US 89, vorbei am Wupatki National Monument (s. S. 216) und Tuba City an der US 160 nach Kayenta und dann entlang der US 160 Richtung Osten.

Bei Teec Nos Pos gabelt sich die Straße, der wir in nördlicher Richtung auf der US 160 folgen und zunächst das **Four State Corners Monument** 1 ansteuern, die einzige Stelle der USA, wo vier Bundesstaaten aufeinandertreffen – Arizona, Utah, Colorado und New Mexico. Um den in Beton eingelassenen Meßpunkt im Boden gruppieren sich die Flaggen der vier Bundesstaaten, dahinter die Andenkenstände der Indianer.

Nach 35 Meilen erreichen wir die Kleinstadt **Cortez** 2 (S. 332) in Colorado. Die von Hochflächen und Buschvegetation geprägte Landschaft war frü-

her Zentrum der Anasazi-Kultur. Das kleine **Anasazi Heritage Center** stimmt auf die umliegenden Ruinenstädte ein. Etwa 20 Meilen nordwestlich, an der SR 666, kann man die Ruinen von Lowery Pueblo, einer kleineren Siedlung aus dem 9. Jh., besichtigen, zu der sich nur wenige Touristen verirren. Bei Dove Creek, noch ein Stück weiter nördlich entlang derselben Straße, liegen die Ruinen von Sheep Creek Village, die – es klingt fast unglaublich – erst 1990 von zwei Wanderern entdeckt wurden.

Den Höhepunkt der heute noch sichtbaren Anasazi-Kultur bildet freilich der etwa 10 Meilen südöstlich von Cortez liegende **Mesa Verde National Park** 3 (S. 350). In diesem 211 km² großen und 2500 m hoch gelegenen Gebiet in der Südwestecke von Colorado verbin-

Cliff Palace im Mesa Verde National Park

den sich großartige Landschaft und wichtige Zeitzeugen präkolumbischer Geschichte zu einem der schönsten Nationalparks der USA.

In der Grenzregion zwischen den Ausläufern der Rocky Mountains und dem Colorado Plateau siedelten einst die Anasazi, was in der Sprache der Navajo »die Alten« bedeutet. Sie waren aus den nomadisierenden Wüstenbewohnern des Südwestens, den Korbmachern *(basket makers)*, hervorgegangen und im 8. Jh. seßhaft geworden. Charakteristisch für die Anasazi waren kunstvolle, mehrstöckige Bauwerke, die als Pueblos bezeichnet werden und die dieser Phase auch den Namen ›Pueblo-Phase‹ verliehen.

Zunächst errichteten die Bewohner auf den Hochflächen einfache Adobe-Hütten. Daraus entwickelten sie später die verschachtelten Wohnanlagen der Pueblos. In der Endphase schließlich verlegten die Anasazi aus nicht völlig geklärten Gründen ihre inzwischen anspruchsvollen Behausungen in den Schutz steiler Klippenwände. Viele dieser heute längst verlassenen Cliff Dwellings blieben deshalb bis zum Ende des vergangenen Jahrhunderts unentdeckt und somit der Nachwelt erhalten. Den architektonischen Meisterleistungen der Anasazi entsprach ihre hochentwickelte Töpferkunst, die im 12. Jh. ihren Höhepunkt erreichte.

Eine intensive Landwirtschaft mit Hilfe ausgeklügelter Bewässerungssysteme auf den Hochplateaus und teilweise auch in den Canyon-Tälern bildete die Grundlage der Pueblo-Kultur. Als Nahrung dienten den Anasazi die drei klassischen von Indianern angebauten Gemüse Kürbis, Mais und Bohnen. Den Speiseplan ergänzten Kaninchen und Eichhörnchen sowie wildwachsende Früchte. Als Haustiere kannten sie Hunde und Truthähne. Etwa um 1300

entvölkerten sich die Pueblos ohne Anzeichen kriegerischer Auseinandersetzungen fast über Nacht. Als Ursache für den Niedergang der hochstehenden Pueblo-Kultur vermutet man langanhaltende Dürre, ausgelaugte Böden und das Verschwinden jagdbaren Wilds. Die Überlebenden wanderten nach Süden und vermischten sich dort mit den Völkern Mexikos – ihre geheimnisvollen Bauten gerieten in Vergessenheit.

Im Park, für dessen Besichtigung ein ganzer Tag notwendig ist, findet man unzählige Wohneinheiten aus verschiedenen Perioden. Obwohl die Cliff Dwellings bereits 1888 vom Cowboy Richard Wetherill entdeckt und kurze Zeit später vom schwedischen Archäologen Erland Nordenskiöld erstmals wissenschaftlich untersucht wurden, harren noch heute viele Behausungen der Erforschung – zu einigen konnte man bisher noch nicht einmal vordringen. Besucher sollten wissen, daß sie die Anlagen ohne Ranger nicht betreten und bei der Erkundung des Geländes die vorgeschriebenen Pfade nicht verlassen dürfen.

Vor der Besichtigung der Cliff Dwellings empfiehlt sich der Besuch des **Chapin Mesa Museum,** das anhand von Dioramen, ausgewählten Töpferwaren und Webereien einen anschaulichen Eindruck vom Leben vor 800 Jahren vermittelt. Ganz in der Nähe liegt das Spruce Tree House, die am besten erhaltene präkolumbische Siedlung des Parks, in der einst 100 Menschen wohnten. Typisch sind die teilweise rekonstruierten *Kivas* – in den Boden eingelassene Zeremonienräume –, in denen die männlichen Clan-Mitglieder unter Leitung eines Priesters ihre religiösen Rituale durchführten. Dabei spielte das *Sipapu,* ein Loch in der Erde, eine wichtige Rolle als symbolischer Zugang zur Welt der Ahnen. Die *Kivas* und die Zeremonien der Anasazi haben sich bis heute bei den Hopi-Stämmen im Südwesten der USA erhalten.

Oberhalb des Museums zweigen von der durch den Park führenden Hauptroute zwei Schleifen (Einbahnverkehr gegen den Uhrzeigersinn) zu weiteren Sehenswürdigkeiten ab. Auf der westlichen Route gelangt man zunächst zum Cliff Palace, dem Prunkstück des Nationalparks. Im Bogen schmiegt sich die größte Klippensiedlung von Nordamerika, die einmal 200 Menschen Schutz geboten hatte, unter einen gewaltigen Felsüberhang. Als nächsten Punkt erreicht die Straße Balcony House, das nur unter Ranger-Führung auf einem etwas abenteuerlichen Aufstieg über steile Leitern und durch einen schmalen Tunnel zugänglich ist – beide Hände sollten dazu frei sein.

Zurück an der Hauptstraße biegt man nach links ab und gelangt zunächst zum Aussichtspunkt auf das unzugängliche Square Tower House. Ein Stück weiter liegen die Ruinen von Late Pithouses und Early Pueblo Ruins am Wege. Die in die Erde eingelassenen Behausungen entstammen der Frühzeit der Besiedlung und dienten den späteren *Kivas* als Vorbild. Vom Sun Point, von dem sich die Straße wieder nach Norden wendet, hat man einen schönen Blick auf die ebenfalls unzugänglichen Klippenwohnungen Sunset House und Mummy House bis hinüber zum Cliff Palace. In einer Schleife führt die Tour nun zum Sun Temple, einem sorgfältig gearbeiteten Steinbau, dessen ursprüngliche Bedeutung unbekannt ist. Von dort bietet sich die beste Aussicht auf den Cliff Palace.

Die beim Far View Visitor Center abzweigende, kurvenreiche Wetherill Mesa Road führt entlang der Westgrenze zu

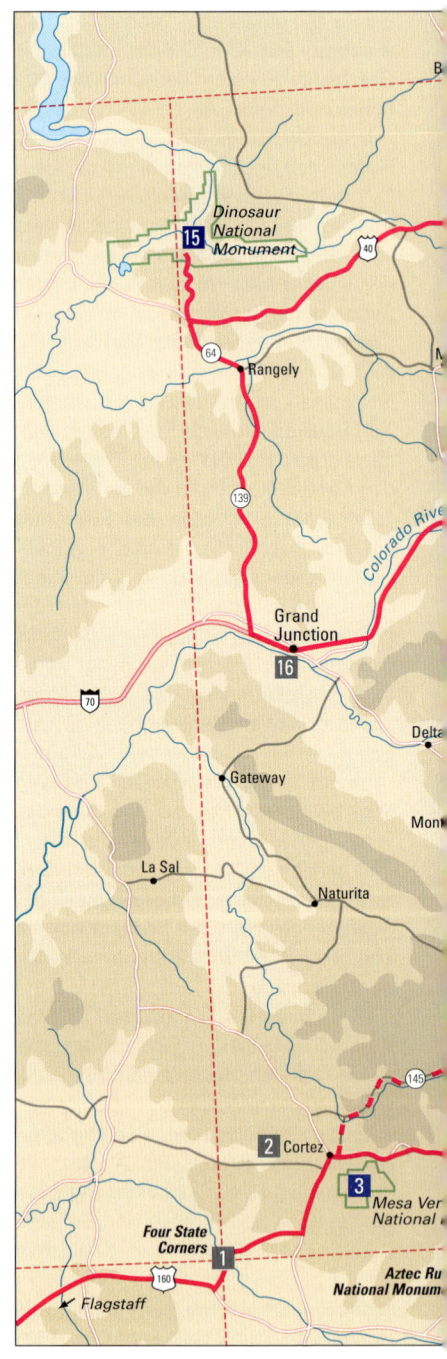

Holzkapelle in Silverton, berühmt durch die Schwarzweiß-Fotografien von Ansel Adams

zwei Anlagen, die erst 1972 der Öffentlichkeit zugänglich gemacht wurden: das nach dem Treppenzugang benannte Step House sowie die zweitgrößte Wohnanlage des Nationalparks, das Long House, das Nordenskiöld bereits 1891 eingehend untersucht hatte und welches durch seine zahlreichen *Kivas* auffällt. Eine Besichtigung ist nur geführten Gruppen gestattet. Mit einer Kleinbahn gelangt man auch zur Badger House Community, die Erdwohnungen und Klippenwohnungen übereinander angeordnet zeigt.

Von Cortez führt die SR 145, eine der großartigsten Gebirgsstraßen der Rocky Mountains, durch den San Juan National Forest hinauf zum fast 3000 m hoch gelegenen Wintersportgebiet von **Telluride** 4 (S. 373).

Bereits 1875 entdeckten Prospektoren auch am Ostabfall des Höhenzugs Gold und benannten das daraufhin aus dem Boden schießende Camp nach dem goldhaltigen Element Tellur. Der Ort wurde bald nicht nur für seinen recht lebhaften Rotlichtbezirk bekannt, die Stadtväter investierten auch in ›Kultur‹ und ließen 1891 ein prunkvolles Opernhaus sowie ein repräsentatives Hotel in viktorianischem Stil errichten. So erwiesen denn auch die Größen des damaligen Showgeschäfts, etwa Sarah Bernhardt, dem Minenort die Ehre, aber auch namhafte Banditen fühlten sich vom Reichtum angezogen: Bei einem Überfall erleichterten Butch Cassidy und seine Wild Bunch 1889 die örtliche Bank um 30 000 Dollar, in jenen Tagen noch ein Vermögen.

Mit Nachlassen der Gold- und Silberfunde sank der Ort zurück in Vergessenheit, wurde aber wie die meisten anderen Bergbauorte ringsum nie ganz aufgegeben. Im Jahre 1960 fanden Hippies Gefallen am Charme von Telluride und restaurierten viele der halb zerfallenen Häuser. Nun erst wurde der Staat auf sein wundervolles Erbe aufmerksam und stellte Telluride unter Denkmalschutz. Heute ist der Ort eines der aufstrebenden Skizentren in Colorado und mit zahlreichen Musikfestivals eine kulturelle Insel in der Wildnis der Rocky Mountains.

Nach diesem Abstecher kann man in einem Bogen von Telluride auf der SR 145 und SR 62 zur US 550 wechseln und von dort die Reise nach Norden fortsetzen, wobei allerdings die südlich gelegenen Orte Silverton und Durango nur noch über einen Umweg besucht werden können.

Von Cortez geht die Fahrt auf der US 160 weiter in Richtung Osten; nach 45 Meilen ist **Durango** 5 (S. 336) erreicht. Die Kleinstadt am Südrand des Gebirgsmassivs der San Juan Mountains hat sich zum Drehkreuz für Besucher der Region entwickelt. Sowohl der Mesa Verde National Park liegt in Reichweite (knapp 30 Meilen) als auch die schönsten Regionen der Bergwelt.

Freunde historischer Eisenbahnen können in Durango eine Fahrt mit dem dampfgetriebenen Silverton zur gleichnamigen Bergbausiedlung unternehmen. Die 45-Meilen-Fahrt mit einer alten Schmalspur-Dampfeisenbahn gilt nicht nur unter Nostalgikern als ein besonderes Erlebnis. Die Rundfahrt durch die Rocky Mountains dauert mit Aufenthalt acht Stunden. Bei schönem Wetter kann man in Silverton neben den Gleisen am ›Bahnhof‹ auf einer blumenübersäten Bergwiese picknicken – für entsprechende Verpflegung muß jeder selbst sorgen. Zwei meist ausgebuchte Morgenzüge verlassen täglich den Bahnhof von Durango.

Bei Interesse an weiteren präkolumbischen Kulturen kann man von Durango einen Abstecher auf der SR 170 zum etwa 30 Meilen südlich liegenden **Aztec Ruins National Monument** (S. 325) in New Mexico unternehmen.

So wie Montezuma Castle (s. S. 216) keineswegs Zeugnis mexikanischer Hochkulturen ablegt, so bestehen auch mit den im Nordwesten gelegenen Aztec Ruins keine Verbindung mit dem Volk der Azteken. Sie sind vielmehr ein Relikt der eigenständigen Pueblo-Völker des amerikanischen Südwestens. Die um 1100 entstandene, 500 Räume umfassende Anlage zeichnet sich vor allem durch die 1937 rekonstruierte kreisrunde Kiva aus, den halb in die Erde gesenkten Zeremonienraum.

Die Weiterreise von Durango erfolgt entlang der US 550, auch San Juan Skyway genannt, die durch die großartige Gebirgsszenerie der San Juan Mountains etwa parallel zur Bahnlinie nach Norden verläuft und zunächst das von hohen Bergen umgebene **Silverton** 6 (S. 371) berührt. Der Ort hat noch viel von seinem alten Charme bewahrt und wird dank seiner farbenprächtigen Holzhäuser und historischen Fassaden aus der Jahrhundertwende bis heute gern als Filmkulisse genutzt. Die ersten Glücksritter schlugen dort 1871 ihr Lager auf und wurden bald fündig. Statt auf das erhoffte Gold stießen sie ›nur‹ auf Silbervorkommen, allerdings gleich tonnenweise. Der Name war geboren – so jedenfalls will es die Legende. In der Umgebung liegen zahlreiche, meist nur mit dem Jeep auf abenteuerlichen Pisten erreichbare verlassene Silberminen sowie *Ghost Towns*.

Die nächsten 26 Meilen der US 550 sind besonders spektakulär. Der Abschnitt, auch als ›Million Dollar Highway‹ bekannt, mußte mit enormem Aufwand aus dem senkrechten Fels gesprengt werden. In Kehren schraubt sich die Straße über den 3600 m hohen Red Mountain Pass zum idyllisch in einem Talkessel gelegenen Hochgebirgsstädtchen **Ouray** **7** (S. 355), das man auch als die kleine Schweiz der USA bezeichnet.

Kleinstadtflair in den Rockies

Wie nicht anders zu erwarten, verdankt auch dieser Ort sein Bestehen dem Bergbau. Nach wie vor sind einige kleine Minen in der Umgebung in Betrieb, wichtigste Einnahmequelle aber ist heute der Tourismus. Ein gutes Bild von der gefährlichen Arbeit unter Tage kann man sich in der **Bachelor-Syracuse Mine** verschaffen, die Gold im Wert von 90 Mio. Dollar erwirtschaftete. Gegen eine kleine Gebühr darf man sogar selbst als Goldsucher sein Glück versuchen. In den Hot Springs am nördlichen Ortsausgang kann man sich danach von Staub und Schweiß befreien.

Auf der Höhe von Ridgeway verlassen wir allmählich die atemberaubende Gebirgswelt; als nächster Ort liegt Montrose am Weg. Die Fahrt geht nun weiter in Richtung Osten auf der US 50, wo den Reisenden im **Black Canyon of the Gunnison National Monument** **8** (S. 327) ein weiterer landschaftlicher Höhepunkt erwartet.

Ein besonders eindrucksvoller Abschnitt des Gunnison Flusses, der nahe der Grenze mit Utah in den Colorado mündet, wurde 1933 unter Naturschutz gestellt. In einem abgrundtiefen, über 70 km langen Canyon durchbricht dort der Gunnison mit starkem Gefälle eine aus grauschwarzen Graniten bestehende Kette der Rocky Mountains. Der spektakulärste, etwa 20 km lange Abschnitt wird an der Nord- und Südseite durch Stichstraßen erschlossen. Von dort führen kurze Fußwege zu Aussichtspunkten, die einen großartigen Blick hinab in die bis zu 660 m tiefe und stellenweise nicht mehr als 400 m breite Schlucht gewähren. Der Abstieg zum Fluß erfordert erhebliche Kletterkünste und Schwindelfreiheit, so daß sich Besucher mit bergsteigerischen Ambitionen vor und nach dem Ausflug im Visitor Center registrieren lassen müssen. Dort erhält man auch das für Wanderungen im Canyon abseits der ausgeschilderten Routen notwendige *back-country permit.*

Den Südrand des Canyons erreicht man über die SR 347 von der US 50 aus, den gegenüberliegenden Nordrand auf einer unbefestigten, aber planierten Piste von der Ortschaft Crawford. Eine Brücke über die Schlucht ist der Wunschtraum der Parkverwaltung und angeblich seit Jahren in Planung. Im Zweifel ist dem Südrand der Vorzug zu geben.

Der sich anschließende, durch Dämme gezähmte Verlauf des Gunnison ist als

Curecanti National Recreation Area ausgewiesen und bei Anglern und Campern besonders beliebt. Zuweilen glaubt man sich angesichts der durch den Stausee vollgelaufenen Nebentäler in die Fjorde Norwegens versetzt.

Von Gunnison führt die Stichstraße SR 135 tief in die Berge hinein zum Skiort **Crested Butte,** der seinen Charme freilich erst im Winter entfaltet. Im Sommer gilt der Ort allerdings als Mekka der Mountain-Bike-Fahrer, die dort anläßlich der Fat Tire Week im Juli aus ganz Amerika herbeiströmen.

Durch das wenig ansprechende Örtchen Gunnison geht die Fahrt weiter zum 3700 m hohen **Monarch Pass,** einem der höchsten befahrbaren Pässe der USA. Hier verläuft die Wasserscheide *(Continental Divide)* zwischen Pazifik und Atlantik. Mit einer Seilbahn kann man bis zu einem Aussichtsturm in 4000 m Höhe fahren und dort einen nicht mehr zu überbietenden Panoramablick über die Bergwelt der Rocky Mountains genießen.

Etwa 30 Meilen weiter bietet sich ein langer Abstecher entlang der SR 17 nach Süden zum recht einsam gelegenen, aber dennoch gut besuchten **Great Sand Dunes National Monument** 9 (S. 341) an, obwohl man sich vorübergehend vom eigentlichen Ziel entfernt.

Am Westrand der langgezogenen Kette der Sangre de Cristo Range hat der überwiegend aus westlichen Richtungen wehende Wind im Laufe von 15 000 Jahren am Fuß des Gebirges Ablagerungen aus feinem Staub und Sand zu 250 m hohen Dünen angehäuft. Der Legende zufolge sollen dort ganze Planwagenzüge und Viehherden während der häufig auftretenden Stürme spurlos verschwunden sein. Die helle, vom Wind immer wieder neu geformte Landschaft, steht in wunderbarem Kontrast zum Blau der im Osten angrenzenden Gebirgskette und wandelt im wechselnden Licht des Tages fortwährend ihr Gesicht. Die Region ist für Gewitter berüchtigt, bei denen sich die elektrischen Spannungen in einem spektakulären Feuerwerk entladen.

Altes Holzhaus in Ouray

Wir setzen die Fahrt auf der US 160 in Richtung Osten fort. Bei schönem Wetter bietet es sich an, am La Veta Pass nach Norden in Richtung Gardner abzubiegen, um auf der landschaftlich reizvollen SR 69, 96 und 67 über Westcliffe, Greenwood und Florence nach **Cripple Creek** 10 (S. 333) zu fahren, wobei man die letzten 35 Meilen entlang der Phantom Canyon Road zurücklegt.

Die Geburtsstunde des Orts schlug im Frühjahr 1891, als der Neffe des Farmers Womack, der hier in den Bergen eine kleine Ranch bewirtschaftete, einige Goldnuggets auflas und seinen Fund tö-

Great Sand Dunes National Monument

richterweise sogleich publik machte. Für nicht mehr als 500 Dollar verschleuderte er sein Stück Land und verspielte damit die Chance, Multimillionär zu werden. Das Weideland im Schatten des 3000 m hohen Mount Pisgah entpuppte sich nämlich als die reichste Goldader des Westens, als eine ›300-Millionen-Dollar-Kuhweide‹. Zwei Jahre nach dem ersten Fund durchwühlten auf 500 kleinen

claims mehr als 18 000 Menschen das Gelände. Im Jahre 1896 legte ein Feuer die provisorische Bretterbudenstadt in Schutt und Asche und machte Platz für solide Steinbauten, von denen viele noch heute stehen. Mit Ausbleiben der Funde verminderte sich auch die Bevölkerungszahl. Heute hält der Tourismus die 500-Seelen-Gemeinde am Leben. Angeboten werden Besuche alter Minen und eine 6 km lange Dampfeisenbahn-fahrt über eine historische Schmalspur-strecke.

Von Cripple Creek führt eine befestigte Straße nach Colorado Springs.

Colorado Springs

Die Gartenstadt **Colorado Springs** 🄳 (S. 331) bietet sich als Ausgangspunkt für die Fahrt in die angrenzenden Berge an, insbesondere hinauf zum Pikes Peak. Aufgrund des angenehmen Klimas, des reichen Angebots an kulturellen Veranstaltungen und feriengerechten Unterkünften, hat sich die Stadt zu einem beliebten Ferienort entwickelt, der jährlich Tausende von US-Amerikanern anzieht. Bereits der Gründer William J. Palmer hatte 1871 genau diese Absichten, als er unweit der Minenstadt Colorado City an der neuen Bahnlinie einen Ferienort namens Fountain Creek für die Wohlhabenden aus dem Boden stampfte. Bald tummelten sich vor allem vermögende Briten auf Polo- und Cricketplätzen, unternahmen mit ihren Hundemeuten Fuchsjagden und pflegten die Tradition des Empire in englischen Clubs.

Aber auch an den reichen Goldfunden hatte die Stadt Anteil, nicht durch die harte Knochenarbeit der Schürfer in den gefrorenen Minen, sondern durch geschickte Spekulation in geheizten Büros. Ganz anders ging es im rauhen Nachbarort Colorado City zu, wo sich Prospektoren und Cowboys in dunklen Kneipen ein Stelldichein gaben. In den 20er Jahren gesellten sich allabendlich auch die wohlhabenden Nachbarn dazu, um der Prohibition in der Gartenstadt zu entgehen. Zwischen den beiden Gemeinden sollen, so behauptet man, sogar unterirdische Tunnel gegraben worden sein, um die Anonymität der Barbesucher zu wahren. Alkoholschmuggel wurde denn auch eine Weile zur Haupteinnahmequelle des Bergbauorts, ehe Colorado Springs den verarmten Nachbarn eingemeindete.

Das friedliche Treiben mag darüber hinwegtäuschen, daß Colorado Springs eines der militärischen Zentren der USA beherbergt, auch wenn ihm heute nach Beendigung des Kalten Krieges vielleicht weniger Bedeutung zukommt. Vor den Toren der Stadt hat sich das American Air Defense Command (NORAD), die Schaltzentrale des weitgespannten Frühwarnsystems, atombombensicher tief in die Cheyenne-Berge eingegraben.

Das **Museum of the American Numismatic Association** besitzt eine der größten Münz- und Papiergeldsammlungen der Welt. Im 4 Meilen östlich liegenden **Peterson Air and Space Museum** bilden historische Flugzeuge den dekorativen Rahmen für die Informations- und Werbeshow in Sachen NORAD. Weitaus friedlicher geht es nordwestlich an der US 24 im **Garden of the Gods** zu, einer Ansammlung bizarrer Sandstein- und Felsformationen, die ihren Zauber vor allem bei Sonnenuntergang entfalten. Ganz in der Nähe liegt **Manitou Springs,** ein altehrwürdiges Heilbad, dessen Quellen schon die Indianer nutzten und dem der Ort Colorado Springs den zweiten Teil seines Namens verdankt.

Eine schöne, sehr gebirgige Rundfahrt *(High Drive)* führt durch die North Cheyenne und Bear Canyons. Noch weiter hinauf verläuft eine kostenpflichtige Bergstraße zum **Pikes Peak** durch den gleichnamigen National Forest. Belohnt wird die vierstündige Rundfahrt über schmale kurvenreiche Straßen durch großartige Blicke auf die Sangre de Cristo Range. Nach ca. 60 Meilen auf der I-25 ist das Ziel Denver erreicht.

Denver

Wie bei den meisten Städten in Colorado ist auch die Entstehungsgeschichte von **Denver** 🖸 (S. 334) eng mit dem Goldrausch des 19. Jh. verknüpft, weniger jedoch durch Funde im heutigen Stadtgebiet als durch die reichen Adern

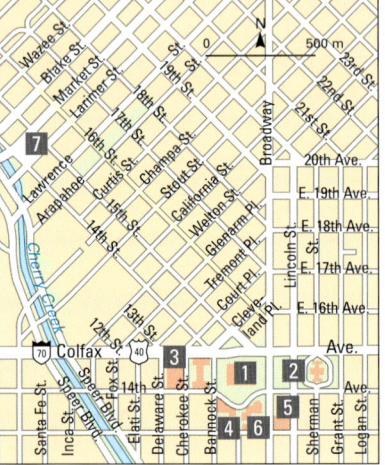

Denver

1 *Civic Center* 2 *Capitol* 3 *U.S. Mint*
4 *Denver Art Museum* 5 *Colorado History Museum* 6 *Denver Public Library*
7 *Larimer Square*

in den angrenzenden Bergen. Angelockt von den vermeintlich unerschöpflichen Vorkommen in Cherry Creek, zogen 1858 Tausende nach Denver und ins benachbarte Auraria, ihre Erwartungen wurden dann allerdings bitter enttäuscht. Ein Aufschwung der Stadt zeichnete sich erst ab, als im nahen Clear Creek überaus reiche Vorkommen entdeckt wurden, die neue Abenteurer anzogen, von denen dann auch Denver als Versorgungs- und Umschlagplatz profitierte.

Im Jahre 1868 wurde die Stadt zur Metropole des neu gegründeten Territoriums gewählt. Als 1870 der kommerzielle Silberbergbau in großem Stil aufgenommen wurde, festigte Denver seine Position. Mit über 100 000 Einwohnern war die Stadt die weitaus größte Siedlung nicht nur in Colorado, sondern im gesamten Gebiet bis hinüber zum Pazifik. Zwar wurde auch Denver vom Preisverfall des Silbers im Jahre 1893 hart getroffen, erholte sich aber bald darauf durch die Goldfunde am Cripple Creek, die zu den reichsten in den USA zählten.

In fast 2000 m Höhe, mit großartiger Sicht auf die Berge gelegen, ist Denver heute eine Touristenhochburg, die mit 500 000 Einwohnern durchaus noch übersichtlich ist. Mehr als 200 Parks lockern das Stadtbild auf und verleihen der Metropole eine beschwingte Atmosphäre.

Das historische Viertel läßt sich leicht anhand des um 45 Grad gegen das übrige Raster ›verdrehten‹ Straßennetzes erkennen. Dort und im angrenzenden Regierungsviertel konzentrieren sich auch die Sehenswürdigkeiten. Als Ausgangspunkt eines kleinen Stadtrundgangs empfiehlt sich das **Civic Center** an der Südwestecke der Innenstadt, wo sich auch das Touristenbüro befindet. Die ausgedehnte, der Mall in Washington D. C. nachempfundene Grünanlage, die in der Mittagszeit ein beliebter Treffpunkt der Angestellten aus den umliegenden Büros ist, leitet zum **State Capitol** über. Einen schönen Blick bis zu den Rocky Mountains hat man von der Aussichtsgalerie unterhalb der Kuppel, die 1894 mit Blattgold aus den umliegenden Minen verziert wurde. Westlich des Civic Center schließt sich die **US Mint** an, die Münze der Vereinigten Staaten. Im Süden wird das Civic Center von zwei Museen begrenzt. Das ausgezeichnete **Denver Art Museum** zeigt neben afrikanischen, asiatischen sowie südamerikanischen Exponaten und einigen Werken europäischer Meister wie Rembrandt, Rubens, Renoir und Picasso vor allem eine hervorragende Sammlung zu Kunst und Kultur der nordamerikanischen Indianer. Zwei Blocks östlich veranschaulicht das **Colorado History Museum** die frühe Stadtgeschichte anhand von zahlreichen Fotografien, Dokumenten und einem großen Diorama. Speziell an der Geschichte des Westens interessierten Besuchern sei die zwischen den Museen liegende **Denver Public Library** als wahre Fundgrube empfohlen.

Die Sehenswürdigkeiten der ehemaligen Altstadt konzentrieren sich auf einen relativ kleinen Raum. In vorbildlicher Weise hat die Stadt einen kostenlosen Trolleybus-Dienst eingerichtet, der Besucher zu den wichtigsten Punkten bringt. Die lebhafte **16th Street** wurde  zur Fußgängerzone erklärt. Besonders sehenswert ist das Tabor Center, ein hochmodernes Einkaufszentrum mit zahlreichen Cafés, Restaurants und Boutiquen. In der Parallelstraße, der **17th Street** geht es weniger beschaulich zu, schlägt doch hier das wirtschaftliche Herz der Stadt hinter dem Chrom und getönten Glas einer modernen Skyline. Biegt man an der Kreuzung mit der Larimer Street nach Südwesten, gelangt man nach zwei Blocks in die Vergangenheit von Denver. Am arkadengesäumten **Larimer Square,** dem ehemaligen Stadtzentrum, hat man zahlreiche Gebäude vergangener Epochen restauriert, in denen sich heute Galerien, Spitzenrestaurants und Juweliere etabliert haben.

Von den außerhalb des Zentrums liegenden Attraktionen sei noch der **Zoo** erwähnt, der zu den besten des Landes zählt und zahlreiche Tierarten in relativ natürlicher Umgebung zeigt, darunter Polarbären und arktische Wölfe.

Die Downtown von Denver

Durch die Rocky Mountains westlich von Denver

Die gut erschlossene Bergwelt westlich von Denver lockt sowohl Naturfreunde als auch Wintersportler mit zahlreichen interessanten Zielen. Im Nordwesten von Denver sollte man die Rundfahrt mit dem Besuch des **Rocky Mountains National Park** 13 (S. 360), der über die US 36/34 zu erreichen ist, beginnen.

Der über 1000 km² große, 1925 gegründete Nationalpark erschließt die Bergwelt der Rocky Mountains. Neben der US 34, der einzigen Straße durch den Park, führen einige kurze Stichstraßen in besonders reizvolle Regionen. Der Park besitzt drei Zufahrten, zwei dicht beieinanderliegende im Osten und eine im Südwesten. Im Winter (Oktober bis Ende Mai) sind die Straßen in der Regel geschlossen oder zumindest nach Schneefällen bis zur Räumung gesperrt. Offengehalten werden nur die Zufahrten zu Ski- und Wandergebieten bei den östlichen Eingängen. Die etwa 48 Meilen lange Hochgebirgsstraße, die einem alten Bergpfad folgt, überquert in 3279 m Höhe die kontinentale Wasserscheide.

Von Denver kommend, erreicht man bei der Fall River Entrance Station das Naturschutzgebiet. Durch die mit Waldinseln durchsetzte Graslandschaft des Horseshoe Park windet sich die Route in das von Gletschern geformte Fall River Valley zu den Sheep Lakes, die ebenfalls Ergebnis eiszeitlicher Vergletscherung sind und ihren Namen von den Dickhorn-Schafen haben, die dort die salzige Lake lecken. Kurz hinter den Seen zweigt die 9 Meilen lange Old Fall River Road ab (unbefestigte Einbahnstraße, Fahrzeuglänge max. 7,60 m, keine Anhänger und Wohnwagen, im Winter geschlossen), die am Alpine Visitor Center wieder auf die Hauptstraße stößt. Bleibt man auf der US 34, erreicht man als nächsten Punkt Dear Ridge Junction zu Füßen der 3000 m hohen Deer Ridge Mountains. Hier zweigt eine Stichstraße nach Moraine Park und Bear Lake ab, über die man auch den Parkeingang Beaver Meadows erreichen kann.

Die Trail Ridge Road, eine der schönsten Hochgebirgsstraßen der USA, die verläßlich leider nur in den Sommermonaten geöffnet ist, steigt nun an, durchquert subalpine Tannenwälder (schöne Aussicht von Many Parks Curve) und führt alsbald jenseits der Baumgrenze in subarktische Tundra. Der Forst Canyon Overlook bietet eine großartige Aussicht auf das gleichnamige, von Gletschern geformte Tal und die angrenzenden, fast 4000 m hohen Berge Terra Tomah, Mount Julian und Mount Ida.

Ein Stück weiter lädt ein etwa 1,5 km langer, auf 3750 m ansteigender Lehrpfad (Tundra Nature Trail) zu einer Pause ein. Über 300 verschiedene Pflanzen, die sich an die harten klimatischen Bedingungen anpassen konnten, wurden hier gezählt. Bis zur höchsten Stelle der Straße (High Point 3713 m) haben Autofahrer nur noch wenige Höhenmeter zurückzulegen, um kurz darauf das Alpine Visitor Center zu erreichen, von wo sich ein großartiger Blick auf die Bergwelt bietet.

Leicht bergab fahrend, überquert man nach 6 Meilen am 3279 m hohen Milner-Paß die kontinentale Wasserscheide (*Continental Divide*). Die Straße führt nun entlang des Kawuneeche Valley, durch das sich der Colorado schlängelt, hinab zum Westausgang beim Kawuneeche Visitor Center. Hier schließen sich die als Erholungsgebiete sehr beliebten Seen Shadow Mountain Lake und Lake Granby an.

Die etwa 10 Meilen lange Bear Lake River Road entlang des Glacier Creek zweigt bei Deer Ridge Junction von der US 34 ab und führt in südwestliche Richtung zum Bear Lake am Fuße des Flattop Mountain (3756 m) und Hallet Peak (3875 m). Auch von der Beaver Meadows Entrance Station erreicht man die Straße. Besonders lohnend ist der Ausflug in das waldbestandene Tal in den Herbstmonaten während der Laubfärbung. Das Moraine Park Museum, an dem auch ein kleiner Waldlehrpfad abzweigt, vermittelt Informationen über Geschichte und Entstehung des Parks. Ein Stück weiter befindet sich die Endhaltestelle des kostenlosen Pendelbusses, der im Sommer regelmäßig bis zum Endpunkt der Straße verkehrt. Aus Gründen des Umweltschutzes und auch wegen des in der Ferienzeit starken Andrangs sollte man diese bequeme Fahrgelegenheit nutzen. Vom pittoresken Bear Lake am Endpunkt der Straße führen anspruchsvolle, bis zu 30 km lange Wanderwege über den Hauptkamm ins Zentrum des Parks (Flattop Mountain Trail) und zu hoch gelegenen, ehemaligen Gletscherseen.

Auf der US 34, die später zur US 40 wird, setzen wir nun die Fahrt durch die Rockies nach Westen und Nordwesten fort und steuern **Steamboat Springs** 14 (S. 372) an.

Im heutigen Wintersportort Steamboat Springs (Höhe 2300 m) im Nordwesten von Colorado hatten die Ute-Indianer ursprünglich ihr Sommerquartier. Vor allem die über 100 heißen Heilquellen hatten es ihnen angetan – deren Wasser fließt allerdings heute überwiegend in die Pools der Hotels. Als Skiparadies wurde Steamboat Springs 1913 vom norwegischen Skispringer Carl Howelson entdeckt, der seinen Sport in den USA populär machte und

den Ort zu einem der ersten Zentren des weißen Sports in den USA erhob. 19 Sessellifte und eine Gondelbahn erschließen über 100 Pisten, für Langläufer stehen mehrere gespurte Pisten zur Verfügung.

Von Steamboat Springs läßt sich auch das sehr abgelegene **Dinosaur National Monument** 15 (S. 336) in der Nordwestecke von Colorado besuchen. Der Zugang liegt etwa 130 Meilen westlich an der US 40 auf dem Gebiet von Utah. Zuvor durchfährt man die Kleinstadt Craig, deren aus langen Schloten qualmendes Kohlekraftwerk die ländliche Region ringsum mit Strom versorgt.

Der 854 km² große, 1915 gegründete Nationalpark im Nordwesten von Colorado reicht bis ins benachbarte Utah. Die mit Canyons durchzogene wüstenhafte Landschaft gehört zu den bedeu-

Dinosaur National Monument

Leben wie ein Cowboy
Die Dude Ranch

Dem Begriff *Dude Ranch* liegt das englische *Dude* zugrunde, was Dandy oder Stadtmensch bedeutet. Die Entstehungsgeschichte dieser uramerikanischen Einrichtung reicht zurück bis zum Ende des 19. Jh., als sich die Städter entlang der Küsten ihrer alten Freunde besannen, die sich irgendwo im Landesinnern der Pferde- oder Rinderzucht verschrieben hatten, und die man gern einmal wiedersehen würde.

tendsten Fundorten fossiler Saurier. Die Funde konzentrieren sich auf den sogenannten Quarry, eine schräg hochgestellte Sandsteinplatte mit konzentriertem Vorkommen fossiler Relikte. Seit der Entdeckung 1908 bemühen sich Wissenschaftler, die Skeletteile im Stein freizulegen, ohne sie aber dabei zu entfernen. Die Wirkungsstätte der Paläontologen ist inzwischen von einer großen Halle überdacht, so daß man den Fortgang der Arbeiten gelegentlich beob-

Die zivilisationsmüden Besucher genossen natürlich das ursprüngliche, wenn auch ungewohnte Dasein auf den Ranches, die Stille und die gute Luft, und schwärmten nach ihrer Rückkehr trotz Blasen an den Händen und am Gesäß begeistert vom Erlebten. Die Idee für einen neuen Dienstleistungszweig war geboren und Ferien auf dem Lande von nun an gesellschaftsfähig. Sie entwickelte sich bald zu einem verläßlichen Zubrot zu dem mit so viel Unwägbarkeiten verbundenen *cattle business,* was später in den Jahren der Depression so manchen Rancher vor der sicheren Pleite bewahren sollte.

Mit der Dude Ranch verbindet sich seitdem die Vorstellung, daß dort die Feriengäste neben der rustikalen Lebensart auch mit dem harten Cowboy-Alltag Bekanntschaft machen, wie strapaziöse Ausritte in Hitze und Kälte, staubige Viehtriebe oder gar schwierige Lassoarbeit. Gewiß, wem der Sinn danach steht, kann das auch heutzutage noch finden. Die meisten Dude Rancher aber rücken inzwischen eher die romantischen Seiten des Cowboy-Daseins in den Vordergrund ihres Angebots, wie einsame Lagerfeuer unter tiefem Sternenhimmel, deftige Barbecues bei *country music* in froher Runde, aufregende Ausritte in die weiten Traumlandschaften der Rockies und zünftige Übernachtungen in offener Prärie. Daneben haben sie in den letzten Jahrzehnten ihre Palette möglicher Freizeit-

betätigungen fast grenzenlos erweitert – man kann auch noch zum Angeln aufs Land und in die Berge kommen, zum Motor- und Wintersport, zum Wandern, Golfspielen, Radfahren, Schwimmen oder nur zum Faulenzen.

Wer Ferien auf der Dude Ranch plant, sollte sich vor allem darüber im Klaren sein, ob er seinen Urlaub auf einer *working ranch* verbringen will, wo Erfahrung im Reiten und womöglich tatkräftige Mitarbeit erwartet werden, oder lieber auf einer *guest ranch,* wo sich die Betreiber eher als Animateure und Vermittler von Cowboy-Idylle oder sonstigen Beschäftigungen sehen. Nach dieser grundlegenden Entscheidung tut man gut daran, viele Monate vor Urlaubsbeginn mit verschiedenen Veranstaltern in Verbindung zu treten und die Angebote sorgfältig miteinander zu vergleichen.

Dude Ranches findet man vor allem in den Rocky-Mountains-Staaten. Der Aufenthalt ist nicht eben billig. Die Preise staffeln sich je nach Angebot und Ausstattung und beginnen bei etwa 600 Dollar pro Person und Woche, Edel-Ranches verlangen gar das Dreifache oder mehr. Dazu kommt freilich noch das Trinkgeld für all die fleißigen Helfer, die den *Dudes* die Unterkünfte sauberhalten, die Pferde satteln und die saftigen T-Bone-Steaks über der Glut wenden.

Information: Colorado Dude/Guest Ranch Association, Box 300, Tabernash, CO 80478, ✆ 303-887-31 28.

achten kann. Gefunden wurden versteinerte Teile von Brontosauriern, Stegosauriern, Camptosauriern und anderen prähistorischen Lebewesen, die im Schlick einer Sandbank eingesunken oder vom Fluß dort angeschwemmt

worden waren. Luftabschluß sorgte für die Konservierung der Skelette, hinzu kam in Jahrmillionen der hohe Druck nachfolgender Sedimente. Nach einer Hebung und Schwenkung um 45 Grad trat die nunmehr versteinerte Sandbank ans Tageslicht, wo die Erosion die Fossilien wieder freilegte.

Etwa 10 Meilen von der Fundstätte der Dinosaurier entfernt haben Angehörige der Fremont-Kultur, die um 1000 n. Chr. in dieser Region blühte, ihre Anwesenheit durch Petroglyphen (Felsritzungen) stilisierter Menschendarstellungen bekundet. Durch die wilde Canyonlandschaft mäandern der Green- und der Yampa-River. Die Flüsse und geologischen Verwerfungen haben phantastische Felsformationen und Aussichtspunkte geschaffen, die sich teilweise mit dem Auto im Club Creek Valley, weitaus besser noch entlang einsamer Wanderwege und mit dem Boot oder Floß, erschließen lassen. Den Harpers Corner Trail (gut 30 Minuten eine Richtung) in 2300 m Höhe darf man sich auf keinen Fall entgehen lassen: An dessen Ende bietet sich ein unvergeßlicher Blick tief hinunter in den Whirlpool Canyon und den Echo Park.

Über die US 40, US 64 und die SR 139 treten wir nun den Rückweg in Richtung Denver an, um nach 140 einsamen Meilen kurz vor **Grand Junction** 16 (S. 340) auf die I-70 zu stoßen. Sehenswert sind in dieser größten Stadt zwischen Salt Lake City und Denver das **Museum of Western Colorado,** vor allem aber das südlich der Stadt gelegene **Colorado National Monument** (S. 331).

Mit dem 83 km² großen Gebiet wurde eine sehr reizvolle, von Canyons durchzogene Plateaulandschaft unter staatlichen Schutz gestellt. Eine 23 Meilen lange Straße (Rimrock Drive) zeigt die Sehenswürdigkeiten, zu denen Petroglyphen der Fremont-Kultur, Lagerstätten versteinerter Dinosaurier-Skelette und pittoreske, an den Bryce Canyon erinnernde Felsformationen zählen.

Die Reise geht weiter entlang der I-70 bis Glenwood Springs, von wo uns die SR 82 mitten in die Rockies zum Skiort **Aspen** 17 (S. 324) führt, dessen Ruf als Wintersportparadies bis nach Europa gedrungen ist.

Das in 2600 m Höhe gelegene Aspen verdankt seine Gründung einigen Silberminen, die Ende des vergangenen Jahrhunderts entdeckt wurden. Berühmtheit erlangte der Ort durch den Fund eines Silberklumpens von fast 1 t Gewicht. Als der Silberboom durch den drastischen Preisverfall von 1890 über Nacht ein Ende fand, verfiel Aspen fast zur Geisterstadt. Die Rettung kam 1930, als ein Industrieller aus Chicago in der hervorragenden Schneequalität eine zukunftsträchtige Investitionsmöglichkeit sah und damit begann, einen bescheidenen Wintererholungsort aufzubauen. Aspen ist heute das St. Moritz der USA, in dem sich die Schönen und Reichen ein Stelldichein geben. Aber auch für normale Sterbliche ist Aspen selbst in der Hochsaison erschwinglich. Die Abfahrten verteilen sich auf die Hänge des Aspen Mountain, der Aspen Highlands und der etwas weiter entfernten Buttermilk Mountains und Snowmass, von denen zahlreiche Pisten aller Schwierigkeitsgrade ins Tal führen. Über ein Dutzend Gondelbahnen und Lifte stehen zur Verfügung.

Im Sommer kann man der SR 82 weiter folgen und über den 4000 m hohen Independence Pass nach Twin Lakes an der US 24 fahren, wobei man erneut die Continental Divide überquert. Nach 14 Meilen erreicht man von dort das 3300 m hoch gelegene **Leadville** 18 (S. 346), die höchstgelegene Stadt der USA. Viele historische Gebäude und Museen dokumentieren die abwechslungsreiche Geschichte des ehemaligen Bergbauzentrums der Rockies. Durch Zufall entdeckte ein gewisser Horace Tabor eine der reichsten Silberadern

Frühling in den Rocky Mountains

weit und breit, was ihn über Nacht zum Millionär machte und einen Silberrausch auslöste. Um 1880 zählte Leadville über 25 000 Einwohner und war einer der wildesten Minenorte im Westen. Im Jahre 1899 starb Tabor nahezu verarmt. Sehenswert sind das 1879 von Tabor gebaute Opernhaus und seine herrschaftliche Villa.

Als nächstes liegt **Vail** am Weg, ein weiterer beliebter Wintersportort in den Rocky Mountains. Mag Aspen seinem Ruf als mondänster Wintersportort der USA gerecht werden, in der Gunst der Skifahrer rangiert Vail aufgrund seiner vielen Abfahrten an erster Stelle. Der 2600 m hoch gelegene Ferienort, dessen Häuser an Skizentren in den Alpen erinnern, blickt auf eine kurze Geschichte zurück. Nach dem Zweiten Weltkrieg hatten amerikanische Fallschirmjäger bei ihren Winterübungen als erste die reizvolle Lage entdeckt und so den Anstoß zur Entwicklung gegeben.

Einen letzten Stopp vor Erreichen von Denver sollte man in **Central City** 19 (S. 330) an der SR 279 (Exit 240) und in Golden einlegen, 13 Meilen westlich zwischen der I-70 und SR 58 (Exit 261).

Im Jahre 1859 lösten Funde am Gulch Creek den Goldrausch aus, der Tausende von Glückssuchenden in die Berge von Colorado strömen ließ und Central City den Beinamen ›die reichste Quadratmeile der Welt‹ einbrachte. Für 75 Millionen Dollar wurden hier Edelmetalle geschürft, ehe der Ort in die Bedeutungslosigkeit versank. Erst mit der Restaurierung des Opernhauses, in der Größen wie Sarah Bernhardt und Otis Skinner einst Triumphe feierten, gewann der Minenort in den 20er Jahren touristische Bedeutung. Mit dem jährlichen Opernfestival (Juli–August) wird die Tradition bis in unsere Tage erfolgreich fortgeführt. Ende August kommen Jazz-Liebhaber anläßlich des Central City Jazz Festival auf ihre Kosten. Trotz dieses Engagements ist Central City mit seinen nunmehr 400 Einwohnern noch weit davon entfernt, seinem Namen wieder gerecht zu werden.

Die 1859 gegründete, ehemalige Bergbausiedlung **Golden** 20 (S. 339) stand lange in Konkurrenz zur heutigen Metropole und war zwischenzeitlich sogar Hauptstadt des neugeschaffenen Territoriums Colorado. Heute vermarktet die Gemeinde geschickt ihre Vergangenheit. Sehenswert sind das **Colorado Rail-** **road Museum** (Exit 265 der I-70) und das **Golden Dar Pioneer Museum** (im Civic Center). Fünf Meilen westlich der Stadt liegt auf einem Hügel das Grab von **Buffalo Bill.** Von der Dachterrasse des angeschlossenen Museums hat man einen herrlichen Blick über Denver. Im **Heritage Square** ist eine ›historische‹ Westernstadt mit zahlreichen Geschäften aufgebaut. Dort finden auch allerlei kulturelle Veranstaltungen statt.

Salt Lake City und Umgebung

(Karte S. 264)

Umrahmt von den Wasatch-Bergen im Osten, der großen Wüste im Westen und dem Salzsee im Nordwesten ist **Salt Lake City** 1 (S. 362) das kulturelle, poli- tische, wirtschaftliche und religiöse Zentrum des Mormonenstaates. Im Jahr 2002 wird die Stadt Austragungsort der Olympischen Winterspiele sein.

Salt Lake City und Umgebung

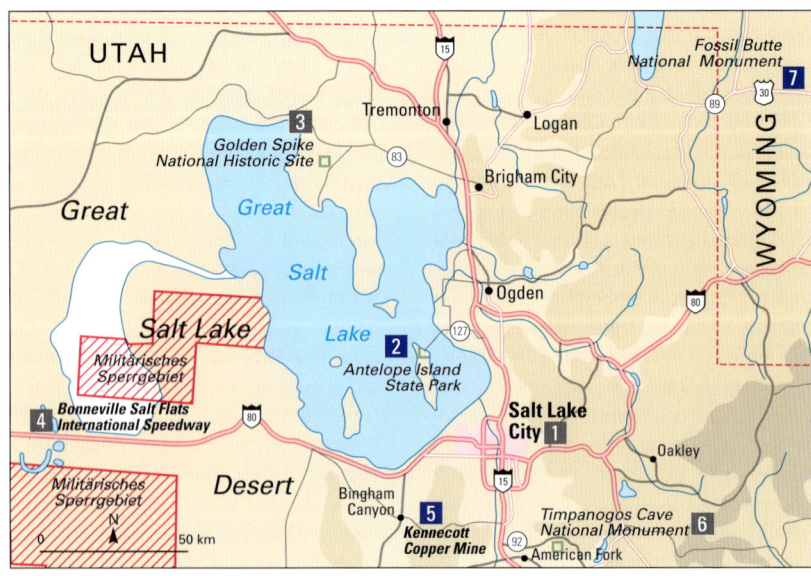

Am Great Salt Lake

1847 bestimmte Brigham Young, der Führer des ersten Mormonentrecks, mit dem Satz »This is the place« das neue Zentrum für den geplanten Gottesstaat ›Deseret‹. Der Staat kam zwar nie zustande, dank der Disziplin und dem unermüdlichen Fleiß der Mormonen aber wuchs Salt Lake City trotz denkbar widriger Umstände in relativ kurzer Zeit zur blühenden Stadt heran. Begünstigt wurde der Zustrom vor allem durch den Goldrausch in Kalifornien, der Salt Lake City eine wichtige Versorgungsfunktion am California Trail zukommen ließ. Damit brachen aber auch jene Ressentiments zwischen Mormonen und Andersgläubigen mit aller Schärfe wieder auf, die im Osten mehrfach zur Aufgabe von Mormonen-Siedlungen geführt hatten.

Die Bewohner von Salt Lake City setzten sich mit allen Mitteln, auch mit Gewalt, gegen die ›Überfremdung‹ zur Wehr. Zum Schutz der durchziehenden Pioniere und der Neusiedler entsandte die Bundesregierung deshalb im Jahre 1850 Truppen, die bis zum Ausbruch des Sezessionskriegs (1861–65) in der Stadt stationiert blieben. Als sich nach dem Bürgerkrieg zunehmend Nichtmormonen, von den Gläubigen *gentiles* genannt, in Salt Lake City niederließen, kam es erneut zu Unruhen, die bis 1916 andauerten. Heute leben alle Religionsgemeinschaften in friedlicher Koexistenz, auch wenn nach wie vor eine Ghetto-Bildung im Siedlungsgefüge erkennbar ist.

Die wichtigsten Sehenswürdigkeiten liegen in der Innenstadt. Zentrum von Salt Lake City ist der umfriedete **Tempelbezirk** (Historic Temple Square), bestehend aus Tempel, Tabernakel, Museum, Besucherzentrum und Versammlungshalle. Eine vergoldete Statue des Engels Moroni ziert die Spitze des zwischen 1853 und 1893 errichteten Tempels, den nur Mormonen betreten dürfen. Willkommen sind Besucher hingegen im Tabernakel, einer der weltgrößten Kuppelbauten mit freitragendem Dach. Die 6500 Plätze zählende Halle besticht durch ihre einzigartige

Die Mormonen
Auserwählte im Gelobten Land

Die Religionsgemeinschaft der Mormonen, die sich selbst als *Church of Jesus Christ of Latter Day Saints* (Kirche Jesu Christi der Heiligen der letzten Tage) bezeichnet, wurde 1830 von Joseph Smith in Fayette an der Ostküste der Vereinigten Staaten gegründet. Als 15jähriger hatte der Farmerssohn bereits die ersten himmlischen Erscheinungen vernommen, vier Jahre später, am 22. September 1827, will er vom Engel Moroni Goldplatten mit ägyptischer Schrift empfangen haben. Das Ergebnis der von ihm übersetzten Botschaft ist das Buch Mormon, die Heilige Schrift der Glaubensgemeinschaft, welche 1830 publiziert wurde.

Im Jahre 1831 wurde der neue Prophet mit 2000 Anhängern aus seiner Heimat vertrieben, nicht zuletzt, weil der von ihm propagierte Grundsatz der Polygamie die Bürger zumindest offiziell empörte. Zunächst ließ er sich in Ohio nieder, zog dann einige Jahre später nach Illinois weiter, wo er 1844 im Gefängnis landete und dort am 27. Juni von einer aufgebrachten Menge gelyncht wurde.

Seine Nachfolge trat Brigham Young an, der die Gläubigen zu einer festen Gemeinschaft schmiedete und 1846 mit

Akustik. So ist es ein besonderes Erlebnis, den täglichen Orgelkonzerten beizuwohnen sowie den Proben oder gar Aufführungen des weltberühmten Mormon Tabernacle Choir.

Das Seagull Monument (Möwen-Denkmal) hält die Erinnerung an frühe Pioniertage fest, als ein Möwenschwarm die von Heuschrecken bedrohte Ernte rettete. Vor dem Tempelbezirk findet man die **Statue von Brigham Young,** des zweiten und wichtigsten Kirchenführers der Mormonen. Eine Bronzetafel verewigt Namen und Ausrüstung der ersten Pioniere, die mit Young 1847 Salt Lake City gründeten.

Wenige Meter östlich liegen das **Lion House** und das **Beehive House,** die ehemaligen Residenzen des Sektenführers, in denen Young mit einigen seiner 27 Frauen lebte. Das mit zeitgenössischem Mobiliar ausgestattete Beehive House kann man besichtigen. Vor dem Gebäude überspannt ein gewaltiger Bogen die State Street, gekrönt von einem 2 t schweren Adler **(Eagle Gate).** Früher einmal zierte das Eagle Gate den Eingang zu Brigham Youngs Farm. Im gleichen Block schließt etwas nördlich der Wolkenkratzer des **Church Office Building** an, in dem die Kirchenverwaltung ihren Sitz hat. Den Besuch sollte man sich wegen des phantastischen Blicks von der Aussichtsterrasse im 26. Stockwerk nicht entgehen lassen.

Umgeben von Blumenrabatten dominiert das auf einer Anhöhe erbaute **State Capitol** die Innenstadt. Im Jahre

seinen Anhängern nach Westen aufbrach, um eine neue Heimat zu finden. Im gleichen Jahr beschlossen die Mormonen, am großen Salzsee im Wüstenstaat Utah ihre neue Hauptstadt Zion zu errichten.

Als Grundlage des Glaubens wird eine Wesensverwandtschaft des Menschen mit Gott angenommen, verbunden mit der Möglichkeit, stufenweise göttlichen Status zu erreichen. Überdies glauben die Mormonen an die Errichtung eines Tausendjährigen Reiches durch den wiederkehrenden Christus, bevor das Jüngste Gericht über die Menschheit hereinbricht. Diesem Richttag sehen sie mit Gelassenheit entgegen, ist ihnen doch die Göttlichkeit nach dem Ableben sicher.

Besonderen Widerspruch erregte die Glaubensgemeinschaft durch ihr Postulat der Vielehe, das noch von Joseph Smith als »Befehl Gottes« eingeführt wurde. Die Polygamie wurde zwar 1890 per Gesetz aufgehoben, um den Anschluß von Utah an die USA zu ermöglichen, wird aber von einigen orthodoxen Mormonen nach wie vor praktiziert.

Die Glaubensgemeinschaft zeichnet sich durch eine strenge Lebensweise – kein Alkohol, keine Zigaretten, weder Tee noch Kaffee –, eine straffe, militärisch anmutende Hierarchie sowie rege Missionstätigkeit in aller Welt aus. Das Geheimnis des wirtschaftlichen Erfolgs beruht nicht unwesentlich auf der Überzeugung, daß materieller Besitz Lohn für gottgefälliges Leben ist. Somit ist die Kirche, die zu den reichsten der Welt zählt, größter Arbeitgeber des Staates. Zwar wurde 1890 die Trennung von Kirche und Staat aus pragmatischen Gründen verfassungsmäßig verankert, nach wie vor aber trägt Utah theokratische Züge. Die maßgeblichen Posten in Politik und Verwaltung sind mit Mormonen besetzt, obwohl ihr Anteil an der Gesamtbevölkerung heute weit weniger als die Hälfte beträgt.

1916 aus Granit und Marmor errichtet und mit einer kupferbeschlagenen Kuppel versehen, gehört es zu den schönsten Regierungsgebäuden der USA.

Am östlichen Stadtrand, am Eingang zum Emigration Canyon, durch den die Mormonen aus den Bergen in die Ebene kamen, wird im **Pioneer Trail State Park** noch immer dieses bedeutenden Ereignisses gedacht. In der Tracht des 19. Jh. versetzen hier Mormonen inmitten eines Freilichtmuseums Besucher in die Anfangsjahre der Besiedlung zurück.

Am Great Salt Lake

Der **Great Salt Lake** 2 prägt die Landschaft rings um die Stadt. Der über 100 km lange und fast 50 km breite See nimmt zwar einen großen Teil im Norden des Staates ein, ist aber dennoch nur der bescheidene Rest eines ehemals riesigen Binnengewässers, das einmal 50 000 km^2 bedeckte und sich bis weit in die heutigen Staaten Nevada und Idaho erstreckte. Der im Laufe der Jahrtausende immer weiter geschrumpfte See hat sich aufgrund der hohen Verdunstung stark mit Salzen angereichert – nur das Tote Meer ist salzhaltiger. Von den einst 300 m Wassertiefe blieben nicht mehr als 3–6 m.

Der See gilt wegen seiner flachen Ufer als ein empfindlicher Klimaseismograph, ziehen doch geringste Schwankungen im Wasserspiegel beachtliche Veränderungen seiner Flächenausdeh-

nung nach sich. So war in den letzten Jahren ein deutlicher Anstieg festzustellen, der sich auf erhöhte Niederschläge in den angrenzenden Bergen zurückführen läßt und den seit Jahrhunderten anhaltenden Austrocknungsprozeß zumindest vorübergehend unterbrochen hat. Das Gewässer ist von einigen Inseln durchsetzt, auf denen Bisons, Möwen und Pelikane ein Refugium gefunden haben. Die größte Insel ist Antelope Island, die man vom Exit 335 der I-15 aus erreicht. Ein 1993 erbauter, 7 Meilen langer Damm führt direkt in den **Ante-**

lope Island State Park, der viel von seiner landschaftlichen Ursprünglichkeit bewahrt hat.

Jedem Eisenbahnfreund ist die **Golden Spike National Historic Site** 3 am nördlichen Rand des Salzsees ein Begriff, wurden doch hier am 10. Mai 1869 die vom Pazifik und vom Atlantik vorangetriebenen Schienenstränge zum ersten transkontinentalen Netz vereinigt. Dieser historische Augenblick hatte unermeßliche Folgen – das Tor zur Besiedlung des Westens war weit aufgestoßen, das Schicksal der Indianer und Bi-

Tagebaumine im Bingham Canyon

strecke, auf der in der Nachkriegszeit mit Raketenautos zahlreiche Geschwindigkeitsweltrekorde für Landfahrzeuge aufgestellt wurden. Die glattgewalzte, 16 km lange Teststrecke auf dem Salzsee mit der geschwärzten Markierungslinie kann von jedermann befahren werden (I-80, Exit 4, 5 Meilen nördlich, dann östlich, Ausschilderung), sofern sie nicht gerade durch Niederschläge überflutet ist oder Rennen stattfinden. Von sonstigen Abstechern auf den Salzsee ist dringend abzuraten.

Die größte Tagebaumine der Welt, die **Kennecott Copper Mine** 5 (S. 362), etwa 20 Meilen südwestlich von Salt Lake City im Bingham Canyon, präsentiert sich als 800 m tiefes, terrassiertes Loch, in das man von einer Aussichtsplattform hineinblickt. Wie Spielzeug wirken die bulligen Großraumtransporter, die das abgebaute Gestein zu den Schmelzen fahren.

Gut 30 Meilen südöstlich von Salt Lake City, erreichbar von American Fork auf der SR 92, liegt das große Kalkstein höhlensystem des **Timpanogos Cave National Monuments** 6 (S. 373), das man während einer dreistündigen Führung erkunden kann.

Eine wesentlich längere Anfahrt, etwa 120 Meilen entlang I-80 und US 189, ist mit dem Besuch des **Fossil Butte National Monument** 7 (S. 338) nordöstlich von Salt Lake City in Wyoming verbunden, so daß sich der Abstecher vor allem für jene lohnt, die ohnehin in diese Richtung weiterreisen, um etwa zu den Nationalparks von Grand Teton und Yellowstone zu gelangen.

Das kleine, 1972 errichtete Naturschutzgebiet im Südwesten des Staates ist als Fossilienfundstätte bekannt. Der 33 km^2 große Park inmitten semiarider

sonherden endgültig besiegelt. Gezeigt werden unter anderem die historischen Dampfloks »119« und »Jupiter« sowie jene Schwelle, in die angeblich der berühmte Goldene Nagel getrieben worden war. Alljährlich am 10. Mai wird der feierliche Akt erneut in Szene gesetzt.

Im Westen und Süden geht der See in Salzebenen über, die vornehmlich dem Militär als Testgelände dienen. Von historischem Interesse ist der unmittelbar an der Grenze zu Nevada gelegene **Bonneville Salt Flats International Speedway** 4, eine tischflache Renn-

Landschaft umschließt eine Bergkuppe, an der sich vor 50 Mio. Jahren ein subtropischer See befand. Eingeschlossen in Sedimente aus Kalk und vulkanischer Asche, die den Namen Green River Formation tragen, blieben dort fossile Pflanzen, Fische und andere Seelebewesen erhalten. Nachdem 1856 die ersten Funde gemacht wurden, war die Region Anziehungspunkt für Fossiliensammler aus aller Welt. Heute darf innerhalb der Parkgrenzen nicht mehr nach Fossilien gesucht werden, wohl aber außerhalb mit Genehmigung des jeweiligen Grundstückseigentümers. Wenn auch Gesteinsplatten den Fahrweg säumen, so sollte niemand erwarten, auf Anhieb freiliegende Versteinerungen zu finden; man kann getrost seine Kräfte schonen und sich lieber in der kleinen Ausstellung im Visitor Center ein Bild der Fauna und Flora versunkener Jahrmillionen machen. In der Umgebung haben sich übrigens Rock Shops etabliert, die Fundstücke zu erschwinglichen Preisen anbieten.

Beiderseits des Snake River

(Karte S. 271)

Der Snake River, mit 1600 km Länge der längste Nebenfluß des Columbia River, entspringt im Yellowstone Park, durchfließt das Becken der Snake River Plains und mündet 130 km vor Spokane in den Columbia River. Vielerorts hat er sich in das Basaltgetein eingeschnitten und schmale, tiefe Canyons gebildet. Bei einer Reise entlang dieses Flusses bewegt man sich abseits der großen Touristenströme und wird mit interessanten, wenn auch nicht spektakulären Sehenswürdigkeiten belohnt. Zugleich bietet die Fahrt einen Blick in das Hinterzimmer der USA, fernab der glitzernden Städte, vielspurigen Freeways, klimatisierten Shopping Centers und gebührenpflichtigen Parkplätze.

Wir verlassen Salt Lake City auf der I-15 nach Norden und erreichen nach 35 Meilen die Kleinstadt **Ogden** ■1 (S. 355). Schon nomadisierende Shoshonen und Pelztierjäger hatten zu Beginn des 19. Jh. am Zusammenfluß der Ogden und Weber River ein durch mildes Klima und gute Jagdgründe begünstigtes Winterquartier gefunden.

Seinen Namen erhielt Ogden von dem Trapper Peter S. Ogden, der dort im Auftrag der Hudson Bay Company seine Fallen aufstellte. Die Gegend erwies sich als derart reich an Pelztieren, daß der *mountain man* Miles Goodyear 1846 dort einen Handelsposten errichtete. Die eigentliche Gründung des Ortes erfolgte allerdings erst drei Jahre später durch Mormonen, die sich mit 100 Familien dort niederließen und dem Pelztierhändler das Land abkauften. Die entbehrungsreichen Zeiten von Dürre, Überschwemmung und Indianerüberfällen endeten 1869 mit Ankunft der Eisenbahn, die einen wichtigen Knotenpunkt errichtete. Der Besuch der **Union Station,** des Bahnhofs aus dem Jahre 1924,

Beiderseits des Snake River

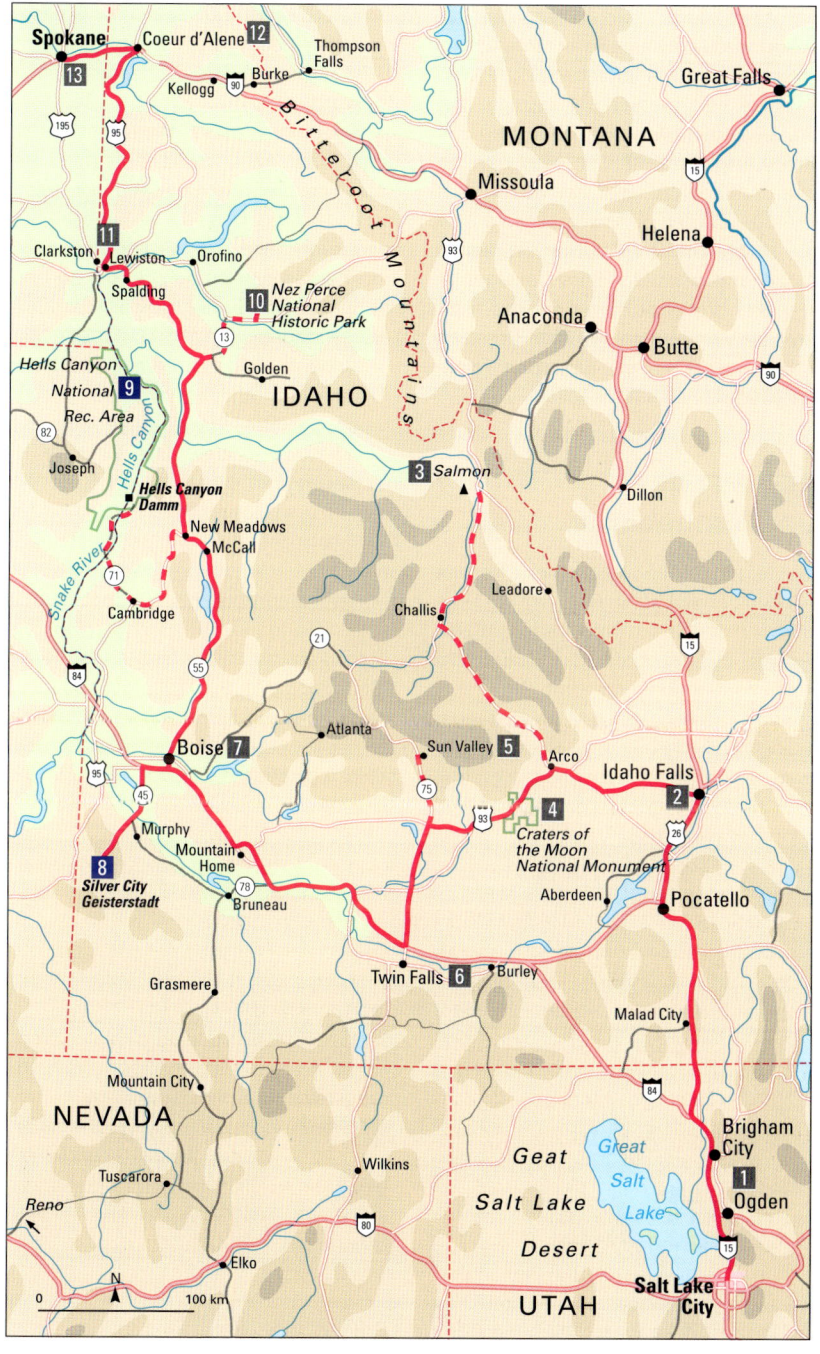

weckt nostalgische Gefühle. Im Zeitalter des Autos hat er seine Berechtigung verloren und wurde in einen Museumskomplex mit mehreren Ausstellungen umgewandelt. Hervorzuheben sind das **Browning-Kimball Car Museum,** in dem man einen Gangsterwagen aus den 30er Jahren betrachten kann sowie das **Watts-Dumke Railroad Museum** mit einer großen Modellbahnanlage.

Viele historische Bauwerke sind noch im alten Zentrum an der 25th Street erhalten, von denen das **Egyptian Theater** besonders ins Auge fällt.

Idaho Falls und Umgebung

Wir folgen der I-15 weiter nach Norden bis hinauf nach Idaho Falls, wo wir erstmals auf den Snake River treffen. **Idaho Falls** 2 (S. 344) verdankt seine Existenz einer Furt und einer dort 1865 von einem gewissen James M. Taylor einge-

richteten Fähre auf einer von Goldsuchern vielbegangenen Route zwischen Salt Lake City und den Minengebieten in Montana.

Mit Abebben des Goldrauschs verlor auch Idaho Falls, das damals noch Tylors Ferry hieß, dann Eagles Rock, rasch an Bedeutung. Doch die verbliebene Bevölkerung nutze das Wasser des Snake River und stellte sich auf Ackerbau um. So blieb Idaho Falls das Schicksal einer Geisterstadt erspart.

Lohnend ist der Bummel durch die Grünanlagen entlang des Flusses zwischen der Broadway Bridge und der Highway 20 Bridge. Das **Bonneville Museum** (Exit Broadway der I-15) verschafft dem Besucher einen Einblick in die Geschichte der Stadt und der Umgebung.

Wer ursprüngliche Wildnis sucht, sollte von Idaho Falls Richtung Norden dem Highway 93 zu den Salmon River Mountains folgen. Die weitgehend noch wilde Bergwelt im Herzen von Idaho an

Zum »American Way of Life« gehört auf jeden Fall die Mobilität: Transport eines Holzhauses in Idaho

der Westabdachung der Wasserscheide gehört zu den am wenigsten entwickelten Gebieten der USA und ist nicht zuletzt auch deshalb beliebtes Ziel von abenteuerlustigen Wanderern und Wildwasser-Enthusiasten.

Durch diese Region fließt der Salmon River, ein wildtosender Gebirgsfluß, der den Beinamen *river of no return* (Fluß ohne Wiederkehr) trägt und nördlich von Hells Canyon in den Snake River mündet. Ausgangspunkt einer Fahrt durch die Salmon River Mountains ist die ehemalige Goldgräbersiedlung **Salmon** 3 (S. 362) unweit der Grenze zu Montana. Von dort kann man organisierte, bis zu eine Woche dauernde Schlauchboot-Touren in die Wildnis unternehmen. Etwa 25 Meilen südöstlich, erreichbar über die SR 28, liegt die Geisterstadt **Lemhi,** eine Mormonengründung aus dem Jahre 1855. Trotz eines kleinen Forts konnten sich die Siedler nur drei Jahre gegen angreifende Indianer behaupten und mußten dann aufgeben.

Wer auf diesen Abstecher verzichten möchte, kann von Idaho Falls kommend bei Arco auf die US 20 abbiegen und zum **Craters oft the Moon National Monument** 4 (S. 333) fahren.

Das Naturschutzgebiet zu Füßen der Pioneer Mountains gewährt einen einzigartigen Einblick in die Vielfalt der Basaltformationen, die durch zahlreiche Eruptionen entlang einer Erdspalte entstanden. Die Lava-Ergüsse begannen vor etwa 15 000 Jahren und reichten bis ins 1. Jh. Mit Basaltkegeln, Lavatunneln, natürlichen Brücken und vulkanischen Bomben haben sie der Landschaft einen wahrhaft mondartigen Charakter verliehen.

Man kann den 215 km² großen Park auf einer 12 km langen Rundstraße durchqueren, mit entsprechendem

Schuhwerk aber auch zu Fuß erwandern. Mehrere ausgeschilderte Wege führen von der Straße zu sehenswerten Punkten, etwa zur Cave Area mit Lava-Tunneln, den Aschefeldern von Devils Orchard oder zur Tree Mold Area, wo die Lava lebende Bäume unter sich begraben hat. Besonders schön ist der Besuch im Frühjahr, wenn Tausende von Blumen einen eigenartigen Kontrast zum schwarzen Lavagestein bilden.

Die kleine Ortschaft **Sun Valley** 5 (S. 372) zu Füßen der Boulder Mountains, gut 30 Meilen nordwestlich der Craters of the Moon an der SR 75, erfreut sich bei US-Amerikanern als Sommerfrische und Wintersportgebiet gleichermaßen größter Beliebtheit. Für ausländische Touristen mit begrenzter Zeit lohnt der 35-Meilen-Abstecher trotz der landschaftlichen Schönheit kaum, es sei denn, sie wollen auf den Spuren von Ernest Hemingway wandeln, der dort auf seiner Farm in Ketchum die letzten Lebensjahre verbrachte und nach seinem Selbstmord 1961 auf dem kleinen Friedhof des Ortes die letzte Ruhe fand.

In **Twin Falls** 6 (S. 374) im Süden berührt die Reiseroute wieder den Snake River. Die Stadt im Herzen der Kornkammer von Idaho ist nach zwei Wasserfällen benannt, die heute kaum noch einen Besuch lohnen, da das Wasser zur Elektrizitätsgewinnung umgeleitet wurde.

Sehenswert sind dagegen die nach wie vor spektakulären Shoeshone Falls, etwa 7 Meilen östlich des Zentrums, die mit einer Fallhöhe von über 70 m sogar die Niagarafälle übertreffen. Das meiste Wasser führt der Fluß im März oder April, ehe der Oberlauf zu Bewässerungszwecken angezapft wird.

Recht imposant ist auch die den Snake River überspannende Perrine Bridge, worüber die US 93 nach Sun Valley und Craters of the Moon verläuft.

In über 160 m Tiefe schäumt der Fluß durch einen Canyon. Die ursprüngliche Brücke stammt aus dem Jahre 1911, die heutige, weitaus kühnere Konstruktion erst von 1976. Ganz in der Nähe hatte der Stuntman Evel Knievel versucht, getreu seines Mottos »Knievel is his name, danger is his game« den Snake River Canyon mit einem raketengetriebenen Motorrad zu überspringen. Da sich jedoch einer der Fallschirme vorzeitig öffnete, erreichte er die gegenüberliegende Kante nicht, kam aber mit einigen Knochenbrüchen davon.

Boise

Durch recht eintönige Landschaft geht die Fahrt auf der I-84 zunächst entlang des Snake River weiter in Richtung Nordwesten nach **Boise** 7 (S. 327), der Hauptstadt von Idaho. Ihren Namen erhielt sie von frankokanadischen Trappern zu Beginn des 19. Jh., die wohl Gefallen an den bewaldeten Flußufern gefunden hatten und die Stelle mit *boisé* (bewaldet) beschrieben. Die Region war damals aufgrund der reichen Pelztiervorkommen ein bevorzugtes Revier der Fallensteller. Später führte dort der berühmte Oregon Trail vorbei, auf dem Siedler mit ihren Planwagen zur Westküste zogen. Wiederholte Indianer-Überfälle auf die Konvois bewogen das Militär, im Jahre 1863 in Boise einen befestigten Posten anzulegen, der zur Keimzelle der Stadtentwicklung wurde.

Weithin sichtbarer Orientierungspunkt ist das **State Capitol,** ein Sandsteinbau mit Marmorverzierungen, dessen Errichtung von 1905 bis 1921 dauerte. Die ältesten architektonischen Zeugnisse der Stadt findet man im **Historic District.** Zumeist handelt es sich um zweistöckige Backsteinbauten, von denen

die Masonic Hall und das Spiegle Grocery Building besondere Erwähnung verdienen. In einem der ältesten Gebäude, dem Cyrus Jacobs House aus dem Jahr 1864, ist das **Basque Museum** untergebracht, das sich der Geschichte der Stadt widmet.

Einen weiten Blick über das Boise River Valley hat man vom 350 m höher gelegenen **Table Rock** östlich der Stadt, dessen nächtlich illuminiertes Kreuz weithin sichtbar ist. Boise eignet sich gut als Ausgangspunkt für den Besuch der östlich angrenzenden, kaum erschlossenen Wildnis der Salmon River Mountains. Mit dem Wagen kann man sie auf der schmalen Landstraße SR 21 erreichen.

Aber auch westlich des Snake River gibt es lohnende Ziele. So bietet sich ein Ausflug zur verlassenen Goldgräberstadt **Silver City / Idaho** 8 (S. 327) in den Owyhee Mountains an. Ausgangspunkt ist die kleine Ortschaft Murphy an der SR 78, die man über die SR 45 erreicht. Die 23 Meilen, lange kurvenreiche und unbefestigte Piste ist allerdings fast ein halbes Jahr durch Schnee blokkiert, und auch bei Regenfällen gibt es für normale Fahrzeuge kein Durchkommen. Die Mühe belohnt die noch gut erhaltene, wenig besuchte Geisterstadt, die einen faszinierenden Eindruck der Goldgräbertage vermittelt. Im Jahre 1863 wurden Gold- und Silberadern entdeckt, bald darauf lebten in Silver City über 5000 Menschen. Es gab sogar eine eigene Zeitung – die erste in Idaho – und das Idaho Hotel, weit und breit die beste Adresse. Zu Beginn des 20. Jh. begann dann der Abstieg, der sich bis in die 30er Jahre hinzog. Heute beherbergt Silver City nur noch eine Handvoll Aussteiger.

Von Boise empfiehlt es sich, die Reise auf der landschaftlich reizvollen SR 55 fortzusetzen, die dem Tal des Payette River nach Norden folgt. Bei New Meadows lohnt sich der Abstecher zum Hells Canyon.

Hells Canyon und Nez Perce National Historic Park

Der Durchbruch des Snake River durch die Wallowa Mountains gehört zu den spektakulärsten Naturerscheinungen der USA. Im Laufe der Jahrmillionen grub sich der Fluß auf einer Länge von etwa 70 km den tiefsten Canyon (2400 m) der USA durch die Formationen der Seven Devils- und Wallowa Mountains. Der Snake River, den heute zahlreiche Dämme zähmen, bildet in diesem Abschnitt die Grenze zu Oregon. Die Elektrizitätsgesellschaft Idaho Power verfügt in weiten Teilen des als **Hells Canyon National Recreation Area** 9 (S. 342) ausgewiesenen Erholungsge-bietes über Hausherrenrechte. Trotz einer Fülle von Freizeitmöglichkeiten wie Baden, Angeln, Bootfahren, Camping und Picknicken hält sich der Touristenandrang selbst an Sommerwochenenden in erträglichen Grenzen.

In Idaho erfolgt der Zugang über die SR 71 vom südöstlich des Canyons an der US 95 gelegenen Cambridge aus. Die in die nahezu senkrechten Felswände gesprengte schmale Straße folgt dem aufgestauten Snake River, der von nun an eher an einen Fjordsee erinnert, mal in schwindelnder Höhe, mal dicht über dem Wasser. Die Straße überquert den Fluß beim Brownlee Dam, verläuft eine Weile auf dem Territorium von Oregon, um beim Oxbow Dam wieder nach Idaho zu wechseln. Mit Überquerung des Hells Canyon Dam endet die Straße. Dort ist von der Aussichtsplattform eines Besucher-Zentrums der Snake River wieder als Fluß erkennbar und lädt zu wilden Schlauchboot-Touren weiter bis nach Lewiston ein. Stromaufwärts

Hells Canyon

Das Schlachtfeld des White Bird Canyon im Nez Perce National Historic Park

verkehren Motorboote bis zum Damm. Ein besonders schöner Abschnitt der US 95, östlich des Canyons, führt von White Bird im Norden bis Cambridge im Süden. Die Strecke verläuft teils entlang des Salmon River, der nördlich des Hells Canyon in den Snake River mündet.

In Oregon ist der Ort Joseph Ausgangspunkt für den Besuch des Canyon, eine isolierte Siedlung in 1200 m Höhe. Von dort führt eine im Winter geschlossene Forststraße zum Hat Point, der einen grandiosen Blick in den Hells Canyon erlaubt. Die letzte Juliwoche steht ganz im Zeichen der Chief Joseph Days, eines Westernspektakels mit Rodeo, Paraden und Indianertänzen.

Von New Meadows aus führt die Fahrt auf der US 95 weiter Richtung Norden nach Lewiston. Bei Grangeville lohnt sich ein Abstecher auf der SR 13 zum **Nez Perce National Historic Park** 10 (S. 354).

Die Nez Perce, die ihren Namen (Durchbohrte Nase) von französischen Waldläufern erhalten hatten, sich selbst aber Chopunnish nennen, siedelten im Grenzgebiet zwischen Oregon, Idaho und Washington und stellten mit etwa 4000 Angehörigen die größte Gruppe unter den Stämmen der Sahapatin dar. Mit dem Stamm sind heute die Cayuse verschmolzen, ein ehemals kämpferisches kleines Volk, das schon Ende des 16. Jh. Kontakt mit den Spaniern hatte und dadurch sehr wahrscheinlich das Pferd in die Indianerkulturen der angrenzenden Plains einführte, bevor es von Mexiko Eingang in die südwestlichen Regionen der USA fand.

Die Behandlung der christlich getauften Nez Perce gehört zu den beschämendsten Kapiteln US-amerikanischer Indianerpolitik. Der Stamm hatte sich den vordringenden Weißen gebeugt und war eine friedliche Koexistenz mit den Siedlern eingegangen. Um Zusammenstöße mit disziplinlosen Goldsuchern zu vermeiden, wollte die Armee den Stamm 1877 nach Idaho umsiedeln.

Häuptling Joseph zog es jedoch vor, ins benachbarte Kanada auszuweichen, ein Wunsch, den die Amerikaner jedoch nicht erfüllen wollten. 5000 mit modernsten Waffen ausgerüstete Soldaten sollten den Exodus der 500 Nez Perce, die Hälfte davon Frauen und Kinder, mit allen Mitteln verhindern. In mehreren Schlachten erteilten die Nez Perce der Armee eine Lektion in taktischer Kriegsführung. Erst 54 km vor der Grenze mußten sie sich völlig erschöpft der Übermacht beugen. Mit den Worten: »Hört mich Weiße, ich bin müde; mein Herz ist krank und voller Trauer ... ich werde niemals wieder kämpfen« ergab sich Chief Joseph mit seinem Stamm.

Im Jahre 1965 wurde auf dem Gebiet des Nez-Perce-Reservats der Historical Park eingerichtet, ein ›Nationalpark ohne Grenzen‹, mit einem Besucherzentrum in Spalding östlich von Lewiston. Er beleuchtet anhand von 24 geschichtlich bedeutsamen, allerdings im Umland weit verstreut liegenden Punkten die Vergangenheit und Gegenwart des Stamms. Zu den eindrucksvollsten zählen die San Joseph's Mission und das White Bird Battlefield, auf dem die Indianer 1877 ohne eigene Verluste die zahlenmäßig überlegene US-Kavallerie aufrieben.

Die Namen der Doppelstadt **Lewiston und Clarkston** ⑪ (S. 347), der nächsten größeren Siedlung am Snake River, künden von den beiden großen Forschern, die von dort ihre Reise zum Pazifik mit dem Boot fortgesetzt hatten. Die Städte in Washington bzw. Idaho an der Einmündung des Clearwater River in den Snake River verdanken ihre Entstehung allerdings dem kalifornischen Goldrausch von 1860. Die Glücksritter konnten, wie Lewis und Clark ein halbes Jahrhundert später, von hier aus den bequemeren Wasserweg für die Weiter-

reise wählen. Den Touristen unserer Tage bieten die Orte jedoch wenig, so daß man wohl bald seine Fahrt in Richtung Norden auf der abwechslungsreichen US 95 fortsetzen wird, bis nach ungefähr 110 Meilen Cœur d'Alene in Sicht kommt.

Cœur d'Alene und Umgebung

Cœur d'Alene ⑫ (S. 331) ist das Herz des sogenannten Panhandle, einer dicht bewaldeten, mit Seen und Bergen durchsetzten Landschaft an der Nordwestecke des Staates Idaho, die einst zu den ertragreichsten Bergbauregionen der Welt zählte.

Die Errichtung eines Forts an einem langgestreckten See im Jahre 1877 gab den Anstoß zur Entwicklung von Cœur d'Alene. Großgeworden ist die Stadt vor allem als Versorgungszentrum für die östlich liegenden Minenorte im Silver Valley und später dann als Erholungsort. Der See, eines der schönsten Binnengewässer der USA, läßt sich auf Bootsausflügen erkunden. Aber auch der Besuch der umliegenden Minenorte im 32 km langen und 12 km breiten **Silver Valley,** etwa der Sierra Silver Mine oder der Sunshine Mine, bietet sich an.

Die lange Reise entlang des Snake River endet ein Stück westlich der Grenze von Idaho in **Spokane** ⑬ (S. 371), der zweitgrößten Stadt von Washington. Sie ist aus einem bescheidenen Handelsposten hervorgegangen, den die Northwest Fur Company bereits fünf Jahre nach der Lewis-und-Clark Expedition etwa 15 km außerhalb des heutigen Zentrums einrichtete und der bis 1821 als Umschlagplatz diente. Das heutige Spokane wurde erst 1872 unter dem Namen Spokane Falls gegründet, entwickelte sich dann begünstigt durch die Minen in Silver Valley und die Anbindung an die Eisenbahn schnell zur bedeutenden Stadt im Nordwesten. Herausragende Sehenswürdigkeiten fehlen zwar, zumal die Stadt durch ein großes Feuer im Jahre 1899 fast vollständig zerstört wurde. Lohnend aber ist der Bummel durch den Riverfront Park mit Blick auf die Wasserfälle und die Fahrt mit der Gondelbahn über das schäumende Wasser.

Von Spokane kann man seine Reise entlang der I-90 nach Seattle fortsetzen und stößt dort auf die Küstenstraße (s. S. 64).

Yellowstone und Umgebung

(Karte S. 279)

Yellowstone National Park

Zu den herausragenden Sehenswürdigkeiten der USA gehört der fast 9000 km² große **Yellowstone National Park 1** (S. 376) im Nordwesten des Staates Wyoming. Er ist nicht nur der älteste, sondern zugleich auch der meist besuchte Nationalpark der USA, so daß man einen Abstecher nach Möglichkeit außerhalb der Sommerferien auf Frühjahr oder Herbst verlegen sollte.

Der Trapper John Colter, der zur Lewis-und-Clark-Expedition gehört hatte, stieß bereits 1807 auf dieses einzigartige Naturphänomen. Seine abenteuerlichen Indianergeschichten mochte man ihm ja noch abnehmen, aber turmhohe Wasserfontänen und kochende Seen inmitten der Berge – alles Hirngespinste der Phantasie! Erst der oberste Vermessungsingenieur von Montana, Henry Washburn, der 1870 mit einer kleinen Reisegruppe in die Region vordrang, lüftete das Geheimnis und versetzte mit seinem Bericht die USA in helles Erstaunen. Einen riesigen Geysir hatte er gesehen, dem er den Namen Old Faithful verlieh, brodelnde Schlammlöcher und schwefelgelbe Fumarolen. Glücklicherweise beließen es die Expeditionsteilnehmer nicht bei detaillierten Berichten, sondern beschworen den Senat in Washington, das Gebiet unter staatlichen Schutz zu stellen – eine aus heutiger Sicht fast hellseherische Initiative engagierter Bürger zu einer Zeit, in der man Indianern die Jagdgründe nahm und Viehbarone und Farmer sich blutige Kämpfe um Weidegründe lieferten. 1872 unterzeichnete Präsident Grant das Gesetz zur Gründung des Yellowstone-Naturschutzgebietes und legte damit den Grundstein zur Idee der Nationalparks, das wohl größte Vermächtnis der USA.

Seine Entstehung verdankt der Park einem Vulkan, der vor etwa 600 000 Jahren explodierte und eine gewaltige, mit Lava und Asche bedeckte Caldera hinterließ, den in sich zusammengesunkenen ehemaligen Krater. Noch immer glüht der etwa 3000 m tief liegende Magmaherd, so daß sich die einsickernden Regen- und Schmelzwasser bei Annäherung in Dampf verwandeln. Finden die heißen Gase beim Aufstieg durch das poröse Lavagestein einen freien

Weg, treten sie fauchend durch Fumarolen zutage. Häufig jedoch blockieren Wasseradern den Weg. Ähnlich wie in einem Dampftopf steigert sich dann der Druck in der Tiefe, bis er die darüberliegende Wassersäule explosionsartig an die Erdoberfläche drücken kann. Das isländische *geys* (hervorbrechen), das dem Begriff Geysir zugrunde liegt, bezeichnet dieses Naturphänomen treffend. Die aufsteigenden, mit Mineralien gesättigten Wasser der Geysire und Quellen hinterlassen bei ihrer Verdunstung Sinterablagerungen unterschiedlichster Form. Sie können hauchdünn kristallisieren, zu Platten verbacken, Terrassen oder hohe Kegel bilden. Es sind jene vielfach farbigen, bizarren und leicht zerbrechlichen Formationen, die Teilen des Parks ihr märchenhaftes Bild verleihen.

Die zauberhafte Atmosphäre sollte aber nicht darüber hinwegtäuschen, daß man in Yellowstone wie auf einem Pulverfaß lebt. Messungen, nach denen sich der Boden der ehemaligen Caldera zwischen 1923 und 1985 um gut 1 m gehoben hat, ehe er wieder etwas einsank, deuten Fachleute als Zeichen zukünftiger vulkanischer Aktivität. So ist denn

Yellowstone und Umgebung

Yellowstone, der älteste Nationalpark der USA

die Rückkehr der Park-Ranger nach der langen Winterpause immer wieder von Überraschungen begleitet: Durch die schneebedeckte Asphaltdecke des Parkplatzes hat sich plötzlich eine neue, fauchende Fumarole gebrannt, den kleinen Teich mit einst kochendheißem Wasser schmückt unerwartet eine dicke Eisschicht, und der Sieben-Tage-Geysir speit nun regelmäßig alle drei Stunden.

Das Plateau des Nationalparks ist von hohen Bergen umgeben und tiefen Canyons durchzogen. Großartige Wasserfälle stürzen über Felskanten, auf Waldlichtungen grasen Bisonherden und Wapiti-Hirsche, die hier *elk* genannt werden. Die Population der mächtigen Grizzly-Bären wird auf etwa 200 geschätzt. Allein die vielen ewig hungrigen Schwarzbären, die früher wie Anhalter die Touristen an den Parkeingängen erwarteten und belästigten, hat man vor einigen Jahren aus Sicherheitsgründen in andere Gebiete umgesiedelt. Mit et-

was Glück kann man auch Elche *(moose)* sehen.

Im extrem trockenen Sommer 1988 erfaßte ein verheerender Waldbrand die Hälfte des Nationalparks und vernichtete weite Gebiete. Durch starke Winde immer wieder angefacht, wüteten die Brände mehrere Wochen, einige sogar bis in den Winter hinein. Ein Heer von 10 000 Menschen kämpfte zu Lande und aus der Luft mit schwerem technischem Gerät gegen die Flammen und konnte

wenigstens den historischen Old Faithful Inn vor der Zerstörung bewahren – sonstige Erfolge hielten sich in vergleichsweise engen Grenzen.

Ohne erkennbare Gründe haben immer wieder Inseln unbeschädigten Waldes überlebt, die der bedrängten Tierwelt heute Zuflucht bieten. Die Natur meldete sich wegen der fruchtbaren Asche überraschend schnell wieder zurück, und zur Freude der Biologen siedelten sich in den neuen Lichtungen

Pflanzen an, die dort nie zuvor gesehen wurden. Doch wegen der Höhenlage und der damit verbundenen kurzen Vegetationszeiten wird es vielerorts wohl noch 100 Jahre oder länger dauern, bis die Wälder ihr ursprüngliches Gesicht zurückerhalten haben.

Mehrere Straßen führen in den Park: Aus Idaho erreicht man über die US 20 den Westeingang, durch den Grand Teton National Park (s. S. 285) gelangt man auf der US 89 (191/287) zum Südeingang, die US 14 (16/20) führt zum Osteingang. Aus Montana kommend, kann man im Nordosten auf der US 212 und im Nordwesten auf der US 89 den Park betreten. Nur diese letzte Parkeinfahrt über die Ortschaft Gardiner ist auch im Winter geöffnet; alle anderen bleiben in der Regel vom 1. November bis 20. April geschlossen. Als schönster Zufahrt ist sicherlich der nordöstlichen US 212 über Billings und Cooke City der Vorzug zu geben.

Der überwiegende Teil des Yellowstone Park ist naturbelassen. Die fünf Zufahrtsstraßen sind durch die etwa 170 km lange Grand Loop Road miteinander verbunden, die in Form einer 8 alle wichtigen Sehenswürdigkeiten erschließt. In den Sommermonaten und an langen Wochenenden jedoch kann es hier zu Verkehrsstaus kommen. Die meisten und eindrucksvollsten Zeugnisse vulkanischer Aktivitäten wird man entlang der südlichen Ringstraße im Zentrum des Einbruchbeckens erleben können.

Die Beschreibung der Route erfolgt gegen den Uhrzeigersinn, ausgehend vom Albright Visitor Center in **Mammoth Hot Springs** nahe dem nordwestlichen Zugang. Dort befindet sich auch das Hauptquartier des Parks, das aus einem Fort hervorging – von 1886 bis 1918 lag die Kontrolle der Region in Händen des Militärs. Das ausgezeichnete Museum bietet einen umfassenden Überblick über Geschichte und Natur des Parks.

Die Quellen, denen man sich auf Stegen nähern kann, vermitteln durch ihre terrassenförmigen, in zarten Pastelltönen strahlenden Kalktuff-Ablagerungen, über denen Dampfwolken wabern, ein pittoreskes und fotogenes Bild. Nach Süden geht die Fahrt vorbei an den flechtenbedeckten Felsen von Golden Gate, einem aus schwarzem vulkanischem Glas bestehenden Obsidian Cliff, das von den Indianern als Lieferant ihrer Pfeilspitzen hoch geschätzt war, zum Norris Geyser Basin, einem der aktivsten geothermischen Schauplätze des Parks.

Das **Norris Geyser Basin** ist die Wirkungsstätte von Steamboat, dem größten Geysir der Welt. Leider präsentiert er sich mit seiner über 100 Meter hohen Fontäne nur sehr unregelmäßig und ruht zuweilen sogar jahrelang (Auskunft erhält man in den Besucherzentren). Doch mit den blubbernden Schlammlöchern, den sprudelnden heißen Quellen, dem stündlich aktiven kleinen Geysir Echinus und dem durch Mineralien und Bakterien farbenprächtig leuchtenden Emerald Lake gehört das Geysir Basin zu den eindrucksvollsten Sehenswürdigkeiten im Park. Das **Norris Museum** erläutert die geothermischen Phänomene.

An der Madison Junction zweigt man nach links ab. Am Weg nach Süden liegen der Great Fountain Geyser, der ›zahm‹ gewordene White Dome Geyser oder die blubbernden Schlammlöcher von Fountain Paint Pot. Von dort ist es nicht mehr weit ins **Midway Geyser Basin,** wo man den Excelsior Geyser bewundern kann, der sich in eine ergiebige Quelle verwandelte, vor allem aber

Mammoth Hot Springs

die durch Algen und Bakterien bunt leuchtende Grand Prismatic Spring. Jede Farbe dokumentiert einen anderen Temperaturbereich. Schon bald kündigt sich mit dem Upper Geyser Basin der nächste Höhepunkt an.

Das **Upper Geyser Basin,** die weltweit größte Ansammlung von Geysiren, heißen Quellen und Fumarolen, gleicht einem Bild aus der Frühzeit der Erde. Besonders an kühlen, frühen Morgenstunden vermittelt sich diese Stimmung, wenn man die in Nebelschwaden gehüllte Urlandschaft auf glitschig-feuch-

ten Holzstegen durchstreift. Die höhersteigende Sonne löst dann den Zauber auf, und erste Touristenpulks drängen sich auf den Planken. Nicht versäumen sollte man den Morning Glory Pool, der dem Blütenkelch einer Trichterwinde ähnelt.

Von dort ist es nicht mehr weit zum erklärten touristischen Höhepunkt des Nationalparks: dem Geysir **Old Faithful.** Der Geysir gehört weder zu den größten noch zu den spektakulärsten des Parks, geschweige denn seiner Art. Seine Wahrzeichenfunktion für den Yellowstone National Park verdankt er allein seiner relativen Berechenbarkeit, mit der er seit Menschengedenken Wasserfontänen bis zu 40 Meter hoch in die Luft speit und die ihm daher von seinem Entdecker Henry Washburn den Namen »Der alte Zuverlässige« eintrug. Doch einige kleinere Erdbeben ließen Sand in sein Uhrwerk rieseln: Lag der Rhythmus vor zehn Jahren noch bei gut einer Stunde, sind es heute bereits 76 Minuten. Gleichwohl eignet sich Old Faithful nicht als Zeitmesser, denn das Intervall der Ausbrüche schwankt zwischen 30 und 120 Minuten. Während der ungefähr fünfminütigen Eruptionen pulsieren dann unter dem »Ah« und »Oh« der wartenden Zuschauermenge zwischen 37 000 und 45 000 l kochendheißes Wasser hoch in den Himmel. Unweit des Geysirs liegt eines der fünf Besucherzentren und das altehrwürdige, hölzerne Hotel Old Faithful, das bei dem Großbrand im Jahre 1988 nur knapp den Flammen entging.

Die Straße wendet sich nach Osten und steigt zum Craig Pass an, um nach gut 12 Meilen West Thumb zu erreichen, eine Ausbuchtung des Yellowstone Lake, des höchsten Frischwassersees der USA. Von dort führt eine Straße zum südlichen Parkausgang, die Loop Road wendet sich jedoch nach Nordwesten und folgt dem Ufer des Sees bis Fishing Bridge, um dann in das für seinen Tierreichtum bekannte Hayden Valley einzuschwenken und schließlich den Ausgang des Yellowstone Canyon zu erreichen.

Spektakulär stürzen unweit des Canyon Village die **Lower** und **Upper Falls** über eine Steilkante in das enge Tal des Yellowstone River, der sich hier seinen Weg durch einen engen Canyon aus buntem Sedimentgestein bahnt. Den ersten Blick auf die über 100 m hohen Lower Falls hat man vom Canyon Rim Drive, insbesondere aber von den Aussichtspunkten Inspiration Point und Grand View Point (am Nordrand des Canyons). Auf dem Brink of the Falls Trail kann man sogar bis hinunter zur Oberkante der Fälle gelangen. Die etwas südlich gelegenen Upper Falls, trotz ihrer geringeren Fallhöhe von gut 30 m kaum weniger eindrucksvoll, lassen sich

Old Faithful

leicht erreichen. Den besten Blick hat man dort vom Artists Point am Südrand des Canyons.

Von Canyon Village kann man auf kurzem Weg direkt zum Norris Geyser Basin fahren oder aber den Weg weiter nach Nordosten nehmen. Belohnt wird man mit dem Ausblick auf einen weiteren Wasserfall – den 40 m hohen **Tower Fall**. Etwas später erreicht man die Gabelung zur nordöstlichen Parkzufahrt. Wendet man sich hier nach Westen, gelangt man auf der nunmehr durch Grasland führenden Straße wieder zum Ausgangspunkt Mammoth Hot Springs.

Yellowstone ist auch ein Paradies für Wanderer, die auf den Trails selbst in den Sommermonaten kaum mit größeren Menschenansammlungen zu rechnen brauchen, durchziehen doch fast 2000 km Pfade die Wildnis. Kostenfrei kann man sich bei den Besucherzentren eine Campingerlaubnis besorgen, sollte aber auch sorgfältig die Regeln für den Ausflug in die Wildnis beachten und den Ratschlägen der Ranger, insbesondere für die Begegnung mit Bären und anderen wilden Tieren, folgen. Zu den einsamsten Wanderwegen zählt der Lamar River Trail im gleichnamigen, von Bisons und Wapiti-Hirschen besiedelten Tal im Osten des Parks. Überdies berührt die über 50 km lange Route einen versteinerten Wald, der vor 50 Mio. Jahren durch einen Vulkanausbruch unterging.

Grand Teton National Park

Der südlich an Yellowstone unmittelbar angrenzende, 1257 km^2 große **Grand Teton National Park** ▆2▆ (S. 341) wurde im Jahre 1926 gegründet. Der Name des Parks geht auf einsame frankokanadi-

sche Waldläufer zurück, die sich angesichts der spitzen Berge an ihre Lieben in der Heimat erinnert fühlten. Den wenig sprachbegabten Amerikanern war wohl entgangen, daß sich hinter Grand Teton das französische *grand téton* verbirgt, eine Bezeichnung für große Brust, sonst hätten spätere Kirchenvertreter und Frauenorganisationen sicherlich für eine Umbenennung plädiert. Der Park umschließt den Gebirgszug der Grand Teton Range, einer der jüngsten Auffaltungen der Rocky Mountains. Steil und gezackt steigen die Granitspitzen, die vielfach an die Alpen erinnern, weit über die 3000-m-Marke. Entstanden ist das Gebirge durch Verschiebungen an einer Bruchkante, wobei eine Scholle nach oben, die andere nach unten gedrückt wurde. Dem von Nord nach Süd verlaufenden Gebirgszug ist das Jackson Hole vorgelagert, ein 70 km langes, von Bergen umschlossenes Hochtal, das der Snake River teilweise mit einem großen See, dem Jackson Lake, gefüllt hat.

Der Grand Teton National Park besitzt drei Straßenzugänge. Von Norden kann man das Gebiet direkt von Yellowstone erreichen, von Osten führt die US 26 (287) in den Park, von Süden die US 89. Die wichtigsten Sehenswürdigkeiten liegen an der Park Road, die im Süden beim Moose Visitor Center die Hauptdurchgangsstraße verläßt und sie im Norden bei Jackson Lake Junction wieder erreicht.

Die Teton Park Road führt vom Moose Visitor Center auf die Berge zu. Besonders schöne Blicke bieten sich vom Taggert Lake Trailhead. Ein etwa 6 km langer Weg führt von dort zum gleichnamigen See. Am Glacier Gulch Turnout ist man den höchsten Bergen am nächsten, South Teton, Middle Teton und Grand Teton, der bis 4197 m aufragt. Die

Fahrt geht weiter zur South Jenny Lake Junction, von der man auf dem großartigen Cascade Canyon Trail tief in das Herz der Tetons vordringen kann. Als nächster Punkt auf der Panoramastraße folgt North Jenny Lake Junction. Auf einer schmalen Straße kann man von dort einen Abstecher mit großartigen Bergblicken zum Cathedral Group Turnout unternehmen. Die Einbahnstraße trifft in South Jenny Lake Junction wieder auf die Park Road. Letztere führt von der North Jenny Lake Junction aus den Bergen hinaus und erreicht nach 8 Meilen Jackson Lake Junction, wo sie in die Hauptdurchgangsstraße einmündet.

Der Grand Teton Park hat einige besonders schöne Wanderwege, darunter den anspruchsvollen Teton Crest Trail, ein 60 km langer Höhenweg, der nahe der westlichen Parkgrenze über die gesamte Länge der Gebirgskette führt.

Die Umgebung von Yellowstone

Die kleine Ortschaft **Jackson** **3** (S. 344) am Südeingang des Grand Teton National Park lebt ganz vom Tourismus und hat sich recht geschäftstüchtig mit einer Western-Atmosphäre umgeben. Täglich findet in den Sommermonaten auf dem Marktplatz ein Postkutschenraub mit anschließender Schießerei und Gefangennahme der Banditen statt. Während der Old West Days am Memorial Day fällt der Ort vollends zurück ins 19. Jh. Das Städtchen hat sich auch als Ausgangspunkt mehr oder weniger abenteuerlicher Wildwasserfahrten auf dem Snake und Salmon River einen Namen gemacht.

Im Winter erfreut sich Jackson hingegen großer Beliebtheit bei Skiläufern und Snowmobil-Freaks. Eine Seilbahn

Bitte lächeln:
Amische Mennoni-
ten im Grand Teton
National Park

führt von Teton Village hinauf zum über 3000 m hohen Rendevouz Mountain, von dem sich ein großartiges Panorama bietet.

Die 52 Meilen östlich des Westeingangs zum Yellowstone-Park liegende Stadt **Cody** 4 (S. 330) verdankt ihre Gründung im Jahre 1898 und ihre heutige Anziehungskraft dem legendären Buffalo Bill Cody (1846–1917). Der ehemalige Bisonjäger, Scout und Postreiter war mit seiner Wildwest-Show ein Medienstar des 19. Jh., der weit über die Grenzen der USA hinaus Berühmtheit erlangte und schon zu Lebzeiten von zahllosen Legenden umgeben war. So vermarktet der kleine Ort bis heute sehr geschickt die Erinnerungen an seinen Gründer.

Zentrum ist das aus vier Museen bestehende **Buffalo Bill Historical Center** mit dem Buffalo Bill Museum (persönliche Erinnerungsstücke), dem Cody Firearms Museum (Waffensammlung), der Whitney Gallery of Western Arts (Gemälde und Skulpturen) sowie dem Plains Indian Museum (umfassende Dokumentation über die Prärie-Indianer). Sehr bekannt ist das von Buffalo Bill eröffnete und nach seiner Tochter benannte Irma-Hotel, dessen luxuriöse Barausstattung Buffalo Bill von der englischen Königin Victoria als Anerkennung für seine Wildwest-Show geschenkt bekam.

Westlich von Cody kann man sich im Freilichtmuseum **Old Trails Town & the Museum of the Old West** anhand zahlreicher rekonstruierter Gebäude einen guten Eindruck vom Leben im Wilden Westen verschaffen. Zu den Sehenswürdigkeiten zählt auch das Versteck der Wild Bunch Gang, der größten und tollkühnsten Verbrecherbande des Westens, die von Butch Cassidy angeführt wurde.

Buffalo Bill

Cody ist überdies ein guter Ausgangspunkt für den Besuch des an den Yellowstone-Park grenzenden **Shoshone National Forest** 5 (S. 371), durch den auch die Zugangsstraße US 20 zum östlichen Parkeingang führt, sowie für Wildwasser-Touren auf dem Shoshone River.

Ein weiterer Ausflug von Cody führt auf der US 14A ca. 11 Meilen nordöstlich zum Fluß des Heart Mountain, einem weithin sichtbaren Berg mit einem markanten Doppelgipfel. Hier sind inmitten der Felder die Reste des Heart Mountain Relocation Camp, eines Internierungslagers aus dem Zweiten Weltkrieg, zu besichtigen. Drei alte Holzhäuser und einige Erinnerungstafeln mahnen an die Zeit nach dem Angriff auf Pearl Harbour 1941, als hier fast 11 000 japanischstämmige US-Bürger eingesperrt wurden (s. S. 288). Die Heart Mountain Relocatin Center Memorial Association hofft, eines Tages ein Besucherzentrum mit Museum errichten zu können.

Die im Yellowstone Valley gelegene Stadt **Billings** 6 (S. 326) an der I-90

Gleichheit für alle ?
Die USA nach Pearl Harbor

Am 7. Dezember 1941 wurden die USA völlig unvorbereitet aufgeschreckt, als japanische Bombenflugzeuge Pearl Harbor, Hawaii, ihren wichtigsten Marinestützpunkt im Pazifik, ohne Vorwarnung angriffen und einen großen Teil der Flotte versenkten. Noch am selben Tag erklärte der Kongreß der Vereinigten Staaten von Amerika Japan den Krieg.

Zu diesem Zeitpunkt lebten in den USA, vor allem in den Pazifikstaaten Kalifornien, Oregon und Washington, an die 125 000 Menschen japanischer Abstammung, davon allein in Los Angeles 40 000. Zwei Drittel von ihnen waren in den USA geboren und besaßen damit automatisch die amerikanische Staatsbürgerschaft. Ihre Anteilnahme am Geschehen, ihre Betroffenheit und Bestürzung über die ruchlose Tat entsprach dem allgemeinen Volksgefühl, denn sie alle betrachteten sich in erster Linie als Amerikaner, und nur wenige hatten noch Bindung an die alte Heimat. Gleichwohl sahen sich die Asiaten unvermittelt mißtrauischen Blicken ausgesetzt, ja, lauthals als potentielle Saboteure und Kollaborateure verdächtigt.

Asiatische Einwanderer genossen seit jeher in den USA nicht den besten Ruf. Gewiß, für den Eisenbahnbau hatte man sie gern ins Land geholt, und sie hatten trotz härtester Bedingungen gute Arbeit geleistet. Aber vor allem die bedürfnislosen Chinesen hatten sich mit Löhnen abspeisen lassen, zu denen Einheimische nicht mehr arbeiten wollten. Seitdem haftete den *Orientals,* wie sie herabwürdigend bezeichnet wurden, der Ruf von Lohndrückern und Streikbrechern an. Ab 1924 blieben deshalb die Grenzen für nachrückende Asiaten geschlossen, ein großer Erfolg für einwandererfeindliche Verbände, allen voran für die Asiatic Exclusion League, die Liga, die sich für den Ausschluß von Asiaten stark machte. Sie war es übrigens auch, die noch bis in die 50er Jahre dafür sorgte, daß asiatischen Einwanderern der ersten Generation das Wahlrecht vorenthalten blieb, daß jene kein Land erwerben und mit keinem Angehörigen einer anderen Rasse die Ehe eingehen durften. So konnte der blanke Rassismus, den die Siegermächte, allen voran die USA, den Deutschen nach Kriegsende nachdrücklich austreiben mußten, im eigenen Land noch für viele weitere Jahre unangefochten triumphieren.

Schon vor Kriegsbeginn hatte das FBI Dossiers aller herausragenden Persönlichkeiten der japanischstämmigen Bevölkerung angefertigt. Während die Wracks von Pearl Harbor noch glühten, konnte so die Polizei über 2000 Festnahmen möglicher Verdächtiger melden – meist ältere Männer, die als Kriegsinternierte in Gefängnisse wanderten. Gerüchte machten die Runde, die vor allem von den Gazetten des Zeitungsmoguls Hearst bereitwillig weiterverbreitet wurden: Auf Hawaii seien riesige Wegweiser entdeckt worden, die eindringenden Bomberformationen den Anflug auf die Marinebecken von Pearl Harbor aufgezeigt hätten, geheimnisvolle Blinkzeichen seien an der Küste gesehen worden, die feindlichen U-Booten galten. Keine Verdächtigung

Debatte oder Gegenstimme passierte die Vorlage den Kongreß.

Wenig später erging an die japanischstämmige Bevölkerung überall im Land die Aufforderung, ihren Besitz umgehend zu verkaufen und sich ab einem bestimmten Datum zum Abtransport in Internierungslager bereitzu-

Staatsbürger zweiter Klasse: Japaner bei der Ankunft in ein Internierungslager 1942

war zu absurd, als daß die Öffentlichkeit sie nicht sogleich begierig aufgesogen hätte, und als sechs Wochen nach Pearl Harbor der Kongreßabgeordnete Leland Ford die Bundesregierung aufforderte, »alle Japaner, ob US-Bürger oder nicht, in Konzentrationslager im Inland einzuweisen«, erhob sich kein Protest. Am 19. Februar 1942 unterzeichnete Präsident Roosevelt die Exekutivverordnung 9066, die Kriegsminister Stimson ermächtigte, aus als militärisch definierten Zonen »bestimmte oder alle Personen zu entfernen«. Ohne

halten. Es ist nur zu verständlich, daß unter diesem Druck niemand einen angemessenen Preis für seine Vermögenswerte erzielen konnte, und wer gar zauderte, verlor sein gesamtes Hab und Gut. Am 30. 10. 42 konnte die *War Relocation Authority,* die Kriegsumsiedlungsbehörde, nach Washington die erfolgreiche Kasernierung von 112 000 Personen japanischer Abstammung vermelden.

Die *relocation camps,* Umsiedlungszentren, wie die insgesamt zehn Internierungslager offiziell beschönigend genannt wurden, in unbewohnten, unwirtlichen Regionen fernab jeder Zivilisation bestanden in der Regel aus Holzbaracken, die man mit Stacheldraht umrollte und durch Wachtürme an allen vier Ecken sowie durch bewaffnete Posten sicherte. Sofern die Gefangenen nicht zu fliehen versuchten, drohte ihnen keine Todesgefahr, doch die Lebensumstände in der Wildnis erwiesen sich als äußerst hart, und die meisten Internierten mußten dort bis Kriegsende 1945 unter oft menschenunwürdigen Umständen ausharren – ohne eigenes Verschulden von Staats wegen enteignet, entrechtet und entehrt.

Japanisch-amerikanische Bürgerorganisationen, wie die JACL, bemühten sich von Anfang an um die Rehabilitierung ihrer Mitglieder. Sie erreichten immerhin, daß sich die Lagerinsassen als Beweis ihrer Loyalität freiwillig zum Kriegseinsatz melden durften – nachdem sie als Sicherheitsrisiko zuvor ausgeschlossen worden waren. 33 000 japanischstämmige Amerikaner, viele von ihnen ehemalige Internierte, kämpften schließlich auf pazifischen und europäischen Kriegsschauplätzen für ihr Vaterland, das sie so schmählich verraten hatte.

Ende der 70er Jahre gelang es den Überlebenden der Internierungslager oder ihrer Nachkommen, Präsident Carter zum Einsatz einer Untersuchungskommission zu bewegen. Auch die Presse nahm das Thema auf, und erst jetzt wurde der Öffentlichkeit schmerzlich das ganze Ausmaß des begangenen Unrechts bewußt. Doch es sollte noch weitere acht Jahre dauern, bis sich die US-Regierung unter Präsident Reagan für eines der dunkelsten Kapitel der amerikanischen Geschichte offiziell bei den Opfern entschuldigte und ihnen als Wiedergutmachung jeweils 20 000 Dollar zusprach. Ende 1992, nach 50 Jahren, empfingen dann die letzten der 70 000 Überlebenden ihren Scheck.

lohnt zwar keinen Umweg, wohl aber bei der Durchreise einen kurzen Aufenthalt für all diejenigen, die an der Geschichte des Wilden Westens Interesse haben.

Im Jahre 1823 wurden dort einige Trapper der American Fur Company von Indianern überfallen und ihrer Pelzausbeute beraubt. Der an sich alltägliche Diebstahl sollte internationale Verwicklungen auslösen, als die Stücke über die britische Hudson Bay Company nach London gelangten und dort als vermeintlich eigene Ware auf den Markt kamen. Als Ort existiert Billings erst seit 1882, gegründet von der Northern Pacific Railroad, die der Siedlung den Namen ihres Präsidenten Frederick Billings gab.

Die Bewässerung des Tals brachte der Stadt einen ungeahnten Aufschwung zum Agrarzentrum von Westmontana und zur größten Stadt des Bundesstaates. Ein Besuch lohnt sich in den Museen **Oscar's Dreamland,** 5 Meilen südwestlich von Billings, mit der größten Sammlung motorisierter Landwirtschaftsmaschinen der Welt und **Yellowstone County Historical Museum** nahe Billings International Airport. Interessant ist auch das 7 Meilen südöstlich vor den Toren der Stadt gelegene **Pictograph Cave State Monument,** drei Höhlen mit Felszeichnungen indianischen Ursprungs. Die schönsten Darstellungen mit prähistorischen Tieren, Büffeln und Elchen findet man im *pictograph cave.*

Die Schlacht am Little Bighorn ist als größter Erfolg der Indianer in die Geschichte der Auseinandersetzung mit den immer weiter nach Westen vordringenden weißen Siedlern eingegangen. Der Ort des Geschehens, das südöstlich von Billings liegende **Little Bighorn Battlefield National Monument** 7 (S. 347), wurde jahrzehntelang vom National Park Service verwaltet, war bis jetzt ausschließlich den gefallenen Soldaten von General Custer gewidmet und beleuchtete die damaligen Ereignisse recht einseitig. Daran war abzulesen, daß Amerika die Schattenseiten seiner Geschichte noch lange nicht aufgearbeitet hatte.

Den Indianern, die ihren Sieg mit 100 gefallenen Kriegern bezahlten mußten, wurde kein Denkmal gesetzt. Nur ein bescheidenes Schild mit der Aufschrift »Lame White Man, a Cheyenne leader, fell near here« (Lahmer Weißer Mann, ein Führer der Cheyenne fiel hier in der Nähe) kündet von ihrem Kampf. Überdies wird die Inschrift »Know the power that is peace« (Erkenne die Kraft, die

Frieden heißt), die am Besucherzentrum eingelassen ist, dem Sioux-Häuptling Black Elk zugeschrieben, der als Junge in Little Bighorn mitgekämpft und zwei Skalps erobert hatte. Amerikanische ›Patrioten‹ haben sich wiederholt, wenn auch bisher vergeblich, für die Entfernung dieser indianischen Mahnworte eingesetzt.

Die historischen Anlagen wurden jetzt privaten Händen übertragen, die dort ein weiträumiges Touristenzentrum mit Hotels, Restaurants und Ausstellungen errichten wollen. Inwieweit dabei auch die damaligen dramatischen Ereignisse einer modernen Betrachtungsweise unterzogen werden, bleibt abzuwarten.

Der State Park besteht aus zwei Teilen, dem Gebiet, in dem Custer und seine Männer fielen, mit dem Last Stand Hill als Zentrum, sowie einem Geländeeinschnitt etwa 4 km südlich, in dem sich die von den Indianern geschlagenen Verbände von Captain Reno verschanzt hatten. Beide Abschnitte sind durch die Battlefield Road verbunden.

Unterwegs in Wyoming

Die Schlacht am Little Bighorn

Kaum eine kriegerische Auseinandersetzung hat die Gemüter der US-Amerikaner so bewegt wie die Niederlage des Siebten Kavallerie-Regiments unter der Führung von George Armstrong Custer. An einem Maitag des Jahres 1876 waren die Soldaten von Fort Lincoln in Dakota zu einer ›Strafexpedition‹ gegen die Sioux und Cheyenne aufgebrochen, die sich immer wieder der Umsiedlung widersetzt hatten. Custer, den seine Soldaten General nannten, obwohl er nur Oberstleutnant war, hatte seine Meriten im Bürgerkrieg verdient und es dort bereits mit 25 Jahren zum Major gebracht, war dann aber bei Präsident Grant in Ungnade gefallen. Durch einen erfolgreichen Feldzug gegen die Häuptlinge Sitting Bull und Crazy Horse hoffte er, sein Ansehen wiederherzustellen.

Am 25. Juni erblickte Custer von einer Anhöhe die Zelte der Indianer, unterschätzte aber deren Zahl und die Kampfbereitschaft ihrer Bewohner. So beging er den Fehler, seine Truppen aufzuteilen. Obwohl er den Befehl erhalten hatte, bei Feindberührung Verstärkung abzuwarten, ließ er eine 140 Mann starke Abteilung unter Führung von Major Reno das Indianerlager angreifen. Reno erlitt eine verheerende Niederlage, die in der Flucht der überlebenden Soldaten endete.

Die Indianer konzentrierten sich nun auf Custer und seine 200 Mann, die etwa fünf km weiter nach Norden geritten waren. Aus der Deckung heraus umzingelten sie die Truppe und vernichteten sie innerhalb einer Stunde bis auf den letzten Mann. Unter den Gefallenen befanden sich auch zwei Brüder von Custer. Dann wandten sich die Sioux und Cheyenne den anderen Abteilungen von Custers Regiment zu, belagerten sie den ganzen Tag, um plötzlich ihre Zelte abzubrechen und sich in die Bighorn Mountains zurückzuziehen – Späher hatten das Nahen amerikanischer Soldaten gemeldet.

Die Nachricht von der Niederlage Custers erreichte die Ostküste just am 4. Juli als man dort stolz das hundertjährige Bestehen der USA feiern wollte.

Erst in jüngster Zeit wurden archäologische Untersuchungen auf dem Schlachtfeld durchgeführt, die den Verlauf des Kampfes anhand von über 4000 Funden aufhellen sollen. Danach waren die Indianer nicht nur zahlreicher, sondern auch weitaus besser bewaffnet, als Custer angenommen hatte.

Der Sieg über den ›Weißen Mann‹ konnte das Los der Indianer jedoch nicht mehr wenden. Ihr endgültiger Untergang wurde dadurch nur beschleunigt, denn von nun an wurde gnadenlos Jagd auf alle ›Rothäute‹ gemacht. Crazy Horse kapitulierte und wurde in Fort Robinson erschossen, Sitting Bull floh nach Kanada und kehrte 1891 in die USA zurück, wo sein Stamm am Wounded Knee River von der Armee in einem Massaker aufgerieben wurde.

Weideland und Gletscherseen

(Karte S. 294)

Der Naturraum des nördlichen Montana ist von der Übergangszone zwischen Rocky Mountains und Great Plains geprägt. Die Ausläufer der Rocky Mountains lösen sich nach Süden in einzelne Gebirgsmassive auf. Zahlreiche Seen, deutlicher Beweis früherer Vergletscherung, haben sich hinter Moränen aufgestaut. In den hochalpinen Regionen der nördlichen Rocky Mountains hat sich die Vereisung in Form von Kargletschern sogar bis heute erhalten.

Die große Entfernung vom Meer verleiht dem Klima in Verbindung mit der flankierenden Gebirgskette im Westen einen ausgeprägt kontinentalen Charakter. Ungehindert können im Winter polare Luftmassen weit von Norden her bis tief ins Landesinnere vorstoßen und die berüchtigten *blizzards* auslösen, verheerende Schneestürme, die mit Urgewalt hereinbrechen und das Land in wenigen Stunden unter einer meterdicken Schneedecke und tiefen Minustemperaturen erstarren lassen. In den geschützten Beckenlandschaften der südlichen Rockies hingegen können warme Westwinde, *chinook* genannt, selbst im Winter das Thermometer innerhalb eines Tages auf über 20° C hochtreiben.

Historische Bergbauregionen

Wie auch in anderen Teilen des Westens waren Goldfunde der Auslöser für den Zuzug neuer Siedler, die ab 1862 in Scharen über den Bozeman Trail, eine Abzweigung des Oregon Trail, ins Land strömten. An den Fundorten schossen die provisorischen Minenstädte aus dem Boden, regierten Gesetzlosigkeit und Gewalt. Davon betroffen waren vor allem die Indianer, die dem Goldhunger der Abenteurer trotz erbitterter Gegenwehr weichen mußten.

Die Weißen gingen in jener wilden Zeit allerdings auch untereinander nicht zimperlich um. Viehzüchter hatten nach Vertreibung der Indianer ihre Herden über den Bozeman Trail aus Texas in die neuen Weidegründe getrieben, gerieten aber schon bald in heftige Auseinandersetzungen mit den Eisenbahngesellschaften, die Land für ihre Linien beanspruchten, und mit nachrückenden Siedlern, die ihren Besitz einzäunten und damit die Bewegungsfreiheit der Rinderherden einschränkten.

Die bis zur kanadischen Grenze verlaufende Route beginnt am Westausgang des Yellowstone-Nationalparks und berührt zunächst den historischen Bergbauort **Virginia City/Montana** ■ (S. 376), den man über die US 287 und SR 287 erreicht (nicht zu verwechseln mit dem Ort gleichen Namens in Nevada).

Die liebevoll restaurierte Geisterstadt gehört zu den lohnendsten Zielen in Montana. Im Mai 1863 stießen einige Prospektoren dort auf eine reiche Goldader und gaben den Anstoß zur Gründung einer der wildesten Pioniersiedlungen im Westen. Eine Zeitlang wurde die Ortschaft durch Banditen der berüchtigten Plummer-Bande kontrolliert, die innerhalb von nur sechs Monaten 160 Menschen umgebracht haben soll. Die terrorisierten Bewohner stellten schließlich eine Bürgerwehr auf, der es

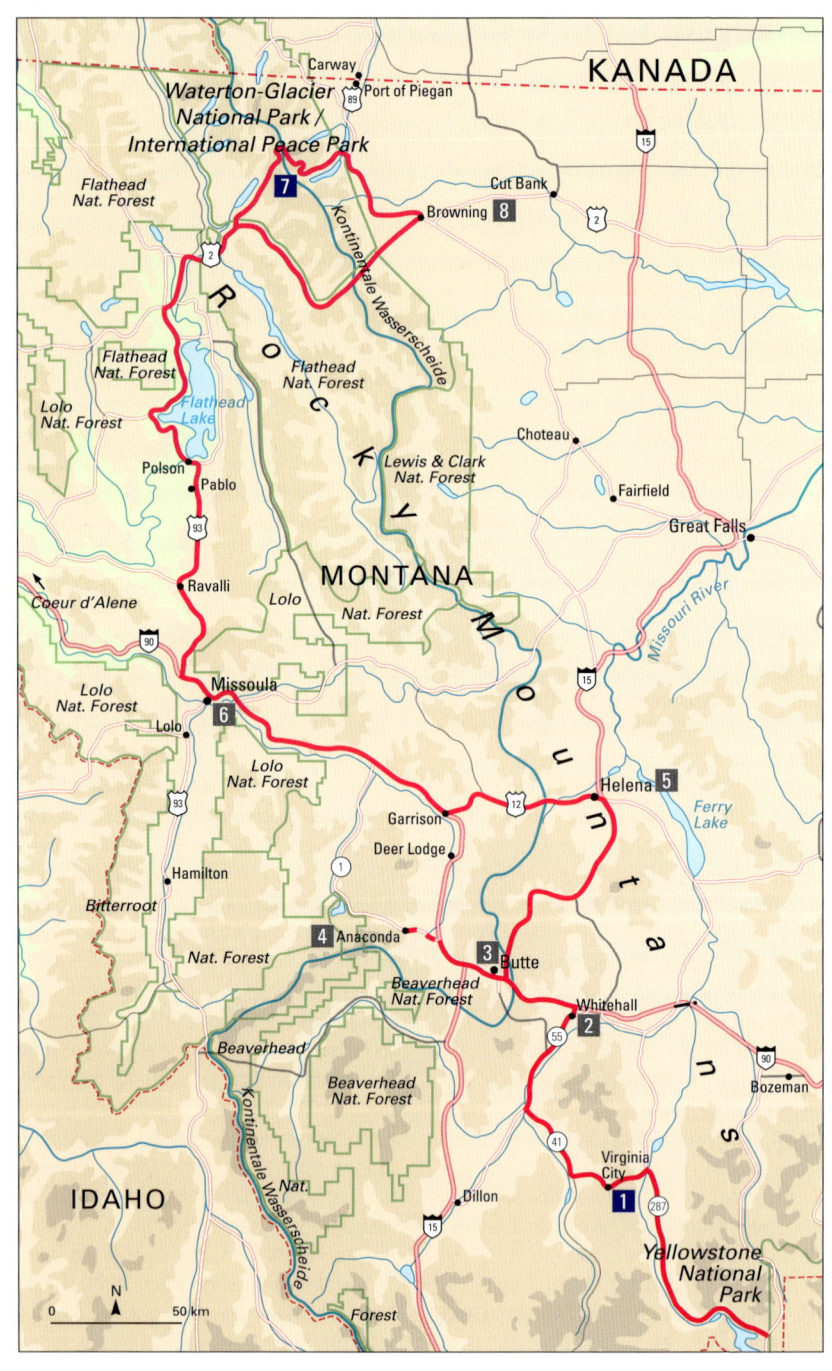

gelang, die Mitglieder der Bande zu stellen und ohne Gerichtsurteil zu hängen. Als einer der ersten ging der Anführer in die Falle, kein geringerer als der leutselige Bürgermeister Henry Plummer. Am 10. 1. 1864 wurde er zusammen mit seinen Deputies Ned Ray und Buck Stinson in Bannak aufgeknüpft. Innerhalb von sechs Wochen war die Bande zerschlagen, 21 ihrer Mitglieder von der Bürgerwehr gelyncht. Die Stadt wuchs explosionsartig. Mitte 1864 wurden jede Woche etwa 100 neue Häuser errichtet. Zahlungsmittel waren Nuggets und Goldstaub. Als Bezahlung für einen Drink durfte der Barkeeper in den Goldstaubbeutel des Kunden greifen und so viel behalten, wie zwischen zwei Fingerkuppen paßte. Alle Barkeeper von Virginia City, so heißt es, ließen sich in jener Zeit besonders lange Fingernägel wachsen …

Im Jahre 1865 löste Virginia City Bannak als Hauptstadt ab und behauptete diesen Status, bis 1075 Helena die Funktion übernahm. In jener Zeit befand sich die Goldgräbermetropole von Montana allerdings schon im Niedergang und zählte kaum noch 2000 Einwohner. Mit Ausbleiben der Funde erlosch das Leben fast gänzlich. Heute ›schürfen‹ die etwa 200 Einwohner der vollständig restaurierten, etwas disneylandartig wirkenden Stadt mit offenbar gutem Erfolg in den Geldbörsen der Touristen.

In **Gilbert's Brewery** wurde schon 1864 Gerstensaft nach schwäbischem Vorbild gebraut, heute läuft hier jeden Abend die Show ›The Brewery Follies‹ ab, und Bier gibt es natürlich auch. Sehr lohnend ist der Besuch des Thomson-Hickmann Memorial Museum mit Re-

Weideland und Gletscherseen

likten aus der Goldgräberepoche und des **Virginia City Medison County Historical Museum,** das Erläuterungen zur Geschichte von Montana gibt. Knapp 2 Meilen von Virginia City entfernt liegt **Nevada City,** eine weitere Geisterstadt, in der ein Freilichtmuseum mit alten Bauten aus Montana eingerichtet wurde. Gezeigt wird überdies eine große Sammlung mechanischer Musikinstrumente.

Über die SR 287, 41 und 55 führt der Weg nun zur kleinen Ortschaft **Whitehall** 2 (S. 328) an der I-90, wo ein Höhlensystem als Lewis and Clark Caverns State Park ausgewiesen ist. Eindrucksvoll sind vor allem die vielfarbigen Kalksteinformationen. Im Sommer werden täglich zweistündige Führungen veranstaltet.

Auf der I-90 geht es nun zum 30 Meilen westlich liegenden **Butte** 3 (S. 328). Alte Fördertürme und verlassene Maschinenhallen auf den Hügeln hoch über der Stadt erinnern daran, daß dort bis weit ins 20. Jh. hinein eines der wichtigsten Bergbauzentren Nordamerikas mit reichen Kupfervorkommen beheimatet war. Noch 1955 wurde in der Nähe eine der größten Tagebauminen der Welt, die Berkley Mine, in Betrieb genommen. Die erzreichen Lagerstätten, um die einflußreiche Industrielle im 19. Jh. erbittert gekämpft hatten, waren zu jener Zeit jedoch schon ausgebeutet. So trägt der Bergbau heute vornehmlich museale Züge, gepflegt vom **Mineral Museum** und dem **World Museum of Mining & Hellroarin' Gulch.** Im historischen Wagen Old No. 1 kann man im Sommer an einer Stadtrundfahrt teilnehmen.

Einen guten Eindruck vom Kupferbergbau in großem Stil vermittelt auch die Ortschaft **Anaconda** 4 (S. 324), etwa 20 Meilen weiter westlich von Butte an der SR 1 gelegen.

Die alte Bergbaustadt Butte

Die Stadt wurde 1883 vom Kupferbaron Marcus Daly als Standort für ein Hüttenwerk mit dem Namen Copperopolis gegründet. Im Jahre 1894 erhielt der Ort seinen heutigen Namen, der auf eine Begebenheit aus dem Bürgerkrieg zurückgeführt wird, bei welcher der Nordstaatengeneral Grant mit seinen Truppen die Formationen seines Widersachers General Lee wie eine Anaconda ›in den Würgegriff‹ genommen haben soll. In der Auseinandersetzung der Kupferbarone um die neue Hauptstadt von Montana Ende des vergangenen Jahrhunderts unterlag Daly gegen W. A. Clark, dem Fürsprecher von Helena. Im Visitor Center kann man sich einen Eindruck von der Kupfergewinnung und -verarbeitung in der Region verschaffen. Etwa 12 Meilen westlich von Anaconda liegen versteckt in der Nähe des Georgetown Lake einige Geisterstädte und verlassene Saphirminen.

Zurück in Butte gelangt man über die I-15 rasch in das 70 Meilen nördlich gelegene **Helena** 5, (S. 342) die Hauptstadt von Montana. Der Ort verdankt seine Gründung vier Goldsuchern aus Georgia, die nach monatelangem vergeblichen Schürfen 1864 einen letzten Versuch wagten und dabei genau dort auf Gold stießen, wo heute die Hauptstraße verläuft. Als aus den Hütten und Zelten der ›Last Chance Mine‹ durch den Zuzug weiterer Abenteurer eine permanente Siedlung erwuchs, änderten die Bewohner den Namen in Helena, von den rauhen Burschen allerdings bewußt auf der ersten Silbe betont, nicht etwa um den Bezug zur schönen Griechin herzustellen, sondern im Gegenteil zur *hell,* der Hölle, was wohl der Realität der damaligen wilden Zeit auch eher Rechnung trug. Der Goldrausch währte nur kurz, doch dem Ort blieb durch seine verkehrsgünstige Lage als Versorgungsdepot für die umliegenden Schürffelder der Abstieg zur *Ghost Town* erspart. Die Stellung von Helena festigte sich, als es nach heftigen Machtkämpfen zwischen den Kupferbaronen W. A. Clark und M. Daly im Jahre 1894 zur Hauptstadt des neuen Bundesstaates ausgerufen wurde.

Die bewegte Geschichte der Metropole und des Staates kann man im **Montana Historical Society Museum** nachvollziehen, die Tage des Goldrauschs in der **Pioneer Cabin** heraufbeschwören und in der Nordwest Bank Helena einige der Nuggets bewundern, mit denen alles anfing.

Wie in den Metropolen der USA üblich, dominiert auch in Helena das **State Capitol** die Bauwerke im Zentrum, die Kuppel wurde jedoch statt mit weißem Marmor mit Kupferplatten belegt.

Über die US 12 und I-90 geht die Fahrt ca. 120 Meilen westlich nach **Missoula** 6 (S. 350). Die Stadt liegt am Eingang des Hell Gate Canyon, einem Engpaß, durch den bereits die Indianer auf ihrem Weg in die Prärien zogen und den auch die Lewis-und-Clark-Expedition durchquerte. Den Namen Höllentor verdankt der Canyon der Tatsache, daß die Schwarzfußindianer hier häufig Reisenden auflauerten, wobei zahlreiche Angehörige der Flathead-Indianer den Tod fanden.

Das 1865 gegründete Missoula machte sich vor allem einen Namen als Zentrum der Holzwirtschaft, die bis heute eine wichtige Rolle spielt. Nicht von ungefähr haben hier die berühmten *smokejumpers* ein Ausbildungslager, das **Smokejumpers Base Aerial Fire Depot**. Man kann das 7 Meilen westlich von Downtown liegende Lager besuchen und einiges über den gefährlichen Kampf gegen die Waldbrände erfahren. Lohnend ist auch der Blick in das **Historical Museum** im ehemaligen Fort Missoula, das über die übliche Ausstellung hinaus historische Gebäude zeigt.

Von Missoula kann man die Reise auf der I-90 in Richtung Nordwesten fortsetzen, wobei man in Coeur d'Alene auf die schon beschriebene Route entlang des Snake River (s. S. 270) stößt oder die US 93 Richtung Norden nehmen und vorbei am langgezogenen Flathead Lake über die US 2 den Waterton-Glacier International Peace Park besuchen.

Die eindrucksvollste Gebirgswelt von Montana ist im etwa 2000 km² großen, 1910 gegründeten **Glacier National Park** 7 (S. 339) unter Schutz gestellt, der zusammen mit dem nördlich angrenzenden, in Kanada liegenden Waterton Lakes National Park zu dem einzigen grenzüberschreitenden ›Friedenspark‹ Waterton-Glacier International Peace Park zusammengeschlossen wurde. Zugang zum Park gewährt eine großartige Hochgebirgsstraße (›going to the sun road‹), die den Park von Ost nach West über die kontinentale Wasserscheide am Logan Paß (2200 m) durchquert, allerdings nur zwischen Mitte Juni und Mitte Oktober geöffnet ist. Am schönsten ist es im Juli, wenn sich die Matten in ein – wenn auch nur kurzlebiges – Blumenmeer verwandeln.

Die Hochregion der Gletscher ist meist nur zu Fuß oder mit dem Maultier auf einem markierten Wegenetz erreichbar, das eine Gesamtlänge von gut 1000 km aufweist (Vorsicht, Bären!). Aber auch kurze Abstecher von der Autostraße gewähren bereits großartige Einblicke in den einzigartigen Hochgebirgspark. So führt ein lohnender, etwa 3 km langer Fußweg vom Avalanche Creek an der Westseite des Logan Pass zum Avalanche Lake, über dessen 200 Meter hohe Uferfelsen mehrere Wasserfälle herabstürzen. Eine andere Exkursion läßt sich vom Logan Pass zum Hidden Lake Overview unternehmen, eine weitere, besonders schöne von St. Mary an

Der Himmel über Montana: Alter Pontiac vor einsamen Farmhaus

der Ostseite des Parks zu den Barring Falls. Von der Ortschaft Babb, etwa 6 Meilen nördlich von St. Mary, führt eine Stichstraße zum Gebiet Many Glacier mit pittoresken Seen. Über den Chief Mtn. International Hwy, eine von Touristen gern befahrene Straße, erreicht man von Babb das dicht bewaldete Belly River Country und kann dort ein Stück weiter in den kanadischen Teil des Parks überwechseln.

Unmittelbar an den Glacier National Park grenzt im Osten das Reservat der Blackfeet. Einen guten Einblick in das Leben der Prärie-Indianer vermittelt das **Museum of the Plains Indians** im kleinen Ort **Browning** 8 (S. 327) gut 15 Meilen nordöstlich von East Glacier Park. Die Schwarzfußindianer, die ihren Namen wahrscheinlich wegen ihrer schwarzen Mokassins erhielten, waren einst die unbestrittenen Herren der nördlichen Plains. Dem kühnen, kämpferischen Reitervolk, das 1790 die ersten Pferde erhalten hatte, galt der

Viehdiebstahl als höchste Tugend. Bis weit nach Kanada und hinab zur mexikanischen Grenze dehnten sie ihre Raubzüge aus, die bei den Weißen wie auch den Nachbarstämmen gleichermaßen gefürchtet waren. Im Jahre 1832 überfielen die Schwarzfußindianer Trapper bei einem ihrer alljährlichen feuchtfröhlichen ›Rendezvous‹ in Pierre's Hole, hatten allerdings die Treffsicherheit der Waldläufer unterschätzt und mußten eine empfindliche Niederlage einstecken, die ihnen lange Zeit die Lust an weiteren Konfrontationen mit den Weißen nahm. Im Jahre 1855 unterzeichneten sie mit den anderen Stämmen der Region – Flathead, Gros Ventre und Nez Perce – einen Friedensvertrag, der bis 1864 hielt. Sechs Jahre später richtete die Armee unter den Schwarzfußindianern ein Blutbad an und trieb viele von ihnen über die kanadische Grenze, während der klägliche Rest des einst stolzen Volkes im Reservat angesiedelt wurde.

Im Land der Büffel und Indianer

(Karte S. 300)

Auf dem Oregon Trail

Von den vielen Routen, auf denen die Planwagentrecks im vergangenen Jahrhundert gen Westen rumpelten, ist der Oregon Trail die bekannteste. Er führte aus den östlichen Siedlungsgebieten der USA über weite Strecken entlang des Platte River, der sich als natürliche Leitlinie für die Überlandverbindungen anbot. An seinen Ufern entstanden ab 1840 die ersten Handelsposten und Forts als Vorboten raumgreifender Besiedlung.

Die I-80 aus Omaha am Missouri folgt heute in etwa dem historischen Verbindungsweg. Verglichen mit anderen Regionen des Westens sind die Sehenswürdigkeiten entlang dieser Route eher stiller Natur. Meist handelt es sich dabei nur um aus den weiten Ebenen ragende Felsformationen, die als Landmarken dienten, sowie um sogenannte *historical marker,* leicht zu übersehende Geschichtstafeln am Straßenrand, die bevorzugt an Orten epochaler oder dramatischer Ereignisse aufgestellt wurden und vom Leben und Sterben der Pioniere berichten. So gleicht die Fahrt durch den Mittleren Westen oft einem lebendigen, anschaulichen Exkurs in die faszinierende Geschichte der Besiedlung des Westens und vermittelt darüber hinaus einen nachhaltigen Eindruck vom ungeschminkten Amerika ohne Glanz und Glamour.

Es bietet sich an, die Fahrt auf der Route der Planwagen in **Omaha** 1 (S. 355) zu beginnen, von wo aus auch die Pioniere im 19. Jh. ihre beschwerliche Reise nach Westen antraten. Die weitaus größte Stadt des Staates Nebraska (335 000 Einwohner) verdankt sowohl ihren indianischen Namen »Über allen anderen am Strom« wie auch ihre wirtschaftliche Bedeutung der Lage am Westufer des Missouri. Lange Zeit bildete die Siedlung einen Brückenkopf der Zivilisation, wo sich Goldsucher und Pioniere für ihre gefährliche Reise nach Westen ausrüsteten.

Nachdem 1854 die dort lebenden Omaha das Westufer aufgegeben hatten, ließen sich zahlreiche Neusiedler in der Umgebung nieder, um vom aufstrebenden Verkehrsknotenpunkt zu profitieren, zumal er der Verwaltungssitz des im gleichen Jahr neu geschaffenen Territoriums wurde. Am 2. 12. 1863 erfolgte auf Anregung von Präsident Lincoln in Omaha der erste Spatenstich zum Bau der Union-Pacific-Bahnlinie, die Ost- und Westküste miteinander verbinden sollte. Bis heute hat Omaha seine Stellung als wichtigster Umschlagplatz für Getreide und als größter Viehmarkt des Staates beibehalten, ergänzt durch Dienstleistungsbetriebe, die vom nahe gelegenen Strategischen Bomberkommando (Strategic Air Command) profitieren.

Die Sehenswürdigkeiten von Omaha halten sich in Grenzen. Lohnend ist der Besuch des historischen Stadtteils **Old Market** mit Galerien, Kneipen und Boutiquen. Fußmüde Touristen können das Bähnchen Ollie the Trolley für eine kleine Rundfahrt durch diesen Bezirk benutzen. Einen Blick in die große Zeit der Eisenbahn ermöglicht das **Union Pacific Historical Museum.** Die Indianergemälde des Schweizer Malers Karl

Bodmer, der 1833 die Expedition des Prinzen Maximilian zu Wied begleitete und dokumentierte, sind die Prunkstücke des **Joslyn Art Museum.** Am Ufer des Missouri sind zwei Kriegsschiffe, das Minensuchboot »Hazard« und das U-Boot »Marlin«, beides Veteranen aus dem Zweiten Weltkrieg, zur Besichtigung freigegeben.

Eine amerikanische Stadt mit Regierungssitz weist selten zugleich die größte Einwohnerzahl im Staat auf. So nimmt auch **Lincoln** 2 (S. 347) mit 172 000 Einwohnern hinter Omaha nur den zweiten Rang ein. Als sich Nebraska 1867 der Union anschloß, fiel die Wahl der Metropole nach heftigen Auseinandersetzungen mit Omaha auf den Ort Lancaster, der damals nur 30 Bewohner zählte. Aus Dankbarkeit dem Präsidenten gegenüber erhielt die neue Hauptstadt den Namen Lincoln, konnte sich ihr Recht aber nur sichern, nachdem in einer Nacht- und Nebelaktion die Staatsdokumente von Omaha abtransportiert wurden, das bis dahin Verwaltungszentrum des Territoriums war. Dennoch erwies sich der Weg zur Festlgung des Anspruchs als lang und beschwerlich. Eine Heuschreckeninvasion entmutigte die Bewohner ebenso wie das 1870 kursierende Gerücht, der Regierungssitz solle zurück nach Omaha verlegt werden. Erst in den 80er Jahren des 19. Jh. vermochte Lincoln den Staub und die Provinzialität abzuschütteln und sich zum modernen Verwaltungszentrum zu entwickeln.

Für Durchreisende lohnt allenfalls ein kurzer Blick auf das erst in den 20er Jahren errichtete **State Capitol,** dessen Fertigstellung wegen Geldmangels zehn Jahre auf sich warten ließ. Mit seinem

hoch aufragenden Turm weicht es beträchtlich von dem üblichen Vorbild in Washington D.C. ab. Im **Museum of Nebraska History** kann man einen Streifzug durch die Geschichte des Staates machen und in der **American Historical Society of Germans from Russia** sich über die Zuwanderung von Rußlanddeutschen informieren, deren Niederlassungen auf mennonitische Bauern aus Rußland im Jahre 1874 zurückgehen.

Wir verlassen Lincoln auf der nach Süden verlaufenden US 77 in Richtung des 40 Meilen entfernten Beatrice. Einige Meilen westlich dieses Ortes erhält man im **Homestead National Monument of America** 3 (S. 347) einen interessanten Einblick in die Besiedlungsgeschichte dieser Region.

Mit dem 1862 verabschiedeten Homestead Act gelang es der Regierung in Washington, das menschenleere Neuland, das ihr durch den Louisiana Purchase zugefallen war, gerecht zu verteilen und nicht reichen Großgrundbesitzern zu überlassen. Jeder siedlungswillige Pionier erhielt gegen eine nominelle Gebühr 160 acres (64,8 ha) zugeteilt. Gleichzeitig verpflichtete er sich, das Land mindestens fünf Jahre lang zu bearbeiten. Aufgrund des hohen Ernterisikos bei Weizen erwiesen sich die Flächen jedoch schon bald als zu klein und wurden zweimal verdoppelt.

Das Homestead National Monument, die Gedenkstätte für Pionier-Siedler, dokumentiert in eindrucksvoller Weise die Mühsal, mit der die ersten Farmer den Prärieboden unter den Pflug nahmen. Das Freilichtmuseum liegt auf dem Besitz, den Daniel Freeman 1862 als erster Homesteader nach dem neuen Gesetz erhalten hatte. Auf dem Gelände befinden sich eine einfache Holzhütte, wie sie jeder Pionier der ersten Stunde sofort

nach Ankunft baute, um die kalten Winter zu überstehen, sowie eine Schule aus dem Jahre 1872.

Auf der schnurgeraden, durch wogende Weizenfelder verlaufenden US 136 geht es nun parallel zur Grenze von Kansas nach Westen bis Red Cloud und von dort nach Norden zur Kleinstadt Hastings. Die wie mit dem Lineal gezogene Grenze soll der Legende zufolge ein gewisser Febold Feboldson gezogen haben, der Münchhausen der Plains. Nach jahrelangen Versuchen sei ihm die Kreuzung zwischen Adler und Biene gelungen, die in einem adlergroßen Insekt ihren krönenden Abschluß fand. Eines dieser Tiere spannte er vor den Pflug und schuf mit einer schnurgeraden Linie die noch heute als *beeline* bekannte Grenze.

Von Hastings folgen wir der US 6 und erreichen nach 28 Meilen **Minden** 4 (S. 350). Das dortige Freilichtmuseum **Harold Warp Pioneer Village** vermittelt einen lebendigen Einblick vom Verlauf der technischen Revolution in den USA. Gegründet wurde es Mitte des 19. Jh. von einem Bürger der gleichnamigen deutschen Stadt. Neben der Demonstration traditioneller Handwerksarbeiten werden über 350 Autos, 100 restaurierte Traktoren und 20 Flugzeuge gezeigt, dazu 26 Gebäude vom Fort über die Poststation des Pony Express bis zum Farmhaus und der ersten Kirche von Minden.

Wer den Weg nach Minden gefunden hat, sollte keineswegs den Abstecher in die Ortschaft **Holdrege** 5 (S. 343) versäumen, um dem **Phelps County Historical Society Museum** einen Besuch abzustatten. Neben den üblichen Relikten früher Pioniertage widmet sich eine Abteilung des Museums auch deutschen Kriegsgefangenen, die während des Zweiten Weltkriegs in Nebraska interniert waren und einen wesentlichen Anteil an der wirtschaftlichen Entwicklung der Region hatten. Das Hauptcamp in der Nähe der Ortschaft Atlanta 7 Mei-

Nordufer des Platte-Flusses in Höhe einer großen Insel gegründet, deren französischen Namen sie übernahm. Die Siedler hofften, die Eisenbahnlinie würde durch ihre Stadt hindurch führen und ihnen einen gewaltigen Gewinn sichern. Die Union Pacific schlug jedoch aus genau diesem Grund einen großen Bogen und baute 1866 den Bahnhof 5 Meilen nördlich von Grand Island. So mußte der Ort 1869 notgedrungen zur Bahnstrecke umziehen. Als einer der aktivsten Bürger erwies sich der deutsche Zuwanderer Wilhelm Stolle (William Stolley), der große Anstrengungen unternahm, die Prärie mit Bäumen zu bepflanzen und durch den Bau eines Forts gegen Indianerüberfälle zu sichern.

Zwei Attraktionen zeichnen die Stadt aus: Das auf einer Insel liegende Freilichtmuseum **Stuhr Museum of the Prairie Pioneer** ist der Besiedlung von Nebraska gewidmet und verhilft mit 50 alten Gebäuden – unter anderem dem Geburtshaus des Schauspielers Henry Fonda – einer Eisenbahnstadt aus dem 19. Jh. zu neuem Leben. Über das 80 ha große Gelände fährt ein historischer Zug. Mit etwas Glück kann man Kraniche beobachten, die auf ihrem jährlichen Zug von Mexiko und Kalifornien ins nördliche Kanada im **Mormon Island Preserve** zusammen mit Enten und Wildgänsen Station machen. Das Spektakel erstreckt sich über etwa sechs Wochen von April bis in den Mai. Der Besuch ist nur nach Anmeldung (im Visitors Bureau) in Begleitung eines Rangers möglich.

Die Route entlang des historischen Oregon Trail folgt nun der I-80, wobei die Weizenfelder allmählich in Weideland übergehen. Landschaftsbestimmend sind verfestigte ehemalige Sand-

len südwestlich von Holdrege beherbergte zwischen 1943 und der Schließung 1946 über 100 000 Kriegsgefangene. Es galt als das friedlichste in den USA und hatte keinen Fluchtversuch zu verzeichnen. Bis auf den Schornstein der Bäckerei blieb von den einst 70 Gebäuden allerdings nichts mehr erhalten. Obwohl die Gefangenen nicht zur Arbeit gezwungen wurden, betätigten sich die meisten gegen ein geringes Taschengeld in der Landwirtschaft und beim Bau von Bewässerungsanlagen. Einige kehrten sogar nach ihrer Freilassung zurück und wurden amerikanische Staatsbürger. Kleinere Gefangenenlager befanden sich auch in Grand Island, Ogallala, Hastings und Lexington.

Fährt man von Hastings auf der US 34/281 nach Norden, stößt man nach etwa 18 Meilen in Grand Island wieder auf den Platte River.

Die Ortschaft **Grand Island** 6 (S. 340) wurde 1850 von einigen Grundstücksspekulanten aus dem Osten am

Scout's Rest

dünen, die sogenannten Sand Hills und Kurzgrassteppen. Aufgrund des trockenen Klimas und der überwiegend sandigen Böden ist Landwirtschaft nur mit künstlicher Bewässerung an einigen bevorzugten Standorten möglich.

North Platte 7 (S. 354), das nächste Ziel, liegt am Zusammenfluß zwischen North Platte und South Platte River und ging aus dem Fort McPherson hervor, das die auf dem Oregon Trail vorbeiziehenden Siedlertrecks schützen sollte. Der berühmteste Sohn der Stadt, Bill Cody, verdiente sich seinen Beinamen ›Buffalo‹, als er die Arbeiter der Kansas-Pacific-Eisenbahn mit Bisonfleisch versorgte. Seine Karriere reichte vom einfachen Ochsentreiber bis zum schillernden Medienstar, der Ende des 19. Jh. die ganze Welt mit seiner Wildwest-Show faszinierte. Die erste Vorführung fand in North Platte statt, als Bill Cody, der seit einigen Jahren dort lebte, ein Fest zum Nationalfeiertag ausrichtete. Bis heute

stets am gleichen Tag begangen, läutet der *blowout* die Rodeo-Saison in den USA ein.

Die in einem Park liegenden Gebäude von Buffalo Bills Ranch, Scout's Rest, 1886 zur Zeit der größten Erfolge der Wild West Show errichtet, wurden 1965 unter dem Namen **Buffalo Bill State Historical Park** unter Denkmalschutz gestellt. Wohnhaus und Stallungen sind mit unzähligen Erinnerungsstücken an das abenteuerliche Leben des Westernhelden angefüllt. Cody verdiente Unsummen, gab das Geld aber auch mit vollen Händen für allerlei mehr oder weniger sinnvolle Projekte wieder aus. Unter anderem gründete er die nach ihm benannte Ortschaft in Wyoming (s. S. 287). Drei Tage vor seinem 71. Geburtstag starb er in Denver, wo er auch begraben liegt.

Die Bedeutung von North Platte als eines der größten Eisenbahndepots findet ihren Niederschlag in einer Sammlung im **Cody Park,** die außer historischen Wagen auch die größte Dampflok der USA zeigt, die berühmte, 534 t schwere Mallet-Gelenk-Lokomotive aus dem Jahr 1941.

Ein Stück hinter North Platte verlassen wir die I-80 und folgen ab Ogallala der US 26, die den North Platte River begleitet. 150 Meilen nordwestlich von North Platte ragt ein Stück abseits der US 92 die Felsnadel der **Chimney Rock National Historic Site** 8 steil in den Himmel. Ihrem Namen Schornsteinfelsen macht sie alle Ehre, diente sie doch den nach Westen rumpelnden Planwagentrecks lange Jahre als Orientierungspunkt, der das Ende der eintönigen Prärien markierte, aber auch den Beginn der schwierigen Bergstrecke durch die Rocky Mountains ankündigte. Als erste hatten Trapper die weithin sichtbare, 180 m hohe Spitze auf ihren Streifzügen um 1814 zu Gesicht bekommen. Ihre Entstehung verdankt die Felsnadel einer harten Sandsteindecke, die das darunterliegende weichere Gestein vor der Erosion bewahrte, während die umliegenden Formationen längst abgetragen wurden (Vorsicht vor Klapperschlangen). Der Platz hat keine touristischen Einrichtungen. Erläuterungen zur Geschichte findet man im **Scotts Bluff National Monument** 9 (S. 368), das den Reisenden nach etwa 25 Meilen erwartet.

In diesem historischen Park am North Platte River, unweit der Grenze zu Wyoming, hinterließen die Pioniere des Oregon Trail ihre deutlichsten Zeichen. Tief eingefurcht haben sich die Spuren der ›Prärieschoner‹, jener legendären Planwagen, ohne die noch heute kein Western auskommt. Ihre Prototypen, nach einem Indianerstamm des Ostens *Conestoga* genannt, gehen auf eine Entwicklung der Herrenhuter aus dem 18. Jh. zurück und hatten die in Deutsch-

land gebräuchlichen Frachtwagen jener Zeit als Vorbild.

Scottsbluff, benannt nach einem Pionier, der hier sein Leben aushauchte, wurde von den Indianern treffend als *me-a-pa-te,* bezeichnet, als schwer zu umgehender Hügel. Und in der Tat mußten die Wagen hier die Ebene über einen steilen Anstieg verlassen, ehe sie nach Überwindung des Mitchell Pass weiter westwärts rollen konnten. Die jäh abfallenden, bis zu 150 Meter hohen Sandsteinformationen gehören zu Ausläufern der Wildcat Range, die sich von Colorado herüberzieht; eine harte Deckschicht hat auch hier die Erosion verhindert. Heute durchquert die US 92 den Park. Auf einer gebührenpflichtigen Stichstraße kann man durch drei Tunnels zur Oberkante hinauffahren und die schöne Aussicht genießen. Auf dem Gelände sind auch noch die Wagenspuren zu sehen, ergänzt durch eine detailgetreue Dokumentation des Oregon Trail, der bis zur Fertigstellung der Eisenbahn

Scotts Bluff National Monument

Cowboys
Legende und Wirklichkeit

Schlicht und einfach Kuhjunge – mehr bleibt nicht übrig, wenn man den Begriff Cowboy seines legendären Inhalts beraubt und ihn auf die einfache Wortbedeutung reduziert. Der Mythos beginnt bereits damit, daß die geschichtlichen Ursprünge der Bezeichnung in Vergessenheit gerieten. Bereits um 1000 n. Chr. war der Begriff in Irland gebräuchlich und erreichte Mitte des 17. Jh. mit den Emigranten die USA.

Dort kannte man längst berittene Kuhhirten. Sie standen in Diensten spanischer und später mexikanischer Großgrundbesitzer, hießen *Vaqueros (la vaca – die Kuh)* und rekrutierten sich zunächst aus mexikanischen Indianern, die von den Spaniern bei der Eroberung gefangengenommen worden waren. Bereits 1521, im Jahr des Sieges über die Azteken, hatten die Spanier zusammen mit den Pferden auch die ersten Rinder in die Neue Welt gebracht. Die Tiere verbreiteten sich schnell, teils durch gezielte Zucht, teils auch durch Ausreißer, die in den Weiten Nordamerikas ideale Lebensbedingungen vorfanden und zu den berühmten Longhorns verwilderten.

Um 1700 betraten als weitere Urväter der amerikanischen Cowboys *Cibole-ros*, Büffeljäger *(el cibolo – der Büffel)* die Bühne. Sie beherrschten ihre Pferde ebenso vollendet wie die *Vaqueros*. Als die verwegenen Jäger, zumeist spanisch-indianischer Herkunft, herausfan-

den, daß sich mit Handel weit bequemer und gefahrloser Geld verdienen ließ, tauschten sie ihre Mustangs gegen Planwagen und trieben Geschäfte mit den Comanche.

Einen Bedeutungswandel und damit den ersten Schritt zur Legendenbildung, erfuhr das Wort Cowboy zu Beginn des 19. Jh., als das unabhängige Texas nicht nur siedlungswillige Farmer anzog, sondern auch zwielichtigen Gesellen Zuflucht vor dem Arm der Unionsgesetze bot. Diese Männer mit dem Beinamen GTT *(gone to Texas)* hatten mit dem ursprünglichen Beruf nichts gemein – ihr Umgang mit Rindern beschränkte sich auf Diebstahl der frei umherstreifenden Herden der mexikanischen Großgrundbesitzer, aber dennoch lieferten sie einen farbigen Tupfer für das spätere Bild der Cowboys.

Die große Zeit der Cowboys begann in den USA erst nach dem amerikanisch-mexikanischen Krieg, als man das vor allem in Texas sehr verbreitete Wildrind als Nahrungsquelle nicht nur zu jagen begann, sondern der Besitz großer Longhorn-Herden Prestige versprach. Es erforderte Geschicklichkeit und Wagemut, die Tiere auf den damals noch offenen Weiden zusammenzutreiben und mit einem Brandzeichen zu versehen, standen doch die wilden Longhorns den Bisons an Gefährlichkeit nicht nach. Ein weiteres Mosaiksteinchen der Legendenbildung war geschaffen.

Die Legende lebt: Cowboy in Wyoming

Daß die Rinder auch beträchtliches Kapital verkörperten, erwies sich erstmals beim großen Goldrausch in Kalifornien im Jahre 1849, als mit dem Zustrom von Glückssuchern die Fleischversorgung des Ostens zusammenbrach. Bereits 1850 führte ein gewisser W. H. Snyder eine erste Herde

Viehzüchter vor einer Tafel mit Rinderbrandzeichen in Nebraska

über Tausende von Kilometern bis zur Pazifikküste und erzielte in den Goldgräberstädten phantastische Preise für seine ausgemergelten Tiere. Die kurze Ära der großen Rindertrecks war angebrochen und damit den Cowboys eine weitere Aufgabe zugefallen, die so recht in das damals schon aufkommende Bild vom Helden im Sattel passen wollte. Nicht nur mit nervösen Longhorns hatte er sich nun herumzuschlagen, sondern auch noch mit sengender Hitze, Schneestürmen, reißenden Flüssen und unberechenbaren Indianern. Es ist nur zu verständlich, daß sich die Männer nach Abschluß ihrer strapaziösen Ritte quer durch den Kontinent in den Rinderstädten austobten und ihren Verdienst mit vollen Händen zum Fenster hinauswarfen. Außerdem bedeutete Geld den Cowboys wenig, sonst hätten sie wohl auch nicht diesen unterbezahlten Beruf ergriffen, der sie bei Wind und Wetter in den Sattel zwang. Aber gerade diese Einstellung trug in dem ansonsten so materialistischen Land viel zu ihrem Mythos bei.

Schriftsteller nahmen sich dieses dankbaren Themas erstmals zu Beginn des 20. Jh. mit der Veröffentlichung des Romans ›The Virginian, a Horseman on the Plains‹ von Owen Wisters an. Als Projektionsmodell für eigene Wünsche wurde der Cowboy bereits damals zur Kunstfigur stilisiert, die sich nur wenig von der unterscheidet, die heute auf Plakaten der Zigarettenindustrie in die untergehende Sonne reitet. Die harte Arbeit allerdings bleibt ebenso unerwähnt wie die Abneigung der Cowboys gegen seßhaftes Farmertum und ihr Dünkel gegenüber Schafhirten. Die dadurch entbrannten Weidekriege und die Jagd auf Schäfer passen nicht in das ansonsten makellose Bild.

Die Filmindustrie hat mit ihren Mitteln die Legende vom Cowboy weiter ausgeformt und sie in alle Welt getragen. Damit jedermann Gut und Böse klar unterscheiden kann, empfahl sich das bewährte Rezept der Schwarz-Weiß-Malerei. Der ›gute‹ Cowboy, stets von links ins Bild reitend, durfte sich mit Tugenden schmücken, die alle Amerikaner verehren: Patriotismus, Ehrlichkeit, Gerechtigkeit, Ritterlichkeit und Tapferkeit. Sein Gegenspieler, von rechts kommend, im schwarzen Hemd und von zwielichtigen Kumpanen umgeben, verkörpert die dunklen Seiten des Lebens, die es zu überwinden gilt. Der schon im antiken Theater so beliebte Widerstreit von Gut und Böse hat sich in Cowboyfilmen bis in unsere Zeit gerettet, angereichert mit kriegerischen Rothäuten, blonden Siedlerfrauen und dahinrasenden Postkutschen. Der Cowboy in der Metamorphose vom Rinderhirten zum Messias in einem amerikanischen Mysterienspiel – auch dies ist Teil der Kultur des Wilden Westens.

die wichtigste Landverbindung zwischen Ost- und Westküste war und sich weiter westlich in mehrere Arme aufgliederte, darunter der California Trail und der Mormon Trail.

Das 35 Meilen nördlich von Scottsbluff liegende **Agate Fossile Beds National Monument** 🔟 (S. 322), eine reiche Fundstätte fossiler Lebewesen aus dem Miozän (vor 19 Mio. Jahren), ist seit 1878 bekannt. Eingebettet in Sedimenten des Niobrara River, der noch immer das Gelände durchfließt, sich allerdings inzwischen 60 m tief in das Land eingegraben hat, findet man die gut erhaltenen Relikte der prähistorischen Fauna. Der Name geht auf Achatfunde in benachbarten Felsformationen zurück. Am häufigsten fanden sich Skelette des kleinen zweihörnigen Nashorns Menoceras, aber auch solche des Dinohyus, wegen seiner langen, furchterregenden Hauer und seiner Größe auch ›schreckliches Schwein‹ genannt. Die Hauptfundstelle soll nach dem Vorbild des Dinosaur National Monument in Colorado (s. S. 259) abgetragen werden, so daß Besucher einen Überblick über die gesamte Anlage erhalten.

Folgt man von Scottsbluff der US 26 weiter nach Wyoming, hat man Gelegenheit, im **Fort Laramie National Historic Site** 🔟 (S. 337) eine der Befestigungen zu besichtigen, die früher die Wege in den Westen sicherten. Das am ehemaligen Oregon Trail gelegene Fort (nicht zu verwechseln mit der Stadt gleichen Namens westlich von Cheyenne) ist eines der am besten erhaltenen. Die 1834 als Fort William gegründete Anlage diente zunächst als wichtiger Pelzhandelsplatz, ab 1849 als Militärposten zur Sicherung des Überlandwegs. Nachdem dieser durch die Eisenbahn seine Funktion eingebüßt hatte, wurde das Fort 1890 aufgegeben und die 67 Gebäude versteigert. Als der Staat das Gelände zurückerwarb und in einen Historical Park umwandelte, fanden sich noch Überreste von 21 Bauten, von denen gut die Hälfte restauriert werden konnte. Das Fort vermittelt heute einen authentischen Eindruck damaligen Lebens an der Pioniergrenze, zumal im Sommer Freiwillige in historischen Uniformen die Szenerie beleben.

Die Bedeutung des Eisenbahnbaus für die Entwicklung des Westens bekommt man beim Besuch der südlich des Oregon Trail liegenden Stadt **Cheyenne** 🔟 (S. 330) aus erster Hand vermittelt. Die an der Ostabdachung der Laramie Mountains gelegene Hauptstadt (50 000 Einwohner) von Wyoming verdankt ihre Existenz der Union Pacific Eisenbahngesellschaft, die hier 1867 eine Station an der wichtigen Ost-West-Verbindung einrichtete und damit den etwas nördlich vorbeiführenden Oregon Trail überflüssig machte. Der Name entstammt einem in dieser Gegend ansässigen Indianerstamm, der sich erbittert gegen die Besiedlung durch Weiße zur Wehr gesetzt hatte, ehe er in ein Reservat nach Oklahoma zwangsumgesiedelt wurde. Schon vor dem Eisenbahnanschluß wuchs die Stadt aufgrund spekulativer Grundstückskäufe sehr schnell und zählte bereits 4000 Einwohner, als der erste Zug eintraf. Die frühen Jahre waren noch recht wild. Bisons entwurzelten immer wieder die Telegrafenmasten, und der erste Bürgermeister erhob auf jede Strafe einen Zuschlag von 25 Cents, um die trockene Büroarbeit angenehmer zu gestalten. Im Jahre 1869 erhob man die Ortschaft zum Verwaltungssitz des neu geschaffenen Territoriums Wyoming, 1890 zur Metropole des neuen Staates.

Sehenswürdigkeiten sind eher dünn gesät: Das **Union Pacific Railroad**

Depot von 1886, das einst als eines der mächtigsten und schönsten Gebäude des Westens galt und das derzeit sehr aufwendig zum **Wyoming Transportation Museum and Center** erweitert wird, kann man bis zur Fertigstellung in einigen Jahren nur von außen betrachten, doch Eisenbahnfreunde können im **Holiday Park** ›Big Boy‹ bewundern, eine der größten Dampflokomotiven der Welt. Briefmarkensammler wird es in das **National First Day Cover Museum** ziehen, das ausschließlich Ersttagsbriefe präsentiert. Dem historischen Westen kann man im **Cheyenne Frontier Days Old West Museum** nachspüren. Besonders lohnend jedoch, wenn auch weniger beschaulich, ist der Besuch von Cheyenne anläßlich der Cheyenne Frontier Days, eines siebentägigen Wild-West-Spektakels in der letzten Juliwoche. Nicht nur das größte Rodeo der USA findet dann statt, man kann Indianertänze sehen, Paraden historischer Wagen erleben und bekannte Country-Barden live bewundern. Daß der Teig für die *pancakes* in einem Zementmischer angerührt wird, zeigt, daß man nicht allein ist.

Zur Weiterfahrt in den Norden benutzen wir die US 85, die uns über die US 18 nach Rapid City ins Herz der Black Hills bringt.

Die Black Hills

Die isolierte, 110 km lange und 150 km breite Bergkette der Black Hills erhebt sich aufgrund des Tannenbewuchses als dunkle Wand 1000 m über die Ebene. Den Sioux galten die Berge als geheiligter Boden, doch erst nachdem sie zu der 1868 gegründeten Great Sioux Reservation gehörten. Die zähe Verteidigung der Black Hills gegen die Goldsucher hatte

allerdings weniger religiöse als wirtschaftliche Motive. Die indianischen Verhandlungspartner, allen voran die Häuptlinge Red Cloud und Spotted Deer, waren sich des Reichtums der Black Hills sehr wohl bewußt und versuchten, der Regierungskommission einen möglichst hohen Preis abzuringen. Die Verhandlungen scheiterten vor allem deshalb, weil die Regierung nicht bereit war, die Forderungen von 70 Mio. Dollar zu erfüllen. Bis heute sind die Berge der Black Hills als Zeugnis des Freiheitskampfs und Symbol der Hoffnung für die Indianer mit Emotionen behaftet und Gegenstand der Konfrontation mit der Regierung.

Rapid City 13 (S. 359), die mit 49 000 Einwohnern zweitgrößte Stadt des Staates South Dakota, ist Ausgangspunkt für den Besuch der zahlreichen Sehenswürdigkeiten in den Black Hills. Der Ort wurde 1876, zwei Jahre nach der Entdeckung des ersten Goldes, gegründet. Längst hat sich der Tourismus als die neue, wesentlich leichter auszubeutende Goldader erwiesen. In der Stadt präsentiert das **Sioux Indian Museum & Crafts Center** in wechselnden Ausstellungen Arbeiten zeitgenössischer indianischer Künstler. Wer die Geschichte aus Sicht der Weißen nachvollziehen will, sollte das benachbarte **Minnilusa Pioneer Museum** besuchen. Die übrigen Attraktionen liegen außerhalb von Rapid City.

Im Tierpark **Bear Country U.S.A.** kann man vom Auto die in freier Wildbahn selten gewordenen Bären, Wölfe und Bisons aus nächster Nähe betrachten. Die **Black Hills Caverns** bieten ein gutes Beispiel eines von zahlreichen Höhlen durchzogenen Gebirges, können jedoch mit den Carlsbad Caverns in New Mexico (s. S. 154) nicht mithalten.

Ein schöner Ausflug führt 25 Meilen von Rapid City Richtung Süden auf der

SR 79 bis Hermosa und von dort entlang der SR 36 nach Südwesten zum etwa 30 000 ha großen **Custer State Park.** Der Name erinnert an den umstrittenen ›Helden‹ aus den Indianerkriegen, dessen Regiment am Little Big Horn von den Sioux vernichtet wurde. Tatsächlich war es auch derselbe Custer, der am French Creek durch Zufall auf Gold stieß, als er im August 1874 mit einem Trupp Soldaten den Standort für ein neues Fort sondierte.

Das Naturschutzgebiet ist berühmt für seine 1400 Tiere zählende Bisonherde, die in kleineren Trupps die Umgebung durchstreift. Während Fahrzeuge von den mächtigen, urweltlichen Tieren oft gar nicht wahrgenommen oder zumindest nicht als Bedrohung empfunden werden, kommt es unter Touristen, die sich den unberechenbaren Bisons zu Fuß nähern, immer wieder zu schweren Unfällen mit oft tödlichem Ausgang.

Die Schönheiten der Prärie und dem Bergwelt erschließen sich Autofahrern auf drei landschaftlich reizvollen Straßen, von denen der durch mehrere enge Tunnels führende **Needles Highway** ganz besondere Erwähnung verdient.

Neben den Niagara-Fällen und den Grand Canyon gehören die aus der Felswand gemeißelten Präsidentenköpfe von **Mount Rushmore National Memorial** (S. 352) zu den wohl bekanntesten ›Markenzeichen‹ der Vereinigten Staaten. Von US-Amerikanern wird das 25 Meilen südwestlich von Rapid City liegende ›Nationalheiligtum‹ als Schrein der Demokratie verehrt – Picknick und Alkoholkonsum sind hier verboten. Die Idee zu dem monumentalen Werk der Bildhauerkunst stammt vom Lokalhistoriker Doane Robinson. Gegen den anfänglichen Widerstand der Bevölkerung machte sich der Bildhauer John Gutzon de la Mothe Borglum 1927

an die Sisyphus-Arbeit. Statt mit Hammer und Meißel rückten die Arbeiter dem Granit unter der Aufsicht des Künstlers mit Dynamit zu Leibe und sprengten fast 500 000 t Gestein aus der Wand. So sind denn auch die über 18 m hohen Köpfe der Präsidenten George Washington, Thomas Jefferson, Abraham Lincoln und Theodore Roosevelt vor allem als technische Meisterleistung zu bewerten – ein Stück amerikanische Folklore.

Nur wenige Kilometer westlich von Mount Rushmore entsteht an der US 16 mit **Crazy Horse** (S. 333) eine Monumentalskulptur noch viel größeren Ausmaßes. Der Steinmetz Korczak Ziolkowski, der bereits für Gutzon Borglum gehämmert hatte, begann dort 1947 seinen ganz persönlichen Lebenstraum zu verwirklichen und ein Abbild des Sioux-Häuptlings Crazy Horse hoch zu Roß dreidimensional aus dem Berg zu sprengen. Die geplanten Endmaße: Länge 195 m, Höhe 172 m – mehr als zehnmal so groß wie die benachbarten Präsidentenköpfe. Ziolkowski starb 1982. Seitdem arbeiten seine Frau und seine zehn Kinder an der Vollendung oder doch wenigstens an der Fortsetzung seines Werks. Denn obwohl bereits weit mehr Material bewegt wurde als beim Mount Rushmore, konnte bislang erst der Kopf des Kriegers aus dem Fels gemeißelt werden, die geplanten restlichen Umrisse des Monumentalwerks kann man anhand von Farbmarkierungen nur erahnen. Es wird wohl auch noch Jahrzehnte dauern, bevor der große Sioux-Häuptling glattpoliert das Black-Hills-Tal überblickt – falls diese Stunde überhaupt jemals schlägt. Denn dank Mount Rushmore und üppiger Entrittsgelder klingeln auch so die Kassen, unterstützt durch

Mount Rushmore ▷

clevere Vermarktung von Nebenprodukten und rührigen Reklamerummel.

Außerhalb der Ortschaft **Hot Springs** (S. 343) am südlichen Rand der Black Hills stießen Paläontologen auf die größte Ansammlung prähistorischer Skelette in der westlichen Hemisphäre, die nur noch von sibirischen Fundorten übertroffen wird. Hunderte von Großsäugern, darunter Mammuts, Bären und Kamele, versanken in **Mammoth Site** vor etwa 26 000 Jahren am Rande eines Tümpels im Schlamm; Sedimente überdeckten und konservierten die Kadaver. Bisher sind die Reste von 43 Mammuts freigelegt. Das Museum zeigt sie in dem Zustand, wie man sie fand.

Etwa 60 Meilen südöstlich von Rapid City, erreichbar über die I-90 und ab Wall über die SR 240, wurden 1978 fast 1000 km² als **Badlands National Park** 14 (S. 325) unter Naturschutz gestellt. Die Kräfte der Erosion schufen in Jahrmillionen aus dem einst flachen Steppenboden die bizarren Formen der Badlands, einer gebirgsartigen, zerklüfteten Landschaft aus weichem Tuffgestein und Sedimenten urzeitlicher Flüsse. Trotz der Lebensfeindlichkeit zog die Region seit über 12 000 Jahren Menschen an. Mammutjäger fanden hier ein bevorzugtes Jagdgebiet, in dem sich die gewaltigen Tiere leichter in die Enge treiben und erlegen ließen als auf den weiten Ebenen. Im 18. Jh. begaben sich die Indianer in den Schutz der unübersichtlichen Canyons, die von den ersten französischen Trappern als *les mauvaises terres à traverser* bezeichnet wurden. Die Amerikaner übernahmen den Begriff als Badlands in ihren Sprachschatz, wo er auch als Bezeichnung für zerklüftete Erosionslandschaften Eingang fand.

Die Badlands waren Ausgangspunkt des letzten verzweifelten Aufbäumens der Indianer gegen die Herrschaft der Weißen. Von Nevada ausgehend, hatte in den 80er Jahren des 19. Jh. die ›Geistertanzbewegung‹ auch unter den Sioux in Dakota viele Anhänger gefunden. Die visionäre, von christlichem Gedankengut geprägte Heilslehre kündigte das Nahen einer neuen Friedenszeit an, in der die Indianer wieder nach ihren alten Traditionen auf eigenem Boden leben würden. Die Weißen hätten die Botschaft Christi nicht verstanden, nun

Badlands National Park

würde der Messias den Indianern erscheinen und ewigen Frieden bringen. Im Mittelpunkt der kultischen Handlungen stand der ›Geistertanz‹, durch den sich die Indianer in einen Trancezustand versetzten, um mit den Ahnen Kontakt aufzunehmen. Nachdem Soldaten der US-Armee die Geistertänzer im Dezember 1890 in der Sioux Reservation verhaftet und dabei den Häuptling Sitting Bull erschossen hatten, flüchteten die Überlebenden in die Badlands, wo sie 14 Tage später im Massaker von Wounded Knee niedergemacht wurden (dieser heute als *Historical site* ausgewiesene Platz am gleichnamigen Fluß liegt südlich der Badlands, erreichbar über die US 18). Der Park, der in drei Teile gegliedert ist – North Unit, Stronghold Unit und Palmer Creek Unit – verfügt über eine Vielzahl von Zugängen und zwei Besucherzentren, das Ben Reifel und das White River Visitor Center.

Einen guten Blick auf die Formationen hat man bereits kurz hinter der Einfahrt in die North Unit vom Big Badlands Overlook. Bevor man das Ben Reifel Visitor Center erreicht, hat man Gele-

genheit, auf kurzen Fußwegen in die zerklüftete Wildnis vorzudringen. Einer der lohnendsten Ausflüge mit dem Auto ist der Abstecher zum Sheep Mountain Table. Der etwa 11 km lange Weg, der von der Verbindungsstraße zur South Unit abzweigt, ist zwar nicht asphaltiert, aber leicht befahrbar. Am Ende der Piste bietet sich ein großartiger Panoramablick, vor allem am späten Nachmittag bei tiefstehender Sonne. Ansonsten sind die Stronghold und Palmer Units nur mit geländegängigen Autos befahrbar. Wie in alten Zeiten durchstreifen heute wieder größere Bisonherden das Naturschutzgebiet und vermitteln so ein unverfälschtes Bild amerikanischer Prärielandschaft aus der Zeit vor der Landnahme durch die Weißen.

Ein Kuriosum ist **Wall** 15 (S. 375) am Eingang des Nationalparks, das 1907 als Bahnstation der Chicago & North Western Railroad entstand. Hauptanziehungspunkt der nur 770 Einwohner zählenden Ortschaft ist der riesige **Wall Drug Store,** der nicht nur 23 Geschäfte und Cafés unter seinem Dach vereint, sondern auch ein Gotteshaus, einen 25 m hohen Dinosaurier und ein Cowboy-Orchester. Dem Einkaufskomplex gegenüber verewigt das **Wild West Historical Wax Museum** die Größen des Wilden Westens von Jesse James bis John Wayne.

Gleich einem riesigen abgestorbenen Baumstumpf erhebt sich im Norden von Wyoming am Fuß der Bear Lodge Mountains, etwa 22 Meilen nordwestlich von Sundance, der **Devil´s Tower** 16, ein einsamer Tafelberg aus Säulenbasalt fast 300 m unmittelbar aus flacher Landschaft. Free Climber finden hier ihr Paradies. Wer nach Besichtigung der Black Hills seine Reise auf der I-90 nach Westen fortsetzen will, sollte den kleinen Abstecher in Kauf nehmen.

Außenposten am Missouri

Ähnlich wie in den Badlands haben im Westen von North Dakota, von den Black Hills erreichbar über die US 85, im 285 km^2 großen **Theodore Roosevelt National Park** 17 (S. 373) die Kräfte der Erosion das Gesicht der Landschaft geformt. Von dessen spröder Schönheit fühlte sich vor allem Präsident Theodore Roosevelt (1858 bis 1919) angezogen, dessen Namen der 1978 gegründete Park trägt. Wann immer er Zeit hatte, zog er sich auf seine Farm Elkhorn zurück.

Der Park gliedert sich in einen nördlichen und einen südlichen Teil, die knapp 40 Meilen auseinander liegen. Während die South Unit unmittelbar von der I-10/US 94 berührt wird, gelangt man über die US 85, die bei Belfieldt von der Interstate abzweigt, nach 87 km zur North Unit.

Besonders deutlich lassen sich im Theodore Roosevelt National Park die geologischen Formationen der tertiären Ablagerungen studieren, die einen großen Teil der Great Plains ausmachen. Farbig voneinander abgesetzt, wechseln Bänder ehemaliger Flußablagerungen mit vulkanischen Aschen und vermitteln anschaulich einen Querschnitt durch die bis zu 60 Mio. Jahre zurückreichende Entwicklungsgeschichte der Plains. Auch Tierfreunde kommen hier voll auf ihre Kosten: Die Bison- und Wildpferdherden erinnern an längst vergangene Tage, und entlang der Straßen laden immer wieder *Prairie Dog Towns* (Präriehundkolonien) dazu ein, das gesellige Leben der flinken Nager zu beobachten.

In der häufiger besuchten South Unit lädt am Medora Visitor Center der 36 Meilen lange Scenic Loop Drive zur Erkundung ein. Am Boicourt Overlook genießt man den wohl schönsten Ausblick. Die North Unit, deren Landschaft vom Little Missouri River geprägt ist, lockt insbesondere durch Ursprünglichkeit. Der dortige Scenic Drive, der vom North Unit Visitor Center ausgeht, endet nach 15 Meilen als Sackgasse am

Bisonhäute wechselten hier den Besitzer; Zulieferer waren meist Indianer vom Stamm der Assiniboin, Crow und Blackfeet, die allerdings das Fort nicht betreten durften, sondern ihre Waren durch ein kleines Fenster reichen mußten. Mit Zunahme der Feindseligkeiten zwischen Siedlern und Indianern gingen auch die

Devil´s Tower

Oxbow Overlook. Neben dem River Bend Overlook ist er einer der schönsten Aussichtspunkte der North Unit.

Der Highway 85 führt bei der Weiterfahrt vom Theodore Roosevelt National Park nach Norden in unmittelbare Nähe des **Fort Union Trading Post National Historic Site** 18 (S. 338), eines ehemaligen befestigten Handelspostens. Die Anlage, 1829 im Auftrag der American Fur Company des John Jacob Astor am Zusammenfluß von Missouri- und Yellowstone River gegründet, wurde bald zum Zentrum des Pelzhandels im Norden der heutigen USA. Biber- und

Umsätze zurück, Pockenepidemien und der Bürgerkrieg brachten die Geschäfte vollends zum Erliegen. Ende der 1860er Jahre zerfielen die Häuser, was noch zu verwenden war, wurde für den Bau eines benachbarten Armeeforts abtransportiert. Heute sind die wesentlichen Anlagen samt Palisaden an alter Stelle und in neuem Glanz originalgetreu wieder aufgebaut. Allein der Missouri hat sein angestammtes Bett verlassen und ist nur noch in der Ferne zu sehen.

Information

Unterkunft

Camping

Restaurants

Sehenswert

Aktivitäten

Einkaufen

Nachtleben

Flugverbindung

Auto

Bahnverbindung

Busverbindung

Serviceteil

Serviceteil

So nutzen Sie den Serviceteil richtig

▼ Das erste Kapitel, **Adressen und Tips von Ort zu Ort**, listet die im Reiseteil beschriebenen Orte in alphabetischer Reihenfolge auf. Zu jedem Ort finden Sie hier Empfehlungen für Unterkünfte und Restaurants sowie Hinweise zu den Öffnungszeiten von Museen und anderen Sehenswürdigkeiten, zu Festen, Unterhaltungsangeboten etc. Piktogramme helfen Ihnen bei der raschen Orientierung.

▼ Die **Reiseinformationen von A bis Z** bieten von A wie ›Anreise‹ bis Z wie ›Zeitungen‹ eine Fülle an nützlichen Hinweisen – Antworten auf Fragen, die sich vor und während der Reise stellen.

Inhalt

Adressen und Tips von Ort zu Ort

Postalische Abkürzungen:
AZ (Arizona), CA (Kalifornien), CO (Colorado), ID (Idaho), MT (Montana), ND (North Dakota), NE (Nebraska), NM (New Mexico), NV (Nevada), OR (Oregon), SD (South Dakota), TX (Texas), UT (Utah), WA (Washington), WY (Wyoming)

Preiskategorien: Die Hotels wurden folgendermaßen eingestuft: $ = bis 60 Dollar, $$ = 60–80 Dollar, $$$ = 80 Dollar und mehr; für die Restaurants gelten: $ = bis 6 Dollar, $$ = bis 15 Dollar, $$$ = über 15 Dollar.

Telefon: Die gebührenfreien (1-)800-Nummern sind nur innerhalb der USA anwählbar.

Aberdeen (WA)

Grays Harbor Chamber of Commerce, 506 Duffy St., Aberdeen, WA 98520, ℂ 800-321-19 24

Cooney Mansion, 1705 Fifth St., gemütliche B & B-Unterkunft mit Fernsicht, $$

Grays Harbor Historical Seaport, Mo–Fr 9–17 Uhr

Agate Fossil Beds National Monument (NE)

Visitor Center, 23 Meilen südlich Harrison auf SR 29,
ℂ 308-436-43 40, tägl. 8.30–17.30 Uhr

Alamogordo (NM)
Vorwahl: 505

Chamber of Commerce, 1301 White Sands Blvd., Alamogordo, NM 88310, ℂ 437-61 20

All American Inn, 508 S White Sands Blvd., Alamogordo (1 Meile südl. auf US 54, 70 u. 82), ℂ 437-18 50, $

Space Center, ℂ 437-28 40, Juni–Aug. 9–18, sonst 9–17 Uhr

Albuquerque (NM)
Vorwahl: 505

Albuquerque Convention & Visitors Bureau, 20 First Plaza, Galeria level, Albuquerque, NM 87102, ℂ 1-800-284-22 82, Mo–Fr 8–17 Uhr; Internet: http://www.abqcvb.org

Route 66 Hostel, 1012 Central SW, ℂ 247-18 13, Gemeinschaftsschlafraum und -Küche, $
Adobe & Roses B & B, 1011 Ortega, ℂ 898-06 54, postmodernes Adobegebäude, $$
La Posada de Albuquerque, 125 2nd St. NW, ℂ 249-90 90, Fax 242-86 64, Downtown, Airport Shuttle, $$
Albuquerque Doubletree, 201 Marquette, A 247-33 44, Downtown, 2 Meilen von Old Town, $$$

Albuquerque West RV Park and Campground, 5739 Ouray NW, ℂ 831-19 12

Famous Sam's, 1001 Central NW, ✆ 843-71 10, Cocktails aller Art, über 50 verschiedene Biersorten, $
Ribs Hickory Smoked Pit Bar-B-Q, 6601 Uptown NE, ✆ 883-RIBS, amerikanische Grillspezialitäten in rustikaler Holzatmosphäre, $$
Albuquerque Grill #1 (Best Western Rio Grande Inn), 1015 Rio Grande Blvd. NW, ✆ 843-95 00, New Mexico-Küche, der ›Platz, wo sich Geist und Gewürze vereinen‹, $$

National Atomic Museum, 20358 Wyoming Blvd. in der Kirtland Air Force Base, ✆ 284-32 43, tägl. 9–17 Uhr, Eintritt frei
New Mexico Museum of Natural History, Mountain Rd., ✆ 841-28 00, tägl. 9–17 Uhr
Museum of Albuquerque, 2000 Mountain Rd. NW, ✆ 242-46 00, Di–Sa 9–17 Uhr
Indian Pueblo Cultural Center, 2401 12th St. NW, ✆ 800-766 44 05, tägl. 9–17.30 Uhr
University Art Museum, ✆ 277-40 01, Di–Fr 9–16, So 13–16 Uhr
Maxwell Museum of Anthropology, Redondo Dr. at Ash St., NE, ✆ 277-44 04, Mo–Fr 9–16, Sa 10–16, So 12–16 Uhr
Isleta Pueblo, ✆ 869-33 98, tägl. 9–18 Uhr
Salinas Pueblo Missions National Monument, Pueblo Abo, ✆ 847-24 00, Gran Quivira, ✆ 847-2770, Quarai, ✆ 847-22 90, tägl. 9–17 Uhr

Kodak Albuquerque International Baloon Fiesta, 8 Tage Anfang Okt., Starts morgens und abends, Baloon Fiesta State Park, ✆ 842-99 18
Rainbow Riders, 10305 Nita Place, ✆ 1-800-725-24 77, Ballonfahrten mit erfahrenem Team

Adams Family Flying Service, 6208 Baker NE, ✆ 883-58 74, alteingesessenes Unternehmen für Ballonfahrten
Sandia Trails Inc., 10601 N 4th St., ✆ 898-69 70, Ausritte, allein oder begleitet in der Sandia Indian Reservation

Albuquerque liegt an einer der vier großen Transkontinental-Linien der AMTRAK. Der Southwest Chief verläßt Chicago in der Regel am frühen Abend, erreicht Albuquerque knapp 24 Std. später und läuft am Morgen des übernächsten Tages in Los Angeles ein (Reisezeit 39 Std., 3589 km).

Amistad National Recreation Area (TX)

Superintendent Amistad National Recreation Area, National Park Service, PO Box 420367, Del Rio, TX 78842-0367, ✆ 210-775-74 91; Headquarters an US 90 westl. Del Rio Mo–Fr 8–17 Uhr

4 kostenlose, einfache Campgrounds, 277 North, Spur 454/San Pedro, Governor's Landing und Spur 406; Trinkwasser nur am Headquarter

Schwimmen ist überall erlaubt, besonders empfohlen werden Governor's Landing und Diablo East. Angeln nur mit Lizenz. Felszeichnungen im Seminole Canyon State Historical Park können mit Ranger-Führung besichtigt werden: Mi–So 10 u. 15 Uhr, ✆ 915-292-44 64. Die Felszeichnungen der Panter Cave am Zusammenfluß von Rio Grande und Seminole Canyon sind nur per Boot erreichbar. Parida Cave am Rio Grande unterhalb des Pecos River kann bei Niedrigwasser auf einem 5-km-Rundweg zu Fuß besucht werden.

Anaconda (MT)

ⓘ **Anaconda Visitor Center,** 306
E. Park St., Anaconda, MT 59711,
✆ 406-563-24 00

Antelope Island (UT)

ⓘ **Antelope Island State Park,**
4538 W. 1700 St., PO Box 6861,
Syracuse, UT 84075, ✆ 801-773-29 41,
Öffnungszeiten: tägl. 7–22, im Winter
8–18 Uhr, am Ende des Dammes ist ein
kleines Besucher- und Informationszentrum vorhanden

 Antelope Island State Park,
✆ 801-322-37 70

 Geführte Touren über die Insel
mit Besuchen bei den Bisonherden, ✆ 801-776-6734

Anza-Borrego Desert State Park (CA)
Vorwahl: 760

ⓘ Das **Visitor Center** befindet
sich in Borrego Springs, am
westl. Ende vom Palm Canyon Dr.,
✆ 767-46 84, tägl. 9–17 Uhr

🛏 **Oasis Motel,** 366 Palm Canyon
Dr., Borrego Springs, ✆ 767-54 09,
$
La Casa del Zorro, 3845 Yaqui Pass
Rd., Borrego Springs, ✆ 767-53 23, $$

⌂ Mehrere Campgrounds im Park;
im Sommer nachts hohe Luft-
temperatur; **Palm Canyon Resort
Hotel und RV,** 221 Palm Canyon Dr.,
Borrego Springs, ✆ 767-53 41

Arches National Park (UT)

ⓘ **Superintendent Arches
National Park,** P. O. Box 907,
Moab, UT 84532, ✆ 801-259-81 61
Visitor Center, Mitte April bis Ende
Sept. tägl. 8–18, sonst 8–16.30 Uhr

Arcosanti (AZ)

ⓘ Arcosanti, HC 74, Box 4136,
Mayer, AZ 86333, ✆ 520-632-
71 35, 34 Meilen südöstl. Prescott, 65
Meilen nördl. von Phoenix, I-17, Exit
262 A, 2,5 Meilen ausgeschilderte Piste,
tägl. 9–17 Uhr

Aspen (CO)

ⓘ **Aspen Chamber Resort Asso-
ciation,** 425 Rio Grande Pl.,
Aspen, CO 81611, ✆ 970-925-19 40
Informationen über Unterkunft, Winter-
sportbedingungen, Skiverleih und Lift-
zeiten, ✆ 800-525-62 00
**In Deutschland: Aspen Convention
& Visitors Authority,** c/o Mangum
Management GmbH, Herzogspital-
straße 5, 80331 München, ✆ 089-
23 66 21 34, Fax 089-260-40 09, Mo–Fr
9–17.30 Uhr

Astoria (OR)
Vorwahl: 503

ⓘ **Astoria Warrenton Chamber
of Commerce,** PO Box 176,
111 W Marine Dr., Astoria, OR 97103,
✆ 325-63 11

🛏 **Crest Motel,** 5366 Leif Erickson
Dr., ✆ 325-31 41, mit Blick auf
Columbia River, $$

Columbia River Maritime Museum, 1792 Marine Dr., tägl. 9.30–17 Uhr

Fort Astoria, Exchange und 15th St., tägl. 24 Std. geöffnet

Fort Clatsop National Memorial, 5 Meilen südw. von Astoria an US 101, 8–17 Uhr

Austin (TX)
Vorwahl: 512

i **Austin Convention and Visitors Bureau Information Center,** 201 E 2nd Ave., PO Box 2990, Austin, TX 78767, ✆ 478-00 98
Infos im Internet: http://austin.yahoo.com

⌂ **La Quinta Inn – Ben White,** 4200 IH-35 South, Austin, ✆ 800-531-59 00, mit Außenpool, günstig gelegen zum Einkaufen, $

The Inn on Lake Travis, 1900 American Dr., Lago Vista, ✆ 800-252-3040, Unterkunft in herrlicher Lage direkt am See, $$

Omni Austin Hotel Downtown, 700 San Jacinto Blvd., ✆ 800-843-66 64, mit Pool und Golfplatz, $$$

⛺ **Lake Travis Inn & RV Park,** 4511 Doss Rd., Austin, ✆ 1-800-303-54 01

Hudson Bend Camper Resort, 17317 W Beach Rd., Austin, ✆ 266-15 62

⫴⫴ **Scholz Garten,** 17th and San Jacinto Sts, ✆ 477-4171, im Jahre 1862 von August Scholz gegründetes Biergarten-Restaurant, eine Austin-Institution, $

Night Hawk, 5819 Burnet Rd., Austin, ✆ 499-62 79, Spezialist für texanische Steaks, $$

 Austin Museum of Art at Laguna Gloria, 3809 W. 35th St., ✆ 512-458-81 91, Di–Sa 10–17 (Do bis 21), So 13–17 Uhr

State Capitol, Congress Ave., ✆ 463-00 63, Mo–Fr 6–22, Sa u. So 9–20 Uhr, Touren alle 30 Minuten Mo–Fr 8.30–16.15, Sa u. So 9.30–16.15 Uhr

Lyndon B. Johnson Museum, 2313 Red River St., ✆ 916-5137, tägl. 9–17 Uhr

Elisabet Ney Museum, 304 E 44th St., ✆ 458-22 55, Mi–Sa 10–17, So 12–17 Uhr

Congress Ave. Bridge, Fledrmauskolonie, Informationen unter http://www.batcon.org/congress.html

⎍ **Antone´s,** 213 W. Fifth St., Internet: http://www.antones.com, berühmt als »Austin´s Home of the Blues«, viele Blueslegenden wie die Fabulous Thunderbirds oder Stevie Ray Vaughn traten hier auf

Back Room, 2015 E. Riverside Dr., Internet: http://www.backrm.com, für Hardrock- und Heavy Metal-Fans

Steamboat 1874, 403 E. Sixth St., Internet: http://www.steamboat1874.com, Livemusik der lokalen »Roots-« und Rockszene

Aztec Ruins National Monument (NM)

i **Visitor Center,** ✆ 505-334-61 74, im Sommer tägl. 8–18, sonst 8–17 Uhr

Badlands National Park (SD)
Vorwahl: 605

i **Superintendent Badlands National Park,** PO Box 6, Interior, SD 57750, ✆ 433-53 61

Ben Reifel Visitor Center, I-90 Exit 131, 9 Meilen südl. auf SR 240, Juni–Aug. tägl. 7–20, sonst 8–16.30 Uhr
White River Visitor Center, 20 Meilen südl. Scenic an Hwy 27, Juni–Aug. tägl. 7–20, sonst 8–15.30 Uhr

 Badlands Inn, Interior (I-90 Exit 131, Hwy 377), ✆ 1-800-341-80 00, kurz vor dem Parkeingang, mit schönem Blick auf die Badlands-Landschaft, $
Cedar Pass Lodge, Interior, (I-90, Exit 131, SR 240), ✆ 433-54 60, historisches Cottage mit Dining Room, am Visitor Center, $

 Campgrounds im Park vorhanden

Bandelier National Monument (NM)

 Visitor Center, ✆ 505-672-38 61, im Sommer tägl. 8–18, sonst 8–16.30 Uhr

 Campgrounds im Park vorhanden

Bandon (OR)
Vorwahl: 541

 Bandon Chamber of Commerce, 300 S. E. Second P. O. Box 1515, Bandon, OR 97411, ✆ 347-96 16
Bullards Beach State Park, 2 Meilen nördl. auf US 101, ✆ 347-22 09, täglich geöffnet von Sonnenauf- bis -untergang
Bandon Historical Society Museum, 270 Fillmore S. E. (Downtown), ✆ 347-21 64, Mo–Sa 10–16 Uhr

Berkeley (CA)

 Berkeley Convention and Visitor's Bureau, 1834 University Ave., Berkeley, CA 94703, ✆ 510-549-70 00

Big Bend National Park (TX)
Vorwahl: 915

 Big Bend Area Travel Association, PO Box 401, Alpine, TX 79831, ✆ 837-23 26
Superintendent Big Bend National Park, Texas 79834, ✆ 477-22 51
Panther Junction Visitor Center, tägl. 8–18 Uhr; weitere Visitor Centers in Chisos Basin, Persimmon Gap und Rio Grande Village, tägl. 8–16 Uhr

 Chisos Mountains Lodge im Chisos Basin im Park, ✆ 477-22 91, $$$

 Chisos Basin, Rio Grande Village und **Castolon,** ferner an einigen unbefestigten Pisten, jedoch nur bei Trockenheit und mit kostenloser Genehmigung des Visitor Center

Rio Grande Float Trips; mehrere lizensierte Veranstalter für Schlauchbootfahrten auf dem Rio Grande befinden sich im Parkgelände; Nachweis im Visitor Center

Billings (MT)
Vorwahl: 406

 Billings Visitor Center and Chamber of Commerce, Billings, MT 59107-1177, 815 S 27th St., ✆ 252-4016 oder 800-735-2635

Oscar's Dreamland, 1 Meile südl. I-90, Exit 437, ✆ 656-09 66, Mai–Sept. tägl. 9–18 Uhr

Yellowstone County Historical Museum, am Eingang des Logan International Airport, ✆ 256-68 11, Mo–Fr 10.30–17, Sa u. So 14–17 Uhr

Pictograph Cave State Monument, zu erreichen über I-90, Exit 452, Mitte April bis Mitte Okt. 8–20 Uhr

 Billings Night Rodeo, Ramada Rodeo Arena, Juni–Aug.

Bisbee (AZ)

 Bisbee Mining and Historical Museum, 5 Copper Queen Plaza, ✆ 520-432-70 71, tägl. 10–16 Uhr

Black Canyon of the Gunnison National Monument (CO)

 Visitor Center, Gunnison Point, ✆ 970-249-70 36, im Sommer 8–18, sonst 9–15.30 Uhr

Bodie State Historic Park (CA)

 Informationen im Park, ✆ 619-647-64 45, tägl. 9–19 Uhr

Boise (ID)
Vorwahl: 208

 Idaho Travel Council, PO Box 83720, Boise, ID 83720-0093, ✆ 1-800-VISIT-ID. Boise Visitor Information Center, 8th St. Public Plaza, ✆ 800-635-52 40

 Basque Museum and Cultural Center, 611 Grove St., ✆ 343-26 71, Di–Fr 10–16 Uhr

State Capitol, Jefferson, W State, 6th and 8th Sts, ✆ 334-2470, Mo–Fr 8–16 Uhr

Silver City, circa 55 Meilen südlich Boise, erreichbar über die SR 78, Info für Wetter und Straßenzustandsbericht, ✆ 583-41 04

 Idanha Hotel, 928 Main St., ✆ 342-36 11, Queen-Anne-Style von 1901, komfortabel, sehr preiswert, $

 On the River RV Park, 6000 Glenwood, ✆ 800-375-74 32, am Boise River

Americana Campground, 3600 Americana Terrace, mitten in der Stadt, gegenüber Ann Morrison Park, ✆ 344-57 33

 Amore's, 921 Jefferson St., ✆ 343-64 35, Spezialität Italienisches und Vegetarisches, $$

Browning (MT)

 Museum of the Plains Indians, am Westrand der Stadt an der Kreuzung US 2 und US 90, ✆ 406-338-22 30, im Sommer tägl. 9–17, sonst Mo–Fr 10–16.30 Uhr

Bryce Canyon National Park (UT)

 Superintendent Bryce Canyon National Park, PO Box 170001, Bryce Canyon, UT 84717, ✆ 801-834-53 22

Visitor Center, eine Meile auf SR 63 hinter dem Eingang, tägl. 8–16.30 Uhr

Zwei Campgrounds (ganzjährig) und Cabins (Mai–Mitte Okt.) im Park

Butte (MT)
Vorwahl: 406

ℹ️ **Butte-Silver Bow Chamber of Commerce,** 1000 George St., MT 59701, ✆ 494-55 95

👁️ **Mineral Museum,** Park St., ✆ 496-44 14, im Sommer tägl. 8–17, sonst Mo–Fr 8–17, So 13–17 Uhr
World Museum of Mining & Hellroarin' Gulch, Park St., ✆ 723-72 11, im Sommer tägl. 9–21, sonst Di–So 10–17 Uhr
Whitehall, Lewis & Clark Caverns State Park, auf SR 2, ✆ 287-35 41, tägl. Sonnenauf- bis -untergang, Höhlen tägl. 9–18.30 Uhr

🚶 90minütige **Stadtrundfahrt** im offenen Wagen (Old No. 1) ab Chamber of Commerce, 1000 George St., Reservierung ✆ 800-735-68 14, 1. 6. bis Labor Day tägl. 10.30, 13.30, 15.30 und 19 Uhr, Labor Day bis 30. 9. tägl. 10.30 u. 13.30 Uhr.
Ranchferien mit Verpflegung und Ausritten: **Twinpeaks Ranch,** PO Box 774, Salmon, ID 83467, ✆ 208-894-22 90, Dude Ranch mit schönen Blockhütten inmitten einer herrlichen Landschaft gelegen

Calico Ghost Town (CA)

 ✆ 800-862-25 42, tägl. 10–18 Uhr

 Barstow Inn, 1261 E Main St., Barstow, ✆ 760-256-75 81, $

 Campground im Ghost Town Park

Canyon de Chelly National Monument (AZ)
Vorwahl: 520

ℹ️ **Superintendent Canyon de Chelly National Monument,** PO Box 588, Chinle, AZ 86503, ✆ 674-55 01, Visitor Center im Sommer 8–18, sonst 8–17 Uhr

 **Thunderbird Lodge,** im Park, ✆ 674-58 41, $$$

 Mehrere Campgrounds im Park

🚶 Die Thunderbird Lodge vermittelt Canyon-Touren mit geländegängigen Fahrzeugen, sofern es der Wasserstand des Flusses zuläßt.
Das Visitor-Center gibt Auskunft über verschiedene Wanderungen und vermittelt Navajo-Führer; Park Ranger veranstalten Halbtageswanderungen in den Canyon.
Ausritte mit **Justin Tso's Horseback Tours,** P. O. Box 881, Chinle, AZ 86503, ✆ 674-56 78; **Twin Trails Horseback Tours,** P. O. Box 1706, Window Rock, AZ 86515, ✆ 674-84 25 (Mitte Mai–Mitte Okt.).

Canyonlands National Park (UT)

ℹ️ **Superintendent Canyonlands National Park,** 2282 SW Resource Blvd., Moab, UT 84532, ✆ 801-259-71 64, Visitor Centers Islands in the Sky, The Maze und The Needles, tägl. 8–16.30 Uhr

Capitol Reef National Park (UT)

ℹ️ **Superintendent Capitol Reef National Park,** HC 70, PO Box 15, Torrey, UT 84775, ☎ 801-425-37 91 Visitor Center, tägl. 8–19 Uhr

Carlsbad Caverns National Park (NM)

ℹ️ **Superintendent Carlsbad Caverns National Park,** 3225 National Parks Hwy, Carlsbad, NM 88220, ☎ 505-785-22 32, Visitor Center 8–19 Uhr

Carmel-by-the-Sea (CA)
Vorwahl: 408

ℹ️ **Carmel Business Association,** San Carlos zwischen 5th und 6th Sts, PO Box 4444, Carmel, CA 93921, ☎ 624-25 22

🛏️ Carmel gilt als teures Pflaster. **Carmel Resort,** 2nd and Carpenter, ☎ 624-31 13, romantische Cottages, $$$
Carmel Garden Court, 4th Ave. and Torres St., ☎ 624-69 42, wunderschönes, aber teures B & B, $$$

🍴 **Anton & Michel,** Court of the Fountains, Carmel, ☎ 624-24 06, Spitzen-Essen und 600 internationale Weine, $$$

🛍️ **Carmel Plaza,** Ozean Ave. at Junipero, ☎ 624-01 37, 50 Shops und Restaurants, darunter Saks Fifth Avenue, Ann Taylor und The Gap
Golf Arts & Import, Dolores St. at 6th, ☎ 625-44 88, sollte man sich an-

schauen, auch wenn man selbst nicht Golf spielt
The Tuck Box English Tea Room & Gift Shop, Dolores zwischen Ozean Ave. und 7th, ☎ 624-63 65, Teehaus und Geschenkboutique wie aus dem Bilderbuch

Carson City (NV)
Vorwahl: 702

ℹ️ **Convention and Visitors Bureau,** 1900 S Carson St., Suite 200, Carson City, NV 89701, ☎ 800-638-23 21

👁️ **Nevada State Museum,** 600 N Carson St., ☎ 687-48 10, tägl. 8.30–16.30 Uhr

🚶 **Hoofbeats Historical Tour,** ☎ 884-34 50, Kutschfahrten entlang historischer Pfade

Casa Grande Ruins National Monument (AZ)

ℹ️ **Superintendent Casa Grande Ruins National Monument,** 1100 Ruins Dr., Coolidge, AZ 85228, ☎ 520-723-31 72, tägl. 7–18 Uhr

Cedar Breaks National Monument (UT)
Vorwahl: 801

ℹ️ **Cedar Breaks National Monument,** PO Box 749, Cedar City, UT 84720, ☎ 586-94 51, im Sommer tägl. 8–18, sonst 8–17 Uhr

🛏️ **Paxman's Summer House B & B,** 170 N 400 West, Cedar

City, ✆ 586-37 55, viktorianisches Haus, nett eingerichtet, $–$$
Abbey Inn, 940 W 200 N, Cedar City, ✆ 586-99 66, 81 Zimmer, gut eingerichtet, $$

 Campground im Park im Sommer (Juni–Sept.) geöffnet

Sunshine Restaurant, 200 N westl. Downtown Cedar City, ✆ 586-66 83, 24 Std. geöffnet, $
Milt's Stage Stop, 5 Meilen östl. der Stadt auf Hwy 14 in Cedar Canyon, ✆ 586-93 44, Western-Atmosphäre, Steaks und Fisch

Cedar City (UT)

Chamber of Commerce, 286 N Main St., Cedar City, UT 84720, ✆ 801-586-44 84, im Sommer Mo–Fr 8–19, Sa 9–13, sonst Mo–Fr 8–17 Uhr

Utah Shakespearean Festival, Southern Utah University Campus, Aufführungen Juni bis Sept. jeweils ab 19.30 Uhr, ✆ 1-800-PLAYTIX, Internet: http://www.bard.org

Central City (CO)

Gilpin County Chamber of Commerce (östl. Stadtgrenze), ✆ 303-582-50 77 sowie Central City Public Information, ✆ 800-542-29 99

Cheyenne (WY)
Vorwahl: 307

Cheyenne Area Convention and Visitors Bureau, 309 W Lincolnway, Cheyenne, WY 82003-0765, ✆ 778-31 33

 Fairfield Inn, 1415 Stillwater Dr., ✆ 637-40 70, modern eingerichtet, $
Little America Hotel, 2800 W Lincolnway, ✆ 775-84 00, mit Golf, Badminton etc., $$

Terry Bison Ranch RV Park, I-25, Exit 2, südöstl. auf Terry Ranch Rd., ✆ 634-41 71 (auf großer Bison Ranch gelegen)

Los Amigos Restaurant, 620 Central Ave., ✆ 638-85 91, authentisch mexikanisch, $
Poor Richard's, 2233 E Lincolnway, ✆ 635-51 14, gut amerikanisch, $$

 Union Pacific Railroad Depot, südl. Ende Capitol Ave., ✆ 637-33 76
National First Day Cover Museum, 702 Randall Ave., Mo–Fr 9–12 Uhr
Cheyenne Frontier Days Old West Museum, N Carey Ave., ✆ 778-72 90, Mo–Fr 9–17, Sa und So 10–17 Uhr

Cody (WY)
Vorwahl: 307

Cody Chamber of Commerce, 836 Sheridan Ave., PO Box 2777, Cody, WY 82414, ✆ 587-22 97

Big Bear Motel, 139 W Yellowstone Hwy, Cody, WY 82414, ✆ 587-31 17, 2 Meilen westl. Stadtzentrum auf US 14/16/20, $
Tahaska Tepee Resort, 183-wg, Yellowstone Hwy, Cody, WY 82414, ✆ 527-77 01, 2 Meilen östlich vom Yellowstone National Park auf US 14-16-20, geöffnet Mai–Okt. und Dez.–März, Guest Ranch, Buffalo Bill's alte Jagdhütte von 1891, $$

Buffalo Bill's Cody House, 101 Robertson St., Cody, WY 82414, ✆ 587-25 28, B & B, Buffalo Bill selbst war der Bauherr, $$$

🏕 **Ponderosa Campground,** 1815 Yellowstone Hwy at 8th St., ✆ 587-92 03
Camp Cody RV Park, 415 Yellowstone Ave., ✆ 587-97 30

🍴 **Maxwell's Fine Food and Spirits,** 937 Sheridan Ave., ✆ 527-77 40, bester Platz in der Stadt, $
Franca's, 1421 Rumsey Ave., ✆ 587-53 54, ital. Gourmetrestaurant, $$$

👁 **Buffalo Bill Hist. Center,** 720 Sheridan Ave., ✆ 587-47 71, im Sommer tägl. 8–17, sonst Di–So 10–15 Uhr
Old Trails Town & the Museum of the Old West, 3 Meilen westl. auf US 14/16/20, ✆ 587-53 02, Mai–Sept. tägl. 8–19 Uhr

🚶 **Rodeo** in Cody, der »Rodeo Capital of the Word«, Juni–Sept. all-abendl. um 20.30 Uhr, Rodeo grounds, West Yellowstone Ave., ✆ 587-51 55
River Runners, 1491 Sheridan Ave., Cody, WY 82414, ✆ 1-800-535-RAFT, Whitewater Rafting Trips

Coer d'Alene (ID)
Vorwahl: 208

ℹ️ **Greater Coer d'Alene Convention and Visitor Bureau,** PO Box 850, Coer d'Alene, ID 83816-1088, ✆ 664-31 94

👁 **Sierra Silver Mine Office,** 420 5th St., Wallace, ✆ 752-51 51, Touren 9–14 Uhr

Colorado National Monument (CO)

ℹ️ **Visitor Center,** ✆ 970-858-36 17, im Sommer tägl. 8–19, sonst 9–16.30 Uhr

Colorado Springs (CO)
Vorwahl: 719

ℹ️ **The Colorado Springs Visitors Bureau,** 104 S Cascade, Colorado Springs, CO 80903, ✆ 635-75 06, Mo–Fr 8.30–17.30 Uhr

🛏 **Chief Motel,** 1624 S Nevada Ave., ✆ 473-52 28, ruhig, am Fluß gelegen, $
Buffalo Lodge, 2 El Paso, ✆ 634-28 51, bevorzugte Absteige von Ted Roosevelt, Galerie alter Jagdtrophäen, $$
Antlers Doubletree Hotel, 4 S Cascade Ave., ✆ 473-56 00, eine Downtown-Institution von 1883, Zimmer z. T. mit herrlichem Blick auf die Berge, $$
Maple Lodge, 9 El Paso Blvd., ✆ 685-92 30, $$
The Broadmoor, Lake Ave., ✆ 634-77 11, eine Woche Voranmeldung, berühmtes und in jeder Hinsicht 1.-Klasse-Hotel mit 700 Zimmern in 30 Häusern, die man eher in Italien vermuten würde, $$$

🏕 **Garden of the Gods Campground,** 3704 W Colorado Ave., ✆ 1-800-249-94 51, April–Okt.

🍴 **Giuseppe's Old Depot Restaurant,** 10 S Sierra Madre St., ✆ 635-31 11, in altem Bahnhof mit authentischem Inventar, sehr beliebt, $
Old Chicago Beer Pizza & Pasta, 118 N Tejon, ✆ 634-88 12, in historischem Gemäuer, $

The Hungry Farmer, 575 Garden of the Gods Rd., 𝄞 598-76 22, mit Country-Style-Atmosphäre, $$$

 Museum of the American Numismatic Association, 818 N Cascade Ave., 𝄞 632-26 46, Mo–Fr 8.30–16 Uhr

Peterson Air and Space Museum, Peterson Air Force Base, 7 Meilen östl. auf US 24, 𝄞 556-49 15, Di–Fr 8.30–16.30, Sa 9.30–16.30 Uhr

Garden of the Gods, 1805 N 30th St., 𝄞 634-66 66, Visitor Center tägl. 8–21, sonst 8.30–17.30 Uhr, Park im Sommer tägl. 5–23, sonst 5–21 Uhr

Coos Bay (OR)

 Bay Area Chamber of Commerce, 50 E Central Ave., Coos Bay, OR 97420, 𝄞 541-269-02 15

 Museum of Art, 235 Anderson Ave., 𝄞 541-267-39 01, Di–Fr 11–17, Sa u. So 12–16 Uhr

House of Myrtlewood, US 101, 1125 S. 1st St., am Südausgang der Stadt, 𝄞 800-255-53 18, Sommer tägl. 8–18, sonst 9–17 Uhr

Coronado State Monument (NM)

 Bernalillo (nördl. Albuquerque), Coronado State Park, 𝄞 505-867-55 89, Monument 𝄞 505-867-53 51

Corpus Christi (TX)
Vorwahl: 512

 Corpus Christi Area Convention and Tourist Bureau, 1201

N Shoreline, PO Box 2664, Corpus Christi, TX 78403, 𝄞 882-56 03

 Bay Front Inn, 601 N Shoreline Blvd., 𝄞 883-72 71, schöner Blick, $

Quality Hotel Bay Front Royal Nueces, 601 N Water, 𝄞 800-688-03 34, 1 Block von Marina, $

Villa del Sol, 3839 Surf Side, 𝄞 800-242-32 91, alle Zimmer wunderbarer Blick auf die Bay, $$

Sea Breeze RV Park, 1026 Seabreeze Ln., Portland (10 Minuten bis Corpus Christi Beach), 𝄞 643-07 44

Sunrise Beach, Park Rd. 25, Lake Corpus Christi, 𝄞 547-30 04

County Line Restaurant, 6102 Ocean Dr., 𝄞 991-74 27, Steakhaus mit Bay-Panorama, $

Elmo's City Diner and Oyster Bar, 622 North Water, 𝄞 883-16 43, Spezialist für Cajun-Küche, $$

Lighthouse Restaurant and Oyster Bar, Lawrence St., 𝄞 883-39 82, gutes Seafood-Lokal an der Marina, $$

Texas State Aquarium, 2710 N Shore Line Blvd., 𝄞 800-477-48 53, Mo–Sa 9–17, So 1 0–17 Uhr

Asian Culture Museum and Educational Center, 5858 S Padre Island Dr., 𝄞 993-39 63, Di–Sa 12–18 Uhr

Padre Island National Seashore, Malaquite Visitor Center, 𝄞 949-80 68

Cortez (CO)
Vorwahl: 970

Chamber of Commerce, 928 E Main St., PO Box 968, Cortez, CO 81321, 𝄞 565-34 14

Anasazi Motor Inn, 640 S Broadway, ✆ 565-37 73, $
El Capri Motel, 2110 S Broadway, ✆ 565-37 64, gut geführt, $
Comfort Inn, 2321 E Main St., ✆ 565-34 00, mit Balkon und Bergblick, $$$

 Cortez-Mesa Verde KOA, 27432 E Hwy 160, ✆ 565-93 01

 Homesteaders Restaurant, 45 E Main St., ✆ 565-62 53, Barbecue und *pies*, $–$$
Nero's Italien Restaurant, 303 W Main St., ✆ 565-73 66, große Auswahl an Pasta, $$

👁 **Anasazi Heritage Center,** 27501 Hwy 184, ✆ 882-48 11, tägl. 9–17 Uhr

Crater Lake National Park (OR)
Vorwahl: 541

ℹ **Chief of Interpretation,** Crater Lake National Park, PO Box 7, Crater Lake, OR 97604, ✆ 594-22 11

🛏 **Mazama Village Motor Motel,** 1211 Ave. C, im Park gelegen, 7 Meilen südlich Rim Drive, ✆ 830-87 00, $$

⛺ **Crater Lake Campground,** Fort Klamath, SR 62, ✆ 381-22 75
Mazama Campground, 55 Meilen nordwestl. Klamath Falls, SR 62, ✆ 594-25 11

🚶 **Bootsfahrt** zum Wizard Island, Abfahrt Cleetwood Cove Dock über steilen Fußweg von Cleetwood Cove erreichbar, im Sommer tägl. 10–16 Uhr

Bootstoure auf dem See ab Cleetwood Dock, Ende Juni bis Anf. Sept. tägl. 10–16 Uhr

Craters of the Moon National Monument (ID)

ℹ **Visitor Center,** ✆ 208-527-32 57, im Sommer tägl. 8–18, sonst 8–16.30 Uhr

Crazy Horse Memorial (SD)

 Visitor Center, 4 Meilen nördl. Custer auf US 16, ✆ 605-673-4681, tägl. Sonnenauf- bis -untergang

Cripple Creek (CO)
Vorwahl: 719

ℹ **Chamber of Commerce,** 337 E Bennet Ave., ✆ 689-21 69

🚶 Eine Fahrt mit der Cripple Creek and Victor Narrow Gauge Railroad, 520 E Carr, ✆ 689-26 40, tägl. 10–17 Uhr
Bergwerkstour: **Mollie Kathleen Mine Tour,** nördl. von Cripple Creek auf der SR 67, ✆ 689-24 65, tägl. 9–17 Uhr

Dallas (TX)
Vorwahl: 214

ℹ **The Dallas Visitor Information Center,** 603 Munger Ave. und 1303 Commerce St., Dallas, TX 75202, ✆ 880-04 05, Mo–Fr 8–17, Sa u. So 10–17 Uhr, Veranstaltungs-Hotline ✆ 746-66 79
Infos im Internet:
http://dallas.yahoo.com

Red Roof, 8150 Esters Blvd., ✆ 800-843-76 63, am Flughafen, $
Southland Center Hotel, 400 N Olive, ✆ 800-227-68 84, mit Fitness Room und Kunstgalerie, $
The Adolphus, 1321 Commercial St., ✆ 742-82 00, historische Nobelherberge von 1912, $$$

 Dallas Hi–Ho Campground, Bear Creek Rd. (I-35 E, Exit 412), ✆ 223-48 34

 The 8.0, 2800 Routh, ✆ 979-08 80, Speisen mit Überraschungen, tolle Juke Box, $
Dakota's, 600 N Akard, ✆ 740-40 01, gepflegte Südwestern-Küche, $$$

The Sixth Floor, 411 Elm St., ✆ 653-66 66, tägl. 9–18 Uhr
State Fair Park, 3 Blocks östl. von I-30, ✆ 890-29 11, tägl. 24 Std. geöffnet
Age of Steam Railroad Museum, State Fair Park, ✆ 428-01 01, Do–Fr 10–15, Sa u. So 11–17 Uhr
Dallas Civic Garden Center, State Fair Park, tägl. Di–Sa 10–17, So 13–17 Uhr
Science Place I und II, State Fair Park, tägl. 9.30–17.30 Uhr

Death Valley National Park (CA)
Vorwahl: 760

Superintendent, Death Valley National Park, PO Box 579, Death Valley, CA 92328, ✆ 786-23 31
Furnace Creek Visitor Center, tägl. 8–17 Uhr

Marta Becket's Amargosa Opera House, Death Valley Junction, ✆ 852-44 41, winziger Ort, Hotel und Theater gleichzeitig; gute Gelegenheit, die heiße Nacht nicht im Death Valley verbringen zu müssen, $

 mehrere herrlich gelegene und einsame Campgrounds im Park; Lufttemperatur im Sommer auch nachts noch sehr hoch

 The Dining Room at Furnace Creek Inn, ✆ 786-23 45, $$

 Scotty's Castle, im nördlichen Bereich des Parks an Hwy 267, ✆ 760-786-23 31, Führungen tägl. 9–17 Uhr jeweils zu voller Stunde, Platzreservierung angeraten
Furnace Creek Visitor Center und Borax Museum, ✆ 760-786-23 31, tägl. 8–17 Uhr

Denver (CO)
Vorwahl: 303

Denver Convention and Visitors Bureau, 225 W Colfax Ave., Denver, CO 80202, ✆ 892-11 12, Mo–Fr 8–17, Sa 10–14 Uhr

 Denver International Youth Hostel, 630 E 6th Ave., ✆ 832-99 96, $
YMCA, 25 E 6th St., ✆ 861-83 00, ein Block vom Capitol entfernt, $
Oxford Alexis Hotel, ✆ 628-54 00, Ecke 17th St. and Wazee, renoviertes Luxushotel von 1891, ähnlich Brown Palace, jedoch etwas preiswerter, $$
Queen Anne B & B Inn, 2147-51 Tremont Pl., östl. Downtown, ✆ 296-66 66, landesweit vor allem unter Flitterwöchnern bekannt, $$
The Comfort Inn, 401 17th St., ✆ 296-04 00, bequem, ideal zum Einkaufen, $$

Brown Palace Hotel, 321 17th St., ✆ 297-31 11, erste Adresse in Downtown mit illustrer Gästeliste, Fitness-Center, $$$

 Chief Hosa Campground, westl. Denver, I-70, Exit 253, ✆ 526-03 64
Denver-North Campground, I-25, Exit 229 (Broomfield), ✆ 452-41 20

The Buckhorn Exchange, 10th Ave. and Osage, ✆ 534-95 05, traditionsreiches Feinschmeckerlokal mit teils exotischem Angebot, wie Büffel oder Alligator, $$
The Market, 1445 Larimer, ✆ 534-51 40, Gourmet-Frühstück ab 6.45, Sa ab 8.30 Uhr
Old Number One Firehouse Restaurant, 1326 Tremont, preiswerte Sandwiches und Spezialitäten, um das darüberliegende Feuerwehrmuseum gestärkt besichtigen zu können, $
The Old Spaghetti Factory, 18th und Lawrence, ✆ 295-18 64, gute und sehr preiswerte italienische Gerichte, $

State Capitol, E 14th and E Colfax Ave., ✆ 866-26 04, Führungen Mo–Fr 9–15.30 Uhr
US Mint, 320 W Colfax Ave., ✆ 844-35 82, Mo–Fr 8–14.45 Uhr
Denver Art Museum, 100 W 14th Ave., ✆ 640-44 33, Di–Sa 10–17, So 12–17 Uhr
Colorado History Museum, 13th and Broadway, ✆ 866-36 82, Mo–Sa 10–16.30, So 12–16.30 Uhr
Denver Zoo, City Park, ✆ 331-41 10, im Sommer 9–18, sonst 10–17 Uhr

Rock Climbing im **Castlewood Canyon State Park,** 25 Meilen südl. Denver, ✆ 688-52 42
Golfspielen auf fast 10 Plätzen, Denver

Department of Park and Recreation, ✆ 964-25 63

 Cherry Creek Shopping Center, 3000 E 1st Ave., Öffnungszeiten der meisten Geschäfte Mo–Fr 10–21, Sa 10–19, So 12–18 Uhr, mehr als 125 Geschäfte, Restaurants und Kinos.
Larimer Square Shopping Center, 1400 Larimer St., Öffnungszeiten der meisten Geschäfte Mo–Fr 10–19, Sa 10–18, So 12–17 Uhr, von Buchladen bis Nachtclub alles unter einem Dach.
16th Street Mall, Fußgängerzone der 16th Street, mit vielen Geschäften und Straßenhändlern, die hier willkommen sind, schöne Atmosphäre.

Der **Denver International Airport** liegt 24 Meilen nordöstl. von Downtown, erreichbar über die I-70, Exit 238, ✆ 800-247-23 36. Die Weiterfahrt übernehmen RTD-Busse am Ost- und West-Terminal. Airport-Pendelbusse (DASH), ✆ 800-525-31 77, fahren Downtown an. Andere Pendelbusse versorgen die Bergregion um Denver.

Denver liegt im Schnittpunkt der Autobahnen I-70 und I-87. Der Busbahnhof ist an den 19th und Arapahue Sts, Greyhound Line ✆ 800-231-22 22, Grey Line Tours ✆ 289-28 41.

Denver liegt an einer der vier großen Transkontinental-Linien der AMTRAK. Der California Zephyr verläßt Chicago am frühen Nachmittag, erreicht Denver, Union Station, 17th und Wynkoop Sts, ✆ 534-28 12 am Morgen des nächsten Tages, um am späten Nachmittag des übernächsten Tages in Oakland (CA) einzulaufen (Reisezeit ca. 50,5 Std., 3903 km).

RTD-Busse (𝒞 299-60 00) für die Denver- und Boulder-Regionen

Dinosaur National Monument (CO/UT)

 Headquarters Visitor Center, Kreuzung Harper Corner Rd./US 40, 𝒞 970-374-30 00, im Sommer tägl. 8–16.30, sonst Mo–Fr 8–16.30 Uhr

Durango (CO)
Vorwahl: 970

Chamber of Commerce, 111 S Camino del Rio, PO Box 2587, Durango, CO 81302, 𝒞 247-03 12

End O'Day, 350 E 8th Ave., 𝒞 247-17 22, $
Dollar Inn, 2391 Main Ave., 𝒞 247-05 93, kleiner Park, $$
General Palmer Hotel, 567 Main Ave., 𝒞 247-47 47, elegantes, viktorianisches Hotel, $$$

Alpenrose RV Park, Hwy 550 N 81301, 𝒞 247-55 40
Haviland Lake, USFS, 18 Meilen nördl. von Durango auf FR 671, 𝒞 247-48 74, keine Duschen

Mr. Rosewater's Delicatessen, 552 Main Ave., 𝒞 247-87 88, american food, $
Palace Grill, 501 B Main Ave., 𝒞 247-20 18, american food, $$$

Durango & Silverton Narrow Gauge Railroad Co., Ticket Office, 479 Main Ave., 𝒞 247-27 33, Abfahrt tägl. 8.30 u. 9.15 Uhr, weitere Zeiten variieren. Wegen der großen Nachfrage ist Reservierung empfohlen.

El Paso (TX)

El Paso Convention and Visitors Bureau, Civic Center Plaza, El Paso, TX 79901, 𝒞 915-534-06 96

Eugene (OR)

Convention and Visitors Association of Lane County Oregon, 115 W 8th St., Suite 190, Eugene, OR 97401, 𝒞 541-484-53 07

Eureka (CA)
Vorwahl: 707

Eureka/Humboldt County Convention and Visitors Bureau, 1034 Second St., Eureka, CA 95501, 𝒞 443-50 97

Matador Motel, 129 4th St., 𝒞 800-404-97 51, nahe Old Town, $
Eureka Inn, 518 7th St., zwischen F und G Sts, 𝒞 442-64 41, im luxuriösen Tudor-Stil, $$
An Elegant Victorian Mansion, 1406 C St. at 14th St., 𝒞 444-31 44, historisches B & B, wie ein altes Museum, $$$

Sea Grill, 316 E St., 𝒞 443-71 87, bekannt für guten Fisch, $
Samoa Cookhouse, Samoa-Halbinsel, 𝒞 442-16 59, berühmtes Lokal mit musealem Touch, Museum tägl. 6–15.30 und 17–22 Uhr, $$

Ferndale (CA)
Vorwahl: 707

Chamber of Commerce, PO Box 325 Ferndale, CA 95536, 𝒞 786-44 77

Gingerbread Mansion, 400 Berding St., ✆ 786-40 00, herrliches B & B, $$$

Flagstaff (AZ)
Vorwahl: 520

Flagstaff Visitor Center, 1 E SR 66, Flagstaff, AZ 86001, ✆ 774-95 41

Downtowner International Hostel, 19 S San Francisco St., ✆ 774-84 61, sehr billige Unterkunft, Flugplatz- und Busbahnhof-Abhol-dienst, $
Comfort Inn, 914 S Milton Rd., ✆ 774-73 26, herrlicher Bergblick von 2. Etage, $$
Little America Hotel, 2525 E Butler Ave., ✆ 779-27 41, das Hotel ist inmitten eines Pinienwaldes gelegen, $$$

Kit Carson RV Park, 2101 W Route 66, ✆ 774-69 93, 200 Stell-plätze

Black Bart's Saloon, 2760 E Butler Ave., ✆ 779-31 42, Riesen-Steaks und Cowboy-Atmosphäre, $$
Fiddlers, 702 S Milton Rd., ✆ 774-66 89, Restaurant mit *american food*, $$

Museum of Northern Arizona, Fort Valley Rd. (3 Meilen nördl. auf US 180), ✆ 774-52 13, tägl. 9–17 Uhr
Art Barn, 2320 N Fort Valley Rd., ✆ 774-08 22, tägl. 9–17 Uhr
Pioneer Historical Museum, 2340 N Fort Valley Rd., ✆ 774-62 72, Mo–Sa 9–17 Uhr
Lowell Observatory, 1400 W Mars Hill Rd., ✆ 774-20 96, tägl. 9–17 Uhr

 Viele Galerien und Kunstgewer-beläden befinden sich in Down-town. In der Art Barn und im Pioneer Historical Museum können ausge-suchte Stücke indianischer Kunst er-worben werden.

Florence (OR)
Vorwahl: 541

Florence Area Chamber of Commerce, 270 Hwy 101, PO Box 26000, Florence, OR 97439, ✆ 997-31 28

American Motel, 3829 Hwy 101, ✆ 997-71 15, $
Johnson House B & B, 216 Maple St., ✆ 997-80 00, altes viktorianisches Haus, $$

 Sea Lion Caves, 91560 Hwy 101, ✆ 547-31 11, im Sommer 9–19, sonst 9–16 Uhr
Siuslaw Pioneer Museum, 85294 Hwy 101, ✆ 997-78 84, Di–So 10–16 Uhr
Indian Forest, 88493 Hwy 101, ✆ 997-36 77, Juni–Aug. 8 Uhr–Sonnen-untergang, Mai, Sept., Okt. 10–16 Uhr

Fort Laramie National Historic Site (WY)

Visitor Center, 3 Meilen süd-westl. Fort Laramie, ✆ 307-837-22 21, im Sommer tägl. 8–19, sonst 8–16.30 Uhr

Fort Ross State Historic Park (CA)

 Visitor Center (und Fort), ✆ 707-847-32 86, tägl. 10–16.30 Uhr

Fort Union Trading Post National Historic Site (ND)

 Visitor Center, 24 Meilen süd-westl. von Williston, via US 2 und SR 1804, ✆ 701-572-90 83, im Sommer 8–20, sonst 9–17.30 Uhr

Fossil Butte National Monument (WY)

 Fossil Butte Visitor Center, ✆ 307-877-44 55, im Sommer tägl. 8–19, sonst 8–16.30 Uhr

Gallup (NM)
Vorwahl: 505

 Gallup Convention and Visitors Bureau, 701 Montoya Blvd., PO Box 600, Gallup, NM 87301, ✆ 505-863-38 41

Budget Inn, 3150 W Hwy 66, ✆ 505-722-66 31, $
El Rancho, 100 E Hwy 66, ✆ 505-863-93 11, Herberge der Hollywood-Stars aus den 40er und 50er Jahren, $
Holiday Inn Holidome, 2915 W Hwy 66, ✆ 505-722-22 01, 200 Zimmer, größtes Hotel in Gallup, $$

Red Rock State Park Campground, Church Rock, 6 Meilen östl. Downtown, ✆ 505-722-38 39
El Morro National Monument, 56 Meilen südöstl. von Gallup an der SR 53

Ranch Kitchen, 3001 W Hwy 66, ✆ 505-722-25 37, sehr beliebtes Restaurant mit mexikanischer und amerikanischer Küche, $
El Rancho Restaurant, 100 E Hwy 66, ✆ 505-863-93 11, $$

 El Morro National Monument, Superintendent El Morro National Monument, Rt. 2, PO Box 43, Ramah, NM 87321, ✆ 505-783-42 26, im Sommer tägl. 9–19, sonst 9–17 Uhr

Galveston (TX)
Vorwahl: 409

 Convention and Visitors Bureau, 2106 Seawall Blvd., Galveston, TX 77550, ✆ 763-43 11

Motel 6, 7404 Ave. J, ✆ 740-37 94, $
Victorian Inn, 511 17th St., ✆ 762-32 35, im Kolonialstil, nahe am Strand, $$
Coopersmith Inn, 1914 Ave. M, ✆ 763-70 04, im Zuckerbäckerstil mit gediegener Einrichtung, $$$

Galveston Island State Park, FM 3005, ✆ 1-800-792-11 12, 150 Campingplätze am Golf von Mexiko, Camperanschlüsse, Duschen, nachts geschlossen

Star Drug Store, 512 Treemont St., ✆ 762-86 58, gutes Essen im ersten Drug Store von Texas von 1880, $
Santa Fe Chew Chew, 25th und The Strand, ✆ 763-47 59, zwei restaurierte Speisewagen am Eisenbahnmuseum, $$$

 Historisches Gebäude **Bishop's Palace,** 1402 Broadway, ✆ 762-24 75; Touren im Sommer Mo–Sa 10–17, So 13–17, im Winter 12–16 Uhr
Texas Seaport Museum, Pier 21, ✆ 763-18 77, tägl. 9.30–17.30 Uhr, Eintritt inkl. Besichtigung der Elissa, einer Segelbark aus dem 19. Jh.

Rundfahrt mit dem Nachbau eines Schaufelrad-Dampfers von 1810. Abfahrt bei gutem Wetter im Sommer tägl. 12, 14 und 16, im Winter 14 Uhr; Fr u. Sa 19 Uhr Dinner-Rundfahrt mit Tanz

Gila Cliff Dwellings National Monument (AZ)

 District Ranger, Route 11, PO Box 100, Silver City, AZ 88061, ✆ 505-536-94 61, Visitor Center tägl. 8–17 Uhr

Glacier National Park (MT)
Vorwahl: 406

 Superintendent Glacier National Park, West Glacier, MT 59936, ✆ 888-78 00, Reisezeit ist Mitte Juni bis Mitte Oktober

 Sämtliche Reservierungen ✆ 226-55 51
Glacier Highland Resort Motel, US 2 (nahe Westeingang im Park), ✆ 888-54 27, $
Many Glacier Hotel, ✆ 732-44 11, größtes Hotel im Park, $$$

 10 Campgrounds im Park, dafür in der Regel keine Reservierungen möglich (frühzeitige Belegung empfohlen)

 The Museum of the Plains Indians, Browning, Nahe Kreuzung US 2 und US 89, ✆ 338-22 30, im Sommer tägl. 9–17, sonst Mo–Fr 10–16.30 Uhr

 Die Nationalpark-Verwaltung hat für Fahrten auf der *Going-to-the-*

Sun-Road aus Umweltschutzgründen einen Pendelbus für Touristen eingeführt: **Rocky Mountain Transportation,** ✆ 862-25 39

 Eddie's Restaurant, West Glacier, Apgar Village, ✆ 888-53 61, $–$$

Gold Beach (OR)

 Gold Beach Chamber of Commerce, 1225 S Ellensburg 3, Gold Beach, OR 97444, ✆ 541-247-75 26

Golden (CO)
Vorwahl: 303

 Chamber of Commerce, 507 14th St., ✆ 279-31 13

 Colorado Railroad Museum, 17155 W 44th Ave., ✆ 279-45 91, im Sommer tägl. 9–18, sonst 9–17 Uhr
Golden Dar Pioneer Museum, 923 10th St., ✆ 278-71 51, im Sommer Mo–Sa 11–16, sonst 12–16 Uhr
Buffalo Bill Memorial Museum and Grave, auf dem Hügel des Lookout Mountain, ✆ 526-07 47, im Sommer 9–17, sonst Di–So 9–16 Uhr
Heritage Square, 75 Meilen südl. Kreuzung US 6 und US 40, ✆ 279-78 00, im Sommer tägl. 10–21, sonst 10–18 Uhr

Grand Canyon National Park (AZ)
Vorwahl: 520

 Superintendent Grand Canyon National Park, PO Box 129, Grand Canyon, AZ 86023, ✆ 638-78 88

Chamber of Commerce, PO Box 3007, Grand Canyon, AZ 86023, ℘ 638-29 01
Visitor Center Juni bis Aug. tägl. 7.30–20.30, sonst 8–17 Uhr
Internet: http://www.thecanyon.com

Moqui Lodge, 8 Meilen südl. außerhalb des Parks, auf SR 64 im Norden von Tusayan, ℘ 638-24 24, rustikale Herberge, $
Red Feather Lodge, 9 Meilen südl. außerhalb des Parks, auf der SR 64 in Tusayan, ℘ 6389-24 14, mit angeschlossenem Restaurant, $$
El Tavor Hotel, Grand Canyon National Park, South Rim, ℘ 638-26 31, ältestes Hotel im Park mit überwältigendem Blick in die Schlucht, $$$

Mehrere Campingplätze im Park **Grand Canyon Camper Village,** Tusayan, 8 Meilen südl. außerhalb des Parks, ℘ 638-28 87

Arizona Steak House at Grand Canyon Village, South Rim, ℘ 638-26 31, mit Canyon-Blick, $
El Tavor Restaurant, Grand Canyon National Park, South Rim, ℘ 638-26 31, $$$

Yavapai Observation Station mit Geologie-Museum, im Sommer tägl. 8–20, sonst 8–17 Uhr
Tusayan Ruin and Museum, 23 Meilen östl. Grand Canyon Village, ℘ 520-638-23 05, im Sommer tägl. 8–18, sonst 9–17 Uhr, Eintritt frei

Maultier-Trips: Fred Harvey, AMFACT Parks & Resort, 14001 E Iliff Ave., Ste. 600, Aurora, CO 80014, ℘ 303-297-27 57, Fax -31 75, Voraussetzung: »Reiter müssen fließend Englisch sprechen, weniger als 90 kg wiegen, wenigstens 1,45 m groß sein und dürfen nicht schwanger sein.«
Bootsfahrten auf dem Colorado: ARA Wilderness River Adventures, PO Box 717, Page, AZ 86040, ℘ 645-32 96, Fax -61 13 (Schlauch-, Motor-, Ruderboot); Arizona Raft Adventures, Inc., 4050 E Huntington Dr., Flagstaff, AZ 86004, ℘ 526-82 00, Fax -82 46 (Motor-, Ruder-, Paddelboot); Arizona River Runners, PO Box 47788, Phoenix, AZ 85068-7788, ℘ 602-867-48 66, Fax -21 74 (Motorboot); Wild & Scenic, Inc., PO Box 460, Flagstaff, AZ 86002, ℘ 774-73 43, Fax -73 44 (Floß, Schlauchboot)
Bustouren: Grayline Harvey Transportation Co., Inc., Grand Canyon, AZ 86023, ℘ 303-297-27 57, Fax -638-92 47; Nava-Hopi Bus Lines, PO Box 339, Flagstaff, AZ 86002, ℘ 774-50 03, Fax -77 15

Grand Island (NE)
Vorwahl: 308

Grand Island Convention and Visitors Bureau, 309 W 2nd St., Grand Island, NE 68802, ℘ 382-44 00

Stuhr Museum of the Prairie Pioneer, an Kreuzung US 34 und US 281, ℘ 385-53 16, Mo–Sa 9–17 Uhr

Grand Junction (CO)
Vorwahl: 970

Grand Junction Visitors and Convention Bureau, 740 Horizon Dr., Grand Junction, CO 81506, ℘ 244-145 80

Museum of Western Colorado Regional History Museum, 248 S 4th St. at Ute Ave., ℘ 242-09 71, Mo–Sa 9–18, So 11–17 Uhr

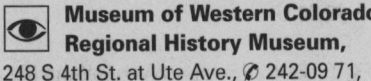

Grand Teton National Park (WY)
Vorwahl: 307

ℹ️ **Superintendent Grand Teton National Park,** PO Drawer 170, Moose, WY 83012, ☏ 739-36 00. Der Park ist das ganze Jahr über geöffnet, die meisten Park-Einrichtungen jedoch nur von Mitte Mai bis Mitte Oktober. Die hohe Eintrittsgebühr gilt auch für den nördlich gelegenen Yellowstone National Park.

🛏️ Unterkunft innerhalb des Parks ohne Reservierung während der Ferienzeit recht aussichtslos. Alternativ bieten sich deshalb außerhalb des Parks Hotels in Cody, Jackson, Moran oder Gardiner an. Reservierung von Unterkunft (mindestens 6 Monate im voraus) und allen Aktivitäten, Bootsreservierungen:
Grand Teton Lodge Co., Central Reservation, PO Box 240, Moran, WY 83103, ☏ 543-31 00 oder 800-628-99 88

🏕️ Es gibt 5 Campgrounds im Park, deren Stellplätze nach dem Prinzip *first come, first serve* vergeben werden. Reservierung nur für Gruppenplätze möglich.

🚶 Ausreiten, Floßtouren, Busfahrten, Auto-Besichtigungstouren, Wandern; Informationen im Visitor Center

Grants (NM)
Vorwahl: 505

ℹ️ **Grants/Cibóla County Chamber of Commerce,** 100 Iron Ave., PO Box 297, Grants, NM 87020, 287-48 02

🛏️ **Sands Motel,** 112 McArthur St., ☏ 287-29 96, $
Days Inn, 1505 E Santa Fe Ave., ☏ 287-88 83, $$

🏕️ **Cibola Sands RV Park,** I-40, Exit 81, ☏ 287-43 76
Lavaland RV Park, I-40, Exit 85, ☏ 287-86 65

🍴 **Grants Station Restaurant,** 200 W Santa Fe Ave., ☏ 287-23 34, kein Alkohol, $
El Jardin, 912 Lobo Canyon Rd., ☏ 285-52 31, gemütlich, Spezialität *mexican food*

👁️ **New Mexico Museum of Mining,** 1 Meile westl. I-40, Exit 85, ☏ 800-748-21 42, im Sommer Mo–Sa 9–18, So 12–18, sonst Mo–Sa 9–16, So 12–16 Uhr
El Malpas National Monument, Visitor Center, 620 E Santa Fe Ave., Grants, ☏ 285-54 06, tägl. 8–17 Uhr
Acoma Pueblo, Acoma Tourist Visitor Center, ☏ 800-747-01 81, geführte Touren im Sommer tägl. 8–19, sonst 8–16.30 Uhr, geschlossen: 10.–13. Juli, 1. Wochenende im Okt., Ostern
Chaco Culture National Historic Park, Visitor Center, ☏ 786-70 40, im Sommer 8–18, sonst 8–17 Uhr, Ruinen tägl. von Sonnenaufgang bis -untergang
Laguna Pueblo, I-40, Exit Laguna Pueblo, Information, ☏ 552-66 54, geöffnet von Sonnenauf- bis Sonnenuntergang

Great Sand Dunes National Monument (CO)
Vorwahl: 719

ℹ️ 5400 Hwy 150 N Mosca, CO 81146, ☏ 378-22 22, im Sommer 9–18, sonst 8–17 Uhr

Oasis Store, vor dem Parkeingang, ✆ 378-22 22, *Cabins, Tepees,* Duschen, Lebensmittel, Campground

Green Valley (AZ)

 Titan Missile Museum, 75 Meilen westl. I-19, Exit 69 Duval Mine Rd., ✆ 520-625-77 36, Nov.–April 9–17, sonst Mi–So 9–17 Uhr

Gruene (TX)

 Sophienburg Museum, 401 W. Coll St., ✆ 210-629-15 72, Mo–Sa 10–17, So 13–17 Uhr

Guadalupe Mountains National Park (TX)

 Superintendent Guadalupe Mountains National Park, HC 60, PO Box 400, Salt Flat, TX 79847, ✆ 915-828-32 51 McKittrick Canyon Visitor Center, tägl. 8–16.30 Uhr

Heart Mountain Relocation Center(WY)

 Heart Mountain Relocation Center Memorial Association, Box 774, Ralston, WY 82440, jap. Internierungslager von 1941, 11 Meilen östl. Cody auf US 14A (Richtung Powell)

Helena (MT)
Vorwahl: 406

Helena Area Chamber of Commerce, 225 Cruise Ave., Suite A, Helena, MT 59601, ✆ 442-41 20

Montana Historical Society Museum, 225 N Roberts St., ✆ 444-26 94, im Sommer Mo–Fr 8–18, Sa u. So 9–17 Uhr, sonst Mo–Fr 8–17, Sa 9–17 Uhr
Pioneer Cabin, 218 S Park St., ✆ 443-76 41, Mo–Fr 10.30–12, 13–15 Uhr
State Capitol, 6th und Montana Sts, ✆ 444-47 89, tägl. 8–17 Uhr

Vom 1. 6. bis zum Labor Day verkehrt das Touristenbähnchen **Last Chance Gulch Tour** im stündlichen Takt vom Museum aus zu einer jeweils einstündigen Stadtrundfahrt.

Hells Canyon National Recreation Area (ID)

PO Box 832, Riggins, ID 83549, ✆ 209-628-39 16
Straßenzustandsbericht ✆ 541-426-49 78

Viele Campgrounds, teils kostenlos, entlang des aufgestauten Snake River

Hells Canyon Adventure, PO Box 159, Oxbow, OR 97840, ✆ 800-422-35 68, Bootsfahrten auf dem Snake River, Rafting
Snake River Adventures, 227 Snake River Ave., Lewiston, ✆ 1-800-262-88 74

Holbrook (AZ)
Vorwahl: 520

Chamber of Commerce, 100 E Arizona, Holbrook, AZ 86025, ✆ 524-65 58

 Wigwam Motel, 811 W Hopi Dr., ✆ 524-30 48, schlafen in einem

Wigwam, unmittelbar an der alten
Route 66 (SR 77), $
Rainbow Inn, 2211 Navajo Blvd.,
✆ 1-800-551-19 23, sauber, $
Budget Inn Motel, 602 Navajo Blvd.,
✆ 524-69 49, sehr billig, $

 Campgrounds im Petrified Forest
National Park

 Cholla Restaurant, 1120 W
Hopi Dr.,
✆ 524-35 29, volkstümliches Lokal, $
Butterfield Stage Co. Steak House,
609 W Hopi Dr., Holbrook, ✆ 524-34 47,
bestes Haus am Platz, $$

Holdrege (NE)
Vorwahl: 308

 **Holdrege Area Chamber of
Commerce,** 423 E Ave., Hold-
rege, NE 68949-0200, ✆ 995-44 44

 **Phelps County Historical
Society Museum,** 1 Meile
nördl. US 183, ✆ 995-50 15, Mo–Sa
10–17, So 13–17 Uhr

Houston (TX)
Vorwahl: 713

 **Greater Houston Convention
and Visitors Bureau,** 801 Con-
gress St., Houston, TX 77002-9396,
✆ 227-31 00

 Motel 6, 9638 Plainfield, ✆ 778-
00 08, sehr preiswert, $
Holiday Inn NASA, 1300 NASA Rd.,
✆ 800-682-31 93, $$
The Lancaster, 701 Texas at Louisiana
Sts, ✆ 228-95 00, elegantes hist. Hotel,
$$$

 All Star RV, 10650 SW Plaza
Court (auf Hwy 59), ✆ 981-68 14,
günstig gelegen für alle Houston-At-
traktionen
Houston Leisure RV Park, 1601 S
Main, Highland (I10 E, Exit 787, 19 Mei-
len östlich von Downtown),
✆ 1-800-982-82 85

 Hard Rock Cafe, 2801 Kirby,
✆ 520-11 34, goldene Schallplat-
ten, elektrische Gitarren, gute Burgers,
$$
Pappadeaux Seafood Kitchen, 6015
Westheimer, ✆ 782-63 10, preisgekrön-
tes kreolisches Restaurant, $$–$$$
Toni's, 1801 Post Oak, ✆ 622-67 78,
ausgefallene Spezialitäten, korrekte
Kleidung erforderlich, $$$

 Astrodome, Kirby Dr., Loop 610
South, ✆ 799-95 44, einstündige
Führungen tägl. 11, 13 und 15 Uhr
Bayou Bend, 1 Westcott St., ✆ 639-
77 50, Di–Fr 9–16, Sa 10–12.45 Uhr
Museum of Fine Arts, 1001 Bisson-
net, ✆ 639-73 00, Di–Sa 10–17, So
12.15–18 Uhr
Lyndon B. Johnson Space Center,
NASA Rd. 1, 25 Meilen südöstl. I-45,
✆ 800-972-03 69, tägl. 9–19 Uhr
Six Flags AstroWorld, ✆ 799-12 34
und WaterWorld, ✆ 794-32 21, tägl.
10 Uhr bis Dunkelheit

Hot Springs (SD)
Vorwahl: 605

 **Hot Springs Area Chamber of
Commerce,** 801 S 6th St., Hot
Springs, SC 57747, ✆ 745-41 40

 Mommoth Site, 1 Meile süd-
westl. auf US 18, ✆ 745-60 17, im
Sommer tägl. 8–20, sonst 8–17 Uhr

Hubbell Trading Post Historical Site (AZ)

ℹ etwa 30 Meilen westl. von Window Rock und 1 Meile westl. von Ganado an Hwy 264, tägl. 8–18 Uhr

Humboldt Redwood State Park (CA)

ℹ **Visitor Center,** Avenue of the Giants (südl. Weott), ✆ 707-946-22 63, März–Okt. tägl. 9–17 Uhr, sonst Do–So 10–16 Uhr, Park 24 Std. geöffnet

 3 Campingplätze im Park

Idaho Falls (ID)
Vorwahl: 208

ℹ **Greater Idaho Falls Chamber of Commerce,** 505 Lindsay Blvd., PO Box 50498, Idaho Falls, ID 83405-0498, ✆ 523-10 10

👁 **Bonneville Museum,** 200 N Eastern Ave., ✆ 522-14 00, Mo–Fr 10–17, Sa 13–17 Uhr

Jackson (WY)

ℹ Jackson Hole Chamber of Commerce, 532 N. Cache St., Jackson, ✆ 307-733-33 16

Jemez Pueblo (NM)

ℹ Jemez State Monument (ca. 20 Meilen nördl. von Jemez Pueblo), ✆ 505-829-35 30, tägl. 8.30–17 Uhr

Joshua Tree National Park (CA)

ℹ **Superintendent Joshua Tree National Park,** 74485 National Park Dr., Twentynine Palms, CA 92277-3597, ✆ 760-367-75 11
Visitor Center in Twentynine Palms, tägl. 8–17 Uhr

 Mehrere Campingplätze im Park vorhanden

Kings Canyon National Park (CA)

s. Sequoia and Kings Canyon National Parks

Klamath Falls (OR)

ℹ **Klamath County Department of Tourism,** PO Box 1867, Klamath Falls, OR 97601, ✆ 541-884-06 66

Lake Tahoe (CA/NV)

ℹ **Lake Tahoe Basin Management Unit,** 870 Emerald Bay Rd., South Lake, Tahoe, CA 96150, ✆ 916-573-26 00
The Truckee Donner Visitors Center, Eisenbahndepot am Westende der Commercial Row, ✆ 800-548-83 88

 7 Seas Motel, 4145 Manzanita Ave., South Lake Tahoe, ✆ 800-800-SEAS, günstig gelegen für Strand, Spiel und Wintersport, $
Riviera Inn, 890 State Line Ave., South Lake Tahoe, ✆ 1-800-35TAHOE, 2 Blocks vom Strand, $

Truckee Hotel, 10007 Bridge St. (gegenüber Commercial), ℘ 800-659-69 21, gemütlicher Platz mit viel Historie, $$

 Donner Memorial State Park mit 3 Campgrounds, I-80 westl. Truckee

Rosie's Cafe, 640 North Lake Blvd., vielseitige Küche
Nephele's, 1169 Ski Run Blvd., ℘ 916-544-81 30, ausgefallene Tagesmenüs, $$

Langtry (TX)

 Judge Roy Bean Visitor Center, ℘ 915-291-33 40, tägl. 8–17 Uhr

Kostenloses Campieren nahe Besucher-Zentrum

Las Vegas (NV)
Vorwahl: 702

Las Vegas Convention and Visitors Authority, 3150 Paradise Rd., Las Vegas, NV 89109, ℘ 892-75 75, Mo–Fr 7–18 Uhr
In Deutschland: Las Vegas Convention & Visitors Authority, c/o Mangum Management GmbH, Herzogspitalstraße 5, 80331 München, ℘ 0 89-23 66 21 30, werktägl. 9–17.30 Uhr, Fax 0 89-2 60-40 09
Internet:
http://www. lasvegas24hours.com

Barcelona Motel, Hotel & Casino, I-15, Exit 48, 5011 E Craig Rd., ℘ 644-63 00, 200 Zimmer und viele ›einarmige Banditen‹, $
Circus Circus Hotel, Casino, Theme Park, 2880 Las Vegas Blvd. S, ℘ 734-

04 10, Zirkusluft, Vergnügungspark, Achterbahn und vieles mehr, bei freiem Eintritt täglich ab 11 Uhr, ab $
Sam's Town Hotel and Gambling Hall, 5111 Boulder Hwy, ℘ 456-77 77, 650 Zimmer im Westernlook, 10 Restaurants, Casino, Shops und Heiratsbüro, $$
Riviera Hotel, 2901 Las Vegas Blvd. S, ℘ 734-51 10, 2100 Zimmer, 170 Suiten, Casinos, mit schönem Blick auf den Strip und ins Las Vegas Valley, $$
Caesars Palace, 3570 Las Vegas Blvd. S, ℘ 731-71 10, alt-römische Welt mit Casinos, Restaurants, Shows und Unterhaltung jeglicher Art, luxuriöser Herberge mit 2471 Zimmern, $$$
Excalibur Hotel & Casino, 3850 Las Vegas Blvd S, ℘ 597-77 77, Themenhotel in Gestalt einer weißen Burg mit Wassergraben und Zugbrücke. Mehr als 4000 Zimmer bieten Unterkunft, $$$
Luxor Hotel & Casino, 3900 Las Vegas Blvd. S, ℘ 262-40 00, Nobelherberge mit Altägypten-Ambiente, 3-D-Theater (IMAX-3D), Unterhaltungs-Zentrum der Superlative (VirtuaLand), Casinos, Themen-Restaurants, 4300 Zimmern und 484 Suiten, alles überspannt von den pechschwarzen Wänden einer 30 Stockwerke hohen Glaspyramide, $$$
MGM Grand, 3799 Las Vegas Blvd. S, ℘ 891-11 11, derzeit angeblich größtes Hotel der Welt, sicherlich aber der USA. Die Bettenburg mit mehr als 5000 Zimmern besitzt einen riesigen Amüsier- und Sportpark, $$$

Circus Circus Restaurant, 2880 Las Vegas Blvd. S, ℘ 734-04 10, das ultimative Traumbuffet, spottbillig, $
Basttista's Hole in the Wall, 4041 Audrie, ℘ 732-14 24, beim Abendessen gratis Wein und Cappuccino, $

Country Inn, 1401 South Rainbow, ℰ 254-05 20, im Country Look in freundlicher Atmosphäre, $$
Andiamo (Las Vegas Hilton), 3000 Paradise Rd., ℰ 732-51 11, komfortable und elegante Umgebung, $$$

 Imperial Palace Auto Collection, (im 5. Stock des) Imperial Palace Hotel, 3535 Las Vegas Blvd. S., ℰ 794-31 74, tägl. 9.30–23.30 Uhr
Stratosphere Tower, 2000 Las Vegas Blvd. S., ℰ 382-44 46
Lake Mead, Alan Bible Visitor Center, ℰ 293-89 90, tägl. 8.30–16.30 Uhr
Hoover Dam, 30 Meilen südöstl. Las Vegas, via US 93/95, ℰ 293-83 67, Führungen tägl. 8.30–18.30 Uhr

 Die meisten großen Hotels besitzen riesige Shopping-Arkaden, wo man in oft exotischer Umgebung einkaufen kann, was das Herz begehrt, z. B. Forum Shops, Caesars Palace; Billige Jeans: Las Vegas Factory Stores, 9155 Las Vegas Blvd. S.

 Heiratswillige mit Sinn für eine Instant-Vermählung müssen sich im Marriage Licence Bureau melden, 200 S 3rd St., ℰ 455-31 56, tägl. Mo–Do 8–24 Uhr, Fr–So 24 Std. geöffnet. Minderjährige (16–18 Jahre) benötigen die Genehmigung der Eltern. Die Heiratszeremonie wird in einer der Little White Chapels am Strip abgehalten. Für Eilige gibt es auch einen Drive-in-Schalter.
   In der Canterbury-Heiratskapelle des Excalibur-Hotels kann man sich im ritterlichen Ambiente das Jawort geben.

 McCarran International Airport, 5757 Wayne Newton Blvd., Las Vegas (1 Meile vom Las Vegas Strip entfernt), ℰ 261-57 43. Von dort verkehren Pendelbusse alle halbe Stunde.

 AMTRAK, Desertwind, tägl. zwischen Los Angeles und Las Vegas. Der Bahnhof befindet sich in Downtown, 1 N Main St., ℰ 386-68 96

 Die I-15 verbindet Salt Lake City mit Las Vegas und Los Angeles. Greyhound/Trailways-Verbindungen bestehen mit fast jeder Stadt in Kalifornien und Nevada. Der Busbahnhof befindet sich in 200 S Main St., ℰ 800-231-22 22

Lassen Vulcanic National Park (CA)

Superintendent Lassen Vulcanic National Park, PO Box 100, Mineral, CA 96063-0100, ℰ 916-595-44 44

Bidwell House B & B, 1 Main St., Chester, ℰ 916-258-33 38, rustikale Herberge für Sommer- und Winteraktivitäten, $$
Mehrere Motels auf Hwy 70 (Crescent St.)

7 Campgrounds im Park, andere liegen im umgebenden National Forest

Lava Beds National Monument (CA)

Visitor Center, ℰ 916-667-22 82, tägl. 8–18 Uhr

Leadville (CO)
Vorwahl: 719

Visitor Center, 809 Harrison Ave., ℰ 486-39 00

Tabor Opera House, US 24 at 4th St., ✆ 486-11 47, So–Fr 9–17.30 Uhr
The Tabor Home, 116 E 5th Ave., ✆ 486-05 51, tägl. 9–17 Uhr

Lewiston (ID)

 Lewiston Chamber of Commerce, 2207 E. Main St., Lewiston, ID 83501, ✆ 208-743-35 31 und 800-473-35 43

Lincoln (NE)
Vorwahl: 402

Lincoln Convention and Visitors Bureau, 1221 N St., # 320, PO Box 83737, Lincoln, NE 68501, ✆ 434-53 48

State Capitol, 14th, 16th, H, K Sts, ✆ 471 04 48, Touren Mo–Fr 9–16, Sa 10–16, So 13–16 Uhr
Museum of Nebraska History, 15th und P Sts, ✆ 471-47 54, Mo–Sa 9–17, So 13.30–17 Uhr
American Historical Society of Germans from Russia, 631 D St., tägl. außer So
Homestead National Monument of America, 4 Meilen nordwestl. von Beatrice auf SR 4, ✆ 223-35 14, tägl. von Sonnenauf- bis -untergang, Visitor Center tägl. 8.30–17 Uhr

Little Bighorn Battlefield National Monument (MT)

Visitor Center, zu ereichen über I-90, Exit 510, 1/2 Meile östl. auf US 212 ✆ 406-638-26 21, im Sommer täglich 8–20, sonst 8–16.30 Uhr

Long Beach (WA)

Long Beach Peninsula Visitors Bureau, Kreuzung US 101 and SR 103, PO Box 562, Long Beach, WA 98631, ✆ 360-642-24 00

Los Angeles (CA)

Los Angeles Visitor Information Center, 685 S Figueroa St. (zwischen Wilshire und 7th St.), Los Angeles, CA 90017, Mo–Sa 8–17 Uhr, ✆ 213-689-88 22.
Hollywood: 6541 Hollywood Blvd. (zwischen Hudson und Whitley), The Janes House, Mo–Sa 9–17 Uhr, ✆ 213-689-88 22
Infos im Internet: http://la.yahoo.com

Banana Bungalow-Hollywood Hotel, 2775 Cahuenga Blvd., ✆ 213-851-11 29, etwas chaotische, aber preiswerte Bleibe über der Autobahn, $
City Center Motel, 1135 W 7th St., (Downtown L.A.), ✆ 800-816-68 89, $
Queen Mary, 1126 Queens Hwy, Long Beach, ✆ 310-435-35 11, Luxusliner der 30er Jahre, $
Sandman Inn, 921 S Harbor Blvd. (Anaheim), ✆ 714-956-57 30, $
Best Western Dragon Gate Inn, 818 N Hill St. (nahe Chinatown), ✆ 2 13-6 17-30 77, $$
Beverly Hills Hotel, 9641 Sunset Blvd. (Beverly Hills), ✆ 800-283-88 85, legendäres pinkfarbenes Hotel aus der Frühzeit des Films, $$$
Disneyland Hotel, 1150 W Cerritos Ave., ✆ 800-MICKEY-1 (angeschlossen an Disneylands Mono Rail), $$$

Anaheim Vacation Park, 311 N Beach Blvd., Hwy 39, Anaheim, ✆ 714-821-43 11, in unmittelbarer

Nähe von Knott's Berry Farm, nahe Disneyland

Malibu Beach RV Park, 25801 Pacific Coast Hwy, ℘ 310-456-60 52

Golden Shore RV Resort, 101 Golden Shore (Long Beach, nahe Catalina Landing), ℘ 562-435-46 46

Leo Carrillo State Beach, 9000 Pacific Coast Hwy (Malibu, 28 Meilen nordwestl. von SR 1), ℘ 818-880-03 50

Mumtaz, 7166 Melrose Ave., L.A., ℘ 213-933-29 45, spezialisiert auf indische Gerichte, $

Chart House, 18412 Pacific Coast Hwy, Malibu, ℘ 310-454-93 21, am Strand gelegen mit herrlichem Meeresblick, $$

Schatzi on Main, 3110 Main Str., Santa Monica, ℘ 310-399-48 00, Restaurant des Filmstars Arnold Schwarzenegger, $$

The Stinking Rose, 55 N La Cienega Blvd. (Beverly Hills, nahe Wilshire Blvd.), Knoblauch-Restaurant, $$

Grave Line Tours (nicht zu verwechseln mit Grey Line Tours). Gruseltour, auf den Spuren von Selbstmördern, Verbrechern und Skandalumwitterten; Ecke Hollywood Blvd. und Orchid, Hollywood, ℘ 213-469-41 49

Hollywood Dream Tour (Stargazing Tour, Besichtigung von Villen berühmter Stars), 6916 Hollywood Blvd., ℘ 800-439-4TOUR

L.A. Conservancy Walking Tours (Samstag-Vormittag-Führung, zu Fuß zu bemerkenswerten Bauwerken der 20er Jahre), ℘ 213-623 CITY

Auf dem **Rodeo Drive** in Beverly Hills ist alles versammelt, was Rang und Namen hat, z. B. Valentino, Hermés, Tiffany und Cartier.

Century City Shopping Center & Marketplace, 10250 Santa Monica

Blvd., beherbergt auch das legendäre Bloomingdale's.

Der **Sunset Blvd.** ist nicht nur für das Nachtleben bekannt, sondern auch für feinste Boutiquen.

Star Wares, 2817 Main St., Santa Monica, verkauft Second-Hand-Kleidung von Hollywood-Stars sowie Filmrequisiten.

Museum of Tolerance, Simon Wiesenthal Center, 9786 W Pico Blvd., ℘ 310-553-84 03, Mo–Do 10–16, Fr 10–15 Uhr, So 11–16 Uhr, Sa geschl., geführte dreistündige Touren

Museum of Contemporary Art, 250 S Grand Ave., ℘ 213-626-62 22, Di–So 11–17, Do bis 20 Uhr

Peterson Automotive Museum, 6060 Wilshire Blvd., ℘ 2 13-9 30-CARS, tägl. 10–18, Fr bis 21 Uhr

Los Angeles County Museum of Arts, 5905 Wilshire Blvd., ℘ 213-857-60 10, Di–Do 10–17, Fr bis 21, Sa u. So 11–18 Uhr

George C. Page Museum of La Brea Discoveries, 5801 Wilshire Blvd., ℘ 213-857-63 11, Di–So 10–17 Uhr

Movieland Wax Museum, 7711 Beach Blvd., Buena Park, Anaheim, ℘ 714-522-11 54, tägl. 9–19 Uhr

J. Paul Getty Center, Los Angeles, CA 90049-1687, ℘ 310-440-73 00 (Englisch und Spanisch), Internet: http://www.getty.edu. Anfahrt: Autobahn 405, Abfahrt Getty Center Drive, Ausschilderung folgen; Öffnungszeiten: Sa u. So 10–18 Uhr, Di u. Mi 11–19 Uhr, Do u. Fr 11–21 Uhr, Mo und an größeren Feiertagen geschlossen. Info Busdienste: MTA, ℘ 8 00-COMMUTE (kostenlos) oder Santa Monica Municipal Bus Lines, ℘ 310-451-54 44.

Queen Mary, 1126 Queen's Hwy, Long Beach, ℘ 310-435-35 11, tägl. 10–18 Uhr

Universal Studios, 100 Universal City Plaza (Universal City, Hollywood, I-101, Abfahrt Universal Center Dr.), ℘ 818-622-38 01, im Sommer tägl. 8–22, sonst 9–19 Uhr

Disneyland, 1313 Harbor Blvd., Anaheim, ℘ 714-781-45 65, im Sommer tägl. 9–24, sonst Mo–Fr 10–18, Sa u. So 9–24 Uhr

Knott's Berry Farm, 8039 Beach Blvd., Buena Park, ℘ 714-220-52 00, im Sommer tägl. 9–24, sonst Mo–Fr 10–18, Sa 10–22, So 10–19 Uhr

 Von Europa kommend landet man gewöhnlich auf dem LAX, dem Los Angeles International Airport, 16 Meilen nordwestlich von Downtown, ℘ 310-646-52 52. Vor dem Flughafen stehen Linienbusse, Taxis und kostenlose Zubringerbusse zu den Hotels in Flughafennähe. Flughafenbusse sind auf den Weitertransport der Fluggäste spezialisiert: The AirportBus, ℘ 800-772 52 99; Best Shuttle, ℘ 818-577-40 93; L.A. Xpress Airport Shuttle, ℘ 310-337-09 90, Super Shuttle, ℘ 800-554-31 46.

 Los Angeles liegt im Schnittpunkt der Autobahnen I-5, I-15 und I-10. Das hohe Verkehrsaufkommen und das Gewirr der Stadtautobahnen sind gewöhnungsbedürftig, so daß man als ortsfremder Autofahrer vor Einsetzen des Berufsverkehrs und vor Einbruch der Dunkelheit sein Ziel erreicht haben sollte.

 Los Angeles ist mit zwei der vier großen Transkontinental-Linien der AMTRAK verbunden. Der Southwest Chief verläßt Chicago am frühen Abend und erreicht Los Angeles, Union Station, ℘ 800-872-72 45 am Morgen des übernächsten Tages (Reisezeit

39 Std., 3589 km). Der Sunset Limited verläßt Sanford, Florida am Abend und erreicht Los Angeles 3 Tage später am frühen Morgen (Reisezeit ca. 58,5 Std., 4405 km). Zusätzlich verläßt der Coast Starlight Seattle am Morgen, erreicht Los Angeles 24 Std. später und ist um Mitternacht in San Diego (Reisezeit ca. 38 Std., 2443 km).

🚌 Für alle Busse und Bahnen stets passendes Kleingeld parat haben. Fahrpläne erhält man im MTA Customer Center, Level C ARCO-Plaza, 515 S Flower St., Mo–Fr 7.30–3.30 Uhr.

Malibu (CA)
Vorwahl: 310

ℹ️ **Malibu Chamber of Commerce,** 23805 Stuart Ranch Rd., #100, Malibu, CA 90265, ℘ 456-90 25

Mendocino (CA)
Vorwahl: 707

ℹ️ **The Ford House Visitor Center and Museum,** 735 Main St., ℘ 937-53 97

🛏️ **Mendocino Hotel,** 45080 Main St., ℘ 800-548-05 13, historisches Gebäude von 1878 mit herrlichem Meerblick, $$$

⛺ **Mendocino Campground,** Comptche-Ukiah Rd., ¼ Meile südl. Mendocino, ℘ 937-31 30, heiße Duschen, schöne Lage

👁️ **Kelly House Historical Museum,** 45007 Albion St., Juni–Sept. tägl. 13–16, sonst Fr–Mo 13–16 Uhr

Cafe Beaujolais, 961 Ukiah St., ✆ 937-56 14, bekanntestes Restaurant am Ort, Reservierung, $$

Mesa Verde National Park (CO)

Superintendent Mesa Verde National Park, PO Box 8, Mesa Verde National Park, CO 81330, ✆ 970-529-44 65, Wetter- und Straßenzustandsbericht ✆ 970-529-44 61, Visitor Center tägl. 8–17 Uhr, Chapin Mesa Museum tägl. 8–17 Uhr

Meteor Crater (AZ)

✆ 520-289-23 62, Besuch im Sommer tägl. 6–18, sonst 8–17 Uhr

Minden (NE)

Chamber of Commerce, 325 N Colorado Ave., Minden, NE 68959, ✆ 308-832-18 11

Harold Warp Pioneer Village, 12 Meilen südl. I-80, Exit 279, ✆ 800-445-44 47, tägl. 8 Uhr bis Sonnenuntergang

Missoula (MT)
Vorwahl: 406

Missoula Convention and Visitors Bureau, 825 E Front St. Missoula, MT 59807, ✆ 543-66 23

Smokejumpers Base Aerial Fire Depot, W Broadway, ✆ 329-49 34, tägl. 8.30–17 Uhr

Historical Museum, Reserve St., ✆ 728-34 76, im Sommer Mo–Sa 10–17, So 12–17, sonst Di–So 12–17 Uhr

Moab (UT)
Vorwahl: 801

Moab Visitor Information Center, PO Box 550, Moab UT 84532 (Ecke Main und Center Sts), ✆ 259-88 25, im Sommer tägl. 8–21, im Winter 8–17 Uhr

Inca Inn Motel, 570 N Main St., ✆ 259-72 61, Pool, $
Apache Motel, 166 S 400 E, ✆ 259-57 27, *John Wayne was here,* ruhig gelegen, $$
Best Western Canyonlands Inn, 16 S Main St., ✆ 259-23 00, im Zentrum, ruhig, $$$

Moab Valley RV, 1773 N Hwy 191, Moab, ✆ 259-44 69, 100 Stellplätze
Holiday Haven RV Park, 400 N 500 W, Moab, ✆ 259-58 34, 80 Stellplätze, Duschen
Campgrounds im Canyonlands National Park

Bar M Chuckwaggon, 541 S 541 E South Mulberry Lane, ✆ 259-22 76, Cowboydinner mit Western-Musikshow, $$
Center Cafe, 92 E Center St., Moab, ✆ 259-42 95, sea food, Gourmet-Pizza, $$
Grand Old Ranch House, 1266 Hwy 191 N, Moab, ✆ 259-57 53, denkmalgeschützt, $$–$$$

Hollywood Stuntmen's Hall of Fame, 111 E 100 N, ✆ 259-61 00, tägl. geöffnet

Dan O'Laurie Museum, 118 E Center, ✆ 259-79 85, im Sommer Mo–Sa 13–20, sonst Mo–Do 15–19, Fr u. Sa 13–19 Uhr

 Canyonlands by Night, 1861 N Hwy 191, ✆ 259-52 61, zweistündige Colorado-Bootsfahrt nach Sonnenuntergang mit Lichtshow und indianischer Flötenmusik, Start 3 Meilen nördl. Moab

Tag-A-Long-Expeditions, 452 N Main St., Moab, ✆ 1-800-453-32 92, Wandern, Reiten, Fahrten mit Geländewagen, Floßfahrten im Canyon

Sheri Griffith Expeditions, 2231 S Hwy 191, ✆ 259-82 29, Mehrtagestrips auf Flüssen, teils wild, teils verrückt luxuriös

Kaibab Mountainbike Tours, 391 S Main, ✆ 259-61 35, kombiniert Rafting mit Biking und sorgt für Räder, Boote, Zelte, Essen

Old West Trail Rides, 9 Meilen südlich Moab an Hwy 191, ✆ 259-74 10, Zwei-Stunden-Ausritte mit einem anschließenden Cowboy-Dinner am Lagerfeuer

 Lin Ottinger's Moab Rock Shop, 137 N Main St., ✆ 259-73 12, ein Himmel für Mineraliensammler

Lema Indian Trading Co., 60 N Main St., ✆ 259-50 55, gute Auswahl an Kunsthandwerk

✈ Moab-Flugreisende landen in Las Vegas oder Salt Lake City. Die Weiterfahrt mit dem Auto von beiden Flughäfen nach Moab dauert ca. ¹/₂ Tag

🚗 Moab, an der US 191 südlich Arches National Park gelegen, ist von Norden am schnellsten über die I-70, von Süden über die I-40 erreichbar.

Mono Lake (CA)

ℹ **Mono Basin Scenic Area Visitors Center,** Hwy 395 am Seeufer, ✆ 619-647-30 44

Monument Valley Navajo Tribal Park (AZ und UT)

ℹ **Visitor Center,** ✆ 801-727-33 53, im Sommer 7–19, sonst 8–17 Uhr

🛏 **Goulding's Trading Post and Lodge,** 2 Meilen westlich auf US 163, ✆ 801-727-32 31, mit Panoramablick auf das Monument Valley, $$$

⛺ Großer Campground am Visitor Center (keine Duschen)

 Diverse Touren zu Hogans, Cliff Dwellings und Petroglyphen können im Visitor Center gebucht werden

Monterey (CA)
Vorwahl: 408

ℹ **Monterey Peninsula Chamber of Commerce and Visitor and Convention Bureau,** 380 Alvarado St., Monterey, CA 93940, ✆ 649-17 70

🛏 **Del Monte Beach Inn,** 1110 Del Monte Ave., ✆ 649-44 10, gutes Frühstück, kleine Zimmer, $

Historical Old Monterey Hotel, 406 Alvarado St., ✆ 800-727-09 60, mitten im Zentrum, $$

B & B Victorian Inn, 487 Foam St. (nahe Cannery Row), ✆ 373-80 00, sehr luxuriös, $$$

Marina Dunes RV Park, 3330 Dunes Dr., Marina, 9 Meilen nördl. von Monterey an Hwy 1, ✆ 384-69 14

Sardine Factory, 701 Wave St., Monterey, ✆ 373-37 75, frische Meeresfrüchte in nostalgischer Atmosphäre, $$
Marie Callender's, 1200 Del Monte Center, ✆ 375-95 00, freundliches Familienrestaurant, $$

Monterey Bay Aquarium, Cannery Row, ✆ 800-756-37 37, tägl. 10–18 Uhr
Monterey State Historic Park, ✆ 649-71 18, Custom und Pacific House tägl. 10–16 Uhr

Del Monte Shopping Center, Hwy 1 and Munras Ave., ✆ 373-27 07, mehr als 90 Geschäfte, Boutiquen, Restaurants mit teils großem Namen in schöner Gartenumgebung
On the Beach Surf Shop, 693 Lighthouse Ave., Monterey, ✆ 646-WAVE, alles, was an Sportgeräten ›in‹ ist

Montezuma Castle National Monument und Montezuma Well (AZ)

Visitor Center, ✆ 520-567-33 22, im Sommer tägl. 8–19, sonst 8–17 Uhr

Mount Hood (OR)

Mt. Hood Information Center, 65 000 E Hwy 26, Welches, OR 97067, ✆ 503-622-48 22

Timberline Lodge, Timberline, ✆ 5 03-2 72-33 11, unmittelbar an der Schneegrenze gelegen mit herrlicher Fernsicht und allen Wintersportarten, $$

 Cascade Dining Room, Timberline Lodge, Timberline, ✆ 503-272-33 11, Ext. 700

 Schlitten-, Snowboard- und Skifahren, mehrere Lifte, längste Ski-Saison in Nordamerika

Mount Rainier National Park (WA)

Superintendent Mount Rainier National Park, Tahoma Woods – Star Route, Ashford, WA 98304, ✆ 360-569-22 11
Henry M. Jackson Visitor Center Paradise, Mitte Mai bis Labour Day tägl. 9–18, im Sommer 9–19, sonst Sa u. So 10–16.30 Uhr

Paradise Inn, Paradise, ✆ 360-569-22 75, rustikal, Ende Mai–Anf. Okt., $
Alta Crystal Resort, 68317 Hwy 410 E (13 Meilen östl. auf SR 410, nahe Sunrise-Park-Eingang), ✆ 800-277-64 75, $$

Campingplatz im Park

Longmire Visitor Center, Sommer tägl. 9–17.30, sonst Sa u. So 9–16.30 Uhr

Mount Rushmore National Memorial (SD)
Vorwahl: 605

 Visitor Center, ✆ 574-25 23, tägl. 8–22 Uhr

Mount Rushmore's President's View Resort, Keystone, ✆ 1-800-504-32 10, mit Blick auf das Monument, $
Rushmore Manor Inn, 115 Swanzey St., Keystone, ✆ 1-800-456-18 78, zentral gelegen, für Kinder ist die Unterkunft kostenlos, $

 Miner's RV Park, S Hwy 16A, Keystone, ✆ 1-800-727-24 21

▌▌ **Holy Smoke Restaurant,** Hwy 16A, ✆ 666-46 16, $
Buffalo Room, unmittelbar am Monument, ✆ 574-25 15, $$

Mount St. Helens National Vulcanic Monument (WA)
Vorwahl: 360

ℹ **Mount St. Helens National Vulcanic Monument Headquarters,** 42218 NE Yalo Bridge Rd., Amboy, WA 98601, ✆ 360-747-39 00 (generelle Information), ✆ 247-39 03 (24-Stunden-Ansagedienst)
Mount St. Helens Visitor Center, 3029 Spirit Lake Hwy, Castle Rock, WA 98611, Mai–Sept. 9–18, sonst bis 17 Uhr, ✆ 274-21 00 (generelle Information), ✆ 274-21 03 (24-Stunden-Ansagedienst)
Coldwater Ridge Visitor Center, ✆ 274-21 31
Johnston Ridge Observatory, ✆ 274-21 40
Die Eintrittskarte berechtigt für zwei Tage den Zugang zu allen Einrichtungen.

🛏 Nur außerhalb des Monuments, jedoch in näherer Umgebung. Nachweis Chamber of Commerce bzw. Tourist Information. **Westseite:** Castle Rock, ✆ 274-66 03, Longview, ✆ 423-84 00, Kelso, ✆ 577-80 58, Toledo, ✆ 864-20 77; **Südseite:** Woodland, ✆ 238-52 10, Stevenson, ✆ 509-427-89 11; **Nord- u. Ostseite:** Mossyrock, ✆ 983-32 74, Morton, ✆ 360-496-60 86, Randle, ✆ 800-551-32 90, South Cascades Tourism, ✆ 496-32 16

▲ Lower Falls, Swift, Cougar, Beaver Creek, Tower Rock, Kalama Horse Camp, Cresap Bay, Lewis & Clark, Lewis River Horsecamp, Seaquest State Park.
Forest Service Campground Reservaton (OR & WA), ✆ 800-452-56 87; Washington State Parks (Reservations) ✆ 800-233-03 21

🚶 Besteigung des südlichen Kraterrandes ist vom 15. Mai bis Ende Oktober möglich. Keine Wanderung, sondern bergsteigerische Unternehmung für täglich bis zu 100 Kletterer, $15 Tagesgebühr. Reservierung in den Monument Headquarters. In **Jack's Restaurant and Store,** SR 503, 23 Meilen östl. Woodland, WA (I-5, Exit 21) und 5 Meilen westl. Cougar, wird tägl. eine kleinere Quote für die Besteigung am nächsten Tag ausgelost. Information über laufende Wetterbedingungen und Klettergenehmigungen *(Climbing Information Line)*, ✆ 247-39 61

Natural Bridges National Monument (UT)

ℹ **Superintendent National Bridges National Monument,** PO Box 1, Lake Powel, UT 84533, ✆ 801-692-12 34, Visitor Center im Sommer 8–18, sonst 9–16.30 Uhr

Campgrounds im Park vorhanden

New Braunfels (TX)

 Chamber of Commerce,
390 S Seguin St., PO Box 311417,
New Braunfels, TX 78131-1417,
℡ 210-625-23 85

 Erstes Wochenende im Mai
großes Volksfest, Anfang November 10-tägiges Wurstfest

Newport (OR)
Vorwahl: 541

 Chamber of Commerce, 555
SW Coast Hwy 101, ℡ 265-88 01

 Money Saver Motel, 861 SW
Coast Hwy 101, ℡ 265-22 77, $
Whaler Motel, 155 SW Elizabeth,
℡ 265-92 61, mit Meerblick, $$

 Pacific Shores RV Resort,
6225 N Coast Hwy, ℡ 265-37 50,
287 Stellplätze

 Oregon Coast Aquarium, 2820
SE Ferry Slip Rd., ℡ 867-34 71,
im Sommer 9–18, sonst 10–17 Uhr
Hatfield Marine Science Center,
Marine Science Dr., ℡ 8 67-02 26, tägl.
10–18 Uhr
Yaquina Bay State Park,
℡ 867-74 51, tägl. 11–17 Uhr

Nez Perce National Park (ID)

 Visitor Center, Spalding (östlich
Lewiston), ℡ 208-843-22 61, im
Sommer tägl. 8–18, sonst 8–16.30 Uhr

Nogales (AZ)

 Chamber of Commerce, Kino
Park, Nogales, AZ 85621,
℡ 520-287-36 85

North Cascades National Park (WA)

 Superintendent North Cascades National Park, 2105 SR 20,
Sedro Woolley, WA 98284, ℡ 360-856-
57 00, tägl. 8–16.30 Uhr; der Park ist
rund um die Uhr geöffnet

North Platte (NB)
Vorwahl: 3 08

 **North Platte/Lincoln County
Convention and Visitors
Bureau,** 502 S Dewey, PO Box 1207,
North Platte, NE 69103-1207, ℡ 532-47 29

 **Buffalo Bill State Historical
Park,** 3,5 Meilen nordwestl. von
North Platte via US 30 und Buffalo Bill
Ave., ℡ 535-80 35, tägl. 10–20 Uhr
Cody Park, 5 Meilen nördl. von Rodeo
Rd. auf US 83, ℡ 534-76 11, Eisenbahndepot tägl. 8–21 Uhr

Oakland (CA)
Vorwahl: 5 10

 **Oakland Convention & Visitors
Authority,** 550 10th St., Suite 214,
Oakland, CA 94607, ℡ 839-90 00

 Oakland Museum, 11th und
Oak Sts, ℡ 238-34 01, Mi–Sa
10–17, So 12–19 Uhr
Paramount Movie Theater,
2025 Broadway und 21st Sts,

℃ 465-64 00, Touren jeweils um 10 Uhr am 1. sowie am 3. Samstag jeden Monats

🚆 Oakland liegt an einer der vier großen Transkontinental-Linien der AMTRAK. Der California Zephyr verläßt Chicago am frühen Nachmittag, um am frühen Abend des übernächsten Tages Oakland zu erreichen (Reisezeit ca. 52 Std., 3903 km).
Zusätzlich verläßt der Coast Starlight Seattle am Morgen und erreicht knapp 24 Stunden später Oakland, Jack London Square, um gegen Mitternacht in San Diego einzulaufen (Reisezeit ca. 38 Std., 2443 km).

Ogden (UT)
Vorwahl: 8 01

ℹ️ **Convention and Visitors Bureau,** 2501 Wall Ave., Ogden, UT 84401, ℃ 627-82 88

👁 **Union Station** mit Touristeninformation und Museen, 25th St. and Wall Ave., ℃ 629-85 35, Mo–Sa 10–18 Uhr
Egyptian Theatre, 25th St. und Washington Ave., ℃ 800-337-26 90

Olympic National Park (WA)

ℹ️ **Superintendent Olympic Mountains National Park,** 600 E Park Ave., Port Angeles, WA 98362, ℃ 360-452-03 30
Visitor Center, 1. Juli bis Labor Day 8.30–18, sonst 9–16 Uhr

 13 Campgrounds im Park vorhanden

Omaha (NB)
Vorwahl: 402

ℹ️ **Omaha Convention and Visitors Bureau,** 6800 Merci Rd., Omaha, NB 68106-2627, ℃ 444-46 60

 Union Pacific Historical Museum, 1416 Dodge St., Mo–Fr 9–17, Sa 9.13 Uhr
Joslyn Art Museum, 2200 Dodge St., ℃ 3 42-33 00, Di–Sa 10–17, So 12–17 Uhr
USS Hazard and USS Marlin Freedom Park, 2497 Freedom Park Rd., ℃ 345-19 59, im Sommer tägl. 10–17 Uhr

Orcas Island (WA)

 Moran State Park, ℃ 206-376-23 26

Organ Pipe Cactus National Monument (AZ)

ℹ️ **Superintendent Organ Pipe Cactus National Monument,** Rte. 1, PO Box 100, Ajo, AZ 85321, ℃ 520-387-68 49, tägl. 8–17 Uhr

Ouray (CO)
Vorwahl: 9 70

ℹ️ **Ouray Chamber of Commerce,** 1222 N Main St., PO Box 145, Ouray, CO 81427, ℃ 325-47 46

🛏 **Matterhorn Motel,** 201 Sixth Ave., ℃ 325-49 38, herrlich mitten im kleinen Ort gelegen, geöffnet vom 18. 4.–31. 10., $$

Fahrten mit dem Geländewagen, Wandern, Reiten, Bergsteigen, Wintersport, Baden und Schwimmen möglich

Ouray Hot Springs Pool (Thermalbad), ℰ 325-46 38, im Sommer tägl. 10–22 Uhr

Jeep Tours and Rentals Colorado West, 440 Main St., Ouray, CO 81427, ℰ 8 00-6 48-JEEP, auf schmalen Gebirgspfaden zu Minen und Ghost Towns der Umgebung

Switzerland of America Jeep Tours and Rentals, 226 7th Ave., PO Box 780, ℰ 800-432-53 37, veranstaltet oder vermittelt raftings, Ausritte, Jeep-Touren, Heißluftballon-Fahrten

Bachelor-Syracuse Mine, 1 Meile nördl. auf Hwy 550, dann 1,25 Meilen östl. auf Hwy 14, ständige Schachttemperatur nur um 11 °C, ℰ 970-3 25-02 20, Touren jeweils zu voller Stunde vom 20. 5.–15. 6. 10–16, 16. 6.–31. 8. 9–17, 1. 9.–15. 9. 10–16 Uhr

Pacific Grove (CA)

Pacific Grove Chamber of Commerce, PO Box 167, Pacific Grove, CA 93950, ℰ 408-373-33 04

The Martine Inn, 255 Oceanview Blvd., Pacific Grove, ℰ 800-852-55 88, eines der schönsten B & B an der Monterey Bay, mehrfach preisgekrönt, sehr teuer, $$$

Page (AZ)
Vorwahl: 5 20

Page-Lake Powell Chamber of Commerce, 106 S Lake Powell Blvd., PO Box 727, Page, AZ 86040, ℰ 645-27 41

Lake Powell Motel, 3 Meilen westl. Wahweap Marina, ℰ 645-24 33, ruhig, mit Blick auf den See, $

Wahweap Lodge, 4 Meilen nördl. Glen Canyon Dam, ℰ 800-528-61 54, eigene Marina, herrliche Lage am See, $$$

Page-Lake Powell Campground, 1 knappe Meile südöstl. der Stadt auf SR 98, ℰ 645-33 74 Viele weitere Campgrounds in der Glen Canyon National Recreation Area

Glen Canyon Steak House, 201 N Lake Powell Blvd., ℰ 645-33 63, *american food,* Karaoke, $$

Pepper's Restaurant, 600 Clubhouse, Dr., ℰ 645-50 00, amerikanische Küche mit Südwest-Flair, $$

Besuch des Antelope Canyon (Korkenzieher-Canyon); Genehmigung über Navajo Parks and Recreation Department, PO Box 308, Window Rock AZ 86515, ℰ 871-66 47

Antelope-Canyon-Exkursion: Roger Ekis' Photographic Tours, PO Box 936, Page, AZ 86040, ℰ 645-85 79

Wildwasserfahrten: Wilderness River Adventures, 50 S Lake Powell Blvd., ℰ 800-528-61 54

Palo Alto (CA)

Chamber of Commerce, 325 Forest Ave., PO Box 2515, Palo Alto, CA 94301, ℰ 615-324-31 21

Palm Springs (CA)
Vorwahl: 760

Palm Springs Desert Convention and Visitors Bureau,

69-930 Hwy 111, Suite 201, Rancho
Mirage, CA 92270, ✆ 770-90 00

 Musicland Hotel, 1342 S Palm
Canyon Dr. (I-10, Exit 111),
✆ 800-428-39 39, herrlicher Bergblick
vom Sonnendeck, $
Estrella Inn, 415 S Belardo Rd., Palm
Springs, ✆ 800-237-36 87, Hotel aus
dem Jahre 1930 inmitten eines Palmen-
gartens, $$
Orchid Tree Inn, 261 S Belardo Rd.,
Palm Springs, ✆ 800-733-34 35,
historisches Inn mit herrlichem Garten,
$$$

 Fiesta RV Park, 46-421 Madi-
son St., Indio (in unmittelbarer
Nähe der I-10), ✆ 342-23 45
Happy Travelers RV Park, 211 W
Mesquite Ave., Palm Springs (Nähe
Downtown), ✆ 325-85 18
Golden Sands RV Park, 1900 San
Rafael Dr., Palm Springs, ✆ 327-47 37

 Billy Reed's Restaurant, 1800
N Palm Canyon, ✆ 325-19 46,
beliebtes Lokal mit viktorianischem
Dekor, $
Rock Garden Cafe, 777 S Palm
Canyon Dr., ✆ 327-88 40, freundliches
Familienrestaurant, $

 **Wildlife Park and Botanical
Gardens The Living Desert,**
47-900 Portala Ave., Palm Desert,
✆ 346-56 94, Sept.–Mitte Juni tägl.
9–16.30 Uhr
Palm Springs Desert Museum,
101 Museum Dr., ✆ 325-71 76,
Di–So 10–16 Uhr

Fahrt mit der **Aerial Tramway,**
Tramway Rd., ✆ 325-13 91, in die
San Jacinto Berge im ¹/₂-Std.-Rhyth-
mus, Mo–Fr ab 10, sonst ab 8 Uhr

Petrified Forest National Park (AZ)
Vorwahl: 520

 **Superintendent Petrified
Forest National Park,** PO Box
2217, Petrified Forest National Park,
AZ 86028, ✆ 524-62 28, Öffnungszei-
ten im Winter täglich 8–17, sonst 8–19
Uhr

 Campgrounds im Park vorhanden

 Rainbow Forest Museum,
✆ 524-68 22, tägl. 8–17 Uhr

Phoenix (AZ)
Vorwahl: 602

 **Phoenix and Valley of the
Sun Convention and Visitors
Bureau,** One Arizona Center, 400 E Van
Buren, # 600, Phoenix, AZ 85004,
✆ 254-65 00, Mo–Fr 8–16.30 Uhr,
Veranstaltungs-Hotline unter:
✆ 252-55 88

 **Arizona Association of B & B
Inns,** 3101 N Central, # 560,
Phoenix, AZ 85012, ✆ 277-07 75
Budget Lodge Motel, 402 W Van
Buren St., ✆ 254-72 47, Downtown, $
La Estancia B & B Inn, 4979 E Camel-
back Rd., ✆ 800-410-76 55, wunder-
schön mitten in einem Zitronenhain
gelegen, $$
Maricopa Manor, 15 W Pasadena
Ave., ✆ 800-292-64 03, elegantes Hotel
10 Minuten vom Flughafen entfernt,
$$$

 Schnepf Farms, 22601 E Cloud
Rd., Queen Creek (einige Minuten von Hwy 60), ✆ 987-33 33

Sam's Café, 455 N 3rd St., ☎ 252-35 45, Restaurant mit gepflegtem Western-Flair, $

Compass Restaurant, 122 N 2nd St., ☎ 440-31 66, Aussichtsrestaurant mit schönem Panorama, $$

Stockyards Restaurant, 5001 Washington St., ☎ 273-73 78, altes, denkmalgeschütztes Restaurant aus dem Jahre 1889, $$

 Arizona Center, Van Buren St. zwischen 3rd und 5th Sts, St. Mary's Basilica

Phoenix Symphony Hall, Civic Plaza, ☎ 602-264-63 63

Ellis-Shackelford House, 1242 N. Central Ave. (Nordrand Deck Park), ☎ 602-261-86 99

City Arts Center (Visual Arts & Performing Arts Buildings), 3 rd und Moreland Sts, ☎ 602-262-65 83

Phoenix Art Museum, 1625 N Central Ave., ☎ 602-257-12 22, Di–Sa 10–17, So 12–17 Uhr

Heard Museum, 22 E Monte Vista Rd., ☎ 602-252-88 40, Mo–Sa 9.30–17, So 12–17 Uhr

Main Library, 12 E McDowell Rd., ☎ 602-262-46 36

Pueblo Grande Museum, 4619 E. Washington St., ☎ 602-495-09 00, Mo–Sa 9–16.45, So 13–16.45 Uhr

Papago Park, Desert Botanical Garden, 1201 N. Galvin Parkway, ☎ 602-941-12 25, Mai–Sept. tägl. 7 Uhr bis Sonnenuntergang, sonst 8 Uhr bis Sonnenuntergang

Pioneer Arizona Living History Museum, 3901 W Pioneer Rd., ☎ 465-10 52

Sky Harbor International Airport, 4 Meilen südöstlich von Downtown, keine Direktflüge der großen Linien aus Deutschland. Weitertransport zu den Hotels z. B. mit Pendelbus SuperShuttle, ☎ 244-90 00

 Kein Gleisanschluß, jedoch Zubringerdienste durch AMTRAK Thruway Bus Services nach Tucson und Flagstaff

Phoenix liegt im Schnittpunkt der Autobahnen I-10 und I-17. Greyhound Lines hat Busbahnhöfe in 525 E Washington St., ☎ 271-74 23 sowie in 2647 W Glendale Ave., ☎ 246-43 41

Busse des Phoenix Transit System, ☎ 253-50 00, meist 6–18.30 Uhr. Die Downtown Area zwischen 4th Ave. und State Capitol versorgen die sogenannten DASH-Pendelbusse, Mo–Fr 11–14 Uhr

Arizona Center, Downtown, ultramodernes Shopping Center mit vielen Boutiquen und Restaurants

Point Lobos State Reserve (CA)

9 Meilen südlich von Carmel, ☎ 408-624-49 09, täglich 9–16 Uhr

Port Angeles (WA)
Vorwahl: 360

Visitor Information Center, 121 E Railroad Ave., Port Angeles, WA 98326, ☎ 452-23 63

 Aircrest Motel, 1006 E Front Street, ☎ 452-92 55, $

Tudor Inn, 11th St. 1108 S Oak, ☎ 452-31 38, historische B & B-Unterkunft, $$

Portland (OR)
Vorwahl: 503

 The Portland Oregon Visitors Association, 26 SW Salmon St., Portland, OR 97204, ✆ 222-22 23

 Hojo Inn, 3939 NE Hancock St., ✆ 288-68 91, $
The Red Lion Inn/Coliseum, 1225 N Thunderbird Way, ✆ 235-83 11, direkt am Willamette River gelegen, $$
The Heathman Hotel, 1001 SW Broadway, ✆ 241-41 00, Hotel mit legendärem Service, $$
River Place Hotel, 1510 SW Harbor Way, ✆ 228-32 33, mit Blick auf Marina, $$$

△ **Fairview RV Park 21401 NE Sandy Blvd.,** ✆ 661-10 47, am Columbia River nahe Vorort von Gresham, 15 Meilen von Downtown Portland
Champocg State Park, 25 Meilen südl. Portland, ✆ 678-12 51, am Fluß gelegen

🍴 **Bijou Cafe,** 132 SW 3rd Ave., ✆ 222-31 87, bestes Frühstücks-Café
McCormick & Schmick's, Ecke SW 1st und Oak Sts, ✆ 224-75 22, traditionelle Portland-Gerichte, $$

👁 **Pioneer Courthouse Square,** zw. SW Broadway und 6th Ave.
Performing Arts Center, SW Main St. at Broadway, ✆ 796-92 95, Mo–Fr 10–17 Uhr
Portland Art Museum, 1219 Park Ave., ✆ 226-28 11, Di–So 11–17, So 13–17 Uhr
Oregon Historical Center, 1200 SW Park Ave., ✆ 222-17 41, Di–Sa 10–17, So 12–17 Uhr

Oregon Maritime Museum, 113 SW Front Ave., ✆ 224-77 24, Mai–Okt. Mi–So 11–16, sonst Fr–So 11–16 Uhr
American Advertising Museum, 524 NE Grand Ave., ✆ 226-00 00, Mi–Fr 11–17, Sa u. So 12–17 Uhr
Audubon Society of Portland, 5151 NW Cornell Rd., ✆ 292-68 55, Mo–Sa 10–18, So 10–17 Uhr

❗ Die gelben Fahrräder in der Innenstadt laden zur kostenlosen Benutzung ein. Danach an beliebiger Stelle in der Innenstadt wieder abstellen.

Prescott (AZ)

 Smoki Museum, 147 N Arizona Ave., ✆ 520-4 45-12 30, Mai–Sept. Mo–Sa 10–16, So 13–16 Uhr, Okt. Fr–So 10–16 Uhr
Phippem Museum of Western Art, 4701 N Hwy 89, ✆ 520-7 78-13 85, März–Dez. Mo–Sa 10–16, So 13–16 Uhr, Di geschlossen

Presidio (TX)

 Fort Leaton State Historic Site, 4 Meilen südöstl. auf River Rd., ✆ 915-229-36 13, tägl. 8–16.30 Uhr

Rapid City (SD)
Vorwahl: 605

 Rapid City Area Convention and Visitors Bureau, 444 Mt. Rushmore Rd. N, PO Box 747, Rapid City, SD 57709, ✆ 343-17 44

 Sioux Indian Museum & Crafts Center, 515 W Blvd., ✆ 348-05 57, im Sommer Mo–Sa 9–17,

So 13–17, sonst Di–Sa 10–17, So 13–17 Uhr
Minnilusa Pioneer Museum,
✆ 394-60 99, tägl. 9–17 Uhr, Eintritt frei
Bear Contry U.S.A., 8 Meilen südl.
auf US 16, ✆ 343-22 90, Mai–Okt. tägl.
8–18 Uhr
Black Hills Caverns, 4 Meilen westl.
von Rapid City auf SR 44, ✆ 343-05 42,
im Sommer 8–20, sonst 8.30–17.30 Uhr
Custer State Park, 5 Meilen östl.
Custer City auf US 16A, ✆ 255-45 15,
24 Std. geöffnet, Visitor Center Mo–Fr
7.30–16 Uhr

Redwood National Park (CA)

 Superintendent Redwood National Park, 1111 2nd St.,
Crescent City, CA 95531,
✆ 707-4 64-61 01

Mehrere Campgrounds im Park
und entlang der nahen US 101

Reno (NV)
Vorwahl: 702

 Tourist Office, 300 N Center St. (Lobby National Bowling Stadium), ✆ 800-FOR-RENO, täglich geöffnet
Reno/Sparks Convention and Visitor Authority, 4590 S Virginia St., PO Box 837, Reno, NV 89504, ✆ 827-73 66

The Mizpah Hotel, 214 Lake St., ✆ 323-51 94, aus den 20er Jahren, kleine Zimmer, sauber, aber kein Parkplatz, $
Eldorado Hotel, 345 N Virginia St., ✆ 786-57 00, im Kasino-Viertel, $$
Colonial Inn Hotel and Casino,

250 N Arlington Ave., ✆ 322-38 38, mitten im Zentrum, $$
Romance Inn, 2905 S Virginia St., ✆ 800-662-88 12, ein sog. Fantasy Motel nur für Erwachsene mit Sinn für exotisches und erotisierendes Ambiente, $$$

Rivers Edge RV Park, 1405 S Rock Blvd., ✆ 358-85 33, idyllisch direkt am Fluß gelegen
Bonanza RV Park, 4800 Stolz Rd., ✆ 329-96 24, etwas außerhalb, preiswert

Zu bevorzugen sind die unschlagbar preiswerten ›All-You-Can-Eat-Buffets‹ in den Kasinos.
The Peppermill, 2707 S Virginia St., ✆ 800-648 69 92, wird als bestes Restaurant gehandelt, große Weinkarte, $$
Hacienda del Sol, 2935 S Virginia St., ✆ 825-71 44, deftiges *mexican food* in schönem Ambiente, $$

Rocky Mountains National Park (CO)
Vorwahl: 970

 Superintendent Rocky Mountain National Park, Estes Park, CO 80517-8397, ✆ 586-12 06, im Sommer tägl. 8–21, sonst 8–17 Uhr. Straßen- und Wetterbericht, ✆ 586-13 33. Deutschsprachige kostenlose Park-Informationsbroschüren per Post erhältlich (Spezialinteresse angeben), aktuelle Informationen in kostenloser Parkzeitung ›High Country Headlines‹

 Im Park gibt es keine Hotel-Unterkunft.
Four Winds Motor Lodge, 1120 Big Thomson Ave., ✆ 970-586-33 13, einige Zimmer mit offenem Kamin, $

Black Canyon Inn, 800 McGregor Ave., ℰ 586-81 13, Zimmer mit Bergblick, $$
Streamside, 1260 Fall River Rd., Estes Park, ℰ 586-64 64, *Cabin suites,* unter alten Bäumen am Fluß gelegen, $$

 Es gibt 6 Campgrounds im Park, 3 im Winter geschlossen, Moraine Park mit 247 Stellplätzen am größten Longs Peak mit 26 am kleinsten. Sommer-Reservierung bis zu 5 Monate im voraus über DESTINET, 945 Carroll Park Dr., San Diego, CA 92121-2256 oder 800-365-22 67. Info ›backcountry camping‹, ℰ 586-12 42
Blue Arrow RV Park, 1665 Colorado St., Hwy 66, ℰ 586-53 42, 152 Stellplätze

 La Casa El Centro, 222 E Elkhorn, Estes Park, ℰ 586-28 07, *american food,* $
Black Canyon Inn, 800 McGregor Ave., Estes Park, ℰ 586-93 44, gutes Essen, rustikales Anwesen, $$
Dunraven Inn, 2470 Hwy 66, Estes Park, ℰ 586-64 09, gutes italienisches Essen, $$

 Fahrradmiete und -Touren, Angeln, Ausritte, Campen (Zubehör kann gemietet werden)
Ranchferien mit Verpflegung und Ausritten, Aspen Lodge Ranch Resort, 6120 Hwy 7, Estes Park, CO 80517, ℰ 586-81 33, schöne Lodge am Ostrand des Parks, ein- und mehrtägige Ausritte Ausflüge zur Vogelbeobachtung (Fernglas, Bestimmungsbuch), ℰ 586-12 23

Sacramento (CA)
Vorwahl: 916

 Sacramento Convention and Visitors Bureau, 1421 K St., Sacramento, CA 95814, ℰ 264-77 77

 Canterbury Inn, 1900 Canterbury Rd., ℰ 927-09 27, kaum fünf Minuten vom Capitol entfernt, $
The Amber House, 1315 22nd St., ℰ 800-755-65 26, allerlei Luxus und Komfort in gediegener Atmosphäre, $$

 California State Railroad Museum, 2nd und 1 Sts, ℰ 445-42 09, tägl. 10–17 Uhr

Salem (OR)
Vorwahl: 503

Tourist Office, 1313 Mill St., SE, Salem, OR 97310, ℰ 581-43 25

Viele Hotels sind zu erreichen über I-5, Exit 256 Market St.
Salem Grand Motel, 1555 State St., ℰ 581-24 66, in der Nähe des Capitols gelegen, $

Honeywood Vinery, 1350 SE Hines St., ℰ 800-7 26-41 01, Mo–Fr 9–18, Sa 10–17, So 13–17 Uhr, es besteht die Möglichkeit zu kostenlosen Weinproben, $
Dahlia at the Red, 189 Liberty St. NE, ℰ 363-54 14, Gourmet-Freuden im alten Opernhaus, $$
State Capitol, zwischen Court und State Sts, ℰ 503-9 86-13 88, Öffnungszeiten Mo–Fr 8–17, Sa 9–16, So 12–16 Uhr.
Führungen im Sommer jeweils zu voller Stunde Mo–Sa 9–12 und 13–16, So 13–15 Uhr

Mission Mill Village, 1313 Mill St., ℰ 585-70 12, Di–Sa 10–16.30 Uhr

Salmon (ID)

 The Salmon Valley Chamber of Commerce, 200 Main St., ✆ 208-21 00

Flußfahrten auf dem Salmon River: **North Fork Ranger District,** PO Box 180, North Fork, ID 83466 sowie Middle Fork Ranger District, PO Box 750, Challis, ID 83226 **Blackador Boating,** Hwy 93 N, PO Box 1170, Salmon, ID 83467, ✆ 208-756-39 58; Salmon River Outfitters, PO Box 1751, McCall, ID 83638, ✆ 209-532-27 66

Salt Lake City (UT)
Vorwahl: 801

 Salt Lake City Convention and Visitors Bureau, 180 S West Temple St., Salt Lake City, UT 84101-1493, ✆ 521-28 68. Konzerte, Programminfo, ✆ 240-33 18

The Kendell Motel, 667 N 300 W, ✆ 355-02 93, sauber, billig, $
The Travellodge at Temple Square, 144 W North Temple St., ✆ 533-82 00, günstig gelegen, $$
The Inn at Temple Square, 71 W South Temple St., ✆ 1-800-843-46 68, luxuriöses Hotel der 30er Jahre, günstig gelegen, $$$

The Salt Lake Campground, 1400 W North Temple St., ✆ 355-12 14
Camp Vip, 1400 W North Temple St., ✆ 328-02 24, 540 Stellplätze

 Bill & Nada's Cafe, 479 South 600 E, ✆ 801-359-69 84, 24 Std. geöffnet; hier bekommt man gutes Essen für wenig Geld, $

Dodo Restaurant, 680 900 East, ✆ 328-93 48, schöner Innenhof; gutes Essen, $
Market Street Grill, 48 Market St., ✆ 322-46 68, denkmalgeschützt; ausgezeichnetes Essen, $$

 Historic Temple Square, Visitor Center, ✆ 240-25 34, im Sommer 8–21, sonst 9–20 Uhr
The Tabernacle in Temple Square, Veranstaltungskalender, ✆ 240-80 96
Beehive House, 67 E South Temple St., ✆ 240-26 71, diverse Touren
Church Office Building, 50 N Temple St., ✆ 240-24 52, Mo–Sa 9–17 Uhr
State Capitol, 350 N Main St., Capitol Hill, ✆ 538-30 00, Touren alle halbe Stunde Mo–Fr 9–15 Uhr
Pioneer Trail State Park, östl. Emigration Canyon, ✆ 584-83 91, tägl. 8–20 Uhr
Great Salt Lake State Park, erreichbar über I-80, Exit 104, ✆ 250-18 98, tägl. 8 Uhr bis Sonnenuntergang
Golden Spike National Historic Site, erreichbar über I-84 und SR 83, Visitor Center, ✆ 471-22 09, im Sommer tägl. 8–18, sonst 8–16.30 Uhr
Kennecott Copper Mine, erreichbar über I-15, Exit 301, 14 Meilen auf SR 48 bis Bingham Canyon, ✆ 252-30 00, April–Okt., Führungen tägl. 8–20 Uhr

 Die **ZCMI Shopping Mall,** 36 S State, besteht aus über 100 Geschäften, wo man alles kaufen kann.

Salt Lake City liegt an einer der vier großen Transkontinental-Linien der AMTRAK. Der California Zephyr verläßt Chicago am frühen Nachmittag, erreicht Salt Lake City, Union Station, kurz nach Mitternacht des übernächsten Tages, um am frühen Abend in Oakland einzulaufen (Reisezeit ca. 52 Std., 3903 km).

San Antonio (TX)
Vorwahl: 210

ℹ️ Convention and Visitors Bureau, 317 Alamo Plaza, San Antonio, TX 78205, ✆ 270-87 48

🛏️ Traveler's Hotel, 220 N Broadway (Downtown, nahe Alamo und Fluß), ✆ 226-43 81, günstig gelegen, $
Crocket Hotel, 320 Bonham St. (gegenüber dem Alamo), ✆ 225-65 00, großes historisches Hotel von 1909 mit angeschlossenem Restaurant, $$
Fairmount Hotel, 401 S Alamo (Downtown), ✆ 224-88 00, Fitness Studio, berühmtes Restaurant angeschlossen, $$$

🏕️ Tejas Valley RV Park & Camping, Potranco Rd. (Hwy 1957, NW-San Antonio), ✆ 1-800-729-72 75, auch Zeltplätze
Dixie Kampground, 1011 Gembler Rd., San Antonio (nahe I-35 und I-10, gegenüber KOA), ✆ 337-65 01, auch *cabins*
Green Tree Village North RV Park, 12015 O'Connor Rd., 12 Meilen nördl. US 81 u. I-35, ✆ 512-655-33 31

🍴 Alamo Cafe, 9714 San Pedro, ✆ 341-45 26, eines der populärsten Lokale von San Antonio, $
Mama's, 9907 San Pedro, ✆ 349-56 62, gemütlich, *american food,* $$

👁️ The Alamo, 100 Alamo Plaza, ✆ 225-13 91, Mo–Sa 9–18.30, So 10–18.30 Uhr
San Antonio Missions National Historical Park, Mission Trail, ✆ 534-88 33, tägl. 9–17 Uhr (Routenbeschreibung beim San Antonio Visitor Center), Internet: http://www.nps.gov/saan

San Jose Mission, 6539 San Jose Dr., ✆ 229-47 70
Nuestra Señora la Purissima Concepción, Mission Rd. Nähe Mitchel St., ✆ 229-57 32
Spanish Governor's Palace, 200 Military Plaza, ✆ 224-06 01, Mo–Sa 9–17, So 10–17 Uhr
Institute of Texan Cultures, 801 S Bowie St., ✆ 558-23 00, Di–So 9–17 Uhr
Witte Museum of History and Science, 2801 Broadway, Mo–Sa 10–17, So 12–17 Uhr
Sea World of Texas, 10500 Sea World Dr., ✆ 800-722-27 62, im Sommer tägl. 10–22, sonst 10–20 Uhr
Six Flags Fiesta Texas Freizeitpark, 17000 I-10 W, Exit 555, ✆ 697-50 50, im Sommer So–Do 10–19, Fr u. Sa 10–22, im Winter Fr 14–22, Sa u. So 10–22 Uhr

San Bernardino (CA)

ℹ️ San Bernardino Convention and Visitors Bureau, 440 W Court St., PO Box 920, San Bernardino, CA 92402, ✆ 909-885-75 15

San Diego (CA)
Vorwahl: 619

ℹ️ The San Diego International Visitors Information Center, 11 Horton Plaza, San Diego, CA 92101, ✆ 236-12 12

🛏️ Hi-San Diego (Youth-Hostel), 500 W Broadway, ✆ 800-444-61 11, zentrale Lage mitten in Downtown, $
Glaslamp Plaza Suites, 520 E St., ✆ 800-874-87 70, im historischen Viertel Nähe Horton Plaza, $$

Hotel del Coronado, 1500 Orange Ave., Coronado, ✆ 1-800-HOTEL DEL, Präsidenten, Sport- und Kino-Idole haben hier schon übernachtet, $$$
U.S. Grant Hotel, 326 Broadway, ✆ 800-334-69 57, luxuriöse Nobelherberge, zentral gelegen, $$$

△ **Campland on the Bay,** 2211 Pacific Beach Dr. (Mission Bay), ✆ 581-42 60
Chula Vista RV Resort, 460 Sandpiper Way, Chula Vista (12 Minuten südl. Downtown San Diego), ✆ 422-01 11
Silver Strand State Beach, Hwy 75, Coronado, ✆ 435-51 84, direkt am Strand, nur für Wohnmobile

¶¶ **Mexican Village,** 120 Orange Ave., Coronado, ✆ 435-18 22, denkmalgeschütztes Lokal, $
Sammy's Woodfired Pizza, 770 Fourth Ave. (Downtown), ✆ 230-88 88, beste Pizzeria in San Diego, $
The Brigantine, 2444 San Diego Ave. (Old Town), ✆ 298-98 40, für Sea Food und Pasta preisgekröntes Restaurant, $$
Cafe San Diego The Westin Horton Plaza, 910 Broadway, San Diego, ✆ 239-22 00, bekannt für üppiges Buffet, $$

🛍 **Horton Plaza,** Downtown, zwischen Broadway und G St. Riesiges Shopping Center mit 140 teils weltberühmten Geschäften und Restaurants wie Nordstrom, Macy's, Louis Vuitton, Bally usw.; 3 Std. kostenloses Parken in der Tiefgarage

👁 **Junipero Serra Museum,** 2727 Presidio Dr., ✆ 297-32 58, Di–Sa 10–16.30, So 12–16.30 Uhr
San Diego Museum of Man, 1350 El Prado, Balboa Park, ✆ 239-20 01, täglich 10–16.30 Uhr

San Diego Museum of Art, 1450 El Prado, Balboa Park, ✆ 232-79 31, täglich Di–So 10–16.30 Uhr
Museum of Photography Arts, 1649 El Prado, Balboa Park, ✆ 239-52 62, täglich 10–17 Uhr
San Diego Model Railroad Museum, 1649 El Prado, Balboa Park, ✆ 696-01 99, Di–Fr 11–16, Sa u. So 11–17 Uhr
San Diego Museum of Natural History, 1788 El Prado, Balboa Park, ✆ 232-38 21, täglich 9.30–17.30 Uhr
Reuben H. Fleet Space Theater and Science Center, 1875 El Prado, Balboa Park, ✆ 238-12 33, täglich ab 9.30 Uhr
San Diego Aerospace Museum and International Aerospace Hall of Fame, 2001 Pan American Plaza, Balboa Park, ✆ 234-82 91, täglich 10–16 Uhr
San Diego Zoo, 2520 Zoo Dr., ✆ 234-31 53, täglich ab 9 Uhr
Sea World, 1720 S Shores Rd., ✆ 226-39 01, täglich ab 9 Uhr
Timken Art Gallery, ✆ 239-55 48, Okt.–Aug. Di–Sa 10–16.30, So 13.30–16.30 Uhr

🚶 **Historic walking tour** durch das Gaslamp Quarter, 410 Island Ave., ✆ 233-5227, Sa 11 Uhr
Besichtigung des **Palomar-Observatorium,** Hwy of Stars, Palomar Mountain, ✆ 742-21 19, täglich 9–16 Uhr

 Metropolitan Transit System (MTS-Busse)
San Diego Trolley, fährt von Downtown bis zur mexikanischen Grenze; Abfahrt am Santa Fe Depot, Kettner Blvd./Ecke Broadway
AMTRAK Eisenbahn, Santa Fe Depot, 1050 Kettner Blvd./Ecke Broadway, verkehrt zwischen Los Angeles und San Diego

San Felipe Pueblo (NM)

 ✆ 505-867-33 81

San Francisco (CA)
Vorwahl: 415

The San Francisco Visitor Information Center, 900 Market St. (Untergeschoß der Hallidie Plaza), San Francisco, CA 94102, ✆ 391-20 00, geöffnet Mo–Fr 9–17.30, Sa 9–15, So 10–14 Uhr. Veranstaltungstelefon mit deutscher Bandansage unter : 391-20 04
San Francisco Convention and Visitors Bureau, 201 3rd St., Suite 900, San Francisco, CA 94103-3185, ✆ 391-20 00,
Infos im Internet:
http://www.cityculture.com
http://sfbay.yahoo.com

Hostel at Union Square, 312 Mason St., ✆ 788-56 04, zentrale Lage, $
Maxwell Hotel, 386 Geary St., ✆ 986-20 00, Boutique-Hotel beim Union Square, Bäder im Art-déco-Stil, antikes Mobiliar, $$
Stanyan Park Hotel, 750 Stanyan St., ✆ 751-10 00, altes viktorianisches Gebäude in unmittelbarer Nähe des Golden Gate Park, $$
York Hotel, 940 Sutter St., ✆ 885-68 00, elegantes Art-déco-Hotel, $$
Hotel Nikko, 222 Mason St., ✆ 394-11 11, sehr modern in japanischem Stil, $$$

San Francisco RV Park, 255 Townsend St., ✆ 800-548-24 25, südlich Embarcadero, Ausfahrt I-280 zwischen 3rd und 4th Sts

Bagdad Cafe, 2295 Market St., ✆ 621-44 34, rund um die Uhr geöffnetes Restaurant mit Blick auf die Castro St. und allem, was die Lebensgeister weckt, $$
Hard Rock Cafe, 1699 Van Ness Ave., ✆ 885-16 99, laut und schrill und immer geöffnet, $$
North Beach Pizza, 1499 Grand Ave., ✆ 433-24 44, gilt als beste Pizzeria von San Francisco, $$
Alioto's, 8 Fisherman's Wharf, ✆ 673-01 83, fangfrischer Fisch und herrlicher Blick auf die Bay, $$$
Max's Opera Cafe, 601 Van Ness Ave., ✆ 771-73 01, amerikanische Küche oft in Gesellschaft von Opern- und Konzertkünstlern, $$$
Tadich Grill, 240 California St., ✆ 391-18 49, fabelhafte Fischgerichte im ältesten Restaurant von San Francisco, $$$
Alternativ zu den eher teuren Restaurants oder gar den sattsam bekannten Fast-Food-Ketten seien die immer beliebteren *Coffeehouses* von San Francisco empfohlen, die neben mehreren teils erstklassigen Kaffeesorten auch Backwaren zum Verzehr an Ort und Stelle anbieten.

San Francisco Shopping Center, 856 Market St., beherbergt unter einem Dach viele kleinere, teils exquisite Geschäfte – ideal zum Bummeln und Einkaufen
Gump's, 135 Post St., eine San-Francisco-Institution, teils Einrichtungshaus, teils Museum

Alcatraz Island, San Francisco Bay, ab Pier 41, Fisherman's Wharf, Ticketreservierung, ✆ 546-27 00, Mitte Mai–Aug. tägl. halbstündig. 9.30–16.15, sonst bis 14.15 Uhr. Gute Schuhe und warme Kleidung empfehlenswert.

Adressen und Tips

366

Mission San Francisco de Asis (Mission Dolores), 3321 16th St. at Dolores St., tägl. 9–16 Uhr

San Francisco Museum of Modern Art, 151 Third St., ✆ 357-40 00, Di–So 11–18, Do 6–21 Uhr, erster Di im Monat Eintritt frei

De Young Memorial Museum, Golden Gate Park, Teagarden Drive, ✆ 863-33 30, Di–So 10–16.45, Do 16.45–20.45 Uhr, erster Mi im Monat Eintritt frei, kombinierter Besuch des Asian Art Museum möglich

Asian Art Museum, Golden Gate Park, ✆ 379-88 00, Mi–So 10–16.45, kombinierter Besuch des De Young Memorial Museum möglich

California Academy of Sciences, Golden Gate Park (Morrison Planetarium, Natural History Museum, Steinhart Aquarium), ✆ 750-71 45, tägl. 10–17 Uhr, erster Mi im Monat Eintritt frei

 Von Europa kommend landet man gewöhnlich auf dem San Francisco International Airport (SFO), ✆ 800-736-20 08, etwa 20 km südl. Downtown, oder auf dem Oakland International Airport. Von beiden Flughäfen kann man mit dem BART-System (Bay Area Rapid Transit System) weiterfahren. Die Flughafenbusse der SFO Airporter, ✆ 495-84 04, fahren von 6–24 Uhr alle 15 Minuten zu den großen Hotels; Sammeltaxis, wie SuperShuttle, ✆ 558-85 00 oder Bay Shuttle, ✆ 564-34 00, fahren preiswert jede Adresse im Stadtgebiet an.

San Francisco liegt im Schnittpunkt der Autobahnen I-5 und I-80. Greyhound Lines, ✆ 800-231-22 22, kommen am San Francisco Trans Bay Terminal, First and Mission Sts, an

 San Francisco besitzt keinen eigenen Bahnhof – der AMTRAK Terminal für Züge nach Sacramento (Capitols) befindet sich in Oakland, ✆ 1-800-USA-RAIL.

San Juan Island (WA)
Vorwahl: 206

Whale Museum, 62 1st St., ✆ 378-47 10, im Sommer tägl. 10–17, sonst 11–16 Uhr

San Juan Island National Historic Park, Besucherzentrum Friday Harbor, 125 Spring St., ✆ 378-22 40, im Sommer tägl. 8–17, sonst 8–16 Uhr

San Luis Obispo (CA)
Vorwahl: 305

San Luis Obispo Chamber of Commerce, 1039 Chorro St., San Luis Obispo, CA 93401, ✆ 781-27 77. Dort werden auch Eintrittskarten für Hearst Castle verkauft.

 Mission San Luis Obispo de Tolosa, Chorro und Monterey Sts, ✆ 543-68 50, tägl. 9–16 Uhr

San Simeon (CA)

San Simeon Chamber of Commerce, 9511 Hearst Dr., PO Box 1, San Simeon, CA 93452, ✆ 800-342-56 13

 Hearst San Simeon State Historical Monument (Hearst Castle), Ticketreservierung, ✆ 1-800-444-44 45. Parkplatz an Hwy 1 vor dem Besucherzentrum, tägl. 8–16 Uhr. Von dort verkehrt ein Pendelbus; kein sonstiger Zutritt. Von den vier unterschiedlichen Führungen (je 1³/₄ Std.) empfiehlt sich für den Neuling zunächst Tour 1, die durch den Park, ein Gästehaus und das Erdgeschoß des Hauptgebäudes führt und damit den umfassendsten Eindruck vermittelt. Wegen der langen Wege und vielen Treppen ist bequemes Schuhwerk angebracht.

Santa Barbara (CA)
Vorwahl: 805

Santa Barbara Conference and Visitor Bureau, 510 State St., Santa Barbara, CA 93101, ✆ 965-30 21

Santa Barbara Backpackers Hostel, 210 E Ortega St., ✆ 963-01 54, Schlafräume für 4–8 Gäste, $
The Harbor View Inn, 28 W Cabrillo Blvd., ✆ 1-888-755-02 22, sehr schön gelegen, mit angeschlossenem Restaurant, $$
Glenborough Inn & Cottage 1327 Bath St., ✆ 966-05 89, B & B-Unterkunft für mind. 2 Tage, viele Zimmer mit Meerblick, $$$

Die meisten Restaurants sind in der State St. anzutreffen.
Brophy Brothers, im Yachthafen, ✆ 966-44 18, Spezialisten für Meeresfrüchte
Cold Springs Tavern, 5995 Stagecoach Rd., ✆ 967-00 66, rustikales Restaurant in historischer Kutschenstation, $$

Mission Santa Barbara, E Los Olivos and Laguna Sts, ✆ 682-41 49, tägl. 9–17 Uhr

Santa Cruz (CA)

Santa Cruz Area Chamber of Commerce, 725 Front St., Suite 108, PO Box 921, Santa Cruz, CA 95060, ✆ 408-423-11 11

Santa Fe (NM)
Vorwahl: 505

Convention and Visitors Bureau, PO Box 909, Santa Fe, NM 87504-0909, ✆ 984-67 60

Travellodge Santa Fe, 646 Cerrillos Rd., ✆ 1-800-578-78 78, Downtown, billig, $
El Paradero, 220 W Manhattan Ave., ✆ 988-11 77, gemütlich, im mexikanisch-indianischem Stil, $$
Hotel Santa Fe, 1501 Paseo de Peralta, ✆ 982-12 00, geschmackvoll eingerichtet, indian touch, $$$

Los Campos RV Park, 3574 Cerrillos Rd., ✆ 473-19 49

Maria's New Mexican Kitchen, 555 W Cordova Rd., ✆ 983-79 29, hier kann man bei der Tortilla-Zubereitung zuschauen, $
Upper Crust Pizza, 329 Old Santa Fe Trail, ✆ 982-00 00, exzellente Pizzen, aber auch *american food,* $
Old Mexico Grill, 2434 Cerrillos Rd., ✆ 473-03 38, viele Auszeichnungen, $$
Anasazi Restaurant, 113 Washington St., ✆ 988-32 36, das Haus ist reich dekoriert mit indianischem Kunsthandwerk, $$$

Palace of the Governors, 100 Palace Ave., ✆ 827-64 83, tägl. 10–17 Uhr

Museum of Fine Arts, Lincoln Ave.,
✆ 827-44 68, tägl. 10–17 Uhr
Cathedral of St. Francis of Assisi,
Cathedral Pl., ✆ 982-56 89, tägl. 6–18 Uhr
Mission of San Miguel, Old Santa Fe
Trail, ✆ 983-39 74, Mo–Sa 9–16.30, So
13.30–16.30 Uhr
**Museum of Indian Arts and Cul-
ture,** 710 Camino Lejo, ✆ 827-63 44,
tägl. 10–17 Uhr
Museum of International Folk Art,
706 Camino Lejo, ✆ 827-63 50, tägl.
10–17 Uhr
Loretto Chapel (Our Lady of Light),
219 Old Santa Fe Trail, Mo–Sa 9–16.30,
So 10.30–16.30 Uhr
Footsteps across New Mexico, Inn
at Loretto, 211 Old Santa Fe Trail,
✆ 982-92 97, halbstündliche Vorführun-
gen tägl. 9.30–16.30 Uhr

Stadtbesichtigung mit Bussen,
z. B. Gray Line, ✆ 983-94 91
Santa Fe City Walking Tour,
✆ 690-70 68
New Wave Rafting Co, Santa Fe und
Taos, ✆ 1-800-984-14 44, halbes- bis
mehrtägiges *Whitewater rafting*

Die wichtigsten Einkaufsregio-
nen sind Canyon Rd., The Plaza
mit umgebenden Straßen und die Guadalupe Railroad Area. Dort gibt es ein
großes Angebot an Kunsthandwerk wie
Silber- und Türkisschmuck, Keramik,
Korbwaren, Textilien, bemalte Kacheln.
Eine Übersicht des Galerieangebots
von Santa Fe gibt die kostenlose Zeitung ›Wingspread Collectors Guide‹, die
meist in den großen Hotels ausliegt.

Sausalito (CA)

 **Sausalito Chamber of
Commerce,** 333 Caledonia St.,

PO Box 566, Sausalito, CA 94965,
✆ 415-332-05 05

Scotts Bluff
National Monument (NB)

Visitor Center, 5 Meilen süd-
westl. von Scottsbluff auf SR 92,
✆ 308-436-43 40, Park geöffnet von
Sonnenauf- bis -untergang, tägl.
8–17 Uhr

Scottsdale (AZ)
Vorwahl: 602

**Scottsdale Chamber of
Commerce,** 7343 Scottsdale
Mall, Scottsdale, ✆ 945-84 81 und
800-877-11 17

Hoo-Hoogam Ki Museum,
10 000 E. Osborn Rd. (3 Meilen
östlich von Old Town), ✆ 941-73 79,
Öffnungszeiten Mo–Fr von 10–16.30
Uhr
Fleischer Museum, 17207 N. Perime-
ter Dr., ✆ 800-528-11 79, täglich 10–16
Uhr
Buffalo Museum of America,
10261 N. Scottsdale Rd., ✆ 951-10 22,
Mo–Fr 9–17, Sa 13–16 Uhr

Seattle (WA)
Vorwahl: 206

Visitor Information Center
**Seattle-King County Conven-
tion and Visitors Bureau,** 800 Convention Pl., Seattle, WA 98101, ✆ 461-
58 40, Mo–Fr 8.30–17, Sa u. So 10–16
Uhr
Infos im Internet:
http://seattle.yahoo.com

American Backpackers Hostel, 126 Broadway Ave. E (Capitol Hill), ☎ 720-29 65, Fax: 322-25 76, kostenloses Frühstück, $

Villa Heidelberg, 4845 45th Ave., SW (West Seattle), ☎ 938-36 58, mit wunderschönem Bergblick von der Terrasse aus, $

Edgewater Inn, 2411 Alaskan Way, Pier 67, ☎ 728-70 00, originelles Hotel und Restaurant unmittelbar an der Bay, $$

Pioneer Square Hotel, 77 Ysler Way (Downtown), ☎ 340-12 34, sehr preiswert, $$

University Inn, 4140 Roosevelt Way NE, ☎ 632-50 55, Jacuzzi, Zeitung und Frühstück frei, $$

Four Seasons Olympic Hotel, 411 University St., ☎ 621-17 00, historisches Hotel mit jedem Luxus, $$$

Inn at the Market, 86 Pine St. (Pike Place Market), ☎ 443-36 00, im französischen Landhausstil, $$$

Zelten im **Saltwater State Park** (am Puget Sound), I-15, Exlt 149 Richtung Des Moines; an Kreuzung Hwy 99 (Pacific Hwy) südl. bis 240th St., dort westl. dem Schild folgen.

Holiday Park Resort, 19250 Aurora Ave. N (Nähe Kenmore), ☎ 542-27 60

Byrn Mawr Beach, 11448 Rainier Ave. S, in Renton, ☎ 772-30 00

Two Bells Tavern, 2313 4th Ave., ☎ 441-30 50, bekannt für beste und größte Burgers, typisch amerikanisches Essen, $

Cafe Sophie, 1921 1st Ave. (Nähe Pike Place), ☎ 441-61 39, in alter Begräbniskapelle, hervorragendes Essen, $$

Place Pigalle, 81 Pike St., (im Pike Place Market), ☎ 624-17 56, gemütliches Restaurant mit traumhafter Sicht auf die Bucht, leicht französisch orientierte Speisekarte, mittags allerdings voll, $$

The Space Needle Restaurant, ☎ 800-937-95 823, nicht das Essen, die Aussicht ist das Besondere, $$

Il Bistro, 93A Pike St. NO 206, (im Pike Place Market), ☎ 682-30 49, $$$

Seattle ist berühmt für seinen guten Kaffee und seine unzähligen Coffeehouses; ganz besonders zu empfehlen: **Starbucks Cafe**

 Seattle Marine Aquarium, 1483 Alaskan Way, Pier 59, ☎ 386-43 20, tägl. 10–19 Uhr

Omnidome Film Experience, Pier 59, ☎ 622-18 68, Mai–Sept. tägl. 10–21 Uhr, sonst 10–17 Uhr

Seattle Art Museum, 100 University St., ☎ 654-31 00, tägl. 10–17 Uhr

Klondike Gold Rush National Historic Park, 117 S Main St., ☎ 553-72 20, tägl. 9–17 Uhr

Wing Luke Memorial Museum, 407 7th Ave. S, ☎ 623-51 24, Di–Fr 11–16.30, Sa u. So 12–16 Uhr

Space Needle, ☎ 443-21 00, tägl. 8–24 Uhr. Aufzug $ 8,50, $

Seattle Children's Museum, Seattle Center, Center House, ☎ 411-17 68, So–Fr 10–18, Sa 10–19 Uhr

Hiram M. Chittenden-Schleusen, NW 54th St., Visitor Center, ☎ 783-70 59, im Sommer tägl. 10–19, sonst Do–Mo 11–17 Uhr

Discovery Park, Eingänge W Government Way und 36th Ave. W, ☎ 386-42 36, tägl. 6–23 Uhr, Besucher-Zentrum 8.30–17 Uhr

Daybreak Star Indian Cultural Education Center, Discovery Park, ☎ 285-44 25, Mi–Sa 10–17, So 12–17 Uhr

Museum of Flight, 9404 E Marginal Way S, ☎ 425-764-57 20, tägl. 10–17 Uhr

Boeing Production Facility, Everett, I-5, Exit 189, 3,5 Meilen westl. auf

SR 526 (ausgeschildert), ℘ 342-48 01, Mo–Fr 8–16 Uhr, keine Foto- und Videokameras erlaubt

Blake Island Marine State Park, Abfahrt in Seattle von Pier 55–56, ℘ 731-07 70, tägl. 24 Std.

Tillicum Village, Abfahrt von Pier 55–56 meist tägl. 11.30 u. 16.30 Uhr, ℘ 443-12 44

Whale Museum, Orcas Island, 62 First St. N, Friday Harbor, ℘ 360-378-47 10, im Sommer tägl. 10–17, sonst 11–16 Uhr

Lime Kiln Point State Park, San Juan Island an der Haro Strait, erreichbar über die West Side Rd., tägl. 6.30–22 Uhr

San Juan Island National Historic Park, 125 Spring St., Friday Harbor, ℘ 360-378-22 40, tägl. von Sonnenaufgang bis 23 Uhr

 Bill Speidel's Underground Tours, ℘ 206-682-15 11, mehrfach tägl. 1¹/₂-stündige Führungen durch Seattles Untergrund, Ticketreservierung, ℘ 682-46 46

Scenic Air, ℘ 800-995-33 32, Rundflüge ab Boeing Field über den Puget Sound

Sound Flight, ℘ 255-65 00, Flüge ab Renton Airport bis nach British Columbia, zu Mt. Rainier und sonstigen interessanten Punkten in Washington

Chreysler Air, ℘ 329-96 38, preiswerte 20-Minuten-Flüge mit dem Wasserflugzeug über Seattle, längere Flüge zum Mt. St. Helens, Mt. Rainier und den San Juan Islands

Gray Line, ℘ 800-426-75 32, verschiedene Bustouren in der Stadt, der näheren und weiteren Umgebung von Seattle

Show Me Seattle Tour, ℘ 633-24 89, Bustouren eher außerhalb ausgetretener Pfade

Hafenrundfahrten mehrerer Gesellschaften von den Piers in kurzen Abständen von Sonnenauf- bis -untergang; ein preiswertes Vergnügen mit schönen Ausblicken auf die Stadt. Schiffe der Küstenwache – sofern im Hafen – unternehmen am Wochenende Ausflüge mit Touristen, Sa u. So 13–16 Uhr, ℘ 217-69 93

Uwajimaya, Ecke King und Sixth Sts, japanisches Kaufhaus, größter asiatischer Supermarkt in Amerika

Pike Place Market, Pike St. and 1st Ave. (Pike Place Hillclimb), überdachter Markt mit den frischen Produkten des Umlandes, Souvenirshops und vielen Restaurants, Mo–Sa 9–18, So 11–17 Uhr

Seattle Tacoma International Airport (Sea-Tac), 18 Meilen südl. zwischen Seattle und Tacoma an der SR 99, wird von allen großen Städten der USA angeflogen. Spezielle Flughafenbusse, wie Grey Line Express oder SuperShuttle, übernehmen die Weiterfahrt zu den Hotels und nach Downtown.

Seattle liegt im Schnittpunkt der I-90 und I-5. Der Busbahnhof der Greyhound Lines, ℘ 628-55 08, befindet sich in der 8th Ave. and S King St.
Busse des Seattle Metropolitan Transit System (Metro) übernehmen die Versorgung des öffentlichen Nahverkehrs. Die Monorail, eine Einschienenbahn, verkehrt zwischen dem Seattle Center und der 4th Ave tägl. 9–24 Uhr.

Seattle liegt an einer der vier großen Transkontinental-Linien der AMTRAK. Der Coast Starlight verläßt San Diego am frühen Morgen und erreicht Seattle, King Street Station, 3rd

Ave. S and King St., am Abend des nächsten Tages (Reisezeit ca. 37,5 Std., 2443 km). Der Empire Builder verläßt Chicago am frühen Nachmittag und erreicht Seattle am übernächsten Morgen (Reisezeit ca. 44 Std., 3555 km).

Sequoia and Kings Canyon National Parks (CA)

ℹ Superintendent Sequoia and Kings Canyon National Parks, Three Rivers, CA 93271, ✆ 209-565-31 34

🛏 Sämtliche Unterkünfte und kommerziellen Einrichtungen des Sequoia National Park sollen 1998 aus Umweltschutzgründen geschlossen werden
Lamp Liter Inn, 3300 West Mineral King Ave., ✆ 800-662-66 92, schön gelegen, 30 Minuten vom Sequoia-Park, $$
Radisson Hotel Visalia, 300 S Court, Vislia, ✆ 800-333-33 33, luxuriös, 35 Minuten vom Sequoia-Park, $$

Shoshone National Forest (WY)

ℹ Shoshone National Forest Supervisor, 808 Meadow Ln., Cody, WY 82414, ✆ 307-527-62 41

Silver City (NM)
Vorwahl: 505

👁 Silver City Museum, 312 W Broadway, ✆ 538-59 21, Di–Fr 9–16.30, Sa u. So 10–16 Uhr
Western New Mexico University Museum, 5 Meilen südwestl. US 180 auf 10th und West Sts in Fleming Hall,

✆ 538-63 86, Mo–Fr 9–16.30, Sa u. So 10–16 Uhr

Silverton (CO)
Vorwahl: 970

ℹ Chamber of Commerce, 414 Green St. PO Box 565, Silverton, CO 81433, ✆ 387-56 54

👁 Old 100 Gold Mine Tour, 5 Meilen östl. Silverton auf SR 110, ✆ 1-800-872-30 09, tägl. 10–16 Uhr

🚶 Rancherien mit Verpflegung und Ausritten, **Skyline Guest Ranch,** PO Box 67, Telluride, CO 81435, ✆ 728-37 57, gute Verpflegung, herrliche Landschaft

Silverton (NM)
Vorwahl: 505

👁 Silver City Museum, 312 W Broadway, ✆ 538-59 21, Di–Fr 9–16.30, Sa u. So 10–16 Uhr
Western New Mexico University Museum, 5 Meilen südwestl. US 180 auf 10th und West Sts in Fleming Hall, ✆ 538-63 86, Mo–Fr 9–16.30, Sa u. So 10–16 Uhr

Spokane (WA)
Vorwahl: 509

ℹ Spokane Convention and Visitors Bureau, 926 W Sprague Ave., Suite 180, Spokane, WA 99204, ✆ 747-32 30

🛏 Downtowner Motel, 165 S Washington St., ✆ 838-44 11, zentral, $

Riversite State Park, Downtown Spokane, ✆ 456-39 64

 The Elk, 1931 W Pacific Ave., ✆ 456-04 54, im ehemaligen Drugstore, $

 River Front Park, Downtown entlang des Flusses, ✆ 800-336-72 75, Öffnungszeiten der meisten Parkattraktionen Fr–Sa 11–22, So–Do 11–20 Uhr

Steamboat Springs (CO)
Vorwahl: 970

 Steamboat Springs Chamber Resort Association, 1255 S Lincoln Ave., PO Box 74408, Steamboat Springs, CO 80477, ✆ 879-08 80

🚶 Wintersport: **Steamboat Springs Ski Area,** Information unter ✆ 879-61 11

Sunset Crater Volcano National Monument (AZ)

ℹ **Visitor Center,**
✆ 520-556-70 42, Öffnungszeiten täglich 8–17 Uhr. Die Eintrittskarte berechtigt auch zum Besuch des 16 Meilen entfernten Wupatki National Monument.

Sun Valley (ID)

ℹ **Sun Valley-Ketchum Chamber of Commerce,**
PO Box 2420, Sun Valley, ID 83353, ✆ 208-726-34 23 und 800-634-33 47, Besucherzentrum in Ketchum, 4th und Main Sts

Taos (NM)
Vorwahl: 505

ℹ **Taos Visitor Center and Chamber of Commerce,** 1139 Paseo del Pueblo Sur, Taos NM 87571, ✆ 758-38 73

 El Pueblo Lodge, 412 Paseo del Pueblo Norte, ✆ 1-800-433-96 12, nahe an historischer Plaza, $$
Casa Benavides B & B, 137 Kit Carson Rd., ✆ 758-17 72, antike Möbel, offener Kamin, $$
La Posada de Taos B & B, mitten in der Stadt, ✆ 1-800-645-48 03, romantischer Adobe-Bau, $$$

🏕 **Taos Motel and RV Park,** 1799 Paseo del Pueblo Sur, ✆ 758-16 67, (1-800-323-60 09)
Taos Valley RV Park and Campground, Este Es Rd., Ranchos de Taos, ✆ 758-44 69 (1-800-323-60 09), 92 Stellplätze

 Fred's Place, 332 Paseo del Pueblo Sur, ✆ 758-05 14, Spezialitäten aus Mexiko und New Mexiko, kleines, aber vorzügliches Lokal, $
Stake Out, 5 Meilen südl. Taos auf Hwy 68, ✆ 758-20 42, europäische und amerikanische Küche, herrliche Aussicht, $
Lambert's of Taos, 309 Paseo del Pueblo Sur, ✆ 758-10 09, Grillspezialitäten, $$

👁 **Taos Pueblo,** ✆ 758-95 93, tägl. 8.30–16.30 Uhr. Korntanz am 13. 6., sowie am 25. und 26. 6. Während Begräbnissen und sonstigen Zeremonien bleibt das Pueblo geschlossen.
San Francisco de Asis, ✆ 758-27 54, Mo–Sa 9–16 Uhr, erste u. zweite Juniwoche geschlossen

Hacienda Martinez, Ranchitos Rd.,
℘ 758-10 00, tägl. 9–17 Uhr
Millicent Rogers Museum, 4 Meilen
nördl. von Taos Plaza nahe US 64,
℘ 758-24 62, im Sommer tägl. 10–17,
im Winter Di–So 10–17 Uhr

 Mit Indianern über Indianerland
reiten, **Taos Indian Horse
Ranch,** PO Box 3019, Taos, NM 87571-
3019, ℘ 758-32 12
Taos Whitewater rafting, Far Flung
Adventures Headquarters, PO Box 377,
Terlingua, TX 79852, ℘ 915-371-24 89,
Schlauchboot-Exkursionen

Telluride (CO)

 **The Telluride Chamber Resort
Association,** 666 W Colorado
Ave., ℘ 970-728-30 41 (800-525-34 55),
24 Std. geöffnet

Theodore Roosevelt National Park (ND)

 **Superintendent Theodore
Roosevelt National Park,** Medora, ND 58645, ℘ 701-623-44 66

Tillamook (OR)
Vorwahl: 503

 Chamber of Commerce, 3705
Hwy 101, N Tillamook, ℘ 842-
75 25

 Mar-Clair-Inn, 11 Main Ave., ℘
842-75 71, gemütlich eingerichtet, $
Western Royal Inn, 1125 N Main Ave.,
℘ 842-88 44, gut geführtes, älteres
Motel, $$

 Pleasant Valley RV Park, 6
Meilen südl. von Tillamook auf
Hwy 101, ℘ 842-47 79

 Tillamook Pioneer Museum,
2106 2nd St., ℘ 842-45 53,
Mo–Fr 8.30–17, Sa und So 12–17 Uhr
geöffnet
Blimp Hangar Museum, 4000 Blimp
Blvd., tägl. 10–17 Uhr

 Besuch der **Tillamook Cheese
Faktory,** 4175 Hwy 101 N,
℘ 842-44 81, Öffnungszeiten im Som-
mer tägl. 8–20, sonst 8–18 Uhr

Timpagonos Cave National Monument (UT)

 **Superintendent Timpanogos
Cave National Monument,**
Route 3, American Fork, UT 84003,
℘ 801-756-52 38; Visitor Center tägl.
7–17.30 Uhr

Tombstone (AZ)
Vorwahl: 520

 **Tombstone Office of
Tourism,** PO Box 717,
Tombstone, AZ 85638, ℘ 800-457-3423
oder 457-221

 O. K. Corral, Allen St.
(zwischen 3rd und 4th Sts),
℘ 457-34 56, tägl. 8.30–17 Uhr
Historama, Allen St., Vorführungen
tägl. 9–16 Uhr

 Ranchferien mit Verpflegung und
Ausritten:
Iron Horse Ranch, PO Box 536, Tomb-
stone, AZ 85638, ℘ 457-93 61, Working
Ranch mit Blockhütten

Tucson (AZ)

Vorwahl: 520

 The Metropolitan Tucson Convention and Visitors Bureau, 130 S Scott Ave., Tucson, AZ 85701, ✆ 624-18 17, Mo–Fr 8.30–17, Sa u. So 9–16 Uhr

 Red Roof Inns, 3700 E Irvington Rd., ✆ 271-14 00, $

Adobe Rose Inn, 940 N Olsen Ave., ✆ 800-328-41 22, Adobe-Hotel von 1933, $$

Arizona Inn, 2200 E Elm St., ✆ 1-800-933-10 93, stilvolles historisches Hotel mit vielen Auszeichnungen, $$$

 Cactus Country RV Resort, 10195 S Houghton Rd., Tucson, ✆ 800-777-87 99

 Janos, 150 N Main Ave. (Downtown, im Stevens House), ✆ 884-9426, historisches, außergewöhnliches Lokal von 1855, amerikanische Küche, $$$

El Charro Cafe, 311 N Court Ave., ✆ 622-1922, von 1922, ältestes mexikanisches Restaurant in den USA

Tucson Museum of Art, 140 N Main Ave., ✆ 624 2333, Mo–Sa 10–16, So 12–16 Uhr

Edward Nye Fish House, 120 N Main Ave., Mo–Sa 10–16, So 12–16 Uhr

Stevens House, 150 N Main Ave.

Mexican Heritage Museum, Casa Cordova, 175 N. Meyer Ave., ✆ 624-2333, Sept.–April Mo–Sa 10–16, So 12–16 Uhr, Juni–Aug. Mo geschlossen

Arizona State Museum, Park Ave., ✆ 621-6302, Mo–Sa 10–17, So 12–17 Uhr

Old Town Artisan, 186 N Meyer Ave., ✆ 623-6024

Mineral Museum, im Erdgeschoß des Flandrau Science Center & Planetarium, Cherry Ave. und University Mall, ✆ 621-42 27, Mo–Fr 9–17, Sa u. So 13–17 Uhr, Eintritt frei

Center for Creative Photography, 1030 N Olive Ave., ✆ 621-79 68, Mo–Fr 11–17, So 12–17 Uhr

Arizona Historical Society Museum, 949 E 2nd St., ✆ 628-57 74, Mo–Sa 10–16, So 12–16 Uhr

Pima Air and Space Museum, 6000 E Valencia Rd., ✆ 574-96 58, tägl. 9–17 Uhr

Saguaro National Park, 3693 S Old Spanish Trail, ✆ 670-66 80, tägl. 8–17 Uhr

Mission San Xavier del Bac, San Xavier Rd., ✆ 294-2624, täglich 8–18 Uhr

Old Tucson Studios, 12 Meilen westlich über Speedway Blvd. in Tucson Mountain Park, ✆ 883-0100, tägl. 9–21 Uhr

Arizona-Sonora Desert Museum, 14 Meilen westlich von Tucson im Tucson Mountain Park gelegen, 2021 N Kinney Rd., ✆ 883-27 02, täglich 7.30–18 Uhr

Biosphere II Center, 2 Meilen nordöstlich von Kreuzung SR 79 und SR 77, 2 Biossphere II Rd., ✆ 800-828-24 62, Fax 896-6429, Touren, Unterkunft, Restaurant, tägl. 8.30–16.30 Uhr (letzter Ticketverkauf);
Informationen per **E-Mail** unter: webteam@bio2.edu
Internet: http://www.bio2.edu

Twin Falls (ID)

Twin Falls Area Chamber of Commerce, 858 Blue Lakes Blvd. N, Twin Falls, ID 83301, ✆ 208-733-39 74

Virginia City (MT)
Vorwahl: 406

 Virginia City Chamber of Commerce, PO Box 122, Virginia City MT 59755, ℰ 800-829-29 69

 Fairweather Inn, US 287, ℰ 843-5377, historisches Hotel, $

 Virginia City Campground, 0,5 Meilen östl. auf Hwy 287, ℰ 843-5493

 **Morning Sun Restaurant,** 118 W Wallace St., ℰ 843-99 98, $

Gilbert's Brewery, Hamilton und Cover Sts, ℰ 843-53 77, Shows Mo–Fr 20.30, Sa 18 u. 21 Uhr
Thomson-Hickmann Memorial Museum, 218 E Wallace St., ℰ 843-53 46, Mitte Mai–Mitte Sept. tägl. 10–17 Uhr
Virginia City Madison County Historical Museum, ℰ 843-54 12, tägl. 10–18 Uhr
Nevada City, 1,5 Meilen westl. auf SR 287, ℰ 843-53 77, tägl. 10–19 Uhr

Virginia City (NV)
Vorwahl: 702

 Chamber of Commerce, 131 S C St., P. O. Box 464, Virginia City, NV 89440, ℰ 847-03 11

 Silver Queen Hotel, C St., ℰ 847-04 40, originales 19.Jh.-Gebäude mitten in der Stadt, $$

 RV Park, Carson St., ℰ 847-09 99, im Westen der Stadt

Minenbesichtigung auf einer 30minütigen Untergrundtour. Die Mine befindet sich am Südende von F. St., tägl. nachmittags Goldschürfen unter Anleitung eines Fachmanns im Territorial Enterprise Building, C St.

Wall (SD)
Vorwahl: 605

 Chamber of Commerce, 503 Main St., Wall, SD 57790, ℰ 279-26 65

 Wild West Historical Wax Museum, Main St., ℰ 279-29 15, im Sommer tägl. 8–21 Uhr

Wall Drug Store, Main St., bekanntes Einkaufsparadies mit 23 Geschäften und Cafés

Walnut Canyon National Monument (AZ)

Superintendent Walnut Canyon National Monument, Walnut Canyon Rd., Flagstaff, AZ 86004, ℰ 520-526-33 67, Visitor Center im Sommer tägl. 7–18, sonst 8–17 Uhr

White Sands National Monument (NM)

Visitor Center, ℰ 505-479-61 24, im Sommer tägl. 8–19 Uhr, sonst 8–16.30 Uhr.
Parköffnung im Sommer tägl. 7–21 Uhr, sonst 7 Uhr bis eine Stunde nach Sonnenuntergang

2tägiges Extraprogramm in Vollmondnächten im Juni, Juli und August um 20.45 Uhr

Wupatki National Monument (AZ)

ℹ **Visitor Center,** ✆ 520-556-70 42, tägl. 8–17 Uhr. Eintritt berechtigt auch zum Besuch des Sunset Crater Vulcano National Monument

Yellowstone National Park (WY)
Vorwahl: 307

ℹ **Superintendent Yellowstone National Park,** PO Box 168, Yellowstone National Park, WY 82190, ✆ 344-7381.
Der Nationalpark ist das ganze Jahr über geöffnet, die meisten Parkeinrichtungen jedoch nur von Mitte Mai–Mitte Okt. Die hohe Eintrittsgebühr gilt auch für den südlich gelegenen Grand Teton National Park. Die aktuellen Parkinformationen sind der kostenlosen Parkzeitung ›Yellowstone Today‹ zu entnehmen

🛏 Unterkunft innerhalb des Parks ohne Reservierung während der Ferienzeit recht aussichtslos. Alternativ bieten sich außerhalb des Parks Hotels in Cody, Jackson, Moran oder Gardiner an.
Reservierung von Unterkunft (mindestens 6 Monate im voraus) und allen Aktivitäten: **Travel Director,** TW Recreational Sercives Inc., P. O. Box 165, Yellowstone National Park, WY 82190, ✆ 344-73 11 oder 344-53 95
Old Faithful Inn, berühmtes Gebäude aus der Jahrhundertwende, $–$$$, geöffnet 2. 5.–19. 10.
Mammoth Hot Springs Hotel, $$, geöffnet 9. 5.–12. 10.
Yellowstone Lake Hotel, historisches Gebäude, $$$, geöffnet 16. 5.–5. 10.

⛺ 11 Campgrounds im Park vorhanden, in der Ferienzeit und an Wochenenden meist ausgebucht; Reservierung s. o.

👁 **Norris Museum,** im Sommer tägl. 8–19 Uhr

🚶 Ausreiten, Kutschfahrten, Bootstouren, Busfahrten, Auto-Besichtigungstouren, Wandern; Informationen im Visitor Center
Yellowstone Raft Co., P. O. Box 46, Gardiner, MT 59030, erfahrenes Unternehmen für *whitewater rafting* und Wildnisabenteuer

Yosemite National Park (CA)
Vorwahl: 209

ℹ **Superintendent,** PO Box 577, Yosemite National Park, CA 95389, ✆ 372-02 00; **Internet:** http://www.yosemite.org/

🛏 Alle Reservierungen, auch für Zelte und Cabins, nur über **Yosemite Reservations,** 5410 E Home Ave., Fresno, CA 93727, ✆ 252-48 48. Dort erhält man auch eine Broschüre mit Auflistungen von Unterkünften und Preisen sowie dem Reservierungs-Formular.
The Mariposa Lodge, 5052 Hwy 140, Mariposa, ✆ 800-341-8000, Bus nach Yosemite hält in Mariposa, $$
Yosemite's Miners Inn, Hwy 49N & Hwy 140, Mariposa, ✆ 800-321-52 61, 40 Minuten bis zum Park, Bus nach Yosemite hält in Mariposa, $$
The Ahwahnee, Yosemite Valley, ✆ 252-4848, historisches Luxushotel, traditionell die erste Adresse im Park, jedoch oft ein Jahr im voraus ausgebucht, $$$

Da der berühmte Nationalpark äußerst günstig in der Nähe der großen Metropolen und Touristenziele Los Angeles oder San Francisco liegt, ist er zur Hauptferienzeit entsprechend überlaufen und selbst Campingunterkünfte sind ausgebucht. Campground-Reservierung nicht früher – aber möglichst auch nicht später – als 8 Wochen im voraus über folgende Adresse buchen:

DESTINET, 9450 Carroll Park Dr., San Diego, CA 92121, ☏ 800-436-72 75. Gängige Kreditkarten werden akzeptiert. Einige Campgrounds (Bridalveil Creek, Porcupine Flat, Tamarack Flat, White Wolf, Yosemite Creek und Wawona) können allerdings nicht reserviert werden. Deren Stellplätze werden nach dem Motto *first come, first serve* vergeben, so daß sich dort die frühzeitige Belegung unmittelbar nach dem Auschecken um 10 Uhr morgens empfiehlt.

Wandern, Fahrten auf dem Merced River (Mietflöße in Curry Village), organisierte Touren, Ranger-Führungen.

Zion National Park (UT)

Superintendent Zion National Park, Springdale, UT 84767-1099, ☏ 801-772-32 56. Der Park und seine Hauptstraßen sind das ganze Jahr über geöffnet.
Zion Canyon Visitor Center, im Sommer tägl. 8–19, sonst 9–17 Uhr; **Kolob Canyons Visitor Center** tägl. 9–17 Uhr.

Zion Lodge, im Park 4 Meilen nördl. des Südeingangs gelegen, ☏ 801-772-3213; Motel mit 30 *cabins* und *suits*, $$

Mehrere Campgrounds im Park

Wandern, Reiten, Angeln, Ranger-Programme

Zuni (NM)

Ca. 30 Meilen südl. Gallup über SR 602 und SR 53, ☏ 505-782-44 81, Zutritt tägl. bei Tageslicht

Reiseinformationen von A bis Z

Anreise

Reisedokumente

Deutsche, Österreicher und Schweizer benötigen für einen USA-Aufenthalt von bis zu 90 Tagen kein Visum, jedoch einen noch sechs Monate über den Aufenthalt hinaus gültigen Reisepaß. Diese Regelung gilt für Einreisen auf dem Luft-, Land- und Wasserweg, läßt also auch Ausflüge nach Mexiko oder Kanada zu. Im Zweifelsfall sollte man sich ein Visum besorgen, um allen Schwierigkeiten aus dem Weg zu gehen. Dies ist allerdings nicht mehr so einfach wie früher. Visa-Anträge für die USA können ab dem 1. März 1998 nicht mehr persönlich abgegeben werden. Statt dessen muß das Visum per Post beantragt oder in die *drop boxes,* die Briefkästen der Konsulate, geworfen werden. Informationen zum Thema Visum sind nur noch über eine Tonbandansage unter ✆ 01 90-27 07 89 (1,20 DM pro Minute), im persönlichen Gespräch unter ✆ 01 90-91 50 00 (2,40 DM pro Minute) oder über http://www.usembassy.de (Internet)erhältlich. Seit Februar 1998 beträgt die neue Visa-Gebühr $ 45 oder 85,50 DM. Die früher ausgestellten Touristen-Visa ohne zeitliche Begrenzung *(B-2, Indefinitely)* gelten nicht mehr und werden bei Vorlage entwertet.

Die Vorschriften der Aufenthaltsgenehmigung sind peinlich genau einzuhalten. Ein Antrag auf Verlängerung ist unzulässig und hat das Erlöschen der Aufenthaltsgenehmigung zur Folge. Die Überziehung auch nur um einen Tag kann eine Einreisesperre für die nächsten fünf Jahre zur Folge haben.

Einreise- und Zollbestimmungen

Einreiseformulare, die *immigration cards,* werden vor Abflug oder während des Fluges verteilt, so daß man genügend Zeit zum Ausfüllen findet. Ein Kontrollabschnitt mit den Einreisedaten, der *departure record,* wird für die Dauer des Aufenthalts in den Paß geheftet. Jeder Tourist muß nach der Landung ein kurzes Interview eines meist freundlichen *immigration officer* über sich ergehen lassen, der sich ein Bild von dem Ankömmling machen will und den vor allem der Grund und die geplante Dauer der Reise interessiert. Einzelreisende fragt er zuweilen auch nach Hotelreservierungen, Anschriften von Freunden in den USA, finanziellen Mitteln und dem Rückflugticket. Grundkenntnisse der englischen Sprache werden dabei unterstellt, es geht aber auch ohne. Die Antworten sollten knapp und eindeutig ausfallen, so daß der Beamte sicher sein kann, es mit einem an den Sehenswürdigkeiten des Landes interessierten Touristen zu tun zu haben, der kein Arbeitsverhältnis anstrebt, der vermutlich niemandem zur Last fallen wird und die USA aus eigener Kraft pünktlich wieder verläßt.

Die Einfuhr insbesondere offener Lebensmittel ist strikt verboten. Proviantreste wie Wurstbrote, Gemüse oder Obst kann man deshalb gleich im Flugzeug liegenlassen oder spätestens vor der Zollabfertigung in speziellen Behältern entsorgen. Die Mitnahme von Haustieren, vor allem Hunden, sollte man sich nicht nur aus Kostengründen gut überlegen. Es ist nicht auszuschließen, daß ein in die Box gepferchtes Tier trotz Beruhigungsmitteln den physischen und psychischen Streß im Flugzeug-Frachtraum nicht lebend übersteht. Wer dennoch nicht auf sein Haustier verzichten kann, benötigt ein amtstierärztliches Zeugnis.

Zollfrei in die USA einführen darf man – sofern mindestens 18 Jahre alt – neben Artikeln des persönlichen Bedarfs 2 kg Tabak (oder 50 Zigarren bzw. 200 Zigaretten), 1 l Spirituosen und Geschenke im Wert bis zu 100 Dollar. Geldsummen über 10 000 Dollar müssen deklariert werden. Weitere Zollinformationen erteilen die amerikanische Botschaft oder die Generalkonsulate. Trotz Übermüdung und Vorfreude auf das neue Land empfiehlt es sich, für die Prozeduren der Einwanderungs- und Zollbehörden viel Geduld mitzubringen; sie können – je nach Passagieraufkommen oder momentanen Anweisungen – zwei Stunden oder länger dauern.

… mit dem Flugzeug

Linien- und Chartermaschinen erreichen ab Frankfurt, Köln, Düsseldorf, Hamburg, München und anderen europäischen Städten die internationalen Flughäfen im Westen der USA (San Francisco, Oakland, Los Angeles, Dallas, Houston, Seattle oder Denver). Die Flugdauer für die über 9000 km lange Reise zur Westküste beträgt etwa 12 Stunden.

Für Inlandsflüge stehen in fast jeder größeren Stadt Flughäfen zur Verfügung. Die meisten Luftfahrtgesellschaf-

ten können für Informationen und Buchungen gebührenfrei angerufen werden; ihre Nummern findet man unter *air line companies* im Branchentelefonbuch. Der Weitertransport von allen Flughäfen ist mit Taxis, Mietwagen, Zubringer- und Stadtbussen geregelt.

Kurzfristig freie Plätze und preisgünstige Flüge erhält man nach Beginn der Hauptreisezeit Mitte März kaum noch. Es empfiehlt sich, frühzeitig bei Reisebüros Angebote einzuholen oder notfalls Last-Minute-Flüge zu buchen. Unter http://www.ticketman.de erhält man Informationen zu allen Transatlantik-Flügen mit Preisen und Abflugzeiten.

… mit dem Auto

Wer genügend Zeit mitbringt, kann sein eigenes Fahrzeug in die USA transportieren lassen. Das *Carnet de Passage,* ein spezielles Zolldokument, wird für Nordamerika nicht benötigt. Die Verbleibdauer ist auf ein Jahr beschränkt, währenddessen das Fahrzeug ordnungsgemäß in der Heimat zugelassen sein muß. Die deutsche Haftpflichtversicherung kann man jedoch rabattunschädlich vom Verschiffungstag an ruhen lassen (Wagniswegfall). Ein Ummelden auf ein ovales Zollkennzeichen empfiehlt sich nicht, da bei der späteren Wiedereinfuhr nach Deutschland Probleme zu erwarten sind.

Informationen über Haftpflichtversicherungen für den amerikanischen Kontinent, die unbedingt im Heimatland abgeschlossen werden sollten, erhält man bei den Automobilclubs. Ausländische Führerscheininhaber oder Fahrer von Fahrzeugen mit ausländischen Kennzeichen werden in den USA trotz Versicherungspflicht meist vergeblich nach einem Versicherer Ausschau halten. Auch wer sich als Nichtamerikaner im Lande einen Pkw, Camper oder ein Motorrad kaufen will, besorge sich vorsorglich in der Heimat eine Blanko-Versicherung, deren Prämie bei Nichtbenutzung meist bis auf eine Bearbeitungsgebühr zurückerstattet wird. Keinerlei Probleme dieser Art gibt es für Mietfahrzeuge, ob die Verträge nun in Deutschland oder den USA abgeschlossen werden. Hier ist die Versicherungsprämie – allerdings mit oft sehr geringer Deckungssumme – im Mietpreis enthalten.

Je nach Wert des in die USA gebrachten Fahrzeugs kann der amerikanische Zoll eine Kaution verlangen, die erst nach Rückverschiffung erstattet wird. Ein Verkauf des Wagens in den USA ist generell nicht möglich, weil ein für Europa gebautes Fahrzeug in der Regel die spezifischen amerikanischen Sicherheits- und Umweltschutznormen nicht erfüllt.

Ärztliche Versorgung

Die medizinische Versorgung in den Städten der USA ist auf höchstem Niveau. Wer ärztliche Hilfe benötigt, kann im Branchentelefonbuch unter Ärzten (physicians), Zahnärzten (dentists) oder Krankenhäusern (hospitals) seine Wahl treffen, oder sich über die Telefonauskunft die entsprechende Adresse geben lassen. Im Notfall ist über die landesweit gültige Notfallnummer 911 oder über die 0 für die Telefonvermittlung Hilfe herbeizuholen.

Die Behandlungskosten liegen höher als in Europa und sind oft schon fällig, bevor man den Arzt begrüßt hat. Wer keine Kreditkarte besitzt, muß an Ort und Stelle bar bezahlen. Auslagen

dieser Art ersetzen gegen eine geringe Prämie nur in Europa abgeschlossene Auslandskrankenversicherungen, nicht oder nur zum Teil die heimatliche Krankenversicherung.

Apotheken

Apotheken (Pharmacy) findet man in Einkaufszentren unter der Bezeichnung Prescriptions als eigenständige Abteilung von Warenhäusern oder Drogerien (Drugstore). Hier werden die Rezepte amerikanischer Ärzte, nicht aber deutsche Verschreibungen angenommen.

Auskunft

Unter ✆ 01 90-78 00 78 erhalten USA-Reisende Hinweise auf über 100 touristische Leistungsträger wie Fremdenverkehrsämter, Fluggesellschaften, Hotels oder Autovermietungen. Die Gebühren für die USA-Infoline betragen 2,40 DM pro Minute.

Sämtliche Städte in den USA unterhalten Informationsstellen (s. u.) sowie Handelskammern (Chamber of Commerce), oft als ein und dieselbe Institution. Auch Flughäfen und die großen Hotels haben Informationsschalter eingerichtet. Im Internet erhält man zu sämtlichen amerikanischen Bundesstaaten Auskünfte über die Suchmaschine: http://local.yahoo.com/.

Die Agentur Ticketron, deren Büros häufig in Warenhäusern untergebracht sind, verkauft nicht nur Eintrittskarten für Konzerte und reserviert Campingplätze, sondern besitzt aktuelle Listen mit Veranstaltungen in der Umgebung. Wer Rat sucht, ist auch in öffentlichen Bibliotheken (Library) gut aufgehoben, deren Standorte dem Branchentelefonbuch zu entnehmen sind.

Kostenlose Straßenkarten, informative Touristenbroschüren und Hotelnachweise mit Gutscheinen für Preisnachlässe erhält man in den *State Information Centers,* den sogenannten *Welcome Centers* der verschiedenen Bundesstaaten, die sich meist an Autobahnen in unmittelbarer Nähe der Landesgrenze befinden. Schattige Parkplätze, Toiletten, Münztelefone und Picknicktische laden dort zur Rast ein.

USA-Information in Deutschland gegen DM 10,- Unkostenerstattung: Schotte Media Partners, USA-Info Service, Postfach 4244, D 40654 Meerbusch, ℰ 01 80-5 31 35 31, Fax 01 80-5 31 35 32.

Weitere Informationen zur Reisevorbereitung finden Sie im Internet unter **http://www.dumontverlag.de.**

Arizona

Arizona Office of Tourism, 2702 N 3rd St., Suite 4015, Phoenix, AZ 85004, ℰ 602-230-7733, Fax: 602-255-46 01; http://www.arizonaguide.com

Colorado

In Deutschland (für Denver): Fremdenverkehrsamt Rocky Mountain International (RMI), Scheidswaldstr. 73, 60385 Frankfurt am Main, ℰ 0 69-40 59 573, Fax 0 69-43 96 31
In den USA: Colorado Travel & Tourism Authority, PO Box 3524, Englewood, CO 80156, ℰ 303-296-3384, Fax: 303-296-20 15; http://www.colorado.com

Idaho

In Deutschland: Fremdenverkehrsamt Rocky Mountain International (RMI), Scheidswaldstr. 73, 60385 Frankfurt am Main, ℰ 0 69-4 05 95 73, Fax 0 69-43 96 31

In den USA: Idaho Travel Council, PO Box 83720, Boise, ID 83720-0093, ℰ 208-334-24 70; http://www.visitid.org

Kalifornien

California Division of Tourism, PO Box 1499, Sacramento, CA 95812-1499, ℰ 916-322-28 81, Fax: 916-322-34 02; http://gocalif.ca.gov

Kansas

Kansas Department of Commerce, Travel and Tourism Development Division, 700 S. W. Harrison St., Suite 1300, Topeka, KS 66603-3712, ℰ 913-296-20 09, Fax: 913-296-50 55

Montana

In Deutschland: Fremdenverkehrsamt Rocky Mountain International (RMI), Scheidswaldstr. 73, 60385 Frankfurt am Main, ℰ 0 69-40 59 573, Fax 0 69-43 96 31
In den USA: Montana Travel Promotion Division, Department of Commerce, 1424 9th Ave., Helena, MT 59620, ℰ 406-444-26 54; http://travel.mt.gov

Nebraska

Nebraska Travel and Tourism Division, PO Box 94666, Lincoln, NE 68509-4666, ℰ 402-471-3796, Fax: 402-471-30 26; http://www.ded.state.ne.us/tourism.html

Nevada

Nevada Commission of Tourism, Capitol Complex, Carson City, NV 89710, ℰ 702-687-43 22, Fax: 702-687-6779; http://www.travelnevada.com

New Mexico

New Mexico Department of Tourism, Lamy Building, Room 106, 491 Old Santa Fe Tr., Santa Fe, NM 87503, ℰ 505-827-74 00, Fax: 505-827-74 02; http://www.newmexico.org

North Dakota

North Dakota Tourism Department, Liberty Memorial Building, 604 E. Boulevard Ave., Bismarck, ND 58505, ✆ 701-328-25 25, Fax: 701-328-48 78; http://www.ndtourism.com

Oklahoma

Oklahoma Tourism & Recreation Department, PO Box 60789, Oklahoma City, OK 71346, ✆ 405-521-39 81, Fax: 405-521-39 92; http://www.otrd.state.ok.us

Oregon

In Deutschland: Fremdenverkehrsamt Rocky Mountain International (RMI), Scheidswaldstr. 73, 60385 Frankfurt am Main, ✆ 0 69-4 05 95 73, Fax 0 69-43 96 31
In den USA: Tourism Division, Oregon Department of Economic Development, 775 Summer St., N. E., Salem, OR 97310, ✆ 503-986-0000, Fax 503-986-00 01; http://www.traveloregon.com

South Dakota

In Deutschland: Fremdenverkehrsamt Rocky Mountain International (RMI), Scheidswaldstr. 73, 60385 Frankfurt am Main, ✆ 0 69-40 59 573, Fax 0 69 43 96 31
In den USA: South Dakota Department of Tourism, 711 E. Wells Ave., Pierre, SD 57501-33 69, ✆ 800-732-56 82; http://www.state.sd.us/state/executive/tourism/

Texas

Travel & Information Division, Texas Department of Transportation, PO Box 5000, Austin, TX 78763, ✆ 800-452-92 29; http://www.traveltex.com

Utah

Utah Travel Council, Council Hall/Capitol Hill, Salt Lake City, UT 84114, ✆ 801-538-10 30, Fax: 801-538-13 99; http://www.utah.com

Washington

In Deutschland: Fremdenverkehrsamt Rocky Mountain International (RMI), Scheidswaldstr. 73, 60385 Frankfurt am Main, ✆ 0 69-40 59 573, Fax 0 69-43 96 31
In den USA: Washington Travel Development Division, Department of Commerce and Economic Development, General Administration Bldg., Olympia, WA 98504-2500, ✆ 360-664-25 62, Fax: 360-753-44 70; http://www.tourism.wa.gov

Wyoming

In Deutschland: Fremdenverkehrsamt Rocky Mountain International (RMI), Scheidswaldstr. 73, 60385 Frankfurt am Main, ✆ 0 69-40 59 573, Fax 0 69-43 96 31
In den USA: Wyoming Division of Tourism and State Marketing, I-25 at College Drive, Cheyenne, WY 82002, ✆ 307 777 77 77; http://www.state.wy.us/state/tourism/tourism.html

Autofahren

Die US-amerikanischen Verkehrsregeln unterscheiden sich nur wenig von den europäischen, auch wenn einige Besonderheiten zu beachten sind. Die landesweite Geschwindigkeitsbeschränkung auf Autobahnen von 65 mph gehört längst der Vergangenheit an; die Festlegung der Höchstgeschwindigkeit unterliegt den einzelnen Ortschaften und wird ausgeschildert. In Ortschaften beträgt das Tempolimit 25–30 mph (40–48 km/h), vor Schulen ist Schritttempo einzuhalten. Hält ein gelber Schulbus mit eingeschalteten Warnblinkern, muß der gesamte Verkehr ruhen – auch auf der Gegenfahrbahn.

An Kreuzungen darf – sofern nichts Gegenteiliges angezeigt *(no turn on red)* – trotz roter Ampel rechts abgebogen werden; dazu erst anhalten und dem Querverkehr, evtl. auch Fußgängern, den Vorrang lassen. Ein hervorragender Beitrag zur Verkehrssicherheit: Gelbe Mittelstreifen signalisieren immer Gegenverkehr, weiße Mittelstreifen bedeuten Einbahnstraße.

Mit farbigen Bordsteinkanten sind unterschiedliche Parkeinschränkungen definiert: Rot bedeutet Halteverbot, das gilt auch ohne rote Bordsteinkante stets 5 m beiderseits von Hydranten. Gelb und Schwarz reservieren die Ladezone für Lieferantenfahrzeuge; parken nach 18 Uhr und sonntags erlaubt. Weiß gestattet während der Geschäftszeiten ein fünfminütiges Parken, Grün ein zehnminütiges. Bei Blau oder den auch bei uns gebräuchlichen Behinderten-Logos dürfen nur Berechtigte mit Ausweis ihr Fahrzeug abstellen. Allein an naturbelassenen Bordsteinkanten darf jedermann uneingeschränkt parken, sofern keine Straßenschilder etwas anderes vorschreiben – z. B. Parkverbot zu Hauptverkehrszeiten, an Tagen der Straßenreinigung oder nach Ablauf einer Frist, Parkscheiben kennt man nicht in den USA.

Bei Verstößen gegen Halteverbote, Sonderrechte der Behinderten und Geschwindigkeitsbeschränkungen muß man in den USA mit besonders empfindlichen Geldbußen rechnen, aber auch das Abschleppen aus *Tow-away-*Zonen ist nicht eben billig.

Wer einen Streifenwagen mit blinkendem Rotlicht hinter sich sieht, befolge die üblichen US-amerikanischen

Spielregeln: sobald wie möglich am Straßenrand oder auf der Standspur stoppen und mit den Händen am Steuer auf den Polizisten warten. Nicht aussteigen, sondern die Wagenpapiere nach Aufforderung langsam durch das Fenster reichen. Polizei, Feuerwehr und Rettungskräfte genießen in den USA erweiterte Vorfahrtsrechte. Es ist üblich, auch für den Verkehr auf der Gegenspur, für Fahrzeuge mit Einsatzsignal soweit wie möglich die Straße zu räumen und bis zu deren Vorüberfahren kurz anzuhalten.

Bei einer Panne auf dem Freeway soll zum Zeichen der Fahruntüchtigkeit des Autos die Motorhaube geöffnet und in ausreichendem Abstand das Warndreieck aufgestellt werden. Abgestellte Fahrzeuge müssen mit einem auf die Antenne gespießten Stück Papier oder zwischen die Windschutzscheibe geklemmten Tuch entsprechend gekennzeichnet werden. Ist kein Streckentelefon zum Herbeiholen von Hilfe erreichbar, raten Polizei und Automobilclub, sich im Wagen einzuschließen und auf die regelmäßig patrouillierenden Streifenwagen oder Pannendienste des AAA zu warten. Da alle privaten Hilfsangebote aus Sicherheitsgründen abgelehnt werden sollen, lassen sich Einheimische bei Pannen selten helfen. Was wie Paranoia anmutet, bekommt einen Sinn, wenn man bedenkt, daß im Handschuhfach wohl der meisten Autos ein Revolver mitfährt und Gewaltverbrechen besonders in den Städten an der Tagesordnung sind.

Trampen und Tramper mitnehmen ist in den USA offiziell verboten und unpopulär und muß aus Sicherheitsgründen vor allem Alleinreisenden auch abgeraten werden. Wer dennoch sein Glück als *hitchhiker* versuchen will, hat wohl eher Chancen, mitgenommen zu werden, wenn er sich durch eine auf seinem Gepäck aufgenähte Flagge als Europäer zu erkennen gibt. Auch das übliche Pappschild mit dem gewünschten Reiseziel darf dann nicht fehlen. Tankstellen und Truck Stops eignen sich am besten dazu, Kontakte zu knüpfen und eine Mitfahrgelegenheit zu ergattern. Entlang der Autobahnen duldet die Polizei kein Trampen.

In größeren Ortschaften unterhält die *American Automobil Association* (AAA genannt Triple A) Niederlassungen. Gegen Vorlage des deutschen ADAC-Ausweises erhält man dort kostenlos Straßenkarten und Informationsmaterial.

Behinderte

Die USA können sich rühmen, in vorbildlicher Weise für behindertengerechte Einrichtungen gesorgt zu haben. Kalifornien hat dies sogar in seinen Statuten verankert: Schon seit 1982 müssen neue Gebäude, Toiletten oder Schalter auch mit dem Rollstuhl zugänglich sein. Die meisten großen Hotels und Motels sind heute für die Aufnahme Behinderter bestens gerüstet.

Behinderte, die Auto fahren möchten, sollten sich als erstes beim DMW *(Department of Motor Vehicle),* dem jeweiligen Straßenverkehrsamt, einen Ausweis besorgen, der sie zum bevorzugten, meist kostenlosen und zeitlich unbegrenzten Parken an günstigen Stellen berechtigt. Die vielen mit dem Behindertenlogo oder blauen Bordsteinkanten markierten Parkplätze werden wegen der hohen Bußgeldstrafen fast nie unberechtigt benutzt. Mietwagenorganisationen stellen bei längerfristiger Reservierung spezielle Fahrzeuge zur Verfügung.

Auch Einrichtungen des öffentlichen Lebens gewähren Vergünstigungen. So läßt die Busgesellschaft Greyhound die Begleitperson eines Behinderten kostenlos mitfahren. Die amerikanische Eisenbahngesellschaft AMTRAK sorgt bei einer Voranmeldung von mindestens 24 Stunden für besondere Sitzplätze in der Eisenbahn, darüber hinaus für Gepäckträger und 25 % Preisermäßigung. Die Broschüre »Access AMTRAK« mit nützlichen Hinweisen für behinderte und ältere Reisende ist erhältlich bei AMTRAK, National Railroad Passenger Corporation, 400 N Capitol St. NW, Washington, DC 2001, ✆ 1-8 00-USA-RAIL. Sie läßt sich auch per E-Mail anfordern unter: amtrak-p@ix.netcom.com

Der National Park Service (U.S. Department of the Interior, 18th and C Sts NW, Washington, DC 20240) vergibt einen Golden Access Passport, eine Freikarte für alle US-Nationalparks, an Behinderte und eine Begleitperson. Man erhält den Paß, der auch zu 50 %iger Gebührenermäßigung bei parkeigenen Campingplätzen und einigen anderen Einrichtungen berechtigt, gegen Vorlage des Behindertenausweises an der Kasse eines Nationalparks. Die Informationsbroschüren »ACCESS Travel« und »ACCESS National Park« erhält man gegen eine Schutzgebühr vom U.S. Printing Office, Washington, DC 20402, ✆ 1-202-512-15 30, Fax 1-202-5 12-12 62.

Diplomatische Vertretungen der USA

... in Deutschland

Botschaft der USA, Deichmanns Aue, 53179 Bonn, ✆ 02 28-3 39-1, Fax 02 28-3 39-26 63

... in der Schweiz

Botschaft der USA, Jubiläumsstr. 93,
3005 Bern, ✆ 0 31-3 57-70 11,
Fax 0 31-3 57-73 44

... in Österreich

Botschaft der USA, Boltzmanngasse 16,
1091 Wien, ✆ 01-31-3 39,
Fax 01-3 10-06 82

Diplomatische Vertretungen in den USA

... der Bundesrepublik Deutschland

Botschaft:
4645 Reservoir Rd., N.W. **Washington D. C.,** 20007–1998, ✆ 202-298-81 40,
Fax 202-298-42 49 oder 202- 333-26 53

Konsulate:
– 5700 Harper N.E., Suite 430, **Albuquerque,** NM 87109, ✆ 505-822-88 26,
Fax 505-828-26 82
– 5440 Old Browneville Rd., **Corpus Christi,** TX 78469, ✆ 5 12-2 89-24 16
– 5580 Peterson Lane, Suite 160, **Dallas,** TX 75240, ✆ 972-239-07 07,
Fax 972-788-42 47
– 6th Ave. West Office Building, 350 Indiana St., Suite 400, **Golden,** CO 80401,
✆ 303-279-15 51
– 1330 Post Oak Blvd., Suite 1850, **Houston,** TX 77058-3018, ✆ 713-627-77 70,
Fax 713-627-05 06
– 8014 State Line, Leawood, **Kansas City,** KS 66208, ✆ 913-642-51 34,
Fax 913-642-53 48
– 925 E. Desert Inn Rd., Suite C, **Las Vegas,** NV 89109, ✆ 702-734-97 00,
Fax 702-735-46 92
– 6222 Wilshire Blvd., Suite 500, **Los Angeles,** CA 90048, ✆ 213- 930-27 03,
Fax 213-930-28 05
– 5801 N. Broadway, Suite 120, **Oklahoma City,** OK 73118, ✆ 405- 842-

01 00, Fax 405-848-82 48
– 1130 E. Missouri Ave., Suite 200,
Phoenix, AZ 85014, Fax 602-285-02 96
– 254 W. 4th South, Suite 305, **Salt Lake City,** UT 84101, ✆ 801-364-95 73,
Fax 801-322-09 30
– 1500 Alamo Building, 105 S. St. Mary's St., **San Antonio,** TX 78205,
✆ 512-224-44 55, Fax 512-224-64 30
– 6215 Ferris Square, Suite 125, **San Diego,** CA 92121-3251, ✆ 619-455-
14 23, Fax 619-452-06 09
– 1960 Jackson St., **San Francisco,**
CA 94109, ✆ 415-775-10 61,
Fax 415-775-01 87
– One Union Square, Suite 2500, 600 University St., **Seattle,** WA 98101,
✆ 206-682-43 12, Fax 206-682-37 24
– S. 123rd Post, **Spokane,** WA 99204,
✆ 509-624-52 42

... von Österreich

– 621 17th St., First Interstate Tower South, Suite 2450, 621, **Denver,** CO
80293-2450, ✆ 303-292-90 00
– 6582 Katy Fwy, Suite 200, **Houston,**
TX 77024, ✆ 713-973-81 30,
Fax 713 973 85 57
– Generalkonsulat, 11859 Wilshire Blvd., Suite 501, **Los Angeles,** CA
90025, ✆ 310-473-47 21, Fax 310-477-
98 97
– 41 Sutter St., Suite 207, **San Francisco,** CA 94104, ✆ 9 16-9 51-89 11,
Fax 916-444-78 35
– 4131 11th N.E. Penthouse 1, **Seattle,**
WA 98105, ✆ 206-633-36 06,
Fax 206-632-77 86

... der Schweiz

– 2651 N. Harwood, Suite 455, **Dallas,**
✆ 2 14-9 65 10 25
– 2810 Iliff, Boulder (für **Denver**), CO
80303, ✆ 303-499-56 41, Fax 303-499-
99 77
– Wells Fargo Plaza, 1000 Louisiana,

Suite 5670, **Houston,** TX 77002-5013,
✆ 713-650-00 00, Fax 713-650-13 21
– 11766 Wilshire Blvd., Suite 1400, **Los
Angeles,** CA 90025, ✆ 310-575-11 45,
Fax 3 10-5 75-19 82
– 3017 N. Scottsdale Rd., Suite A,
Scottsdale (für **Phoenix**), AZ 85251,
✆ 602-947-00 20 und 602-945-00 00,
Fax 602-945-03 51
– 456 Montgomery St., Suite 1500,
San Francisco, CA 94104-1233,
✆ 4 15-7 88-22 72, Fax 415-788-14 02
– 1455 S. 11th East, **Salt Lake City,** UT
84105, ✆ 801-487-04 50, Fax 801-467-
04 50

Einkaufen und Souvenirs

Die USA gelten als ›des Konsumenten
Wunderland‹. Der Ruf kommt nicht von
ungefähr. Dazu tragen lange Öffnungszeiten der Geschäfte bei, oft rund um
die Uhr und auch an Sonntagen, meist
sehr freundliche und kompetente Bedienung, schier grenzenlose Kulanz in
Umtauschangelegenheiten, überdimensionierte, kostenlose Parkplätze, raffi-
nierte, riesige Shopping Centers und
nicht zuletzt ein kaum noch zu steigern-
des Warenangebot. Der oft strapazierte
Slogan vom Kunden als König wird in
den USA Wirklichkeit. Ob man als Europäer dabei auch Geld spart, ist eine andere Frage.

Elektronisches Gerät wie Telefone
(keine Zulassung in Deutschland), Ka-
meras oder CD-Player sind kaum billiger, vor allem dann nicht, wenn bei der
Rückkehr noch Zoll und Mehrwert-
steuer fällig werden. Treten später gar
Funktionsfehler auf, dürfte es schwer
oder unmöglich sein, Garantieansprü-
che geltend zu machen. Viele einst nur
in den USA erhältlichen Erzeugnisse
wie *heavy-duty*-Taschenlampen, Stahl-

Thermoskannen oder gar die typischen
Briefkästen kann man heute als preiswerte Importware auch hierzulande in
Baumärkten oder im Versandhandel
erwerben.

Dennoch ist es natürlich immer möglich, daß man beim Durchstöbern der
Geschäfte ein ›Schnäppchen‹ macht
oder auf etwas stößt, was zu Hause so
nicht zu kaufen ist. Das trifft vor allem
auf die Indianerreservate zu, wo man
Webteppiche, Silberschmuck und Keramik erstehen kann. Die Preise liegen
dort günstiger als in den Touristen-
zentren der großen Städte, zumal die
Indianer in der Regel beim Kaufpreis
mit sich reden lassen.

Entfernungen

Wollte man die Fläche der kontinentalen USA (ohne Alaska und Hawaii) auf
Europa und Asien projizieren, so würde
sie ein Gebiet etwa von Stockholm bis
Athen und von London bis Sverdlovsk
bedecken! Wohl alle Reisende, die zum
ersten Mal die USA besuchen, verfallen
dem Fehler, beim Planen einer Route
die riesigen Dimensionen zu unter-
schätzen. Wer sich zuviel vorgenom-
men hat, wird sich unversehens nur
noch auf eintönigen Autobahnen
wiederfinden und an den schönsten
Sehenswürdigkeiten vorbeieilen.

Essen und Trinken

Was heute als amerikanische Küche
gilt, ist vor allem den eingewanderten
Europäern, aber auch den Angehörigen
vieler anderer Nationen zu verdanken,
die in den USA ein neues Zuhause gefunden und ihre Eßgewohnheiten mitgebracht haben. Vor allem die mexika-

nische Küche hat sich einen wichtigen Platz erobert, und manch Einheimischer betrachtet inzwischen Enchiladas, Tortillas oder Chili con carne als uramerikanische Gerichte. Viele Restaurants haben sich auf asiatische, andere auf italienische Küche spezialisiert, so daß man vor allem in den Städten aus einem umfangreichen Angebot wählen kann.

In besseren Restaurants ist es üblich, telefonisch für den Abend einen Tisch zu bestellen. Das bedeutet nicht, daß man sich damit im Restaurant seiner Wahl sofort zu seinem reservierten Tisch begeben oder gar selbst auf Platzsuche gehen darf, vielmehr muß man sich geduldig in die Schlange der Wartenden einreihen. Wem das zu lange dauert, der mag die Zeit bis zum Aufruf an der Bar überbrücken.

Die Empfangsdame (hostess) oder der Oberkellner, der maître de maison (gesprochen Mätre Di), lotst die Gäste der Reihe nach zu den freiwerdenden Plätzen. Vor allem abends wird in vielen Restaurants Wert auf gepflegtes Äußeres gelegt, worunter man bei Damen Rock und Bluse oder Kleid, bei Herren Jackett und Krawatte versteht. Notfalls stellt das Haus eine Leihkrawatte zur Verfügung. Ohne Scheu kann man auch am teuersten Platz vor dem Abräumen einen doggie bag bestellen, einen Behälter nicht nur für Hundefreunde, um Übriggebliebenes für später zu retten.

Im Vergleich zu europäischen Verhältnissen oder zur amerikanischen Eigenversorgung ist Ausgehen ein recht teures Vergnügen, im städtischen Bereich noch mehr als im ländlichen.

Wie ungezwungen es hingegen in den vielen Schnellrestaurant-Ketten zugeht, weiß man inzwischen schon von zu Hause. Fast food – manche nennen es auch junk food (Abfall) – wird wohl kaum den Empfehlungen von Ernährungswissenschaftlern gerecht, Urlauber können sich jedoch damit schnell, preiswert und für zwei, drei Wochen auch abwechslungsreich ernähren. Die meisten Restaurants haben einen Drive-In-Schalter oder verkaufen ihre Gerichte ab Theke to go.

Noch ein paar Worte zum Thema Alkohol. Das Verhältnis der Amerikaner zum Alkohol hat sich seit der Prohibition immer noch nicht völlig entspannt. So weigern sich die Laufjungen in den Supermärkten einiger Bundesstaaten, Bierdosen in die Einkaufstüten ihrer Kunden zu packen, weil das Gesetz ihnen verbietet, vor Erreichen ihres 21. Geburtstages Behältnisse mit alkoholischem Inhalt auch nur anzurühren. Wein und Spirituosen gibt es nur in Liquor Stores, die freilich nachts, an Wochenenden und an Feiertagen – wenn die Nachfrage am größten wäre – geschlossen haben.

Einer Konzession bedarf es, um Restaurantbesucher, die nur zum Trinken kommen, zu bewirten. Andere müssen ihren Wunsch nach einem Gläschen Wein oder Bier mit der Bestellung einer ganzen Mahlzeit erkaufen. Das Reglement verbietet ferner den öffentlichen Alkoholgenuß, ja auch nur den unverdeckten Transport von Alkoholika auf der Straße. So sieht man immer wieder auf Straßen und Plätzen, wie die oft alkoholkranken Bettler und Stadtstreicher ihren in Papiertüten ›getarnten‹ Spirituosen zusprechen, womit sie sich zwar gesetzestreu verhalten, de facto aber umso eindeutiger auf den Umstand ihres grundsätzlich verbotenen Treibens aufmerksam machen.

Ferner ist verboten, im Fond eines Fahrzeugs angebrochene Alkoholika zu verwahren – theoretisch auch im Kühlschrank eines Wohnmobils. Überhaupt keine alkoholischen Getränke, auch nicht im Kofferraum eines Fahrzeugs, dürfen über die Grenzen von Indianerreservaten gebracht oder zu Sportveranstaltungen mitgenommen werden. Beim Autofahren gilt keine Promillegrenze – Alkohol am Steuer ist ungesetzlich.

Feiertage

Behörden und Banken, aber auch viele Geschäfte haben an gesetzlichen Feiertagen geschlossen, Fernbuslinien fahren dann oft nur nach reduziertem Plan. Touristenattraktionen sind vor allem an den langen Wochenenden häufig überlaufen und Übernachtungsmöglichkeiten in der näheren Umgebung ausgebucht. Fällt ein Feiertag auf einen Sonntag, ist der darauffolgende Montag arbeitsfrei.

Neujahr – 1. 1.
Martin Luther Kings Geburtstag – dritter Montag im Januar
President' s Day (George Washingtons Geburtstag) – dritter Montag im Februar
Eastern (Ostern) – Ostersonntag
Memorial Day (Kriegsopfergedenktag) – letzter Montag im Mai, Beginn der Sommerferien
Independence Day (Unabhängigkeitstag) – 4. 7.
Labor Day (Tag der Arbeit) – erster Montag im September, Ende der Somerferien
Columbus Day (Kolumbus-Tag) – zweiter Montag im Oktober
Veterans' Day (Kriegsveteranentag) – 11. 11.
Thanksgiving Day (Erntedankfest) – vierter Donnerstag im November
Christmas Day (Weihnachten) – 25. 12.

Fotografieren

Fotoausrüstung und selbst amerikanisches Filmmaterial kauft man meist billiger in Deutschland als in den USA. Bei längerem Aufenthalt über die normale Urlaubszeit hinaus sollten Diafilme noch in den USA entwickelt werden – Hitze, Feuchtigkeit und Zeit wirken besonders am belichteten Umkehrfilm. Ein Sofort-Service für Filme, die nach dem E6-Prozeß entwickelt werden, bieten Labors, deren Adressen in den Gelben Seiten der Telefonbücher zu finden sind. Dazu müssen die Filme mit dem Vermerk *will call* meist bis 9 Uhr hingebracht und ab 12 Uhr desselben Tages abgeholt werden; sonst gelten die normalen Entwicklungs- und Postlaufzeiten.

Geld

Der Dollar (1 US-Dollar = ca. 1,80 DM; Stand: August 1998) ist unterteilt in 100 Cents. An Banknoten sind 1, (seltener) 2, 5, 10, 20, 50 und 100 Dollar im Umlauf; es gibt aber auch 500- und 1000-Dollar-Scheine. Da sie in Größe und Farbe identisch sind, sollten Ungeübte lieber zweimal hinschauen. Die im Vergleich zu europäischen Währungen unglaublich simplen Druckerzeugnisse verlocken immer wieder Geldfälscher; mit Scheinen über 20 Dollar stößt man daher beim Bezahlen öfter auf mißtrauisches Prüfen oder beim Versuch zu Wechseln gar auf Ablehnung.

Als Münzen gibt es 1 Cent (penny), 5 Cents (nickel), 10 Cents (dime) und 25 Cents (quarter) sowie seltener Prägungen zu $1/2$ und 1 Dollar. Pennies verdanken ihre Existenz der ca. 6,5 %igen Umsatzsteuer, die keinen Rechnungsbetrag gerade enden läßt. Alle Preise werden übrigens grundsätzlich ohne *sales tax* genannt. Vom *quarter* besorgt man sich am besten gleich größere Bestände für Telefon, Parkuhr und Getränkeautomat.

Banken haben in der Regel Mo–Fr von 9–15 Uhr geöffnet; Wechselstuben öffnen dagegen meist früher und schließen später. US-Dollar-Reiseschecks werden wie Bargeld behandelt; wer sie dennoch in Banken gegen Bargeld umtauschen will, muß eine Provision von 1 % bezahlen. ADAC-Mitglieder können gegen Vorlage ihres Mitgliedsausweises in Niederlassungen des amerikanischen Automobilclubs AAA US-Dollar-Reiseschecks ohne die bei uns übliche 1 %ige Ausgabegebühr erwerben.

Eine Kreditkarte ist bei einer USA-Reise (fast) ein Muß. Sie verringert das Diebstahlrisiko auf maximal 100 Dollar und erleichtert das Bezahlen im Supermarkt, Restaurant und Hotel. Bei der Begleichung von Arzt oder Krankenhausrechnungen verschafft sie dem Betroffenen erst einmal finanzielle Luft, vermeidet bei Abschluß eines Mietwagenvertrages die Hinterlegung einer hohen Kaution und vereinfacht die Handhabung einer Telefonkarte. Mit der Geheimnummer, der PIN, kann man zudem an einem der unzähligen Geldautomaten (ATM-*Automatic Teller Machine)* bequem Bargeld abheben. Immer öfter auch trifft man auf vollautomatische Tankstellen, die das Benzin nur per Kreditkarte sprudeln lassen.

Der Währungsbetrag wird wenige Tage später zum jeweiligen Devisenkurs plus einer Wechselkursgebühr von 1,75 % dem Kreditkartenkonto belastet; dazu kommt oft noch die Jahresgebühr von ca. 75 DM. Seit Anfang 1998 kann auch die ec-Karte zum bargeldlosen Bezahlen und Geldabheben an fast

600 000 Terminals mit dem Maestro- oder Cirrus-Logo in den USA benutzt werden. Die Kosten dabei betragen z. B. bei der Postbank 1 % vom Umsatz, mindestens 1,50 DM und höchstens 7,50 DM. Sie darf jedoch nur als zusätzliche Zahlungsmöglichkeit gesehen werden und kann vorerst die Kreditkarte oder Reiseschecks nicht ersetzen. Euroschecks dagegen sind in den USA völlig wertlos und europäische Währungen werden fast wie Exoten behandelt.

Gesundheit

Deutsche Krankenscheine werden in den USA nicht akzeptiert. Bestenfalls erhält man nach der Heimkehr die üblichen Kosten erstattet, die mit Sicherheit unter den amerikanischen liegen. Der behandelnde Arzt sollte dazu eine deutlich lesbare und genau spezifizierte Rechnung ausgestellt haben. Mit einer tageweise abzuschließenden Reisekrankenversicherung geht man allen Schwierigkeiten aus dem Weg. Die Prämien für eine Urlaubsreise sind relativ preiswert.

Da eine Krankenbehandlung in den USA – gleichgültig ob mit oder ohne Versicherung – sofort zu bezahlen ist, sollte man eine Kreditkarte besitzen. Muß aus gesundheitlichen Gründen der Rückreisetermin verschoben werden, verzichten einige Fluggesellschaften bei nachgewiesener Arzt- oder Krankenhausbehandlung auf Umbuchungsgebühren. Regelmäßig benötigte Medikamente sollten in ausreichender Menge bereits zu Hause besorgt werden, weil sie wahrscheinlich unter demselben Namen in den USA unbekannt sind und obendrein die Apotheken nur amerikanische Rezepte anerkennen.

Karten

Zu empfehlen sind die Auto-Atlanten von AAA *(American Automobile Association)* oder Rand McNally, die auch in Europa erhältlich sind. In den Filialen der AAA bekommen ADAC-Mitglieder bei Vorlage ihrer Mitgliedskarte kostenlos Straßenkarten und Informationsmaterial. Darüber hinaus steht bei der Einfahrt in die Nationalparks kostenloses Kartenmaterial zum jeweiligen Park zur Verfügung.

Kinder

Die USA geben sich als ein besonders kinderfreundliches Land, wo dem Nachwuchs ein überaus freizügiges Leben geboten wird. So verfügt jedes bessere Lokal über Kinderstühle, Präsente zum Ablenken der Kleinen und Kindermenüs. Fast-Food-Restaurants besitzen Spielplätze, wo zwischen riesenhaften Hamburgern lautstarke Geburtstagspartys gefeiert werden. Viele Museen und Zoos unterhalten spezielle Kinderabteilungen, in denen die jungen Besucher alles anfassen und nichts falsch machen können. Zahlreiche Freizeitparks und sonstige Touristenattraktionen locken mit speziell auf die Bedürfnisse von Kindern und Jugendlichen zugeschnittenen Abteilungen.

Reisen mit der Familie kostet nur unwesentlich mehr Geld als ohne, dazu verhelfen reduzierte Flugtarife und oftmals freie Logis oder verbilligte Eintrittskarten für Kinder. Wegen Erdbeben- und Feuergefahr dürfen laut Gesetz Jugendliche unter 14 Jahren abends in Herbergen nicht unbeaufsichtigt bleiben. Größere Hotels haben festangestellte Babysitter, so daß Eltern nachts ausgehen können; wenn nicht, erhält man von den örtlichen Touristenbüros eine Adressenliste lizensierter Babysitter für *temporary tod tending.*

Lesetips

Boyle, T. C.: América, München 1996; in dem Roman wird das Schicksal der mittellosen eingewanderten Mexikaner dem Leben der weißen Mittelklasseschicht von Los Angeles gegenübergestellt

Brown, D.: Begrabt mein Herz an der Biegung des Flusses, Hamburg 1979; die Vernichtung der Indianer, packend und mit vielen Details geschildert von einem der besten Kenner der Geschichte des Wilden Westens

Ceram, C. W.: Der erste Amerikaner, Reinbek 1972; zum Klassiker gewordenes Buch des Autors von ›Götter, Gräber und Gelehrte‹ über die prähistorische Besiedlung des amerikanischen Kontinents

Geronimo: Ein indianischer Krieger erzählt sein Leben, Hamburg 1987; die Geschichte des berühmten Apachen-Häuptlings, der sich bis zuletzt der weißen Übermacht widersetzte

Guterson, D.: Schnee, der auf Zedern fällt, Berlin 1996; spannende Kriminalgeschichte, die sich mit dem Schicksal der japanischstämmigen US-Bürger im Zweiten Weltkrieg auseinandersetzt

Heat Moon, W. L.: Blue Highways. Eine Reise in Amerika, Toronto/Frankfurt 1985; ein amerikanischer Indianer mit seinem Auto ›Geistertanz‹ auf der Suche nach Außergewöhnlichem und den Spuren seiner Vorfahren

Johann, A. E.: Westwärts nach Oregon, München 1985; der Globetrotter verbindet seine Reise in die Gegenwart mit historischen Rückblicken auf die Besiedlungsgeschichte von Oregon

Kappelmayr, B., Sillober, M.: Der Wilde Westen, Traum und Wirklichkeit einer Legende in zeitgenössischen Bildern und Berichten, München 1994; Originaltexte und -gemälde erzählen die Geschichte der Frontier

Michener, J. A.: Colorado-Saga; München 1989; Roman des bekannten Pulitzer-Preisträgers mit historisch-geographischem Bezug, hervorragend recherchiert und voller Atmosphäre

Pynchon, T.: Vineland, Reinbek 1993; montagehafter Kalifornienroman voller skurriler Begegnungen, der die Atmosphäre der 80er Jahre an der Westküste der USA wieder aufleben läßt

Stammel, H. J.: Das waren noch Männer, Reinbek 1973; spannende und detailreiche Dokumentation des besten deutschen Western-Kenners

Steinbeck, J.: Meine Reise mit Charley, Frankfurt 1974; einfühlsame Reportage des Nobelpreisträgers über eine Reise durch die USA mit Campingwagen und Hund Charley.

ders.: Die Straße der Ölsardinen, Frankfurt 1965; zum Kultbuch gewordener Roman vor der Kulisse des Hafens Monterey zu Zeiten der Fischfabriken

Maße, Gewichte und Temperaturen

Die Einführung des Dezimalsystems wurde zwar schon vor längerer Zeit verkündet, doch sind die Versuche einiger Vorreiter, zu denen die Weltraumindustrie und die Nationalparks gehören, bisher im Land ohne allzu große Resonanz geblieben. Bestenfalls werden beide Systeme nebeneinander genannt.

Längenmaße

1 inch (in.)	2,54 cm
1 foot (ft.)	30,48 cm
1 yard (yd.)	0,91 m
1 mile (mi.)	1,609 km

Flächenmaße

1 square foot (sq. ft.)	929 cm²
1 acre (ac.)	0,4 ha
1 square mile (sq. mi.)	259 ha

Gewicht

1 ounce (oz.)	28,35 gr
1 pound (lb.)	453,6 gr

Hohlmaße

1 pint (pt.)	0,473 l
1 quart (qt.)	0,946 l
1 gallon (gal.)	3,785 l

Temperaturen werden in Grad Fahrenheit (°F) gemessen. Die Umrechnungsformel lautet: Fahrenheit minus 32, dividiert durch 9, multipliziert mit 5

Grad Fahrenheit (°F)	Grad Celsius (°C)
110	43,4
104	40
100	37,8
86	30
80	26,7
68	20
60	15,6
50	10
40	4,4
32	0

Nationalparks

Die Nationalparks in den USA sind kostenpflichtig. Die Eintrittsgebühr, die bei vielen Parks 1997 deutlich angestiegen ist, gilt pro Person und / oder pro Wagen und kann zwischen $ 2 und $ 20 Dollar schwanken. Wer mehr als fünf Nationalparks besichtigen will, kann Geld sparen, wenn er beim ersten Besuch den *Golden Eagle Passport* erwirbt, der während eines Kalenderjahrs zum Eintritt in sämtliche Nationalparks und National Monuments berechtigt. Auch eilige Besucher sollten dort nicht an den jeweiligen Visitor Centers vorübergehen, die sich als ›Schule der Nation‹ verstehen und meist mit modernster Technik kurzweilig informieren. Es gibt dort auch die verschiedensten Druckerzeugnisse über die Nationalparks sowie vielerlei naturkundliche Werke zu kaufen. Geschulte Ranger und Rangerinnen, unter ihnen unbezahlte Freiwillige, bemühen sich nach Kräften, den internationalen Besuchern den Aufenthalt mit Rat und Tat so angenehm und informativ wie möglich zu gestalten.

Alle Nationalparks haben ganzjährig geöffnet; die meisten erfahren jedoch durch jahreszeitliche Einflüsse mehr oder weniger gravierende Einschränkungen. So sind in der sommerlichen Ferienzeit besonders an langen Wochenenden Parks wie Yosemite, Yellowstone oder Grand Canyon hoffnungslos überlaufen. Im Hochsommer kann der Besuch von Wüstenparks wie Death Valley, Joshua Tree oder Saguaro durch brütende Hitze hohe körperliche Belastungen verursachen. Der Winter bringt für Parks im Bereich der Sierra Nevada und der Rocky Mountains Sperrungen von Campingplätzen, wichtigen Pässen und oft der schönsten Hochgebirgsstraßen. Auskunft über beste Besuchszeiten und das breitgefächerte Angebot der verschiedenen Nationalparks: National Park Service, 1849 C Street NW, Washington, DC 20240, ℘ 2 02-2 08-68 43.

Diesem Amt unterliegt auch die Verwaltung der National Monuments (NM), wie die National Parks (NP) ein Stück geschützter Natur, die in noch größerer Zahl zu finden sind. Daneben kennt man Einrichtungen wie National Historical Park (NHP), Wild and Scenic River (WSR), National Seashore (NS), National Battlefield (NB) und viele weitere, die sich sämtlich dem Schutz der Natur, einer landschaftlichen Besonderheit oder einer historischen Einrichtung verschrieben haben. Jedermann gleich welchen Alters, Geschlechts, Berufs oder welcher Nationalität ist willkommen, sich für einige Monate einem Freiwilligenkorps anzuschließen und im Park seiner Wahl je nach Neigung und Vorkenntnissen an der Erhaltung der Natur mitzuwirken. Nähere Information und ein Antragsformular sind im Faltblatt ›Volunteers in Park‹ enthalten, zu beziehen beim National Park Service. Auch über Internet sind diese Daten abzurufen: http://www.nps.gov/.

Notfalldienste

Die landesweit einheitliche Telefonnummer für Krankenwagen, Polizei und Feuerwehr lautet 911. Anders als bei uns greift man in den USA schon bei geringfügigem Verdacht auf eine strafbare Handlung zum Telefonhörer und wird wegen der Präventivwirkung darin von der Polizei auch bestärkt. Geht es um dringende medizinische Hilfe oder gibt es einen sonstigen Notfall, können auch Telefongesellschaften zum Ratgeber und Vermittler werden – ℘ 0 (für Operator).

Öffnungszeiten

Gesetzlich festgelegte Ladenschlußzeiten sind in den USA unbekannt, daher variieren die Öffnungszeiten stark. Die meisten Geschäfte haben von 9 bis 18

Uhr geöffnet, Shopping Centers oft So 12.30 bis 17 Uhr, Lebensmittelketten häufig auch rund um die Uhr. Die Informationsstellen, auch die Welcome Centers an den Grenzen der verschiedenen Bundesstaaten, haben in der Regel nach 17 Uhr sowie an Sonn- und Feiertagen geschlossen.

Banken: Mo–Fr 9–15 Uhr
Post: Mo–Fr 8–17.30, Sa 9–13 Uhr
Museen: montags meist geschlossen

Öffentliche Verkehrsmittel

Flugzeug

Wegen der riesigen Entfernungen im Land gehört das Flugzeug zum Standardverkehrsmittel innerhalb der USA. Das Zauberwort heute heißt *light ticket,* d. h. es gilt, einen möglichst billigen Flugschein eines *low cost carrier* zu erwerben, der ohne langfristige Vorbuchung am Flughafen zu haben ist. Die Alternative zu diesen Express-Flügen sind teure Linienflüge, die man auch schon zu Hause buchen kann. Für den Reisenden aus Europa bedeutet das, daß er sein Flugticket besser erst ›drüben‹ kauft, auch wenn seine Reisedaten schon feststehen. Wer vorab die Bedingungen für Express-Flüge erfahren und sich ein Bild der derzeitigen Preissituation machen oder gar buchen will, kann im Internet unter http://www.tiss.com in der Flugdatenbank der Travel Information Services blättern und von dort die homepages der einzelnen Fluglinien, Hotels oder Autovermieter ansteuern. Daneben kann man sich auch über eine kostenlose Telefonnummer bei den einzelnen Fluglinien nach Tagesangeboten erkundigen. Diese *toll-free numbers,* bei uns *freecall* genannt, sind den Branchentelefonbüchern unter *airline companies* zu entnehmen.

Darüber hinaus bieten nahezu alle amerikanischen Fluggesellschaften *air passes* mit 3 bis 10 Coupons für USA-Rundreisen zu günstigen Konditionen an. Man kann sie allerdings nur außerhalb der USA erwerben, und in der Regel sind sie an einen Transatlantikflug mit derselben Gesellschaft gebunden.

Von jedem Flughafen, auch von den kleinen *municipal airports* meist an der Peripherie der Großstädte, lassen sich ein- oder zweimotorige Sportmaschinen zu Rundflügen chartern (Richtpreis 1 Dollar pro Minute).

Bus

Wer mit seinem Reisebuget sehr haushalten muß, kann größere Entfernungen in den USA auch mit dem Überlandbus zurücklegen. Trotz mancherlei Komfort an Bord wie Toilette, (meist zu kalt gestellte) Klimaanlage und mehr oder minder bequeme Liegesitze wird das Reisen im Bus nicht dem bei uns gepflegten romantischen Image gerecht. Im Gegenteil, außer trostlosen Busbahnhöfen und langweiligen Freeways wird man von den USA wenig Interessantes durch die Scheiben zu sehen bekommen, und auch die mitreisende Klientel wirkt nicht immer sehr gesellig oder vertrauenseinflößend. Die hinteren Sitzreihen sind möglichst zu meiden, weil es dort besonders stark schaukelt, oft die Raucherecke eingerichtet ist und der penetrante Geruch von Desinfektionsmitteln in der Luft hängt. Zum Essen wird gewöhnlich an wenig appetitlichen Fast-Food-Restaurants mit Monopolpreisen gehalten. Dennoch reist man preiswert und zügig; eine Netzkarte, gültig für unterschiedliche Zeitabschnitte, kann bei längeren Reisen von Vorteil sein. Greyhound, das wohl bekannteste Fernbusunternehmen, bietet für Fahrten auf allen Strecken den *International Ameripass* an, der allerdings nur außerhalb der USA zu erwerben ist. Nähere Informationen erhält man in Reisebüros.

Eisenbahn

Obwohl die Eisenbahn die amerikanische Geschichte stark beeinflußt hat, spielt sie heute im öffentlichen Verkehrswesen nur eine untergeordnete Rolle. Die berühmten Linien aus den Anfangstagen sind in der Dachorganisation AMTRAK aufgegangen, mit der man bequem, wenn auch bei größeren Strecken nur sehr gemächlich reisen kann. Die Züge tragen Namen wie Desert Wind, Coast Starlight oder Empire Builder. Für längere Zugfahrten empfiehlt sich der Kauf einer der sechs *USA Rail Passes,* die bei beliebigen Unterbrechungen entweder 15 oder 30 Tage Gültigkeit besitzen, jedoch nur außerhalb der USA erhältlich sind: National, Far West, West, East oder Coastal. Die Preise liegen zwischen 185 Dollar (Far West 15 Tage) und 375 Dollar (National 30 Tage); Kinder zahlen die Hälfte.

Wer eine Eisenbahnreise plant, sollte rechtzeitig an Platzreservierung denken, da die Züge meist zwei Wochen vorher ausgebucht sind. Reservierungen und weitere gebührenfreie Informationen von jedem Punkt der Vereinigten Staaten: AMTRAK, ☎ 1-800-872-72 45 (1800-USA-RAIL). Internet: http://www.amtrak.com; E-Mail: amtrak_p@ix.netcom.com. AMTRAK-Informationen in Deutschland: Meso Amerika – Kanada Reisen GmbH, Wilmersdorfer Str. 94, 10629 Berlin, ☎ 0 30/8 81 41 22, Fax: 0 30/ 8 83 55 14.

Innerstädtische Beförderungsmittel

Die USA sind das Land des Autofahrers. So fristen innerstädtische öffentliche Verkehrsmittel im Vergleich zu europäischen Standards oft nur ein Schattendasein. Wer auf dieses recht unübersichtliche und zeitraubende Transportsystem angewiesen ist, sollte sich als erstes Fahrpläne besorgen, die man in den Visitor Bureaus oder Chambers of Commerce erhält. Die meisten öffentlichen Verkehrsmittel der USA haben eines gemeinsam: Man darf nur vorn beim Fahrer und mit passendem Kleingeld zusteigen, gewechselt wird nicht.

Post

Die Post ist nicht für Telefonate und Telegramme zuständig. Postlagernde Sendungen schickt man mit dem Vermerk *General Delivery* möglichst mit Postleitzahl (ZIP-code) an das Main Post Office. Nicht abgeholte Sendungen werden nach zehn Tagen zurückgeschickt, es sei denn, der Brief trägt deutlich lesbar die Bitte nach einem späteren Termin: *Please hold until* (Monat, Tag, Jahr). Pakete dürfen Maximalmaße nicht überschreiten und müssen in braunes Packpapier eingewickelt sein; Büchersendungen ohne beigelegte Briefpost (Beweis wird nicht verlangt) werden preisreduziert befördert; Seepost nach Deutschland dauert zwei bis drei Monate; Briefkästen sind blau.

Radio und Fernsehen

Die Funkmedien erheben keine Gebühren, sondern finanzieren sich durch Werbung. Ständige Unterbrechungen der Radio- und Fernsehprogramme, selbst der Rede des Präsidenten, durch die lästigen *commercials* sind die Folge. Unzählige Kanäle, vor allem in

Ballungsräumen, streiten um die Zuschauergunst, aber auch für den Zusammenhalt ethnischer Gruppen. In weiten Bereichen des Mittleren Westens hingegen scheint das UKW-Band (FM) völlig verwaist, und Fernsehen ist nur mit überdimensioniert großen Satellitenschüsseln möglich. Alle größeren Städte haben ein oder zwei Stationen, die sich über Hörerspenden finanzieren und klassische Musik senden, z. B. Radio Concert Hall KDFC in San Francisco; die unvermeidliche Eigenwerbung dort ist leichter zu ertragen, weil bei weitem nicht so marktschreierisch. Ein Farbfernsehgerät gehört zur Grundausstattung eines jeden Motelzimmers; das Zauberwort aber heißt Cable TV, das ohne Werbung sendet und dessen Benutzung oft extra bezahlt werden muß.

Rauchen

Anders als in Europa ist in den USA, und hier gerade im Westen, das Rauchen in der Öffentlichkeit strikten Reglementierungen unterworfen. Streng verboten ist es in öffentlichen Gebäuden und fast allen Büros, sowie auf allen inneramerikanischen Flügen, inzwischen auch bei den Transatlantik-Flügen einiger Fluggesellschaften. Viele Flughäfen auf den Zwischenstops wurden zur raucherfreien Zone erklärt. Restaurants haben eine ausgewiesene *non smoking section,* die Raucher-Plätze sind oft die deutlich schlechteren. In Kalifornien ist das Rauchen auch in Restaurants, Bars und Spielcasinos untersagt – Ausnahme sind die Gastronomiebetriebe der indianischen Reservate. Bei privaten Einladungen sollte man sich vorher erkundigen, ob geraucht werden darf.

Reisezeit

Eine Empfehlung für die beste Reisezeit im Westen der USA kann wegen der Größe der Region nur vage ausfallen. Durch das kontinentale Klima, dem fast die gesamten USA unterliegen, muß mit viel ausgeprägterem jahreszeitlichen Wettergeschehen gerechnet werden als in Mitteleuropa. Die größten Einschränkungen der Reisefreiheit wird man naturgemäß in der kalten Jahreszeit zwischen November und April hinnehmen müssen, wenn die nördlichen Regionen unter arktischen Temperaturen erstarren, die meisten Pässe der Sierra Nevada und Rocky Mountains geschlossen und Campingplätze und Restaurants ihren Betrieb eingestellt haben. Andererseits bringt die Feriensaison zwischen Ende Mai und Anfang September – von *Memorial-* bis *Labor Day* – einen immer stärkeren Ansturm auf Sehenswürdigkeiten und Quartiere mit sich, und Städte und Landschaften in südlicheren Wüstenregionen verwandeln sich in unerträgliche Brutkästen.

Mit der Nachsaison kommt die zum Reisen insgesamt günstigste Zeit, vor allem ab *Labor Day* Anfang September, wenn über Nacht die Touristenzahlen (und Preise) wieder auf ein erträgliches Maß geschrumpft sind, Campingplätze und Hotelbetten in großer Zahl zur Verfügung stehen und die Kraft der sengenden Sonne gebrochen ist. Auch wenn es dann nachts in den Bergen schon recht kühl wird, haben doch noch sämtliche Pässe und Hochgebirgsstraßen bis zum ersten Schneefall geöffnet und alle Regionen der Nationalparks sind problemlos zugänglich. Zusammen mit den ›Zugvögeln des Nordens‹, den Rentnern und Pensionären aus Kanada, New York und Washington, kann man nun auch die Wüstenparks genießen.

Sicherheit

Leider kam es in der Vergangenheit in einigen großen Städten zu Raubüberfällen auch auf Touristen, wobei sogar Todesfälle zu beklagen waren. Oft hätten die Betroffenen durch Vermeidung typischer Fehler wahrscheinlich Schlimmstes verhüten können. So sollten am Fahrzeug keine Hinweise auf einen Mietwagen erkennbar sein. Befinden sich branchenspezifische Kürzel wie Y oder Z im Nummernschild, sollte man auf einem Fahrzeug mit neutralem Kennzeichen bestehen. Fahrten in Ballungsräumen sind zuvor anhand von Stadtkarten genau zu planen; man sollte sich davor hüten, Abkürzungen durch kleine Straßenzüge auszuprobieren. Es ist in jedem Fall besser, den großen Freeways oder Boulevards zu folgen, auch wenn dies unter Umständen einen längeren Umweg zum Ziel bedeutet. Berüchtigte Stadtbezirke, aber auch Strände, sind vor allem in der Dunkelheit zu meiden. Ist man unversehens doch in einem heruntergekommenen Stadtviertel gelandet, sollte man sofort wenden oder sich im Schutz einer Tankstelle neu orientieren. An Ampeln hält man Abstand von seinem Vordermann, um genug Bewegungsfreiheit zu behalten. Bei dubiosen Karambolagen sollte man auf keinen Fall anhalten oder gar aussteigen, sondern die nächste Polizeiwache, ein belebtes Einkaufszentrum oder ähnliches anfahren. Im Gegensatz zu deutschen Empfehlungen rät die US-Polizei, die Autotüren während der Fahrt durch Städte grundsätzlich ringsum verriegelt zu halten.

Sport

Es gibt keine Sportart, die man in den USA nicht betreiben könnte. Es haben sich jedoch spezifische Betätigungen herauskristallisiert, die als nationale Leidenschaft gelten, wie Angeln, Football, Baseball, Surfen, Golf und Rafting, um nur die wichtigsten zu nennen.

Wassersport

Wassersportler finden am Lake Powell in den National Recreation Areas von Glen Canyon, Lake Mojave und Lake Mead ihr Mekka. Floßfahrten auf dem Colorado können im Grand Canyon National Park oder in Page gebucht werden. Entlang praktisch aller Bergflüsse der Rocky Mountains haben sich in den letzten Jahren lizensierte Unternehmen etabliert, die *rafting trips,* abenteuerliche Schlauchbootfahrten unterschiedlicher Schwierigkeitsgrade, organisieren.

Die Brandung des Pazifischen Ozeans in Süd-Kalifornien zieht nach wie vor Surfer in ihren Bann. Bei einer Fahrt entlang der Küste trifft man sie immer wieder, natürlich in Malibu bei Los Angeles, im Turmaline Surfing Park und am Windansea Beach in La Jolla bei San Diego. Surf Shops an der Straße vermieten Bretter.

Wintersport

Wintersportler wird es in die Sierra Nevada oder Rocky Mountains ziehen. Die Kleinstadt Steamboat in Nord-Colorado z. B. verwandelt sich in der kalten Jahreszeit in ein Wintersportparadies mit Seilbahn, gut präparierten Abfahrten, vielen Liften und unzähligen Pisten. Eine Skischule für Anfänger und heiße Quellen zur Entspannung befinden sich im Ort. Nach den Olympischen Winterspielen 1960 wurde in Sqaw Valley am Nordrand des Lake Tahoe ein riesiges

Wintersportgebiet mit über 30 Skiliften und zwei Seilbahnen erschlossen.

In etwas nördlicheren Gefilden kann man selbst im Sommer Ski- und Schlittenfahren, z. B. in Oregon auf der stets schneebedeckten Flanke des Mount Hood in Timberline. Die notwendige Ausrüstung kann man sich an Ort und Stelle leihen, die Lifte sind das ganze Jahr über in Betrieb.

Die Vorbereitungen für die Olympischen Winterspiele 2002 in Salt Lake City laufen auf vollen Touren. Eintrittskarten werden aber nicht vor Herbst 2000 verkauft. Schon jetzt sind der größte Teil der Infrastruktur, der Sport-Anlagen und -Einrichtungen zu benutzen. Aufgrund der ständig wachsenden Nachfrage ist mit Wartezeiten bei den Eisschnellauf- und Bobbahnen oder den Skiliften zu rechnen, Einzelreservierungen sind in der Regel nicht möglich. Wer mag, kann auch nur den zukünftigen amerikanischen Olympioniken und ihren Coaches beim Training zusehen oder sich von einem der noch nicht voll ausgelasteten Skilehrer die richtige Abfahrtstechnik beibringen lassen.

Steuern

Alle Verkaufspreise werden grundsätzlich ohne *sales tax,* die Umsatzsteuer, genannt. Daneben gibt es je nach Staat weitere Abgaben, wie *city-, tourist-* oder *room tax,* was z. B. den Übernachtungspreis um bis zu 25 % in die Höhe treiben kann. Das Trinkgeld ist dabei noch nicht berücksichtigt.

Telefonieren

Das Telefonnetz in den USA wird von verschiedenen Privatunternehmen unterhalten, nicht aber von der Post, wo man öffentliche Fernsprecheinrichtungen – die *pay phones* – vergeblich suchen würde. Sie befinden sich vielmehr als Wandgerät oder in Telefonzellen vor Supermärkten, an Tankstellen, in Restaurants, Flughäfen und überall dort, wo viele Menschen zusammenkommen. Telefonieren kann man schon mit 5-Cent- und 10-Cent-Münzen, für Ferngespräche besorge man sich aber besser reichlich 25-Cent-Münzen.

Die Telefonbedienung kann je nach Gesellschaft und Bundesstaat leicht variieren; kurze Gebrauchsanweisungen sind angeschlagen. Zu einem Europa-Gespräch hebt man den Hörer ab, wirft eine Münze ein, wählt zunächst die Landes-, dann die Ortsvorwahl ohne 0 und schließlich die Anschlußnummer. Die Vorwahl für Deutschland ist 011-49, für die Schweiz 011-41, für Österreich 011-43. Daraufhin meldet sich meist eine Computerstimme und verlangt den Einwurf eines Betrages für die ersten drei Minuten, um sich dann mit einer weiteren Zahlungsaufforderung erneut einzuschalten – eine recht lästige und manchmal verwirrende Prozedur.

Sehr viel einfacher und in der Regel auch erheblich billiger ist das Telefonieren von Kontinent zu Kontinent und innerhalb der USA mit einer Telefonkarte, die man viele Wochen vor Urlaubsbeginn bei seiner Kreditkartenbank in Auftrag geben muß. Es geht manchmal auch ohne Telefonkarte – nur mit den Daten der Kreditkarte. Interessante Angebote von amerikanischen Telefongesellschaften findet man auch in den Zeitschriften der Fluggesellschaften, teils mit heraustrennbaren Instant-Telefonkarten.

Inhaber von Telefonkartenverträgen tippen am öffentlichen Münzer meist unter Umgehung der Vermittlung nur ihre Geheimnummer ein, um dann im Selbstwählverfahren mit Teilnehmern des In- und Auslandes ungestört sprechen zu können. Da der Markt heiß umkämpft ist, Telefongesellschaften kommen und gehen und die Kampfpreise weiter im Abwind trudeln, kommt man um ein intensives Marktstudium nicht herum, will man einen der billigsten Anbieter ausfindig machen. Grundsätzlich läßt sich jedoch festhalten, daß die traditionellen europäischen Telefongesellschaften trotz mancher Neuerungen mit ihren oft noch aus Monopol-Zeiten stammenden Tarifstrukturen kaum eine ernsthafte Konkurrenz für amerikanische Preisbrecher darstellen.

Leider erfährt man erst nach Wochen den Preis seiner Gespräche, wenn die Gebühren mit genauem Verbindungsnachweis dem Kreditkartenkonto zum jeweiligen Wechselkurs plus einer Wechselkursgebühr von 1,75 % belastet werden.

Mit einem R-Gespräch kann man innerhalb der USA ohne Bargeld und Karte telefonieren. Dazu muß man beim Operator einen *collect call* anmelden – ein Gespräch, das zu Lasten des Angerufenen geht, sofern sich derjenige damit einverstanden erklärt. Man wählt dazu 0 und die Rufnummer. Bei einer Variante braucht man nur zu bezahlen, wenn die dem Operator zuvor genannte Person ans Telefon kommt. Auch hier 0 vor der Rufnummer wählen und um ein *person-to-person call* bitten; diese Verbindung ist etwas teurer als ein *station-to-station call*.

Viele Unternehmen besitzen als Telefonnummer eine leicht merkbare Kombination aus Zahl und Wort (z. B. die Eisenbahngesellschaft AMTRAK, Tel. 800-USA-RAIL); die Buchstaben befinden sich als Dreiergruppen neben den Ziffern auf den Tasten. Die Vorwahl weist hierbei noch auf den besonderen Service der gebührenfreien Rufnummern *(toll-free)* hin, die stets mit 800 beginnen; zuweilen muß man hier noch eine 1 vorausschicken, auch wenn das nicht extra angegeben ist. Diese Rufnummern sind jedoch nur innerhalb der USA anwählbar. Die evtl. zur Inbetriebnahme des Telefons benötigte Münze erhält man nach Gesprächsende zurück.

Hat der Münzapparat unberechtigt einen größeren Betrag verschluckt, was manchmal vorkommt, sollte man sein Glück versuchen und die zuständige Telefongesellschaft telefonisch um Rückgabe bitten – die Chancen stehen gut, das Geld eines Tages wieder auf seinem heimatlichen Konto zu finden.

Bei Ferngesprächen sollte man die Zeitverschiebung berücksichtigen; die *Pacific Standard Time* (PST) hinkt der mitteleuropäischen Zeit (MEZ) um neun Stunden nach. Um also niemand aus den Federn zu klingeln, hat man möglichst bis Mittag seine Überseeanrufe erledigt.

Auskunft über Anschlüsse im Inland: ✆ 411; Auskunft über Anschlüsse im Ausland: ✆ 00.

Trinkgeld

Trinkgeld geben, *tipping,* sichert das Einkommen vieler zu Minimallöhnen Beschäftigter, bedeutet also mehr als nur eine Aufmerksamkeit. *Tips* erwarten Gepäckträger, Friseure, Hotel- und Motelangestellte, Restaurantbedienung, Taxifahrer und Toilettenpersonal. Es beträgt in der Regel 15 % vom Rechnungsbetrag (vor der *sales tax,* der Umsatzsteuer). Mit 10 % kann man Mißfallen ausdrücken, mit 20 % seine besondere Zufriedenheit. In Restaurants deponiert man das Trinkgeld auf dem Tisch, nachdem man seine Rechnung bezahlt und das genau abgezählte Wechselgeld zurückerhalten hat.

Unterkunft

Hotels und Motels

Unter Hotel versteht man in den USA zum einen die Unterkünfte mit mittlerem und gehobenem Standard für Reisende aller Art, zum anderen aber auch billige Quartiere für Dauermieter, die für Touristen nicht geeignet sind. In Städten sollte man zentral gelegene Herbergen vorziehen. Wohl am besten ist man in einem der vielen schmucklosen Motels untergebracht, die sich an Ausfallstraßen oder in der Nähe der Freeways finden lassen und wo man seinen Wagen bequem vor der Haustür parkt. Bei einem Motor Inn kann man durchschnittlichen Komfort erwarten, die Bezeichnung Motor Lodge oder Motor Court signalisiert gehobene Ausstattung.

Große Doppelbetten nennt man *king size,* mittlere *queen size* und zwei Einzelbetten *twins.* Meist fragt niemand danach, wieviele Personen in einem Raum übernachten. Die Zimmer sind spartanisch, aber zweckmäßig eingerichtet, bieten Fernsehen und Telefon und gleichen sich über den ganzen Kontinent. Frühstück ist meist nicht zu haben.

Den Zimmerschlüssel oder die Computerkarte gibt man erst bei der Abreise ab, nicht aber bei vorübergehender Abwesenheit. Schuhe sollte man nicht zum Putzen vor die Tür stellen, sie landen sonst womöglich auf dem Müll.

Bei der telefonischen Reservierung der Unterkunft leistet die Kreditkarte wertvolle Dienste, weil damit viele Hotels das bestellte Zimmer über 16 Uhr hinaus garantieren und die sonst obligate tägliche Vorauszahlung entfällt. Allerdings wird der Zimmerpreis auch bei Nichterscheinen oder bei zu später Stornierung (weniger als 48 Stunden) dem Konto belastet. Buchungen außerhalb der Saison und an Werktagen sind normalerweise preiswerter, sofern man danach fragt. Mitglieder des amerikanischen Automobilclubs AAA erhalten auf Anfrage Preisnachlaß; gleiches wird oft auch Ausländern bei Vorlage ihrer heimischen Automobilkarte eingeräumt.

Vergleichsweise günstige Preise bietet der Christliche Verein junger Männer (YMCA) bzw. Frauen (YWCA). Deshalb sind diese Hotels, in denen Verheiratete auch gemeinsam unterkommen, oft für Monate im voraus ausgebucht. Man findet sie in den meisten Städten, die Hauptniederlassung in 291 Broadway, New York, NY 100-10.

Camping, Zelten

Es gibt Tausende kommerzieller Campingplätze in den USA, vor allem in der Nähe von Sehenswürdigkeiten, Stränden, Talsperren und Seen, weniger in den Weiten des Mittleren Westens. Anbieter sind die Kommunen, Forstverwaltungen, Nationalparks und Private. Da alle im Preis in etwa auf gleicher Höhe liegen, die Privaten aber meist die bessere Ausstattung vorweisen können (stets fließendes Wasser, meist heiße Duschen, oft ein Waschzentrum), ist im Zweifel den Privatanbietern der Vorzug zu geben. Staatliche Einrichtungen hingegen, wie State Parks, State Forests oder State Beaches, lassen sich einen über das absolute Minimum hinausgehenden Standard inzwischen meist unverhältnismäßig teuer bezahlen.

Eventuelle Freizeiteinrichtungen und *hook-ups*, die Anschlüsse für Strom, Fernsehen, Frisch- und Abwasser, treiben die Campingplatzgebühren weiter in die Höhe. In Einzelfällen kann es vorkommen, daß man im nahegelegenen Motel mit eigenem Bad nicht nur besser, sondern auch billiger übernachtet.

Kleinere Campgrounds oder solche außerhalb der Hauptrouten fordern oft eigenständiges Einchecken, das sogenannte *self registering*. Hierfür sollte man mit Ein- und Fünf-Dollar-Noten gerüstet sein, da niemand da ist, der Geld wechseln könnte. Der zuständige Ranger vergewissert sich oft erst spät abends oder manchmal mitten in der Nacht, daß jeder Gast seine Anmeldung ordnungsgemäß ausgefüllt und zusammen mit dem geforderten Betrag in einen Tresor geworfen hat.

Wer sich unvorbereitet erst bei Sonnenuntergang auf die Suche nach einem Campingplatz macht, wird häufig nicht mehr fündig. Die Versuchung, sich mit seinem Wohnmobil an den Straßenrand zu stellen, ist groß. Doch in den USA gilt das Verbot des *overnight parking*, des ›Übernachtparkens‹,

das überall dort verhängt und durchgesetzt wird, wo ein Parkplatz am Seeufer, eine Aussichtsbucht oder Strandpromenade zu wildem Camping verlocken. In den Nationalparks ist Camping grundsätzlich nur an den dafür vorgesehenen Plätzen erlaubt.

Zeit und Zeitzonen

Die amerikanische Schreibweise des Datums nennt zuerst den Monat, dann den Tag, zuletzt das Jahr; 12–31–98 bedeutet also 31. Dezember 1998. Die Tageszeit von 1 bis 12 Uhr vormittags wird mit 1 bis 12 a. m. *(ante meridiem)* bezeichnet, von 13 bis 24 Uhr mit 1 bis 12 p. m. *(post meridiem)*. Am ersten Sonntag im April beginnt die Sommerzeit (DST – *Daylight Saving Time),* wobei die Uhr um eine Stunde vorgestellt wird. Sie endet am letzten Samstag im Oktober.

Die kontinentalen USA (ohne Alaska und Hawaii) kennen vier Zeitzonen: Die *Pacific-,* die *Mountain-,* die *Central-* und die *Eastern Time Zone,* die jeweils von West nach Ost eine Stunde zulegen.

Abbildungsnachweis

Fotos:

Archiv für Kunst und Geschichte GmbH,
    Berlin   S. 29, 32, 35, 221, 289

dpa (Deutsche Presse-Agentur),
    Frankfurt   S. 47, 48, 119

Eue, Johannes, Köln   S. 70/71, 83

Henseler, Stefanie, Köln   Umschlag-
    rückseite sowie S. 21, 45, 92, 94/95,
    100/101, 108, 111

Müller-Moewes, Ulf, Königswinter
    Titelbild und Umschlaginnenklappe
    sowie S. 8, 9, 10, 11, 15, 19, 22, 24,
    26, 27, 30, 39, 43, 49, 50, 52/53, 56, 57,
    58, 61, 62/63, 66, 73, 75, 77, 79,
    84/85, 89, 96, 98, 102/103, 107, 115,
    116/117, 120, 122/123, 126/127, 130,
    132/133, 137, 139, 143, 144, 145, 146,
    151, 152/153, 155, 156, 162, 165, 167,
    175, 176, 177, 179, 180/181, 183,
    184/185, 186/187, 190, 193, 195,
    196/197, 200/201, 202, 205, 206/207,
    211, 212, 213, 216, 219, 224, 226/227,
    230, 235, 237, 239, 242, 244/245, 246,
    250, 252, 253, 254, 257, 259, 260, 263,
    265, 267/268, 272, 275, 276, 280, 283,
    284, 286, 287, 291, 296, 298, 302, 304,
    305, 307, 308, 312/313, 314/315, 317,
    318

Karten und Pläne:

Berndtson & Berndtson
    Productions GmbH, Fürstenfeldbruck

© DuMont Buchverlag, Köln

Quellennachweis:

Die Zitate auf S. 158/159 wurden mit
freundlicher Genehmigung der Verlags-
gruppe Bertelsmann GmbH entnom-
men aus Cumming/Skelton/Quinn, Die
Entdeckung Nordamerikas. Alle Rechte
an der deutschen Übersetzung von
Theodor Knust beim C. Bertelsmann
Verlag GmbH, München.

Register

Personen- und Sachregister

Ortsregister

Register

DUMONT

RICHTIG REISEN

»Den äußerst attraktiven Mittelweg zwischen kunsthistorisch orientiertem Sightseeing und touristischem Freilauf geht die inzwischen sehr umfangreich gewordene, blendend bebilderte Reihe ›Richtig Reisen‹. Die Bücher haben fast schon Bildbandqualität, sind nicht nur zum Nachschlagen, sondern auch zum Durchlesen konzipiert. Meist vorbildlich der Versuch, auch jenseits der ›Drei-Sterne-Attraktionen‹ auf versteckte Sehenswürdigkeiten hinzuweisen, die zum eigenständigen Entdecken abseits der ausgetrampelten Touristenpfade anregen.«

Abendzeitung, München

»Zum einen bieten die Bände der Reihe ›Richtig Reisen‹. dem Leser eine vorzügliche Einstimmung, zum anderen eignen sie sich in hohem Maß als Wegweiser, die den Touristen auf der Reise selbst begleiten.«

Neue Zürcher Zeitung

Weitere Informationen über die Titel der Reihe DUMONT Richtig Reisen erhalten Sie bei Ihrem Buchhändler oder beim DUMONT Buchverlag · Postfach 10 10 45 · 50450 Köln · http://www.dumontverlag.de

DUMONT

»Was den DUMONT-Leuten gelungen ist: Trotz der Kürze steckt in diesen Büchern genügend Würze. Immer wieder sind unerwartete Informationen zu finden, nicht trocken eingestreut, sondern lebhaft geschrieben... Diese Mischung aus journalistisch aufgearbeiteten Hinter-grund-informationen, Erzählung und die ungewöhnlichen Blickwinkel, die nicht nur bei den Farb- und Schwarzweißfotos gewählt wurden – diese Mischung macht's. Eine sympathische Reiseführer-Reihe.«

Südwestfunk

»Zur Konzeption der Reise-Taschenbücher gehören zahlreiche, lebendig beschriebene Exkurse im allgemeinen landeskundlichen Teil wie im praktischen Reiseteil. Diese Exkurse vertiefen zentrale Themen der Geschichte, Kunst und des sozialen Lebens und sollen so zu einem abgerundeten Verständnis des Reiselandes führen.«

Main Echo

Weitere Informationen über die Reihe der DUMONT Reise-Taschenbücher erhalten Sie bei Ihrem Buchhändler oder beim DUMONT Buchverlag • Postfach 10 10 45 • 50450 Köln • http://www.dumontverlag.de

DUMONT
VISUELL-REISEFÜHRER

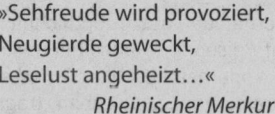

Titelbild: Bisonherde im Badlands National Park in South Dakota
Umschlaginnenklappe: Am Truck Stop
Umschlagrückseite: Hausboot-Briefkästen in Sausalito
S. 8: Navajo Sandstone im Zion National Park
S. 9: Blühender Biberschwanzkaktus in Nevada
S. 50: Frühling in der Mojave-Wüste
S. 52/53: Der Highway 101
S. 132/133: Im Saguaro National Park
S. 186/187: Zabriskie Point im Death Valley
S. 244/245: Erosionslandschaft im Badlands National Park
S. 318: Eingang zum Monument Valley

Über den Autor: Ulf Müller-Moewes, geboren 1941, ist seit 20 Jahren als Sachbuch-autor, Reisejournalist und Fotograf tätig und lebt heute in Königswinter. Im DuMont Buchverlag veröffentlichte er neben dem Band »Richtig Reisen: USA – Der Westen« das Reisetaschenbuch »Los Angeles und Südkalifornien«.

Fremde Kulturen kennenlernen und gastfreundlichen Menschen begegnen – wie sehr genießen wir das auf Reisen. Zu Hause bei uns jedoch wird mancher Aus-länder von einer kleinen Minderheit beschimpft und sogar mißhandelt. Alle, die in fremden Ländern Gastrecht genossen haben, tragen hier besondere Verant-wortung. Deshalb: Lassen Sie uns gemeinsam für die Würde des Menschen ein-stehen.

Verlagsleitung, Mitarbeiterinnen und Mitarbeiter des DuMont Buchverlages

Die deutsche Bibliothek – CIP-Einheitsaufnahme

Müller-Moewes, Ulf:
USA – der Westen / Ulf Müller-Moewes. – Köln: DuMont, 1998
  (Richtig Reisen)
ISBN 3-7701-4057-5

©1998 DuMont Buchverlag
Alle Rechte vorbehalten
Satz und Druck: Rasch, Bramsche
Buchbinderische Verarbeitung: Bramscher Buchbinder Betriebe

Printed in Germany ISBN 3-7701-34057-5